中国餐饮发展报告

2024

红餐网 ● 著

茶饮 中餐「出海」菜

质价比 规模化 预制

小吃快餐

加盟 咖 饮 上市 情绪价值

新中式汉堡 牛蛙

中国商业出版社

图书在版编目（CIP）数据

中国餐饮发展报告. 2024 / 红餐网著. -- 北京 ：
中国商业出版社，2024. 8. -- ISBN 978-7-5208-3013-3

Ⅰ. F726.93

中国国家版本馆 CIP 数据核字第 2024SK3689 号

责任编辑：滕 耘

中国商业出版社出版发行

（www.zgsycb.com 100053 北京广安门内报国寺 1 号）

总编室：010-63180647 编辑室：010-83118925

发行部：010-83120835/8286

新华书店经销

广州市彩源印刷有限公司印刷

*

889 毫米 ×1194 毫米 16 开 28 印张 470 千字

2024 年 8 月第 1 版 2024 年 8 月第 1 次印刷

定价：598. 00 元

* * * *

（如有印装质量问题可更换）

《中国餐饮发展报告 2024》编委会

编委成员：

陈洪波	樊　宁	唐　欣	黄壁连	周　容	杜　佩	黎绮婷
陈声华	谭颖彤	陈　曦	杨丽霞	郑方圆	景　雪	王秀清
李金枝	梁　盼	何沛凌	周洪楚	简煜昊	麦泳宜	黄　程
刘依依	刘晓红	周　辉	黄李辉	罗燕芳	张曦宁	

特邀顾问：

比尔盖南	白　墨	陈志强	陈新時	常　斌	陈　莫	柴　园
邓德隆	董克平	冯卫东	樊　娟	管清友	韩　明	胡传建
黄　耕	江南春	蒋　毅	孔令博	刘成章	刘永忠	刘永清
卢　一	刘晓钟	罗　军	赖林萍	马　宏	马　飞	欧阳开贵
欧　峰	卿　永	孙玉麟	宋向前	申　晨	谭海城	谭大千
王　岑	王　航	王震国	王小龙	翁怡诺	吴　坚	王喜庆
王玉刚	王　涛	王　茗	王冬明	王三一	邢　颖	昕　原
小马宋	杨　柳	杨明超	杨石头	姚　哲	余奕宏	郑翔洲
周鹏邦	赵孝国	张　勇	张　好	朱明军	朱玉春	曾　晖

数据支持：　红餐大数据

研究机构：　红餐产业研究院

松弛感

新中式

中式茶馆

加盟

中餐「出海」

城市餐饮

质价比

消费审慎

品类融合

内卷

甜品甜点 川菜 卤味 新 本帮江浙菜 烤肉 粤菜 西餐 鲁菜 包点 点 数智化 复合调味料 东北菜 投融资 中式米饭快餐 西式快餐 精致餐饮

烤鱼 酸汤火锅 湘菜 比萨 西北菜 麻辣烫 小龙虾 国宗茶饮 砂锅菜 团餐 咖 饮 气 中式正餐 小吃快餐 预制菜 供应链

饺子馄饨 供应链 东南亚菜 食材上市 目菜 粉血 面包烘焙 烟 火 消费审慎 牛蛙 烤

PREFACE 序言 ≫

序言01

机遇与挑战并存，把握市场下沉、"地标美食"、中餐"出海"大趋势

2023 年，国内经济稳步回升向好，促进文旅消费等政策频频出台，餐饮产业实现快速复苏，全国餐饮收入突破 5 万亿元大关。进入 2024 年，这一趋势得到进一步的巩固和发展，上半年我国餐饮市场继续保持着良好的增长势头，给餐饮从业者和创业者带来了较强的信心。

2023 — 2024 年，在文旅消费热潮的推动下，淄博烧烤、成都砂锅菜、天水麻辣烫、湖南土菜、吉林锅包肉等地方特色美食相继火爆，区域特色餐饮热点频现，为我国餐饮市场注入了新的活力。与此同时，餐饮产业的上游供应链和配套服务也在不断发展、日益完善，为下游餐饮企业降本增效提供有力支撑。

我们也要清醒地认识到，一方面，全球政治经济环境依然复杂严峻，国内经济增长仍然存在诸多不确定性。餐饮行业内卷不断加剧，竞争日趋激烈，餐饮从业者和创业者未来仍然面临着诸多挑战。另一方面，随着国内外经济形势的变化以及消费者需求和观念的转变，餐饮行业也迎来新的发展机遇。

首先，下沉市场蕴藏着巨大的消费潜力。消费者对美好生活的向往这一需求不会改变，且下沉市场的消费者也拥有着较强的消费力，而下沉市场的优质餐饮服务供给还是相对短缺。因此，餐饮企业可考虑布局下沉市场，有效挖掘这一市场的潜力。

其次，具有区域特色的"地标美食"大有崛起之势，将会成为未来的餐饮热点。我国菜系众多、饮食文化多元，随着文旅消费热潮的不断推进，尚待被挖掘的"地标美食"和文化元素将会成为城市名片。

最后，中餐"出海"已是大势所趋。中餐"出海"具备"天时""地利""人和"

要素，对于餐企而言，"出海"既是增量，也是对中国餐饮存量活力的再拉动。中餐"出海"不仅仅是品牌"出海"、厨师"出海"，更是文化"出海"、自信"出海"，如何把握中餐"出海"新趋势，是当前诸多餐饮企业需要考虑的问题。

面对充满着机遇与挑战的餐饮市场，对于餐饮从业者和创业者而言，及时把握市场趋势，提前做好应对策略，具有至关重要的意义。在这样的背景下，一直以"服务餐饮产业上下游，助力中国餐饮产业升级"为使命的餐饮产业服务平台——红餐网推出了《中国餐饮发展报告2024》，这对于餐饮产业从业者及相关人士有着重要的意义。

从2021—2024年，该系列报告书已经连续出版了4年。该报告书依托权威的数据支撑，结合最新实战案例，并运用专业视角，全面而细致地剖析了餐饮业的整体发展态势。研究范围涵盖了宏观大环境、餐饮产业、城市餐饮、消费者分析、餐饮品类等餐饮产业链条上的多个模块，完整地呈现了餐饮产业生态图景。

为了更加精准地帮助餐饮从业者把握细分领域的市场动态与发展趋势，2024年度报告书在内容上再次做了升级和细化，全面剖析了40余个餐饮细分赛道的发展现状、面临的挑战以及未来趋势。

此外，《中国餐饮发展报告2024》还开展了大规模的消费者数据调研，并配合深度的一线市场走访，数据更为翔实和全面，可为餐饮相关人士在投资决策、趋势预测中提供信息参考。

2024年是我国实施"十四五"规划的关键一年，也是我国餐饮行业变革和发展的关键时期。在餐饮行业即将进入新的发展阶段之际，我们期待所有餐饮企业能够继续乘风破浪，共同推动行业的高质量发展！

是以为序。

邢颖

世界中餐业联合会会长

2024年8月

序言02

聚力同心，推动餐饮产业共好

2023年是中国餐饮行业发展历程中的一个重要转折点。随着全国各地餐饮业逐步恢复，餐饮市场重新焕发生机，成为消费市场的重要支柱。但从整体上看，餐饮行业复苏进程并不均匀。进入2024年，中国餐饮行业仍然面临着一系列的挑战，"审慎乐观"依旧是行业发展的主旋律。

在这一年半的时间里，政府积极施策，推出了一系列旨在促进经济稳定增长、激发企业创新活力的政策与举措。与此同时，餐饮行业的经营者们抓住了复苏的契机，积极引领进行企业管理优化、数智化转型、海外市场拓展等一系列变革，为行业注入了新的活力。在此背景之下，2023年，全国餐饮收入再创新高，众多头部餐饮企业的年度营收也取得了显著的增长。此外，加盟潮、"出海"潮、赴港上市潮、旅游餐饮热潮席卷餐饮行业，共同绘就了餐饮行业复苏向好发展的新篇章。

然而，餐饮行业也并非一片坦途，2023年以来，餐饮品牌纷纷在产品创新、营销策略、门店运营模式等方面积极创新，内卷现象越发严重，竞争进一步白热化。餐饮领域的投融资热度持续下降。不仅如此，大量餐饮新手黯然离场、注销停业，甚至有知名品牌陷入困境、破产倒闭，成为时代的眼泪。

与此同时，社会经济环境的变化，消费者需求和观念的不断转变，也给餐饮业带来了新机遇和新挑战。传统的"五感"体验逐渐难以满足消费者的期待，而情感价值的提升成为品牌吸引消费者的核心要素。餐饮界也涌现出了多股新潮流，健康养生成为消费热点，"新中式"风格备受追捧……这些变化共同塑造了餐饮市场的新格局。

在复杂多变的市场环境中，餐饮企业需要在讨论和思辨中不断前行，探索出一条适合自己的发展道路。红餐网作为深耕餐饮界十余载的产业服务平台，肩负着"服务餐饮产业上下游，助力中国餐饮产业升级"的重要使命，致力于通过"内容＋数据＋活动"协同驱动餐饮业发展。其中，作为"内容＋数据"

板块的核心成果，《中国餐饮发展报告》系列书籍持续为餐饮行业提供精准洞察与前瞻性指导，为行业的持续进步与革新注入强大的驱动力。2024年，我们继续携手国内深耕餐饮产业的专家和亲历者，一起剖析餐饮产业的发展脉络、洞察时代新趋势，精心编纂推出了《中国餐饮发展报告2024》。

《中国餐饮发展报告2024》深度洞察了国内餐饮产业的当前格局，依托权威数据支撑，结合最新实战案例，并运用专业视角，全面而细致地剖析了餐饮业的整体发展态势。在往年的系列报告书的基础上，本年度报告书在内容上再次做了升级，内容板块划分颗粒度更细，涉及板块更为多样，比如中式正餐、火锅、烧烤等多个品类都聚焦到了更为细分的赛道。

除此以外，《中国餐饮发展报告2024》在往年的基础上进行了更为深入的拓展，新增了消费端剖析以及城市餐饮剖析两大核心板块。消费端剖析旨在洞察消费者的需求变化、消费习惯和消费趋势，以便餐饮企业更精准地把握市场动态，有针对性地推出相应的发展策略。而城市餐饮剖析则专注于探讨不同城市餐饮市场的特点、竞争格局以及未来发展趋势。

此外，"2024年度中国餐饮品类十大品牌"最终的入选名单也将在《中国餐饮发展报告2024》中隆重揭晓。

我们衷心希望这本书能为餐饮业的投资者、从业者、研究者提供更多具有指导意义的参考和深刻的启发，从而助力大家在餐饮行业的未来征程中取得更加卓越的成就。

再次感谢本书所有编委成员的辛苦付出、马飞食摄的图片支持、企查查的数据支持，以及所有合作伙伴，是大家的通力合作让本书得以顺利付梓出版。

聚力共好，筑梦前行。餐饮产业宛如一艘巨轮，在时代的浪潮中破浪前行，历经风霜雪雨的洗礼，更显其坚韧与本色。我们见证了众多餐饮品牌的崛起与辉煌，也见证了一代又一代创新者的智慧与勇气。餐饮业的每一个发展周期，都离不开所有参与者的共同努力和共同追求。携手并进，共谋发展，我们方能在这个充满挑战与机遇的行业中，共同迈向更加美好的未来，书写更加辉煌的篇章。

红餐网创始人

2024年8月

甜品甜点 新中式茶馆 烤肉 西餐 新中式 包点 复合调味料 加盟 西式快餐 中式米饭快餐 东北菜 投融资 情绪价值

川菜 新烤鱼 本郡江浙菜 粤菜 鲁菜 数智化 牛蛙 中式正餐 烤 中 新中式汉堡 精致餐饮 规模

松驰感 酸菜鱼 新中式 饮 气 质价比 菜

中餐「出海」 酸汤火锅 湘菜 西北菜 闽菜 自助餐 砂锅菜 咖 烟 火 小吃快餐 贵州菜 制

比萨 麻辣烫 小龙虾 茶饮 冒菜 团餐 消费审慎 预

城市餐饮 饺子馄饨 供应链 东南亚菜 食 材 上市 品类融合 粉面 面包烘焙 内卷

CONTENTS 目录 》

第二章   餐饮上游   064

第三章　中式正餐　114

第四章　小吃快餐　　　　　　　　　　　　　183

第十章 异国餐饮　366

CHINA CATERING

第一章　餐饮现状解析

第一节 餐饮宏观背景：
国内经济回升向好，餐饮行业稳步发展

2023 年以来，在政府宏观调控力度进一步加大的背景下，国内经济稳步回升向好，餐饮市场逐渐恢复，餐饮收入突破 5 万亿元大关。与此同时，餐饮行业竞争日趋激烈，经营成本持续上升，餐饮企业经营进一步承压，为应对市场变化，不少企业从下沉市场和海外市场中寻找新增量。

一、国内经济稳步复苏，餐饮行业表现亮眼

2023 年是全面贯彻党的二十大精神的开局之年，也是我国经济恢复发展的关键一年。在各级政府加大宏观调控力度，着力扩大内需、优化结构、提振信心、防范化解风险的背景下，国内经济稳步回升。

1. GDP 增长稳定，消费成为经济增长的核心动力

国家统计局数据显示，2023 年国内生产总值为 126.1 万亿元，同比增长 5.2%（按可比价格计算），增速较 2022 年提升了 2.2 个百分点（见图 1-1）。进入 2024 年，国民经济运行总体平稳，各方面指标稳中有增。国家统计局数据显示，2024 年第一季度 GDP 达到了 29.6 万亿元，同比增长 5.3%。在第一季度的良好开局下，随着"全面复苏"的政策导向和各项稳增长措施的实施，2024 年国内生产总值有望保持稳定的增长率。

图 1-1　2019 — 2023 年国内生产总值概况

随着全球经济不确定性因素的增加，为了减少外部风险的影响，提高我国经济的自主性和增长韧性，我国构建了以国内大循环为主体、国内国际双循环相互促进的新发展格局，经济的增长动力正在逐步从过去的投资和出口拉动为主，向消费、投资和出口协同拉动转变。国家统计局数据显示，2023 年全国社会消费品零售总额为 47.1 万亿元，同比增长 7.2%；固定资产投资总额 51 万亿元，同比增长 2.8%（按可比口径计算）；进出口总额 41.8 万亿元，同比增长 0.2%（按可比口径计算）。具体如图 1-2 所示。随着固定资产投资和进出口增速放缓，消费成为我国经济增长的核心动力。

图 1-2　2019 — 2023 年社会消费品零售总额、固定资产投资总额、进出口总额概况

餐饮作为消费领域重要的产业之一，也取得了亮眼的成绩。国家统计局数据显示，2023 年全国餐饮收入超过 5.2 万亿元，同比增长 20.4%，增速高于大多数消费领域（见图 1-3）。为稳定和扩大国内餐饮消费，支持餐饮业高质量发展，2024 年 3 月，商务部等九部门联合印发《关于促进餐饮业高质量发展的指导意见》。2024 年 1 — 6 月，全国餐饮收入达到了 2.6 万亿元，同比增长 7.9%。

图 1-3　　2019 年至 2024 年上半年全国餐饮收入概况

2. 市场竞争日趋激烈，餐饮业内卷加剧

随着消费市场的回暖，2023 年创业者对餐饮创业的热情迅速回升，餐饮相关企业注册量大幅增加。进入 2024 年，餐饮创业逐渐回归理性。企查查数据显示，2023 年餐饮相关企业注册量为 412.7 万家，同比增长 24.7%。2024 年 1 — 6 月的注册量为 159.0 万家，较 2023 年同期减少了 31.9 万家（见图 1-4）。可见，餐饮市场的竞争仍然较为激烈。

注：统计口径为国标行业为"餐饮业"的企业。
资料来源：企查查，红餐产业研究院整理，数据统计时间截至 2024 年 6 月 12 日。

图 1-4　2019 年至 2024 年上半年全国餐饮相关企业注册量与注销、吊销量情况

一方面，餐饮行业竞争渐趋激烈，降价促销、团购优惠套餐等活动层出不穷，行业内卷加剧。

另一方面，随着场地租金、人工成本、食材成本等不断上涨，餐饮企业的经营成本也在上升。以人工成本为例，餐饮行业属于典型的劳动密集型产业，人工成本一般占餐厅营业收入的 30% ~ 40%（包括支付给职工的薪金及非薪金形式的人工成本，如职工用餐、服装和培训成本等），近年其还在持续攀升。国家统计局数据显示，2017 — 2023 年，全国住宿和餐饮业城镇非私营单位就业人员年平均工资从 45,751 元增长至 58,094 元，年复合增长率为 4.1%；全国住宿和餐饮业城镇私营单位就业人员年平均工资从 36,886 元增长至 51,583 元，年复合增长率为 5.7%（见图 1-5）。

资料来源：国家统计局，红餐产业研究院整理。

图 1-5　2017 — 2023 年全国住宿和餐饮业城镇单位就业人员年平均工资情况

在这样的环境下，餐饮企业的利润空间受到进一步挤压，经营压力倍增。

与此同时，消费者对于餐饮消费更加理性和谨慎。从人均消费方面来看，近年来餐饮行业大盘的人均消费呈现下滑态势。红餐大数据显示，2023年全国餐饮大盘人均消费为 42.6 元，比 2022 年下降了 0.6 元，同比下降了 1.4 个百分点（见图 1-6）。2024 年上半年，餐饮大盘人均消费继续下滑至 42.1 元，比 2023 年下滑了 1.2 个百分点，降幅略有收窄，尤其是饮品、小吃快餐、烧烤等细分赛道降幅收窄明显。因此，餐饮企业要根据市场变化和消费者需求，及时调整经营策略，才能避免在激烈的市场竞争中被淘汰出局。

单位：元　■2022年人均消费　■2023年人均消费　■2024年H1人均消费

资料来源：红餐大数据，数据统计时间截至 2024 年 6 月 30 日。

图 1-6　2022 年至 2024 年上半年部分餐饮赛道人均消费情况

3. 物价水平稳定，消费者信心有待进一步提升

随着我国保供稳价政策的持续推进，餐饮上游原材料供应充足，价格水平稳定。而在需求端，居民可支配收入逐年增加，消费潜力较大，但消费者信心略显不足。

以物价水平为例，近年来，我国物价保持总体稳定态势。国家统计局数据显示，2023 年全国居民消费价格指数（CPI）同比上涨 0.2%，其中食品价格同比下降 0.3%；2023 年全国工业生产者出厂价格指数（PPI）同比下降 3%（见图 1-7）。随着国内经济稳步回升向好，部分农产品价格（如生猪价格）也到了价格调整拐点，2024 年物价在低位温和回升。

图 1-7　2019 — 2023 年居民消费价格指数与工业生产者出厂价格指数情况

在需求端，虽然近年来全国居民收入水平在不断提高，但随着全国居民对未来收入和支出的不确定性预期提高，居民预防意识和储蓄意愿明显增强。

国家统计局与中国人民银行数据显示，2023 年，全国居民人均可支配收入为 3.9 万元，同比增长 6.1%；全国住户存款为 137.0 万亿元，同比增长 13.8%，2019 — 2023 年全国住户存款增速均保持在 10% 以上（见图 1-8）。其中，2022 年在全国居民人均可支配收入增长率仅为 2.9% 的情况下，全国住户存款增速达到 17.4%，这一增速创下了历史新高。进入 2023 年以后，随着消费者信心的提升，消费者的消费意愿有所增强，但全国居民仍然保持着较高的储蓄状态，2024 年第一季度全国住户存款增加了 8.56 万亿元。

图 1-8　2019 — 2023 年全国居民人均可支配收入、全国住户存款情况

超过百万亿元的住户存款和超 10% 的增长率，一方面表明消费者信心不足，广大消费者对于消费持谨慎态度。国家统计局数据显示，从 2022 年 4 月开始，三大消费者指数降至 100 以下，并一直保持低位徘徊（见图 1-9）。其中，消费者信心指数在 2023 年 3 月以后一直维持在 90 以下。

图 1-9　2023 年至 2024 年 4 月消费者信心指数、满意指数、预期指数情况

另一方面，高额的住户存款也预示着巨大的消费潜力。未来，在相关政府部门一系列提振信心的措施下，消费者信心有望得到恢复，这部分资金有可能迅速转化为有效的消费需求，推动经济增长。

4. 政策推动文旅消费热潮，区域特色餐饮趁势崛起

为了进一步增强消费在国内大循环中的重要作用，政府推出了一系列的促消费政策。在文旅消费方面，近年来中央和地方政府多次出台促进文旅消费的政策。例如，2023 年 3 月，文化和旅游部办公厅发布了《关于组织开展 2023 年文化和旅游消费促进活动的通知》；2023 年 9 月，国务院办公厅发布了《关于释放旅游消费潜力推动旅游业高质量发展的若干措施》等（见表 1-1）。各

级地方政府和相关部门纷纷响应，将促进文旅消费落到实处。如成都打造"新十二月市"城市消费品牌，按月令主题持续推出新"十二月市"系列活动；江苏省推出了"水韵江苏·有你会更美"文旅消费推广季等活动。

表 1-1　2023 — 2024 年全国部分文旅消费、餐饮消费相关的政策文件

发布时间	政策文件	主要内容
2024 年 3 月	商务部等九部门联合印发《关于促进餐饮业高质量发展的指导意见》	提升餐饮服务品质，完善标准体系，优化餐饮供给格局，发展乡村休闲餐饮等
2024 年 1 月	西安市人民政府发布《西安市促进文化旅游体育产业高质量发展若干措施》	聚焦"文旅＋教育""文旅＋文博""文旅＋商贸""文旅＋工业""文旅＋农业"等，深入推动文旅体深度融合发展
2023 年 9 月	国务院办公厅印发了《关于释放旅游消费潜力推动旅游业高质量发展的若干措施》的通知	加大优质旅游产品和服务供给，激发旅游消费需求
2023 年 8 月	福建省文化和旅游厅印发《关于促进文化和旅游消费的措施》	出台 10 项具体有力举措，推进全领域、全行业、全要素的文旅深度融合发展
2023 年 5 月	成都市国际消费中心城市领导小组办公室印发实施《成都"新十二月市"促消费活动实施方案》	创新策划开展"新十二月市"系列促销活动，以"新十二月市"为主线，涵盖"购物""文旅""美食""赛事""展览"等领域
2023 年 3 月	文化和旅游部办公厅发布了《关于组织开展 2023 年文化和旅游消费促进活动的通知》	要求各地方部门围绕节假日，贯穿全年举办内容丰富、形式多样的系列促消费活动

资料来源：公开信息，红餐产业研究院整理。

红餐网 | 红餐大数据

在系列政策的推动下，2023 年以来，国内迎来了文旅消费热潮，旅游业较快反弹。国家统计局数据显示，2023 年国内出游 48.9 亿人次，同比增长 93.3%；国内旅游收入达 4.9 万亿元，同比增长 140.3%。

2024 年，全国各地的文旅消费热仍在持续，消费者出游意愿保持较高水平。文化和旅游部的抽样数据显示，2024 年第一季度国内出游 14.2 亿人次，比 2023 年同期增加了 2.03 亿人次，同比增长 16.7%。

与此同时，在文旅消费热潮的推动下，地方菜、地方美食不断成为餐饮市场的消费热点，如淄博烧烤、哈尔滨烧烤、天水麻辣烫等。这些城市餐饮热点频现，不仅展示了全国餐饮文化的多样性，也进一步促进了全国多个城市餐饮的崛起。

二、中餐"出海"成趋势，餐饮供应链迎来新发展机遇

随着餐饮市场竞争日趋激烈，在经营成本上升和有效消费需求不足的双重压力下，餐饮企业的利润被进一步压缩。为了应对挑战，餐饮企业一方面从供应链、经营管理等方面来实现降本增效，另一方面积极开拓下沉市场、海外市场，以增加营业收入和提升市场竞争力。

1. 下沉市场被进一步挖掘，中餐品牌扎堆"出海"

在市场开拓方面，从近年餐饮门店的分布来看，下沉市场的餐饮门店数占比有上升趋势。红餐大数据显示，2023年全国三线及以下城市的餐饮门店数占比为50.9%，比2022年提高了0.3个百分点（见图1-10）。进入2024年以后，门店下沉趋势加速，截至2024年6月，全国三线及以下城市的餐饮门店数占比为52.0%，比2023年提高了1.1个百分点。

图 1-10　2022 年至 2024 年上半年全国各线级城市餐饮门店数占比分布

在"出海"方面，据红餐产业研究院观察，从2023年开始，布局海外市场的餐饮企业越来越多，且这一趋势在2024年得到延续。目前，火锅、茶饮、中式正餐、小吃快餐等多个细分赛道均有不少品牌在海外开设了直营店或加盟店。此外，上游供应链企业也在积极地探索海外市场。未来，将会有更多的餐饮企业布局海外市场。

2. 餐饮供应链日渐成熟，政策利好餐饮上中游发展

近年来，随着餐饮行业标准化和连锁化率的提高，餐饮行业对专业餐饮供应链的需求日益增加。我国也逐渐诞生了一批专业化的餐饮供应链企业，覆盖从农产品种植／养殖、食材采购、生产加工、调味料、物流配送、供应链管理到各种配套服务的餐饮上中游各个环节，全国餐饮供应链市场发展得日渐壮大。

红餐大数据显示，2023 年餐饮供应链市场规模约 2.4 万亿元，同比增长 18.9%（见图 1-11）。2024 年，随着餐饮行业连锁化率的进一步提升，餐饮企业对于餐饮供应链的需求将进一步扩大，餐饮供应链市场将继续保持增长态势，预计 2024 年全国餐饮供应链市场规模将突破 2.6 万亿元。

图 1-11　2019 — 2024 年全国餐饮供应链市场规模概况

对于餐饮业的上中游领域，近年来国家和地方也出台了较多的利好政策（见表 1-2）。

例如，在预制菜领域，2023 年 2 月，预制菜首次被写进"中央 1 号文件"。2024 年 3 月，市场监管总局等六部门联合发文明确预制菜的定义与范围，强化了预制菜食品安全监管，为预制菜食品安全标准与质量标准体系建设指明了方向。

在冷链物流领域，2022 年 5 月，国务院发布《"十四五"现代物流发展规划》，该规划中对冷链物流的发展提出了明确要求，包括加强冷链物流基础设施建设、提高物流效率、降低物流成本等。

表 1-2　2022 — 2024 年全国部分关于餐饮上中游领域相关的政策文件

发布时间	政策文件	主要内容
2024 年 3 月	市场监管总局等六部门联合发布《关于加强预制菜食品安全监管 促进产业高质量发展的通知》	明确预制菜的定义与范围，推进预制菜标准体系建设，加强预制菜食品安全监管
2024 年 2 月	农业农村部印发《生猪产能调控实施方案（2024 年修订）》	将全国能繁母猪正常保有量从 4,100 万头调整为 3,900 万头左右
2023 年 7 月	工信部等三部门联合印发《轻工业稳增长工作方案（2023—2024 年）》	加强产业链上下游协同配套，加快焙烤食品、酿酒、调味品等传统制作技艺传承创新
2023 年 6 月	国家发展改革委印发《关于做好 2023 年国家骨干冷链物流基地建设工作的通知》	发布新一批 25 个国家骨干冷链物流基地建设名单
2023 年 6 月	湖南省人民政府办公厅出台《关于加快推进预制菜产业高质量发展的意见》	提出湖南要加快培育壮大预制菜产业，着力建设预制菜产业大省
2023 年 2 月	《中共中央　国务院关于做好 2023 年全面推进乡村振兴重点工作的意见》	提升净菜、中央厨房等产业标准化和规范化水平，培育发展预制菜产业
2022 年 10 月	河南省人民政府办公厅印发《河南省加快预制菜产业发展行动方案（2022—2025 年）》	提出河南省要建设成为全国重要的预制菜生产基地、全国有影响力的预制菜生产大省

资料来源：公开信息，红餐产业研究院整理。

红餐网｜红餐大数据

除了中央政府的政策之外，各地方政府也纷纷出台了相关政策与举措，大力推进预制菜产业和冷链物流产业的发展，如河南、湖南、江西、广东等多个省份均建立了预制菜产业园和若干骨干冷链物流基地。

这些政策举措为餐饮供应链体系的进一步发展提供了坚实的基础，有助于提高整个餐饮产业链的现代化水平和运作效率，促进餐饮产业向高质量方向发展。

总体而言，当前国内经济回升向好，消费已成为经济增长的核心动力，扩大内需仍然是未来我国经济发展的重要任务之一。餐饮作为消费领域的重要组成部分，正处于行业变革和发展的关键时期，充满着挑战与机遇，餐饮企业需要灵活调整经营策略，以适应不断变化的市场环境和消费者需求。

<table>
<tr><td>第二节</td><td>基本面：
餐饮加盟市场升温，餐企连锁发展促使上游转型升级</td></tr>
</table>

我国餐饮行业正在步入高质量的发展阶段，呈现出连锁化、多元化、国际化的发展趋势。连锁化程度的不断提升是餐饮行业高质量发展的显著标志，越来越多的餐饮企业通过开放加盟、加强标准化建设的方式实现规模化发展。与此同时，餐饮企业实现营收渠道的多元化，外卖市场的高度成熟也为行业发展注入了新动力。并且，餐饮品牌的营销方式变得更加多样，"餐＋饮"的经营模式分化出了多种"变体"，精致餐饮领域的业态丰富度持续提高。更有不少餐饮品牌致力于开拓海外市场，在海外寻找新增长点。

下游餐企的蓬勃发展也带动了上游供应链的转型升级。越来越多的上游供应链企业走上"台前"，食材原料、调味料、物流配送等行业的从业者紧跟新热点、新需求，同步探索规模化、细分化的发展路径，为餐饮业的高质量发展提供了有力的支撑。

一、连锁化：全国餐饮连锁化率达 21%，加盟市场再度升级

2018 年以来，我国餐饮连锁化率逐年上升，从 2022 年的 19% 上升到 2023 年的 21%（见图 1-12）。

资料来源：美团，红餐产业研究院整理。

图 1-12　2018 — 2023 年全国餐饮连锁化率情况

从餐饮品牌的规模化程度来看，红餐大数据显示，相较 2023 年，截至 2024 年 6 月，门店数在 100 家以上的各个区间的品牌数占比均有所增长（见图 1-13）。其中，门店数在 500 家以上的品牌数占比提升了 0.35 个百分点。

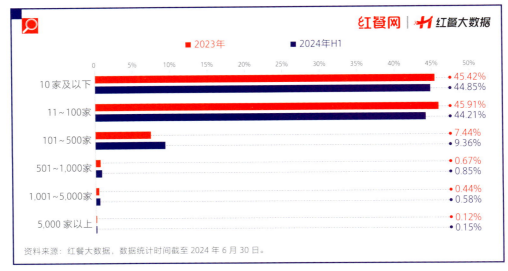

图 1-13   2023 年至 2024 年上半年全国餐饮品牌门店数区间占比分布

而从近两年门店数在 500 家以上的餐饮品牌所属品类分布来看，小吃快餐品牌的占比超过六成，饮品品牌的占比超三成，这说明小吃快餐、饮品两大赛道的品牌连锁化程度较高（见图 1-14）。

图 1-14   2023 年至 2024 年上半年全国门店数在 500 家以上的
餐饮品牌所属品类分布

具体至头部餐饮品牌，红餐大数据显示，截至 2024 年 6 月，全国门店数 TOP20 餐饮品牌的门店数均在 4,000 家以上，共有 6 个品牌的门店数超过了 1 万家，其中 2 个品牌的门店数突破了 2 万家（见图 1-15）。百胜中国旗下的肯德基门店总规模在 2023 年突破了 1 万家，成为新晋的万店品牌。而古茗茶饮、茶百道、沪上阿姨等品牌均在向万店发起冲击。

红餐网 | 红餐大数据

品牌名称	门店数（家）
蜜雪冰城	29,500+
华莱士	20,300+
瑞幸咖啡	19,100+
绝味鸭脖	13,900+
正新鸡排	12,200+
肯德基	10,700+
古茗茶饮	9,400+
沪上阿姨	8,300+
茶百道	8,300+
星巴克	7,900+
塔斯汀	7,400+
库迪咖啡	6,900+
麦当劳	6,800+
杨国福麻辣烫	6,600+
书亦烧仙草	6,200+
紫燕百味鸡	6,100+
张亮麻辣烫	6,100+
甜啦啦	5,600+
益禾堂	5,300+
CoCo都可	4,100+

资料来源：红餐大数据，数据统计时间截至 2024 年 6 月 30 日。

图 1-15　2024 年全国餐饮门店数 TOP20 品牌

由此可见，餐饮行业的连锁化步伐在不断加快，尤其是小吃快餐和饮品赛道的品牌拓店较为快速。具体来看，当下餐饮品牌的连锁化进程主要呈现出两个较为明显的发展特征。

其一，以供应链、标准化、数字化建设为抓手，品牌化建设日益深化。在竞争日趋白热化的餐饮行业，打造具有高辨识度、高价值感的品牌无疑成为关乎餐饮品牌生存与发展的重要因素。在深化品牌化建设的过程中，供应链的打造能够确保餐饮品牌的品质稳定。而数字化技术的引入则能够提升餐饮品牌的管理效率。通过构建数字化体系，餐饮品牌不仅能够实现多渠道触达客群，系统地支持全业务流程，优化后端供应体系，还能打通"前端获客—中端管理—后端供应"的全生产链路，从而量化、可视化各个环节，提升运营效率。

其二，餐饮加盟市场趋向规范化、有序化发展。进入 2024 年，餐饮加盟市场热度持续高涨：一批此前坚持直营发展策略的品牌，如海底捞、太二酸菜鱼、珮姐重庆火锅等先后宣布开放加盟；茶百道、书亦烧仙草、NOWWA 挪瓦咖啡、乐乐茶等品牌更以"0 元加盟费"或发放加盟补贴的形式，力推加盟模式（见表 1-3）。

表 1-3　2023 年至 2024 年上半年全国餐饮品牌开放加盟动向一览（不完全统计）

品牌名称	时间	加盟动向
乐乐茶	2023 年 4 月	开放加盟
瑞幸咖啡	2023 年 5 月	在原有的加盟模式上新增带店加盟模式
瑞幸咖啡	2024 年 1 月	新增"定向点位加盟模式"，具体开店场景包含工作、学习、休闲、医疗交通枢纽、景区等
海伦司	2023 年 6 月	推出"嗨啤"合伙人计划
奈雪的茶	2023 年 7 月	推出合伙人计划
桂桂茶	2023 年 8 月	开放加盟
Tims 天好咖啡	2023 年 9 月	启动"合伙人项目"；2024 年 5 月，宣布开放单店加盟
陈香贵	2023 年 11 月	启动合伙人加盟制度
和府捞面	2023 年 12 月	开放加盟
乐凯撒披萨	2024 年 1 月	开放特许经营，推出单店特许和区域特许两种模式
大师兄·手工面·西北菜	2024 年 1 月	开放特许合作，具体包括两种模式：广东省内带店加盟、广东省外招城市代理
太二酸菜鱼	2024 年 2 月	开放加盟
海底捞	2024 年 3 月	开放加盟
珮姐重庆火锅	2024 年 3 月	开放特许加盟
Seesaw Coffee	2024 年 3 月	开放加盟
乡村基	2024 年 6 月	开放部分地区的联营

资料来源：公开信息，红餐产业研究院整理，数据统计时间截至 2024 年 6 月 30 日。

红餐网｜红餐大数据

随着越来越多的优质品牌入局，加盟市场亦不断趋向规范化，迈入"品招"时代。相比过去充斥于加盟市场的快招品牌，当下餐饮市场中的诸多加盟品牌拥有成熟的组织管理体系和供应链能力，加盟流程亦较清晰、透明，能够高效、标准化地复制门店。加盟模式的价值得到了更广泛的认可。

二、外卖市场：品牌探索多元渠道，高频的外卖消费习惯养成

随着外卖市场的进一步成熟，我国外卖的普及程度不断提升。中国互联网络信息中心（CNNIC）第53次《中国互联网络发展状况统计报告》显示，截至2023年12月，我国网上外卖用户规模达5.45亿人，较2022年12月增长2,338万人，占网民整体的49.9%（见图1-16）。

图 1-16　2020 — 2023 年全国网上外卖用户规模及使用率

与此同时，随着我国外卖基础设施不断完善，抖音、快手等平台也开始入局外卖业务。例如，短视频平台抖音自 2022 年底开始布局"团购配送"业务，为消费者提供抖音下单团购和送餐上门的服务，并于 2023 年着手搭建自有的配送系统，但目前其业务进展尚待进一步探索。另一短视频平台快手亦于 2023 年 11 月试水外卖到家业务，不过其也处于初期探索阶段。

此外，众多餐饮品牌亦采取不同的策略持续开拓外卖业务。首先，在整体策略上，外卖运营渐趋精细化。餐饮品牌采取了多种措施提升外卖的品质感，包括推出一人食套餐、加强外卖包装盒的保温性能等。并且，在西式快餐、茶饮、咖饮、粉面、中式米饭快餐等规模化程度较高的赛道中，一众品牌通过自建小程序、运营社交媒体等方式进行私域运营，在外卖平台之外积累品牌客群，沉淀品牌数据。

在门店模型上，诸多餐饮品牌积极探索卫星店、外卖专门店等门店模型，如肯德基、必胜客、农耕记、太二酸菜鱼、老乡鸡等品牌都开出了卫星店。与堂食门店相比，卫星店、外卖店的门店面积更小，选址倾向于热门商圈的非核心区域，很多餐饮品牌的卫星店、外卖店普遍只提供外卖，因此有着投资小、效率高的特点。通过大力发展卫星店、外卖店，餐饮品牌能够更快地拓展消费人群，触达更多的用户。

从消费端看，我国消费者已养成了高频次的外卖消费习惯。红餐产业研究院"2024 年餐饮消费大调查"显示，83.6% 的受访消费者每月点外卖超过 2 次，41.2% 的受访消费者每周点外卖超过 4 次，仅有 6.2% 的受访消费者不点外卖（见图 1-17）。

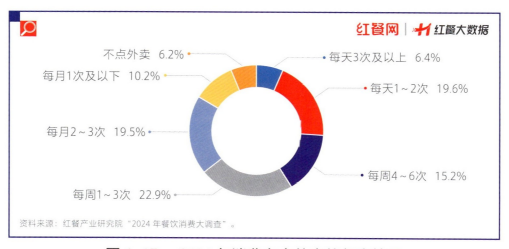

图 1-17　2024 年消费者点外卖的频率情况

餐饮消费者在点外卖的时候，最为关注的三个因素分别是性价比、口味和优惠力度。同时，亦有不少消费者关注配送费、商家评分、配送时长等因素（见图1-18）。

图 1-18　2024 年消费者点外卖时关注的因素

对于消费者能够接受的外卖等餐时间，超四成的受访消费者接受的等餐时间区间为 20～30 分钟，其次，31.6% 的受访消费者能够接受的等餐时间区间为 30～40 分钟，仅有 7.3% 的受访消费者能够接受等待 40 分钟以上（见图 1-19）。

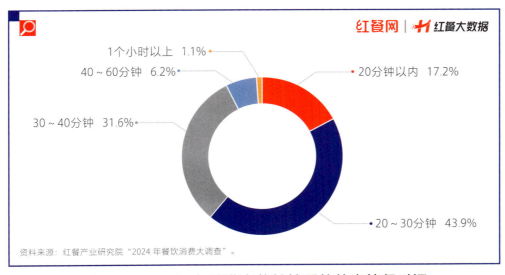

图 1-19　2024 年消费者能够接受的外卖等餐时间

随着我国餐饮外卖市场的进一步发展，消费者已经形成了高频次、多渠道、快节奏的外卖消费习惯。与此同时，餐饮品牌也积极自我革新，拥抱外卖市场。在供需两端的共同推动下，我国的餐饮外卖市场正朝着高质量的发展方向迈进。

三、中餐"出海"：火锅、茶饮、咖饮打头阵，开启"航海之路"

除了在国内市场积极开疆拓土，众多餐饮品牌把目光瞄准了海外市场。此前，品牌"出海"是为了拉高品牌势能。而当下，相比"卷"出新高度的国内餐饮市场，餐饮品牌多是基于发展空间的考量，选择"出海"寻找新增量（见表1-4）。

表 1-4　2023 年至 2024 年上半年全国部分餐饮品牌海外布局概况

品牌名称	品类	首次 / 重启 "出海" 时间	海外首店地点	最新动态
瑞幸咖啡	咖饮	2023 年 3 月	新加坡	2023 年 3 月开始进入新加坡，目前已在新加坡开出多家门店
海伦司	酒馆	2023 年 5 月	新加坡	已进驻新加坡，同步布局日本和美国首店
甜啦啦鲜果茶	茶饮	2023 年 8 月	印度尼西亚	已进驻印度尼西亚、菲律宾，逐步深入东南亚市场
库迪咖啡	咖饮	2023 年 8 月	韩国	截至 2024 年 6 月，已在全球数十个国家开设超 240 家国际门店
农耕记·湖南土菜	中式正餐	2023 年 11 月	新加坡	截至 2024 年 6 月，已在新加坡开出多家门店
奈雪的茶	茶饮	2023 年 12 月	泰国	已开出泰国首店
茶百道	茶饮	2024 年 1 月	韩国	已在韩国开出数家门店
7 分甜	茶饮	2024 年 1 月	加拿大	已在加拿大开出海外首店
新荣记	中式正餐	2024 年 2 月	日本	2024 年 2 月，在日本东京开出海外首店
沪上阿姨	茶饮	2024 年 2 月	马来西亚	已在马来西亚开出海外首店
茉莉奶白	茶饮	2024 年 4 月	美国	已在美国纽约开出海外首店
紫燕百味鸡	卤味	2024 年 5 月	澳大利亚	已在澳大利亚墨尔本开出首店

资料来源：公开信息，红餐产业研究院整理，数据统计时间截至 2024 年 6 月 30 日。

红餐网｜红餐大数据

从餐饮品牌海外布局情况来看，火锅、茶饮、咖饮品牌是排头兵。在火锅赛道，海底捞于 2023 年分拆出海外业务，成立特海国际控股有限公司，目前已在港交所和美国纳斯达克成功实现双重上市。在茶饮赛道，蜜雪冰城在海外市场展现出较快的扩张速度，截至 2024 年 6 月，其已开出超 7,000 家海外门店，覆盖海外 10 余个国家。霸王茶姬、茶百道等品牌则在积极搭建海外市场供应链体系。其中，霸王茶姬海外拓展势头迅猛，截至 2024 年 6 月，其海外门店数已超 100 家。在咖饮赛道，库迪咖啡海外拓店速度也较快，距离首次"出海"不到一年已开出超 240 家海外门店；瑞幸咖啡亦在积极拓展新加坡市场。此外，酸菜鱼、麻辣烫、卤味等赛道中的一些品牌亦积极开拓海外市场，比如绝味鸭脖、太二酸菜鱼、鱼你在一起、张亮麻辣烫、杨国福麻辣烫等品牌也在海外取得了不错的成绩。

进入 2024 年，精致餐饮品牌如新荣记亦开始探索海外市场。作为我国精致餐饮的"出海"先行者，新荣记将海外的第一站选在了日本。在新荣记之后，未来或将有更多精致餐饮品牌"扬帆出海"，进一步丰富国际消费者对中餐的认知。

从"出海"目的地来看，东南亚成为中餐品牌"出海"的热门目的地。其原因首先是东南亚地区有着大量的华人，且与中国地理位置相近，饮食习惯相似度较高，这为中餐在该地区的传播提供了天然的优势。其次是东南亚市场拥有较大的人口规模，对于消费品的需求不断增长。最后，"一带一路"倡议也为品牌"出海"提供了助力。

除东南亚市场外，北美和欧洲市场亦颇受餐饮品牌关注。北美、欧洲市场作为成熟的餐饮市场，对于多元餐饮消费的需求较高。同时，随着中餐在这些地区的不断普及，当地消费者对于中餐的接受度也在不断提高，为我国餐饮品牌在该地区的发展提供了良好的市场基础。

不过，餐饮品牌"出海"也面临异国供应链搭建、人才储备、品牌本土化、营商环境适应等挑战。例如，在供应链方面，中式餐饮往往难以在海外配备齐全所需的原料，或原料品质难以保持稳定，对此，餐饮品牌多采取国内运输搭配就地取材的形式。但从国内转运原材料，就会相应地增加运营成本，因此供应链稳定运行的难度颇高。在品牌本土化方面，其难点不只是产品的本土化，更在于适应当地的营商环境。例如，瑞幸咖啡在进入泰国市场之前，其商标被当地的"泰国瑞幸"抢注。"泰国瑞幸"更于 2023 年 12 月状告瑞幸咖啡侵权并胜诉，使得瑞幸咖啡陷入"侵权风波"。因此，餐饮品牌在"出海"前需要充分了解目标市场的特点，制定相应的市场策略。

值得关注的是，除了餐饮品牌，餐饮供应链企业亦在积极"出海"。其中，本就有海外业务的代糖供应商三元生物、番茄制品供应商冠农股份凭借其在海外市场的积极布局，实现了净利润的大幅增长。与此同时，速冻食品企业如安井食品、海欣食品等也加快了海外扩张的步伐。肉制品加工企业得利斯更是计划在英国设立全资子公司，专注于预制菜产品的出口。供应链企业加速"出海"，能够为海外的中餐品牌提供稳定、高质量的供应链支持，进一步推动中餐在海外的发展。

四、营销方式：联名、"文旅＋"、情绪价值成品牌流量密码

互联网和社交媒体的崛起，为餐饮品牌提供了全新的营销渠道，餐饮品牌正在以更创新和更多元的方式，与消费者建立深层次的连接。

目前，餐饮品牌较常采用的营销方式主要有六种，分别是联名营销、"文旅＋餐饮"、"文娱＋餐饮"、情绪价值营销、直播营销和"造节"。

其一，联名营销。联名营销是指餐饮品牌与其他品牌/IP（动漫/动画IP、人物IP、影视综IP、游戏IP）合作，联合发布融合性产品（联名款实物产品或虚拟产品）。例如，2023年9月，瑞幸与贵州茅台联合推出的"酱香拿铁"，首发日销售额破1亿元，并在线上线下引发广泛的讨论，成为餐饮业的现象级联名事件。

红餐产业研究院调研发现，不少消费者对联名营销方式表示出较大的兴趣：有37.8%的受访消费者表示喜欢联名营销，但需要看具体情况决定是否购买相关产品；9.6%的受访消费者表示非常喜欢，会积极购买联名产品（见图1-20）。

资料来源：红餐产业研究院"2024 年餐饮消费大调查"。

图 1-20　　2024 年消费者对于餐饮联名营销的态度

其二，"文旅＋餐饮"。"文旅＋餐饮"是结合旅游资源和餐饮文化的一种营销方式。通过将地方特色美食与旅游景点相结合，地方政府和餐饮品牌能够为游客提供一站式的旅游和餐饮体验。近年兴起的淄博烧烤、哈尔滨旅游热、甘肃天水麻辣烫均是"文旅＋餐饮"的代表事件。以天水麻辣烫为例，自 2024 年 2 月起，天水麻辣烫在短视频平台上走红，吸引了大批游客前往甘肃天水旅行。甘肃省文旅厅数据显示，2024 年 3 月，天水市累计接待游客 464 万人次，实现旅游综合收入 27 亿元，较上年分别同比增长 64.8% 和 67.2%。

其三，"文娱＋餐饮"。"文娱＋餐饮"主要是将餐饮与娱乐、文化等元素相结合，利用影视剧、综艺节目等文娱内容的热度抢占消费者心智，为消费者提供更为丰富多元的用餐体验。例如，

受《繁花》电视剧热播的影响，2024 年春节期间，和平饭店销售额比 2019 年同期增长超 60%。

其四，情绪价值营销。情绪价值营销是指通过触动消费者内心情感需求，引发共鸣，增强品牌认同感和忠诚度的营销手法。餐饮品牌纷纷从高饱和度的色彩、户外就餐场景、玄学营销等角度切入，为消费者提供轻松、愉悦的情绪价值。无论是"多巴胺饮品""多巴胺火锅"，卤味、现制饮品纷纷入局的野餐场景，还是走红的寺庙咖啡、好运奶茶，均因为能够满足消费者的情绪价值而走红。

其五，直播营销。直播营销是指餐饮商家通过直播的方式，引导消费者"低价囤货"，将线上用户引流到线下门店，短时间内提升流量和知名度的方式。通

过直播，一些餐饮品牌获得了比较多的流量，且直播销售额也较为理想。如太二酸菜鱼于 2023 年 10 月在抖音开启首场直播，开播不到 6 小时，销售额就突破了 1 亿元。

在此背景之下，不少餐饮品牌革新了直播的场景和流程，开启了沉浸式直播、剧情式直播、综艺式直播、户外直播等玩法。

其六，"造节"。"造节"主要是指餐饮品牌主动创造、推广独特的节日或活动，旨在提升与消费者沟通的效率，提升品牌美誉度。比如，蜜雪冰城就以"冰激凌音乐节"一举打入了音乐节爱好者所在的"圈层"，实现破圈营销；桂桂茶以"1 分钱喝冻柠茶"的方式连续多年打造了"冻柠日"；探鱼·鲜青椒爽麻烤鱼于 2023 年 10 月打造了首届豆花节，完成"8 小时送出最多份豆花"的挑战，成功通过吉尼斯世界纪录认证；肯德基于 2023 年暑假期间推出了首届"呼朋唤友炸鸡节"，切准暑期聚会场景。

上述六种营销方式各具特色，为餐饮的发展注入了新的活力。从调研数据来看，最受消费者欢迎的三种营销方式分别是"造节"、联名活动和社交媒体上轻松有趣的互动（见图 1-21）。

图 1-21 2024 年消费者喜爱的餐饮营销方式

因此，餐饮品牌应根据自身的市场定位、目标消费群体以及产品特点等因素，综合考虑各种营销方式的优劣势，制定适合自己的营销策略。同时，餐饮品牌还应密切关注市场动态和消费者需求的变化，及时调整和优化营销策略。

五、上游供应：预制菜在争议中前行，冷链物流迎新发展机遇

餐饮企业的连锁化发展，对于上游供应链的发展起到了积极的推动作用。一方面，餐企的规模化经营使得上游供应商需要不断提升自身的产能和效率，以满足餐企对于食材、调料等原材料的大量需求。另一方面，餐企对于产品的柔性定制需求也日益突出，这促使上游供应商加速转型升级，提供更加个性化的产品和服务。

具体来看，预制菜、复合调味料、冷链物流等颇受关注的上游供应领域近年来发生了较大的变化。

随着餐饮行业的连锁化程度不断提升，餐饮食材行业的细分化、专业化趋势变得越来越明显。火锅、烘焙等餐饮赛道的大单品爆发，促使了上游食材供应企业针对核心单品进行产业链的深度挖掘和拓展。烧烤、粉面、现制饮品等餐饮赛道对食材原料的专业化和定制化要求越来越高，促使了上游食材供应企业不断提升自身的技术水平，并向专业化的方向进化，以满足餐饮品牌高质量、规模化、标准化的需求。

其中，预制菜作为餐饮食材的重要板块，也正朝着细分化的方向发展。不少预制菜玩家开始切入更加细分的领域并深度挖掘，以此建立自身品牌的护城河。如海文铭专注于佛跳墙预制菜及鲍鱼相关产品，是佛跳墙预制菜领域的头部玩家；好当家聚焦海参产品，并打造出育苗—养殖—捕捞—加工海参的全产业链体系。

与此同时，我国预制菜赛道朝着规范化、标准化的方向发展。消费市场上，一些消费者对于预制菜仍怀有不少顾虑，如 2023 年的开学季，"预制菜进校园"事件不断发酵，社交媒体上出现了"抵制预制菜进校园""预制菜岂能进学校食堂"等话题。2024 年的央视"3·15 晚会"更曝光了"槽头肉制作梅菜扣肉事件"。对此，2024 年 3 月 21 日，市场监管总局等六部门联合发布《关于加强预制菜食品安全监管 促进产业高质量发展的通知》，规范了预制菜的范围，为预制菜的规范化发展保驾护航。

此外，不少消费者愿意消费预制菜。红餐产业研究院的调研数据显示，完全不接受预制菜的受访消费者仅占20.4%；而 26.8% 的受访消费者表示愿意购买预制菜带回家自己做；37.4% 的受访消费者认为，只要菜品质量有保证，可以接受预制菜（见图 1-22）。可以预见，预制菜未来的市场普及度有望继续上升，并持续往专业化生产、规范化监管的方向发展。

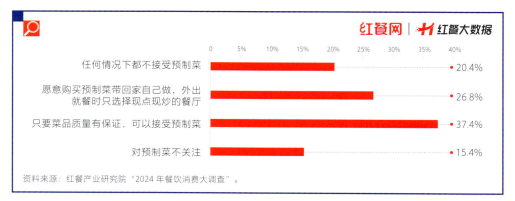

资料来源：红餐产业研究院"2024 年餐饮消费大调查"。

图 1-22　2024 年消费者对于预制菜的态度

在复合调味料领域，整体市场维持着高速的增长。红餐大数据显示，2023 年我国复合调味料市场规模突破 2,000 亿元，有望在 2024 年超过 2,300 亿元。随着餐饮行业的市场规模不断扩大，各大复合调味料企业积极开拓餐饮渠道，如颐海国际持续开拓 B 端市场并推出多款新品；日辰股份稳步推进产能建设，并与餐企呷哺呷哺合资打造出复合调味料及调理食品数字化制造中心建设项目。

随着市场竞争的加剧，复合调味料企业正积极改变策略，从被动迎合市场需求转向主动洞察市场趋势。各大复合调味料企业研判餐饮市场的流行趋势，提前研发新产品，与下游餐饮企业紧密协作。例如，针对 2024 年初爆红的天水麻辣烫，新雅轩、川海晨洋、圣恩股份、加点滋味等企业陆续研发出天水麻辣烫底料产品；随着成都砂锅菜走红，高汤供应链企业仟味高汤针对砂锅菜

爆品，提供一站式解决方案；随着重庆火锅和酸汤火锅的走红，火锅底料企业聚慧餐调推出了一系列的相关产品和定制化服务。

在冷链物流行业，随着消费者对食材新鲜度的追求提升，餐饮企业下沉化的发展趋势越发明显，冷链物流行业正朝着"广泛覆盖 + 温控精细化"的方向发展。一方面，基础冷链设施建设不断完善；另一方面，冷链物流行业的温区管理日益精细化。各大冷链物流企业如华鼎冷链、顺新晖、荣庆物流等，从产地预冷、自动冷库储存、全冷链运输到终端配送的冷链配送，每个环节都要通过不同的温度区域来保持产品的新鲜。

与此同时，随着连锁餐饮企业加速向全国市场扩张，零担业务、宅配业务需求大幅增加，冷链物流企业通过整合车辆和货品资源，以平台模式提升交易效率。

六、"餐＋饮"：茶饮成餐饮店"万能搭子"

随着吃喝一体化消费趋势的兴起，茶饮、咖饮在消费市场中的普及程度不断提升，饮品在餐饮行业中的重要性被日益重视。为了提升盈利能力和吸引消费者，大量餐企开始在菜单中增加饮品类产品，开启"餐＋饮"的服务模式。

总体来看，"餐＋饮"模式可主要分为两种，分别是"餐＋现制饮品"和"餐＋其他"（见表1-5）。

表1-5　2024年全国餐饮行业中"餐＋饮"模式

模式		代表品牌
餐＋现制饮品	餐＋现制茶饮	凑凑火锅、海底捞、朱光玉火锅馆、西贝莜面村、老乡鸡、乡村基、费大厨辣椒炒肉等
餐＋其他	餐＋酒	老乡鸡、先启半步颠小酒馆、新荣记、甬府、Linglong等
	餐＋甜品	楠火锅、朱光玉火锅馆、萍姐火锅、赵美丽火锅、煲仔正等
	餐＋豆浆	永和大王、南城香、紫光园、西少爷、吉野家、和合谷、肯德基等
	餐＋瓶装饮品	小龙坎火锅、喜家德虾仁水饺等

资料来源：公开信息，红餐产业研究院整理。

采取"餐＋现制饮品"模式的餐企，主要在菜单中加入了现制茶饮和咖饮。其中，"餐＋茶饮"是当前最流行的趋势之一。茶饮作为餐饮品类中的"万能搭子"，具有较高的毛利润，对于餐企而言有着引流和增收的作用。无论是火锅品牌如凑凑火锅、海底捞，中式米饭快餐品牌如老乡鸡、乡村基，还是中式正餐品牌如费大厨辣椒炒肉，都把现制茶饮和菜品组合售卖，有的甚至推出了独立的茶饮品牌。

除此之外，精致餐饮也开始注重餐茶搭配。例如，2024年新晋米其林一星的植物料理餐厅兰斋Lamdre以不同的现泡茶搭配菜品，凸显植物料理的本真风味；上海米其林一星餐厅Obscura by唐香与年轻茶品牌一舍一选联手，引入发酵等技术，推出各式特调气泡茶。

同时，"餐＋茶饮"的盛行也催生了上游供应商的出现，如秋田快饮、小茶鲜等供应商就专门为餐饮门店提供饮品线建设服务。

除了结合餐品与现制饮品，一些餐企还在探索餐品与其他饮品的结合。其中，"餐＋酒"曾在前些年颇为流行。随着"微醺经济"的走红，粉面品牌如和府捞面，中式米饭快餐品牌如老乡鸡，火锅品牌如凑凑火锅、海底捞，饺子品牌如喜家德虾仁水饺均有布局小酒馆。在精致餐饮中，酒水产品受到了诸多关注。一些精致餐饮品牌如新荣记、甬府、Linglong 对于餐酒搭配都颇为注重。

此外，"餐+甜品""餐+豆浆""餐+瓶装饮品"等模式也在不断发展。其中，"餐+甜品"已经成为火锅品牌的常见搭配模式。楠火锅、朱光玉火锅馆、萍姐火锅等品牌推出了一系列颜值较高的甜品，为火锅门店带来较好的引流效果。而豆浆饮品近年来逐渐走红，除了常规的早餐场景，下午茶、夜宵也成了豆浆的热门饮用场景。一些煲仔饭、螺蛳粉、猪脚饭门店也推出了冰豆浆、茉莉冰豆浆等饮品。快餐品牌永和大王更是深耕豆浆系列产品，形成了现磨豆浆、风味豆浆以及功能豆浆三大豆浆产品矩阵。2024 年，永和大王推出的"大王茶豆浆（茉莉）""永和大王益生菌豆浆"等产品，得到消费者的广泛认可。而专注于豆浆赛道的上游企业如龙王豆浆、九阳豆浆更是不断深挖 B 端餐企渠道。

至于"餐+瓶装饮品"模式，除了传统的雪碧、可乐、豆奶、沙棘汁、山楂汁、气泡水等创新瓶装饮品也开始出现在餐饮门店。瓶装饮品品牌好望水凭借"吃辣就喝望山楂"的标签，成为火锅、烧烤、川湘菜馆的伴餐产品，进入了大龙燚、小龙坎、喜家德虾仁水饺等知名餐饮品牌的门店。聚焦气泡水的瓶装饮品品牌元气森林则在 2023 年宣布深耕餐企渠道，其于 2024 年 1 月与小龙坎打造出联名主题店。起源于内蒙古的大窑饮品主打劲爽的"大汽水"系列产品，在北方的餐企渠道有较高的占有率，并于 2024 年明确重点发展华南市场的策略，正在积极开拓华南的餐企渠道。

未来，"餐+饮"模式将继续朝着多元化、个性化的方向发展。同时，跨界合作也将成为推动"餐+饮"模式发展的重要手段。餐饮企业通过与其他行业的企业合作，能够引入新的元素和创意，为消费者带来更加丰富多彩的餐饮体验。

七、投融资市场趋冷，富有新中式和地方特色的品牌受青睐

近年来，资本对餐饮领域的投资渐趋谨慎，餐饮领域的投融资热度持续降温。与此同时，资本的投资偏好也发生了变化，具有"新中式"、健康理念、地方特色以及融合创新特色的项目受资本青睐。此外，近年来，餐饮相关企业

的 IPO 之路不甚顺利，多个餐饮企业在 A 股市场的 IPO 之路遭遇挫折。在这样的背景下，越来越多的餐饮企业选择将目光投向港交所，掀起了赴港上市的热潮。

1. 餐饮投融资市场趋冷，四大特征引领投融资新风向

近年来，我国餐饮相关领域融资事件数和披露融资金额持续处于低位，餐饮行业的投融资热度明显降温。可见，资本市场对该领域的态度日益审慎。

（1）餐饮领域投融资持续降温，资本出手更趋谨慎

近年来，我国餐饮领域的投融资逐步降温。自 2022 年起，餐饮领域的融资事件数量和披露金额均呈现同比下降趋势，并且这种降温态势在 2023 年、2024 年上半年依然延续。据红餐大数据不完全统计，2023 年全年餐饮相关领域发生的融资事件共有 218 起，同比下降 13.8%，披露融资金额为 92.6 亿元，同比下滑 50.5%。进入 2024 年，餐饮相关领域的投融资持续降温，上半年发生的餐饮相关领域融资事件仅 44 起，披露融资金额为 12.0 亿元，分别同比下降 54.2% 和 61.8%（见表 1-6）。

表 1-6　2015 年至 2024 年上半年全国餐饮相关领域融资情况

年份	融资事件数（起）	披露总金额（亿元）	融资事件同比变化	披露融资金额同比变化
2015 年	525	260.3	140.8%	−12.4%
2016 年	534	488.9	1.7%	87.8%
2017 年	402	610.8	−24.7%	24.9%
2018 年	299	1,856.4	−25.6%	203.9%
2019 年	196	188.1	−34.4%	−89.9%
2020 年	177	886.4	−9.7%	371.2%
2021 年	347	497.2	96.0%	−43.9%
2022 年	253	187.1	−27.1%	−62.4%
2023 年	218	92.6	−13.8%	−50.5%
2024 年 H1	44	12.0	−54.2%	−61.8%

资料来源：红餐大数据、企查查，数据统计时间截至 2024 年 6 月 30 日。

红餐网｜红餐大数据

在融资轮次方面，天使轮阶段和A轮阶段的餐饮相关领域融资较为活跃。据红餐大数据，2023年至2024年上半年，餐饮相关领域发生在天使轮阶段的融资事件数占比高达34.8%，但披露融资金额数少于A轮阶段。相比之下，A轮阶段的融资事件数占比为22.4%，但披露融资金额达到29.3%（见图1-23）。

图1-23　2023年至2024年上半年全国餐饮相关领域各轮次融资事件及披露融资金额占比分布

在融资金额方面，餐饮相关领域的融资仍以千万元级别为主。据红餐大数据，2023年至2024年上半年，餐饮相关领域披露金额为千万元级别的融资事件数占比将近六成，其次是亿元级别和百万元级别，占比分别达到19.3%和15.3%。而十亿元级别的融资事件数仅占0.6%（见图1-24）。

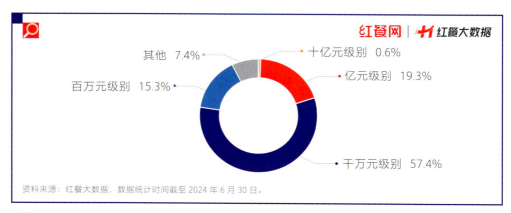

图1-24　2023年至2024年上半年全国餐饮相关领域各融资金额区间的融资事件数占比分布

除此以外，餐饮领域的融资事件数和披露融资金额在不同的领域中也出现分布不均的现象，餐饮企业无论是融资事件数还是披露融资金额占比依然最高。据红餐大数据，2023 年至 2024 年上半年，餐饮企业的融资事件数和披露融资金额占比分别达到 58.9% 和 44.8%。而近年部分实力较强的中上游企业也受到资本青睐。特别是在餐饮服务商和食材供应商这两个领域，2023 年至 2024 年上半年餐饮服务商和食材供应商的融资事件数占比分别达到 19.5%、15.0%，披露融资金额占比分别达到 22.8%、16.9%（见图 1-25）。

其中，聚焦餐饮 SaaS 系统研发的奥琦玮在 2023 年获得了微盟的超 5 亿元投资，而致力于研发、生产餐饮机器人的普渡科技也在 2023 年相继完成两轮亿元级别的融资。此外，塞尚乳业、鼎味泰、王家渡食品等供应链企业也获得了资本的青睐。

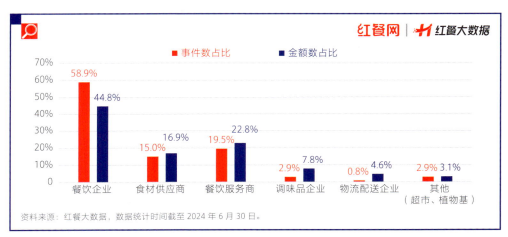

图 1-25　2023 年至 2024 年上半年全国餐饮相关领域融资事件及披露融资金额占比分布

从餐饮企业所属的类别上看，首先，"小吃小喝"仍然是资本的心头好。据红餐大数据统计，2023 年至 2024 年上半年，饮品、小吃快餐这两个餐饮品类的融资事件数占比远高于其他餐饮赛道，分别达到 45.4% 和 36.2%（见图 1-26）。其中，M Stand、小咖主、夸父炸串等企业的披露融资金额均为亿元级别。

其次，烘焙甜品的融资事件数占比也将近 10%，获得融资的企业有满记甜品等。中式正餐、特色品类、火锅、烧烤等赛道也有少量的品牌获得融资，比如徽菜品牌小菜园、粤菜品牌啫两手、轻食品牌沙拉食刻和超级碗等。

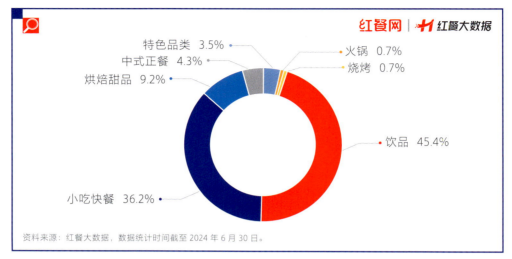

资料来源：红餐大数据，数据统计时间截至 2024 年 6 月 30 日。

图 1-26　　2023 年至 2024 年上半年全国各餐饮赛道融资事件占比分布

（2）四大特征引领投融资新风向，"新中式"及地方特色品牌成资本新宠

近年来，餐饮领域投融资热潮退却，资本投资的节奏有所放缓。相比前些年的"广泛投注"，近年资本更加聚焦于精准发掘那些具有长远发展前景和市场竞争力的优质餐饮项目。红餐产业研究院通过对 2023 年至 2024 年上半年的餐饮领域融资事件进行深入研究，发现了具有"新中式"、健康化、地方特色以及融合创新特征的餐饮品牌较受资本青睐。

首先，"新中式"成为近年餐饮领域的宠儿。随着我国消费者对于本土文化的认同感增强，越来越多的餐饮品牌开始融入中国传统元素，通过独特的品牌文化、菜品创新、视觉设计和营销策略，打造具有国韵国潮特色的餐饮体验。

这种国潮风不仅吸引了大量年轻消费者的关注，也吸引了投资机构的目光。2023 年以来，茶亭序、唐饮、茶舞等国风茶饮品牌，肯卫汀、沙朗阿甘等新中式汉堡品牌，以及虎头炸、老韩煸鸡等新中式炸鸡品牌均获得了资本助力。

其次，主打健康餐饮的品牌和企业也获资本垂青。随着健康饮食观念日趋流行，消费者越来越注重餐饮产品的健康属性要求。在这样的背景下，那些主打健康、养生、低糖低脂的餐饮品牌更容易获得消费者的青睐和资本市场的认可。比如，现制酸奶品牌王子森林、丽茉酸奶，主打无糖、低糖面包烘焙的桃禧满满、鹤所，轻食品牌超级碗以及无糖调味料生产商爱乐甜等均获得了融资。

再次，主打地方特色成为餐饮企业差异化的策略。随着消费者对于餐饮口味和文化的追求日益多样化，那些能够深入挖掘地方特色、传承地方文化的餐饮品牌，更容易在激烈的市场竞争中脱颖而出。比如，主打中式河豚菜品的淮扬菜品牌肆月河豚、聚焦西北特色小吃的京腔调、主打粤菜啫啫煲的啫两手以及朝鲜族拌饭品牌米悦拌饭等品牌均相继获得融资。

最后，通过融合创新寻找市场增量的品牌同样受到了资本的青睐。随着消费者对于餐饮体验的需求日益多元化和个性化，那些能够打破传统束缚、进行跨界融合和创新的餐饮品牌，更容易吸引消费者的眼球和满足他们的需求，也较受资本的喜爱。比如，获得融资的轻卡鹿，主打"咖啡＋烘焙"的产品策略；特色小吃品牌啤卤侠，主打"精酿鲜啤＋热卤炸串"；茶愿说则采取"咖啡＋盲盒"的模式。这些品牌均注重融合创新，并且它们创新不仅体现在菜品上，也体现在餐厅的经营模式、营销策略等方面。

2. 多个餐饮相关企业 A 股 IPO 折戟，赴港上市成热潮

近年来，餐饮相关行业 IPO 之路逐步收窄。2023 年 8 月，为激活资本市场活力并提振投资者信心，中国证监会推出阶段性 IPO 收紧的相关规定，餐饮相关企业主板的 IPO 难度在加大。

2023 年至 2024 年上半年，大洋世家、老乡鸡、鲜美来等 11 家餐饮领域相关企业终止 A 股主板 IPO（见表 1-7）。此外，近年来曾向港交所递交上市申请材料的乡村基、杨国福麻辣烫、七欣天、捞王、绿茶餐厅等，在其上市申请材料过期失效后，并未进行后续的更新动作。

表 1-7　2023 年至 2024 年上半年餐饮领域相关企业 IPO 情况（不完全统计）

类型	企业名称
在此期间新增 IPO 企业	茶百道（港股）、锅圈食品（港股）、蜜雪冰城（港股）、古茗茶饮（港股）、沪上阿姨（港股）、小菜园（港股）、特味浓（新三板）、老娘舅（北交所）
在此期间成功上市企业	达势股份（港股）、香颂国际（美股）、十月稻田（港股）、茶百道（港股）、锅圈（港股）、老娘舅（新三板）、索宝股份（上交所主板）、欧福蛋液（北交所）、田野股份（北交所）、江盐集团（北交所）、南王科技（深交所主板）、骑士乳液（北交所）、德康农牧（港股）
在此期间终止 IPO 企业	大洋世家、老乡鸡、鲜美来、紫林醋业、百味佳、龙江和牛、德州扒鸡、德馨食品、幺麻子、鲜活饮品

资料来源：公开信息，红餐产业研究院整理。

红餐网｜红餐大数据

值得注意的是，老娘舅的 IPO 之路颇为曲折。2023 年 11 月，老娘舅及其保荐人国元证券撤回 A 股主板发行上市申请。2023 年 12 月，老娘舅申请股票在全国股份转让系统挂牌并公开转让，然后于 2024 年 2 月 22 日在新三板基础层挂牌。2024 年 2 月 27 日，老娘舅发公告称，浙江证监局受理了其提交的首次公开发行股票并在北交所上市的辅导备案申请。

据红餐产业研究院统计，2023 年至 2024 年上半年餐饮领域新增的相关 IPO 企业共有 8 家。其中，锅圈在 2023 年 4 月向港交所递交了上市招股书后，于 2023 年 11 月成功在港交所挂牌上市。茶百道于 2023 年 8 月递交上市申请后，在 2024 年 4 月顺利在港交所挂牌上市。此外，索宝股份作为专注于大豆蛋白系列产品研发、生产和销售的企业，成为 2023 年来餐饮相关领域在 A 股主板上市的少数代表。

当餐饮相关企业在 A 股主板 IPO 之路不甚顺利的时候，众多餐饮企业纷纷调整战略，将目光投向了港股市场。从 2023 年至 2024 年上半年的餐饮相关领域 IPO 新增企业动向来看，除了特味浓计划在新三板挂牌上市外，其他如蜜雪冰城、古茗茶饮、沪上阿姨、小菜园等企业均将目光投向了港交所。与此同时，冲击港股的绿茶餐厅也在 2024 年 6 月 19 日再次向港交所递交上市申请招股书，重启 IPO。然而，早年间多家餐饮相关企业均有向港交所递交上市申请，甚至有的企业多次更新了申请材料或进入聆讯阶段，但至今仍未能成功上市，由此可见，港股的 IPO 之路并非坦途，同样充满挑战。

综上所述，当前餐饮相关领域的资本化之路经历着诸多的变化。面对市场的变化和挑战，餐饮领域相关企业需要积极调整策略，寻求新的发展机遇。一方面，要紧跟市场趋势，不断创新产品和服务，满足消费者的多元化需求；另一方面，要加强与资本市场的沟通与合作，寻求合适的融资渠道和投资伙伴，为企业的发展提供有力支持。

总体来看，在上下游从业者的不懈努力之下，餐饮业已然踏上新征程。而餐饮行业的进步与变革，不仅体现在连锁化、品牌化等宏观层面的策略，更在于每一个环节的精益求精。无论是品牌对于外卖渠道、营销方式、餐饮搭配的精细化运营，还是上游供应商对于新技术、大单品、新原料的追求，都为品牌和企业的发展提供更多的可能性，为餐饮行业的创新提供了有力的支持。

<table>
<tr><td>第三节</td><td>**消费端：**
审慎消费的风潮之下，情绪价值引领餐饮消费新潮流</td></tr>
</table>

　　随着我国人口结构加速转型，消费观念也在不断发生变化。近年来，消费者的餐饮消费习惯正逐渐从野性消费转向更为审慎、理性的消费分级和反向消费。同时，国潮风、玄学元素以及城市烟火气等情感价值在餐饮消费中越发凸显，深受消费者喜爱。

一、人口结构转型加速，2024 年餐饮消费呈现四大特征

　　近年来，得益于政府宏观调控政策的积极引导，我国经济稳步回升向好。然而，当前的经济环境中仍然交织着多重不确定性，消费者信心尚未充分恢复。在这种背景下，消费者的消费态度变得更为审慎。

　　与此同时，我国人口结构正在加速转型。据国家统计局数据，2023 年末全国人口为 140,967 万人，较 2022 年末减少了 208 万人。2023 年全年出生人口 902 万人，出生率为 6.39‰；死亡人口 1,110 万人，死亡率为 7.87‰，自然增长率为 -1.48‰（见图 1-27）。值得注意的是，我国人口已经连续两年出现负增长。人口负增长的现象不仅反映出了总人口数量的减少，更深层次地反映了人口结构的变化和老龄化、少子化问题在加剧。

图 1-27　2021 — 2023 年我国人口形势变化情况

对比 2012 年和 2022 年我国人口抽样调查各年龄段的人口分布情况，可以看出我国人口结构逐步从"年轻型"向"老龄型"转变。从具体数据上看，我国 60 周岁以上的人口比重从 2021 年的 18.9% 上升至 2023 年的 21.1%（见图 1-28）。与此同时，0 至 15 岁（含不满 16 周岁）以及 16 至 59 岁（含不满 60 周岁）这两个年龄段的人口比重，在过去 3 年中均呈现出持续的下降趋势。

图 1-28　2012 年及 2022 年我国人口抽样调查各年龄段人口对比

随着人口结构的变迁和经济环境持续演变，餐饮消费需求正朝着多样化的趋势迈进。消费者不仅对产品品质和服务水平有着更高的追求，同时对餐饮门店的体验也寄予了新的期望。在这样的背景下，消费者的餐饮消费也发生了一些结构性的变化。

比如，在消费理念上，理性消费已经占据主导地位，消费者越发注重"性价比"；在消费需求上，消费者对消费体验有了更深层次的追求，感官体验从传统"五感"（视觉、听觉、嗅觉、味觉、触觉）向"新五感"（松弛感、原生感、存在感、社交感、氛围感）转变；而在品牌认知上，本土品牌因其独特的文化魅力和亲和力，逐步成为消费者的"心头好"。基于这种消费行为的演变，红餐产业研究院总结出当下餐饮消费的四大特征。

1. 消费分级、反向消费趋势渐显，理性消费成潮流

近年来，"消费降级"的话题引起了广泛的讨论，但事实上，消费者对餐饮消费的体验和品质追求并未降低。在审慎消费的大背景下，消费者会根据自身的实际状况，寻找他们认为最具性价比的餐饮消费选择。近年来，餐饮消费分级的现象日益明显，当下的餐饮消费整体呈现 K 形分化的趋势。性价比餐饮品牌与注重体验的精致餐饮品牌均获得较好的发展。

此外，从线级城市分布上看，据巨量算数，2023 年以来，在搜索关键词"平替"的人群中，一线、新一线、二线城市的 TGI 指数［又叫"目标群体指数"，是反映目标群体在特定研究范围（如地理区域、人口统计领域、媒体受众、产品消费者）内的强势或弱势的指数］分别为 125、119 和 109，而三线及以下城市的人群 TGI 指数均低于 100，说明了二线及以上城市的人群更加关注"平替"消费。

事实上，消费分级反映了消费者对自身需求的深刻理解和对市场选择的理性判断。他们在消费时不再盲从品牌和价格，而是通过理性评估和审慎决策，追求更高的性价比。

不仅如此，这种审慎理性的消费观念也体现在消费者选择门店的决策过程中。近年来，"反向消费"在年轻消费群体中逐渐流行。过去，消费者倾向于将社交媒体和点评网站上的评分体系作为选择餐厅的重要依据之一。据红餐产业研究院调研，2023 年，49.4% 的受访消费者认为，社交媒体的"种草"和本地生活平台的店铺评分会对其选择就餐门店有较大影响。

进入 2024 年，"年轻人报复性挤爆 3.5 分饭店""评分低的店可能更好吃"等话题屡次登上社交平台热搜榜。消费者探寻"低分门店"的背后展现出一种消费态度——打破常规网络评分框架的限制，亲自探索那些尚未被广泛认可但可能蕴藏着独特魅力的地方。他们更倾向于用自己的视角去评估和体验，以此发现真正契合自己口味和需求的产品与服务，展现了消费者对于个性化和真实体验的追求。

2. 国潮风持续盛行，新中式餐饮消费热情较高

近年来，随着中国国力的增强和国际地位的提高，国人对自身文化的认同感和自豪感也显著增强。当下，"新中式"风潮在我国消费市场持续盛行，并

渗透到各个消费领域。无论是服饰设计，还是家具布置，甚至是婚礼仪式与日常餐饮，中式文化元素均被巧妙地融入，并逐渐成为当下引领时尚的潮流。

在餐饮方面，新中式餐饮尤其受到消费者的青睐。据红餐产业研究院调研，59.1% 的受访消费者表示曾经消费过新中式餐饮，而表示没听说过新中式餐饮的受访消费者仅占 7.1%。可见，新中式餐饮的消费认知相对广泛。

与此同时，超六成受访消费者对新中式餐饮持有积极态度，表示很喜欢并经常消费新中式餐饮的受访消费者达到 27.2%。可见，对传统文化传承和创新的新中式餐饮展现出了独特的魅力和广阔的市场前景。

从年龄上看，在关注新中式餐饮的受访消费人群中，35 岁及以下人群的占比最高，超过了七成。其中，21~25 岁、26~30 岁这两个年龄区间的占比均超过了 25%，而 31~35 岁人群的占比亦达到了 16.2%（见图 1-29）。可见，35 岁及以下的人群是新中式餐饮消费的主要群体。

资料来源：红餐产业研究院"新中式餐饮消费调研"。

图 1-29　2023 年关注新中式餐饮的消费人群年龄分布情况

事实上，目前已经涌现多个新中式餐饮细分领域，比如新中式茶饮、新中式烘焙、新中式汉堡、新中式茶馆等。在新中式餐饮的众多细分领域中，消费者对于新中式茶饮的接受度较高。据红餐产业研究院调研，57.0% 的受访消费者表示新中式茶饮是其最愿意尝试的新中式茶饮品类（见图 1-30）。其次是新中式茶馆、新中式汉堡、新中式烘焙和新中式咖饮。而消费者对于新中式轻食、新中式馒头和其他新中式品类的尝试意愿并不高，占比均在 10% 以下。

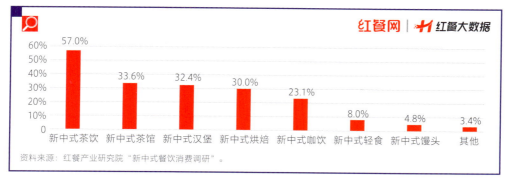

资料来源：红餐产业研究院"新中式餐饮消费调研"。

图 1-30　2023 年消费者最愿意尝试的新中式餐饮品类

近年来，消费者还表现出对中式养生产品的关注。据红餐产业研究院调研，2023 年购买过养生茶饮和养生滋补餐的消费者占比均超六成，而购买过中式糕点的消费者占比也达到 43.8%（见图 1-31）。

资料来源：红餐产业研究院"新中式餐饮消费调研"。

图 1-31　2023 年消费者购买中式养生产品的情况

3."玄学"风起，消费者从吃喝中寻找新的"精神寄托标的"

从"转发锦鲤"到"敲电子木鱼"，再到性格测试，"玄学"风潮在年轻人中日益流行。随着生活节奏加快，各种生活压力攀升，很多年轻人迫切地想在生活中寻求某种形式的心理安慰和掌控感。而"玄学"以其独特的视角，为他们提供了一种解释未知和不确定性的途径。

从心理学的角度来看，年轻人对"玄学"的关注和参与，反映了他们在自我认知和心理需求上的特点。在现代社会的各种压力之下，很多年轻人常常感到焦虑、迷茫和不安。在这种情况下，"玄学"提供了一种简单而有效的心理调节方式。通过星座测试、MBTI 测试、游寺庙等行为，年轻人能够找到一种对自我和生活的解释，从而减轻心理压力，增强自我控制感。

近些年，"玄学"作为一种文化现象，通过社交媒体的传播，逐渐成为年轻人生活中的一部分。其中，"玄学"元素也融入了餐饮领域，比如，星巴克推出了小木鱼摆件，M Stand 和 1點點也推出了木鱼周边产品。此外，还有一众餐饮品牌在春节、返工、高考等特殊时期，推出以"好兆头"或"好寓意"词语命名的产品。同时，慈杯、方壇、沐欢喜等独具禅意的咖饮品牌，也吸引了大批消费者前往打卡体验。

4. 从 City walk 到 City eat，消费者在钢铁森林中寻找烟火气和松弛感

在繁忙而快节奏的城市生活中，越来越多的消费者不再满足于"两点一线"的单调生活，而是开始在城市生活的间隙中寻找松弛和放松的感受，探索更多元化的生活体验。这一趋势催生了许多新的城市活动形式，如 City walk、City drink、City eat 以及逛各类美食市集等。

City walk，即城市漫步，是一种以悠闲的步调探索城市风貌和街头文化的方式。City drink 和 City eat 则是在 City walk 的基础上进一步延伸的体验。其中，City drink 是指注重在城市中的各种特色酒吧和咖啡馆中享受饮品；City eat 则是以美食打卡为主线，在城市漫步的过程中品尝各地美食。

City drink 和 City eat 作为一种融合了城市漫步和美食体验的活动形式，近年来受到了诸多消费者的追捧。这种方式不仅给消费者带来了探索城市的乐趣，还满足了他们对美食的追求。在这个过程中，消费者不仅仅是为了吃而吃，更是在探索和体验中寻找城市的烟火气息和人情味。

与此同时，各地夜市、面包节、咖啡节等美食市集在社交媒体的助推下获得了较高的人气，并逐渐成为消费者追寻城市烟火气的新风尚。夜市和美食市集不仅营造了一种热闹、亲切的氛围，使消费者在繁忙的工作之余，能够找到一处放松心情的场所，还提供了丰富多样的美食选择，让消费者有机会跳出日常圈子，探索并了解那些独特的美食文化和餐饮品牌。

不管是 City drink 和 City eat，还是逛美食市集，均体现出了消费者对市井烟火气的追求。而这种消费需求在餐饮行业也较为旺盛，砂锅菜、砂锅麻辣烫、湘式小炒、江西小炒等富有烟火气的细分餐饮品类或菜系受到了消费者的热烈追捧。不仅如此，一些注重提供沉浸式市井烟火体验的品牌也受到了较多的关注。

二、餐饮消费预期趋向保守，不同群体行为及偏好差异显著

据红餐产业研究院调研，31.8% 的受访消费者表示其 2023 年每月在餐饮上的消费总额在 500～1,000 元，餐饮月均消费在 500 元以下的占比也达到 25.0%（见图 1-32）。在性别差异上，男性消费者的月均餐饮消费支出为 1,226.01 元，而女性则为 1,025.12 元，略低于男性。从婚育状况来看，未婚消费者月均餐饮花费为 1,192.06 元，已婚未育的则略高，达到 1,245.37 元，而已婚已育的消费者在餐饮上的月均花费相对较少，平均为 976.06 元。

注：餐饮消费包含外出就餐、自提以及外卖。
资料来源：红餐产业研究院"2024 年餐饮消费大调查"。

图 1-32　2023 年消费者平均每月餐饮消费分布

事实上，2023 年消费者在餐饮消费支出上整体呈现出上升的趋势。据红餐产业研究院调研，与 2022 年相比，半数受访消费者表示其 2023 年花费在餐饮上的金额有所增加，28.3% 的受访消费者则表示餐饮消费支出基本保持不变（见图 1-33）。而 21.7% 的受访消费者表示其 2023 年的餐饮消费支出较上一年有所减少。与此同时，这一变化在不同婚育情况的消费者身上呈现出差异，与已婚消费者相比，未婚消费者的 2023 年餐饮消费支出增加情况尤为突出。58.8% 的未婚消费者表示，2023 年餐饮消费支出较上一年有所增加，而该维度中的已婚未育、已婚已育消费者的占比分别为 47.2%、41.6%。

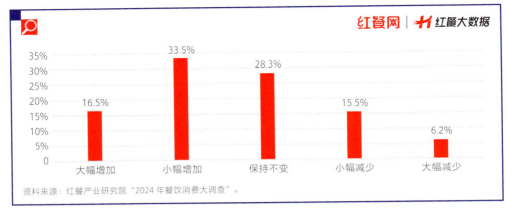

资料来源：红餐产业研究院"2024年餐饮消费大调查"。

图 1-33　2023 年消费者餐饮消费与 2022 年相比的变化情况

而对于未来一年的餐饮消费支出的预期，27.4% 的受访消费者表示未来一年餐饮消费支出仍会有小幅增加，42.9% 的受访消费者表示未来一年餐饮消费支出将会保持不变，14.7% 的受访消费者则表示将会小幅减少（见图1-34）。不难看出，大部分消费者对

未来一年的餐饮消费支出的态度相对谨慎。这一特征在不同性别的消费者身上出现了分化，具体表现为女性消费者对未来一年餐饮消费支出的态度整体上更为谨慎。45.9% 的女性消费者表示未来一年餐饮消费支出将会保持不变，而男性消费者这一选项的占比则为 38.1%。

资料来源：红餐产业研究院"2024年餐饮消费大调查"。

图 1-34　2023 年消费者对未来一年餐饮消费变化的预期情况

随着消费者需求的日益多样化和个性化，餐饮市场逐渐展现出清晰的分层态势。"Z世代"、"银发族"、已婚未育以及已婚已育等群体在消费能力、生活方式、价值观念等多个维度上均展现出显著的差异，这些差异直接且深刻地影响着他们的餐饮消费选择和行为模式（见表1-8）。

据红餐产业研究院调研，不同消费群体在生活方式、饮食偏好、价值观、餐饮偏好、核心需求等方面呈现出显著差异。

具体来看，"Z世代"倾向于追求创新和视觉震撼的餐饮体验，热衷于尝试新奇口味。"银发族"则倾向于健康与养生，他们偏好传统风味与高品质食材，同时强调物有所值。而已婚未育的群体在餐饮选择上，既注重便捷高效，也追求性价比，同时亦看重就餐环境的舒适与氛围。此外，对于已婚已育的家庭，他们首要关注的是家庭成员的健康，倾向于选择适合家庭聚餐的菜品，并寻求价格合理且儿童友好的餐厅。

表 1-8　2024 年不同的餐饮消费群体画像

消费群体类别	"Z世代"	"银发族"	已婚未育	已婚已育
基础属性	年龄：18～25岁 职业：学生、初入职场人员 收入：较低或不稳定	年龄：60岁以上 职业：退休人员 收入：养老金或子女供养	年龄：25～35岁 职业：白领、公司职员 收入：中高收入	年龄：30～45岁 职业：各行各业的家庭成员 收入：中高收入
价值观	追求个性、重视体验、喜欢尝试新事物	重视健康与养生、追求品质与舒适	重视个人与家庭生活平衡、追求生活品质	重视家庭健康与和谐、追求便捷与实惠
生活方式	活跃于社交媒体、喜欢时尚潮流、爱好广泛	健康养生、注重休闲娱乐、传统文化	追求工作生活平衡、注重社交与家庭、爱好广泛	注重家庭生活、讲究实用与经济、重视儿童教育
核心需求	高颜值、新奇体验、便捷快速、社交属性	健康营养、舒适的环境、传统口味、价格实惠	方便快捷、高性价比、丰富的选择、品质保证	营养均衡、价格合理、适合家庭、儿童友好
饮食偏好	网红餐厅、主题餐厅、茶饮、轻食、小吃快餐、烘焙甜点	养生餐、中式正餐、滋补汤、有机食品、清淡饮食	小吃快餐、中式正餐、咖饮	中式家常菜、预制菜、火锅、健康餐
餐饮消费偏好	喜欢尝试新口味、追求视觉体验、关注品牌影响力	健康养生餐、注重食材质量、价格实惠、口味偏传统	追求便捷与多样性、喜欢新奇体验、重视环境与氛围	注重健康、家庭聚餐

资料来源：红餐产业研究院"2024年餐饮消费大调查"。

综上所述，近年我国消费者的餐饮消费观念呈现出更加多元化和个性化的需求趋势。从消费分级到国潮风，从"玄学"热到城市生活方式的转变，每一个变化都在诠释着消费者对美好生活的追求。在这个变革的时代，餐饮品牌需要不断创新，贴近消费者的需求，为他们提供更加丰富、多样化的餐饮体验。

第四节 城市餐饮：

精致化与烟火气交织，北上广深等城市展现多元魅力

近年来，得益于全国各地餐饮的蓬勃发展和旅游热潮的推动，我国各个城市的餐饮文化日益散发出独特魅力。全国各地餐饮风貌竞相绽放，成为吸引游客、展现城市风貌的重要窗口。

淄博烧烤、天水麻辣烫、哈尔滨锅包肉、延吉炸鸡等特色餐饮成为消费者讨论的热门话题。红餐产业研究院经研究发现，城市餐饮之所以能逐渐崛起，与多个因素有关。其一，在我国经济发展的背景下，三、四、五线城市甚至县城的餐饮消费潜力得到了释放。其二，餐饮是内需消费的主力军之一，已成为拉动经济增长的一大动力。因此，各地政府十分重视餐饮消费，并出台了诸多餐饮扶持政策。其三，多地兴起的文旅热潮激发了诸多消费者前去感受地方特色餐饮的兴趣。其四，随着线上平台和自媒体的兴起，餐饮品牌的经营和传播的便利性提高，外卖、直播、团购等形式改变了餐饮商户的传统经营模式，地域餐饮特别是县城餐饮得以被更多消费者看见。其五，随着消费者的消费需求日益多元化，挖掘空间较大的地方特色食材和特色餐饮受到了诸多关注。

近年来，随着各城市餐饮业的繁荣昌盛，一些重点城市的餐饮连锁化率逐年提高。美团数据显示，在北京、上海、广州、深圳、苏州、杭州、重庆等 9 个重点城市中，上海、苏州、杭州的餐饮门店连锁化率较高，分别达到了 36%、33%、31%（见图 1-35）。

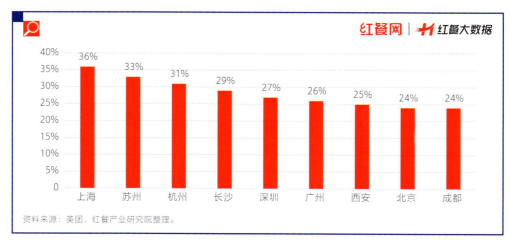

图 1-35　2023 年全国 9 个重点城市的餐饮门店连锁化率情况

而随着城市餐饮进一步发展，连锁品牌和地域品牌在各个城市的发展呈现差异化，不同城市的餐饮消费习惯看点颇多。为了研究城市餐饮特色，挖掘具备差异化和创新能力的餐饮品牌和地方美食，为更多城市提供餐饮塑造的思路，红餐产业研究院根据城市经济水平和餐饮行业发展情况，选取了北京、上海、广州、深圳、长沙、成都、重庆等七大城市作为本书城市餐饮板块的重点剖析对象，同时关注了西安、厦门、南京、武汉、哈尔滨等多个重点城市的餐饮发展现况和特征。

一、北京：京味民俗与现代时尚相结合的多元餐饮

作为我国首都，北京承载了厚重的文化底蕴，其餐饮市场呈现出多元化、国际化的特点。随着消费者口味的不断变化，传统京菜与现代创意菜、国际美食等相互融合，形成了独特的城市餐饮风貌。

北京市统计局数据显示，2023 年北京餐饮收入为 1,314.6 亿元，同比增长 32.5%。据红餐大数据，截至 2024 年 6 月，北京餐饮门店总数超 17 万家。

从餐饮商圈来看，据红餐大数据，截至 2024 年 6 月，北京人气前十（TOP10）的餐饮商圈分别是望京、回龙观、亚运村、大望路、黄村、亦庄、良乡、中关村、王府井 / 东单、顺义城区。它们的餐饮热度值均突破了 50，人均消费均值处于 35 ～ 50 元的价格区间（见表 1-9）。

表 1-9　2024 年上半年北京餐饮人气商圈 TOP10

排名	商圈	餐饮热度值	人均消费均值（元）
1	望京	100	36
2	回龙观	86	37
3	亚运村	74	50
4	大望路	71	43
5	黄村	67	42
6	亦庄	67	45
7	良乡	65	40
8	中关村	63	36
9	王府井 / 东单	56	38
10	顺义城区	52	40

注：餐饮热度值根据该商圈的餐饮消费评论数据，将排名第一的热度值设置为 100 基准数，经过标准化处理得出。人均消费均值 = 该商圈每家餐饮门店人均消费之和 ÷ 该商圈的餐饮门店数。

资料来源：红餐大数据，数据统计时间截至 2024 年 6 月 30 日。

红餐网 | 红餐大数据

这些人气前十的商圈交通便利、人流密集，它们的人气排名靠前是由于它们或具备丰富的文旅资源，或居民生活气息浓厚，或聚集了不少商业和科技人才，或在城市化进程加速的带动下吸引了不少外来人口。

在这十大商圈中，品牌门店数靠前的

餐饮品类主要有中式米饭快餐、咖饮、粉面等，构成了商圈内多样的餐饮生态。从细分赛道来看，据红餐大数据，截至2024年6月，中式米饭快餐、西式快餐、咖饮是北京人气排名前三的餐饮细分赛道（见图1-36）。

图 1-36　2024 年上半年北京餐饮人气细分赛道 TOP10

这或许是由于中式米饭快餐、西式快餐、粉面等品类用餐时间较短且刚需属性强，因此消费者受众人群广，同时也体现出了北京快节奏的生活方式。而烤肉、烤串、北派火锅等品类的人气较高，则或许是由于这些品类在北京的发展历史较悠久，融合了京味民俗

与现代时尚元素。此外，面包烘焙、咖饮、川渝火锅等品类的人气也较高，这体现了当地消费者对外地饮食文化的接纳与包容。

具体来看，北京的热门餐饮品类聚集了一些本地老字号品牌，例如南城香、北京稻香村、聚宝源、东来顺等（见表1-10）。不仅如此，四季民福烤鸭店、胡大饭馆、南城香、南门涮肉、武圣羊汤、尹三豆汁等品牌也是北京发展较好的本地品牌。

表 1-10　部分发源于北京的餐饮品牌概况

细分赛道	代表品牌
京菜	四季民福烤鸭店、紫光园、全聚德、便宜坊、小吊梨汤、北京宴、大鸭梨、京味斋·北京牡丹烤鸭、那家小馆、旺顺阁鱼头泡饼、局气、大董、京艳、提督·TIDU、厉家菜
川菜	胡大饭馆、全牛匠川小馆、麻六记
湘菜	湘上湘
鲁菜	伊尹海参馆
闽菜	满满海佛跳墙
中式米饭快餐	南城香、鱼你在一起、煲仔皇
粉面	李先生牛肉面大王、醉面、陕味食族油泼面、方砖厂 69 号炸酱面
北派火锅	聚宝源、南门涮肉、南门四季铜锅涮肉、芦月轩羊蝎子、东来顺
台式火锅	呷哺呷哺
茶饮	煮叶
咖饮	铁手咖啡、故宫角楼咖啡
面包烘焙	北京稻香村
包点	庆丰包子铺
特色小吃	武圣羊汤、姚记炒肝店、尹三豆汁、护国寺小吃

资料来源：红餐大数据。

红餐网｜红餐大数据

北京烤鸭、酱爆肉丁、炸酱面、老北京火锅、老北京豆汁、驴打滚、老北京爆肚、羊蝎子、炒肝等是北京的特色美食。在北京的本地品牌中，有不少品牌经营当地美食，成为代表品牌，它们或深耕区域，或向全国扩张，其中不乏一些高端餐品牌，例如京艳、厉家菜等。

连锁品牌在北京的发展势头也很不错。据红餐大数据，截至 2024 年 6 月，北京门店规模前十的餐饮品牌分别是瑞幸咖啡、星巴克、北京稻香村、麦当劳、绝味鸭脖、肯德基、久久丫、蜜雪冰城、味多美、呷哺呷哺，它们在北京的门店数均有数百家（见表 1-11）。

表 1-11　2024 年上半年北京餐饮品牌门店数 TOP10

排名	品牌名称	细分品类	北京门店数（家）	北京门店数在全国的占比
1	瑞幸咖啡	咖饮	860+	4.5%
2	星巴克	咖饮	550+	7.3%
3	北京稻香村	面包烘焙	500+	46.5%
4	麦当劳	西式快餐	460+	7.2%
5	绝味鸭脖	卤味熟食	450+	3.2%
6	肯德基	西式快餐	450+	4.5%
7	久久丫	卤味熟食	350+	14.7%
8	蜜雪冰城	茶饮	290+	1.1%
9	味多美	面包烘焙	270+	76.8%
10	呷哺呷哺	火锅	260+	29.8%

资料来源：红餐大数据，数据统计时间截至 2024 年 6 月 30 日。

红餐网 ｜ 红餐大数据

其中，瑞幸咖啡、星巴克、麦当劳等品牌的全国总门店数较多，在北京依旧占据着规模优势。北京稻香村、呷哺呷哺的北京门店数分别占该品牌全国门后数的 46.5%、29.8%，它们发源于北京，在深耕本地市场的基础上向外扩张。

整体来看，北京的餐饮生态快节奏与慢生活并存，传统风格与现代格调互相交融，既体现出了北京深厚的文化底蕴，又展现了其开放包容的餐饮精神。

二、上海：海派文化熏陶下的高端精致餐饮

上海作为国际化大都市，东西方文化在此强烈碰撞，为上海餐饮的快速发展提供了不少创意和灵感。上海市统计局数据显示，2023 年上海限额以上住宿和餐饮业营业额为 1,565.65 亿元，同比增长 32.9%，其中餐饮业营业额同比增长 28.5%。据红餐大数据，截至 2024 年 6 月，上海餐饮门店总数超 21 万家。

从餐饮商圈来看，据红餐大数据，截至 2024 年 6 月，上海人气前十的餐饮商圈分别是人民广场 / 南京路、五角场 / 大学区、南京西路、中山公园 / 江苏路、徐家汇、打浦桥 / 田子坊、南京东路、长寿路、大宁地区、月星环球港（见表 1-12）。它们的餐饮热度值均突破了 40，人均消费均值在 40 ~ 70 元。

表 1-12　2024 年上半年上海餐饮人气商圈 TOP10

排名	商圈	餐饮热度值	人均消费均值（元）
1	人民广场 / 南京路	100	43
2	五角场 / 大学区	91	42
3	南京西路	86	40
4	中山公园 / 江苏路	74	42
5	徐家汇	72	50
6	打浦桥 / 田子坊	70	47
7	南京东路	51	42
8	长寿路	50	50
9	大宁地区	45	43
10	月星环球港	44	67

注：餐饮热度值根据该商圈的餐饮消费评论数据，将排名第一的热度值设置为 100 基准数，经过标准化处理得出。人均消费均值 = 该商圈每家餐饮门店人均消费之和 ÷ 该商圈的餐饮门店数。
资料来源：红餐大数据，数据统计时间截至 2024 年 6 月 30 日。

这些商圈交通位置便利，它们或凭借地标性建筑和时尚氛围吸引了多个年龄段的餐饮消费者，或以浓厚的文化氛围见长，或培育了年轻化和个性化的餐饮消费习惯。在这十大商圈中，门店数靠前的餐饮品类主要有咖饮、中式米饭快餐、茶饮等（见图 1-37）。

从细分赛道来看，据红餐大数据，截至 2024 年 6 月，本帮江浙菜、粤菜、川渝火锅是上海人气排名前三的餐饮细分赛道。

注：餐饮热度值根据该品类的餐饮消费评论数据，将排名第一的热度值设置为 100 基准数，经过标准化处理得出。
资料来源：红餐大数据，数据统计时间截至 2024 年 6 月 30 日。

图 1-37　2024 年上半年上海餐饮细分赛道人气 TOP10

上海是本帮江浙菜、咖饮门店生长的温床，孕育出了诸多实力品牌。粤菜、川渝火锅、日式料理等细分赛道亦有诸多受众人群，体现了当地餐饮市场的多元化与包容性。

上海的热门餐饮品类聚集了一些本地品牌，例如桂满陇、潮界、万岛日本料理铁板烧等（见表 1-13）。不仅如此，苏小柳点心、塔哈尔、一尺花园、blue frog 蓝蛙、红盔甲等也是上海发展较好的本地品牌。上海的阳春面、生煎包、灌汤包、冰糕、素蟹粉、四喜烤麸等特色美食也被本地品牌发扬光大。

表 1-13　部分发源于上海的餐饮品牌概况

细分赛道	代表品牌
本帮江浙菜	桂满陇、鹿园、逸道、苏小柳点心、甬府
粤菜	菁禧荟、晶采轩、潮界、御宝轩
湘菜	巡湘记·地道湖南菜、许爷剁椒鱼头
川菜	肖四女乐山跷脚牛肉
闽菜	遇外滩
新疆菜	塔哈尔
中式米饭快餐	谷田稻香、沈大成·城市食堂
粉面	吴茂兴本帮面、蟹家大院、沪西老弄堂面馆、魔都三兄弟
茶饮	沪上阿姨、悸动烧仙草
咖饮	M Stand、Seesaw Coffee、Manner Coffee、一尺花园
面包烘焙	沈大成、杏花楼、FASCINO BAKERY、趁热集合 HOT CRUSH
日式料理	万岛日本料理铁板烧、金焰食堂
生煎锅贴	小杨生煎、大壶春
甜品甜点	COVA
卤味熟食	久久丫
包点	巴比
西餐	blue frog 蓝蛙
小龙虾	红盔甲、沪小胖
素食	功德林

资料来源：红餐大数据。

红餐网 | 红餐大数据

一些连锁品牌在上海的发展势头也较好。据红餐大数据，截至 2024 年 6 月，上海门店规模前十的餐饮品牌分别是瑞幸咖啡、星巴克、巴比、紫燕百味鸡、肯德基、Manner Coffee、绝味鸭脖、麦当劳、悸动烧仙草、久久丫（见表 1-14）。它们在上海的门店数均在数百家以上，有的甚至已经突破了千家。

表 1-14　　2024 年上半年上海餐饮品牌门店数 TOP10

排名	品牌名称	细分品类	上海门店数(家)	上海门店数在全国的占比
1	瑞幸咖啡	咖饮	1,300+	7.1%
2	星巴克	咖饮	1,000+	13.8%
3	巴比	包点	1,000+	32.3%
4	紫燕百味鸡	卤味熟食	560+	8.8%
5	肯德基	西式快餐	540+	5.4%
6	Manner Coffee	咖饮	500+	44.4%
7	绝味鸭脖	卤味熟食	460+	3.3%
8	麦当劳	西式快餐	450+	6.9%
9	悸动烧仙草	茶饮	370+	19.8%
10	久久丫	卤味熟食	350+	14.8%

资料来源：红餐大数据，数据统计时间截至 2024 年 6 月 30 日。

红餐网 | H 红餐大数据

其中，巴比、Manner Coffee、悸动烧仙草、久久丫等品牌起源于上海本地，它们的上海门店数在全国门店总数的占比较高，分别为 32.3%、44.4%、19.8%、14.8%。在称为"血液里都流淌着'咖啡基因'"的上海，饮用咖啡的文化较为浓厚，咖饮门店数众多，这里既有瑞幸咖啡、星巴克等连锁咖饮品牌，也有不少精品咖啡馆和独立咖啡馆分布在城市里的大街小巷。

整体来看，在海派文化的熏陶下，上海的餐饮市场以精致、时尚著称。随着旅游的发展和文化交流进程的加快，当地餐饮的多元化、创意化特征也在强化。

三、广州：广府文化与新潮交织的烟火气餐饮

一句"得闲饮茶"，让羊城广州的早茶文化名声在外，"食在广州，味在西关"的美誉也让广府文化走进了消费者的视野。随着人口流动和经济文化交流活动的加速，广州餐饮传统与新潮交织、时尚与烟火气并存的特征愈加明显，当地的餐饮业也在进化中不断繁盛。

广州市统计局数据显示，2023 年广州住宿餐饮业零售额为 944.70 亿元，同比增长 23.3%。据红餐大数据，截至 2024 年 6 月，广州餐饮门店总数超 12 万家。

从餐饮商圈来看，据红餐大数据，截至 2024 年 6 月，广州人气前十的餐饮商圈分别是北京路商业区、车陂／东圃、江南大道沿线、客村／赤岗、工业大道沿线、天河公园／上社、中山二三路／东山口、同和／京溪、长隆／南村、天河北／广州东站（见表 1-15）。它们的餐饮热度均突破了 40，人均消费均值处在 25～40 元。

排名	商圈	餐饮热度值	人均消费均值（元）
1	北京路商业区	100	33
2	车陂／东圃	97	29
3	江南大道沿线	81	33
4	客村／赤岗	75	34
5	工业大道沿线	65	31
6	天河公园／上社	52	25
7	中山二三路／东山口	51	39
8	同和／京溪	48	29
9	长隆／南村	44	31
10	天河北／广州东站	43	31

表 1-15　2024 年上半年广州餐饮人气商圈 TOP10

注：餐饮热度值根据该商圈的餐饮消费评论数据，将排名第一的热度值设置为 100 基准数，经过标准化处理得出。人均消费均值＝该商圈每家餐饮门店人均消费之和 ÷ 该商圈的餐饮门店数。
资料来源：红餐大数据，数据统计时间截至 2024 年 6 月 30 日。

这些商圈均位于交通便利、人流密集的区域，拥有完善的商业配套设施和浓厚的消费氛围，它们或凭借景点优势吸引了大量游客和市民前来消费，或以城市地标性景观见长，或凭借居民区的人口优势聚集了较为丰富的餐饮业态。在这十大商圈中，门店数排名靠前的餐饮品类主要有茶饮、西式快餐、中式米饭快餐等。

除此之外，天河城／体育西、珠江新城、江南西、西华路等也是广州本地著名的餐饮商圈。

从细分赛道来看，据红餐大数据，截至 2024 年 6 月，粤菜、西式快餐、茶饮是广州人气排名前三的餐饮细分赛道（见图 1-38）。

图 1-38　　2024 年上半年广州餐饮细分赛道人气 TOP10

粤菜是广州餐饮的"灵魂"，广州也是粤式火锅生长的沃土，广州酒家、陶陶居、炳胜品味、八合里牛肉火锅、陈记顺和牛肉火锅等品牌发展势头较好。湘菜、川渝火锅、西式快餐、日式料理、西北菜等品类也得以繁荣发展，这体现出了广州餐饮文化多元、开放、包容的特点（见表 1-16）。

此外，当地的饮茶习俗与现制饮品消费习惯的融合也带动了茶饮品类的繁荣发展。众多连锁茶饮品牌在广州开店，一些本地茶饮品牌也逐渐发展，例如茶理宜世、茶救星球、丘大叔柠檬茶、苏阁鲜果茶等，广州逐步成长为全国的"茶饮之城"。

与此同时，炳胜品味、广州酒家、泮溪酒家、陶陶居、惠食佳、点都德、银记肠粉、彬妈糖水、阿婆牛杂、黄振龙凉茶等也是广州本土的代表品牌，它们传承并发扬了肠粉、虾饺、艇仔粥、糯米鸡、云吞面、叉烧包、煲仔饭、猪脚饭、啫啫煲、凉茶等当地特色美食。

表 1-16　部分发源于广州的餐饮品牌概况

细分赛道	代表品牌
粤菜	广州酒家、陶陶居酒家、泮溪酒家、炳胜品味、鹅公村、点都德、半岛名轩、大鸽饭、常来小聚、客语客家菜、向群饭店、侨美食家、小荔园·粤菜小馆、海门鱼仔、潮汕味、惠食佳、椰林海鲜码头、北园酒家、如轩海鲜砂锅粥·潮汕菜、不二啫·广府啫啫煲、九龙冰室、文通冰室
湘菜	佬麻雀、湘颂、以饭湘许、湘辣辣现炒黄牛肉
川菜	首秀四川料理、榕意、宋·川菜、川国演义
鲁菜	山东老家
西北菜	大美西北
粉面	遇见小面、大师兄·手工面·西北菜、珍珍小食店、常平竹升云吞面、银记肠粉店
中式米饭快餐	喜葵拌饭、煲仔正、多喝汤、潮蹄·现卤猪脚饭
川渝火锅	怂重庆火锅厂
粤式火锅	海银海记潮汕牛肉火锅
茶饮	茶理宜世、茶救星球·蔬果茶、丘大叔柠檬茶
咖饮	缇里咖啡、store by .jpg
甜品甜点	彬妈糖水、南信牛奶甜品专家
烤鱼	师烤·豆花烤鱼、赖美丽酸汤烤鱼
酸菜鱼	太二酸菜鱼、禄鼎记·多口味酸菜鱼
牛杂	牛小灶、阿婆牛杂
汤品	达扬原味炖品
面包烘焙	莲香楼
自助餐	四海一家自助餐
素食	禅意茶素
粥品	强叔现切猪杂粥、咏作·潮汕鱼粥
凉茶	黄振龙凉茶
卤味	物只卤鹅
包点	包道广式点心专门店

资料来源：红餐大数据。

红餐网｜红餐大数据

据红餐大数据，截至 2024 年 6 月，广州门店规模前十的餐饮品牌分别是瑞幸咖啡、华莱士、蜜雪冰城、麦当劳、尊宝比萨、星巴克、肯德基、塔斯汀、绝味鸭脖、蒙自源（见表 1-17）。这些品牌在广州的门店规模均在百家以上，有的已经突破了 500 家。

表 1-17　　2024 年上半年广州餐饮品牌门店数 TOP10

排名	品牌名称	细分品类	广州门店数(家)	广州门店数在全国的占比
1	瑞幸咖啡	咖饮	660+	3.4%
2	华莱士	西式快餐	510+	2.6%
3	蜜雪冰城	茶饮	360+	1.4%
4	麦当劳	西式快餐	350+	5.4%
5	尊宝比萨	西式快餐	300+	11.6%
6	星巴克	咖饮	290+	3.8%
7	肯德基	西式快餐	280+	2.8%
8	塔斯汀	西式快餐	250+	3.9%
9	绝味鸭脖	卤味熟食	250+	1.8%
10	蒙自源	粉面	230+	17.8%

资料来源：红餐大数据，数据统计时间截至 2024 年 6 月 30 日。

红餐网｜红餐大数据

其中，尊宝比萨、蒙自源的广州门店数在全国门店总数的占比较高，分别达到了 11.6%、17.8%。尊宝比萨、麦当劳、塔斯汀等西式快餐品牌在广州的餐饮品牌中的门店数排名靠前。

整体来看，广州的餐饮市场兼顾文化与休闲因素，其包容、进取的心态推动着当地的餐饮市场不断向前发展。

四、深圳：现代快节奏生活状态下的多样化餐饮

深圳凭借突出的经济活力、较强的科技创新实力和多元的城市文化特质，吸纳了不少外来人才。随着经济发展加速，深圳餐饮市场呈现出多元化和创意化的特征。深圳市统计局数据显示，2023 年深圳餐饮收入同比增长 15.2%。据红餐大数据，截至 2024 年 6 月，深圳餐饮门店总数超 12 万家。

从餐饮商圈来看，据红餐大数据，截至 2024 年 6 月，深圳人气前十的餐饮商圈分别是市中心 / 会展中心、龙华、民治、西丽、科技园、华强北、布吉街 / 东站、西乡、龙岗中心城区、梅林（见表 1-18）。它们的餐饮热度值均突破了 30，人均消费均值处于 30～50 元。

表 1-18　　2024 年上半年深圳餐饮人气商圈 TOP10

排名	商圈	餐饮热度值	人均消费均值（元）
1	市中心 / 会展中心	100	49
2	龙华	72	32
3	民治	57	36
4	西丽	48	32
5	科技园	45	31
6	华强北	45	36
7	布吉街 / 东站	44	30
8	西乡	43	33
9	龙岗中心城区	36	39
10	梅林	35	36

注：餐饮热度值根据该商圈的餐饮消费评论数据，将排名第一的热度值设置为 100 基准数，经过标准化处理得出。人均消费均值＝该商圈每家餐饮门店人均消费之和 ÷ 该商圈的餐饮门店数。
资料来源：红餐大数据，数据统计时间截至 2024 年 6 月 30 日。

这些商圈或位于核心市区吸纳了较多中高端餐饮品牌，或聚集了较多居住人口沉淀了较大的消费基础，或因为便利的交通条件吸引了游客和市民消费，而成为人气靠前的餐饮商圈。在这十大商圈中，门店数靠前的餐饮细分赛道主要有中式米饭快餐、茶饮、粤菜等。

从细分赛道来看，据红餐大数据，截至 2024 年 6 月，粤菜、中式米饭快餐、茶饮是深圳人气排名前三的餐饮赛道（见图 1-39）。

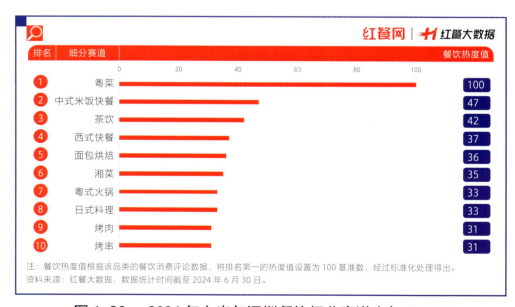

图 1-39　　2024 年上半年深圳餐饮细分赛道人气 TOP10

在解决"吃饱"这件头等大事上，深圳消费者更多地选择粤菜、中式米饭快餐、西式快餐、湘菜等，这体现了深圳快节奏的工作环境和餐饮口味的多样性。

深圳孵化出了农耕记·湖南土菜、陈鹏鹏潮汕菜、辣可可·小炒黄牛肉、润园四季椰子鸡火锅、奈雪的茶、乐凯撒披萨、木屋烧烤、探鱼·鲜青椒爽麻烤鱼等多个连锁品牌，也培育出了顺德公广东猪肚鸡、野萃山、松哥油焖大虾、KUDDO COFFEE、鸟鹏烧鸟居酒屋等特色品牌（见表1-19）。

表 1-19　部分发源于深圳的餐饮品牌概况

细分赛道	代表品牌
粤菜	陈鹏鹏潮汕菜、胜记酒家、金戈戈香港豉油鸡、匠传、蚝门九式
湘菜	农耕记·湖南土菜、辣可可·小炒黄牛肉、李师傅脆肚
川菜	渝月
京菜	京味张·北京烤鸭
徽菜	皖厨
中式米饭快餐	吾虎将
粤式火锅	润园四季椰子鸡火锅、四季椰林椰子鸡、顺德公广东猪肚鸡
粉面	老碗会、好好味面家、大弗兰、面点王、红荔村
麻辣烫	福客 FOOOK
茶饮	奈雪的茶、tea'stone、茉莉奶白、野萃山、混果汁
日式料理	有料日料小聚、山禾田
西餐	gaga 鲜语
小龙虾	江味龙虾馆、松哥油焖大虾、龙巢盱眙小龙虾
面包烘焙	幸福西饼
烤串	木屋烧烤
卤味熟食	窑鸡王、一心一味
西餐	乐凯撒披萨
烤鱼	探鱼·鲜青椒爽麻烤鱼
包点	三津汤包
咖饮	KUDDO COFFEE

资料来源：红餐大数据。

据红餐大数据，截至2024年6月，深圳门店规模前十的餐饮品牌分别是瑞幸咖啡、三津汤包、肯德基、麦当劳、绝味鸭脖、尊宝比萨、华莱士、星巴克、蜜雪冰城、袁记云饺（见表1-20）。这些品牌在深圳的门店规模均在百家以上，有的已经突破了500家。

表 1-20　2024 年上半年深圳餐饮品牌门店数 TOP10

排名	品牌名称	细分品类	深圳门店数（家）	深圳门店数在全国的占比
1	瑞幸咖啡	咖饮	880+	4.6%
2	三津汤包	包点	660+	25.9%
3	肯德基	西式快餐	380+	3.8%
4	麦当劳	西式快餐	370+	5.7%
5	绝味鸭脖	卤味熟食	350+	2.5%
6	尊宝比萨	西式快餐	340+	13.0%
7	华莱士	西式快餐	330+	1.6%
8	星巴克	咖饮	320+	4.2%
9	蜜雪冰城	茶饮	240+	0.9%
10	袁记云饺	饺子馄饨	240+	8.3%

资料来源：红餐大数据，数据统计时间截至 2024 年 6 月 30 日。

红餐网｜红餐大数据

其中，三津汤包、尊宝比萨的深圳门店数在全国门店总数的占比较高，分别达到了 25.9%、13.0%。总体来看，深圳热门餐饮品牌主要集中在西式快餐、包点、卤味熟食和饺子馄饨领域，说明深圳的小吃快餐赛道具有较大的消费市场。

整体来看，深圳的餐饮市场讲究"快"与"多元"，体现了餐饮风格与经济发展相适配的一面。

五、长沙：湘菜主导下的"网红餐饮"

长沙的文化脉络鲜明，城市环境独具优势，交通也相对发达，吸引了不少游客前来消费。随着餐饮品牌的崛起和餐饮连锁化进程的加速，长沙的餐饮市场逐步火热，捧红了诸多的"网红品牌"。

长沙市统计局数据显示，2023 年长沙餐饮业零售额为 473.29 亿元，同比增长 10.0%。据红餐大数据，截至 2024 年 6 月，长沙餐饮门店总数超 7 万家。

从餐饮细分赛道来看，据红餐大数据，截至 2024 年 6 月，湘菜、茶饮、面包烘焙是长沙人气排名前三的餐饮细分赛道（见图 1-40）。

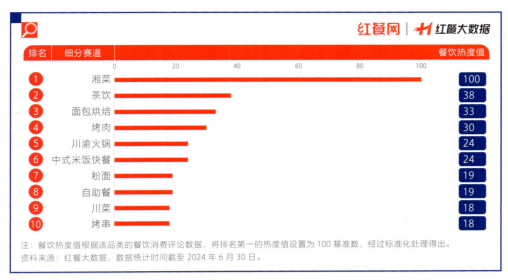

图 1-40　2024 年上半年长沙餐饮细分赛道人气 TOP10

可以看出，茶饮品类在长沙取得了不错的发展。据红餐大数据，截至 2024 年 6 月，长沙门店规模前十的餐饮品牌分别是书亦烧仙草、绝味鸭脖、瑞幸咖啡、茶颜悦色、蜜雪冰城、柠季手打柠檬茶、三津汤包、里手馄饨、枣木牌烤鸭、肯德基，其中茶饮品牌占据 4 席，

茶颜悦色、柠季手打柠檬茶等是长沙本地的茶饮代表品牌。

湘菜在长沙餐饮行业中的领先优势明显。在全国湘菜品牌中，发源于长沙本地的壹盏灯、炊烟小炒黄牛肉、彭厨、徐记海鲜、笨罗卜浏阳菜馆等品牌发展势头较好（见表 1-21）。

表 1-21　部分发源于长沙的餐饮品牌概况

细分赛道	代表品牌
湘菜	炊烟小炒黄牛肉、壹盏灯、火宫殿、彭厨、徐记海鲜、笨罗卜浏阳菜馆、粟厨小炒、冰火楼、玉楼东、大碗先生
中式米饭快餐	香他她煲仔饭、霸碗盖码饭、饱李李现炒
粤式火锅	煲大王猪肚鸡、阿杜打边炉
粉面	公交新村粉店、刘聋子粉馆、易裕和、杨裕兴
小龙虾	文和友龙虾馆、聚味瞿记、天宝兄弟
卤味熟食	绝味鸭脖、盛香亭热卤、丹丹热卤
烤肉	酒拾烤肉、柒酒烤肉
烤串	客串出品、北二楼长沙地标大排档
西餐	夏日玛莉西餐厅
茶饮	茶颜悦色、果呀呀、柠季手打柠檬茶
特色小吃	黑白电视长沙小吃、黑色经典臭豆腐、阿捡忻京炸鸡、南门口金记糖油坨坨店

资料来源：红餐大数据。

长沙不仅有辣椒炒肉、剁椒鱼头等经典菜品，还有臭豆腐、糖油粑粑、麻油猪血、热卤、猪油拌粉等特色小吃，连锁品牌、大排档、街边小店营造的烟火气吸引了全国不少游客前来打卡。炊烟小炒黄牛肉、煲大王猪肚鸡、黑白电视长沙小吃、客串出品、文和友龙虾馆、火宫殿、公交新村粉店等品牌均是创立于长沙的热门品牌。

六、成都：川式风味突出的"麻辣餐饮"

作为西南地区重要的经济和文化中心，成都当地的特色美食也享有盛誉，孕育出了诸多实力餐饮品牌。在文化交流和旅游热的加持下，成都餐饮业发展较为迅速。成都市统计局数据显示，2023 年成都餐饮收入为 1,821.6 亿元，同比增长 26.1%。据红餐大数据，截至 2024 年 6 月，成都餐饮门店总数超 10 万家。

从餐饮细分赛道来看，据红餐大数据，截至 2024 年 6 月，川渝火锅、川菜、烤肉是成都人气排名前三的餐饮细分赛道（见图 1-41）。

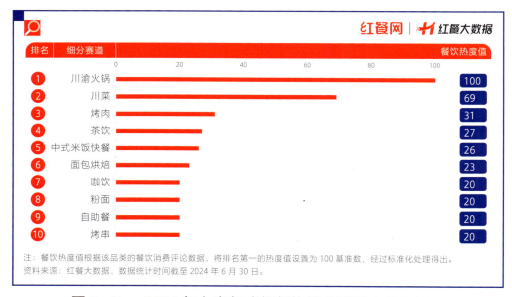

图 1-41　2024 年上半年成都餐饮细分赛道人气 TOP10

川渝火锅和川菜在成都具备绝对的人气优势。其中，大龙燚火锅、蜀大侠火锅、小龙坎火锅、谭鸭血老火锅等是发源于成都本地的川渝火锅代表品牌，饕林餐厅、陶德砂锅、大蓉和、陈麻婆豆腐、柴门荟等是成都本地的川菜代表品牌（见表 1-22）。

表 1-22　　部分发源于成都的餐饮品牌概况

细分赛道	代表品牌
川菜	饕林餐厅、陶德砂锅、鸡毛店·川菜、一把骨、大蓉和、陈麻婆豆腐、柴门荟、石灰石烧鸡公、玉芝兰、老房子、回水镇江湖川菜、王婆婆老妈蹄花
中式米饭快餐	罗妈砂锅、6 市口老砂锅
川渝火锅	园里火锅、大龙燚火锅、蜀大侠火锅、小龙坎火锅、谭鸭血老火锅、川西坝子火锅
粉面	兵哥豌豆面、甘食记成都肥肠粉、小名堂担担甜水面、面子先生杂酱面
麻辣烫	老街称盘麻辣烫、辣盘盘麻辣烫
冒菜	钢一区伍妹烤鸭
饺子馄饨	钟水饺、八二小区抄手
卤味熟食	廖记棒棒鸡
烤鱼	滋味烤鱼、烤匠麻辣烤鱼
烤肉	凉山好汉自助西昌烧烤、柳飘飘亚洲烤肉
烤串	何师烧烤、李不管把把烧
西餐	布拉诺西餐
特色小吃	蓉李记、西月城谭豆花、乐山鲜知味钵钵鸡、丁太婆老妈蹄花、双流冯记老妈兔头

资料来源：红餐大数据。

红餐网｜红餐大数据

成都的夫妻肺片、麻婆豆腐、烤鱼等菜品名声在外，串串香、冒菜、抄手、兔头、三大炮、甜水面、羊肉汤、蹄花汤等美食也具备鲜明特色。老房子、兵哥豌豆面、甘食记成都肥肠粉、老街称盘麻辣烫、园里火锅、钟水饺、西月城谭豆花、双流冯记老妈兔头等本地品牌在当地有较高的热度。

得益于成都活跃的消费市场，茶饮品类在当地发展较好。据红餐大数据，截至 2024 年 6 月，成都门店规模前十的餐饮品牌分别是瑞幸咖啡、蜜雪冰城、书亦烧仙草、三顾冒菜、安德鲁森、曾三鲜米线、茶百道、廖记棒棒鸡、库迪咖啡、麦当劳，其中茶饮品牌占据 3 席，冒菜和卤味熟食赛道中也有知名品牌上榜。

七、重庆：山城特色下的"热辣餐饮"

以独特的山城风貌和多元的文化特色著称的重庆，也是旅游重点城市和美食之都。重庆市统计局数据显示，2023 年重庆餐饮收入为 2,310.66 亿元，同比增长 20.6%。据红餐大数据，截至 2024 年 6 月，重庆餐饮门店总数超 15 万家。

从餐饮细分赛道来看，据红餐大数据，截至 2024 年 6 月，川渝火锅、川菜、茶饮是重庆人气排名前三的餐饮细分赛道（见图 1-42）。

图 1-42　2024 年上半年重庆餐饮细分赛道人气 TOP10

川渝火锅和川菜在重庆是人气较为突出的餐饮赛道。其中，德庄火锅、朱光玉火锅馆、珮姐重庆火锅、后火锅、萍姐火锅等是发源于重庆本地的川渝火锅代表品牌，徐鼎盛民间菜、杨记隆府、陶然居·重庆菜等是起源于重庆的川菜代表品牌（见表 1-23）。

表 1-23　部分发源于重庆的餐饮品牌概况

细分赛道	代表品牌
川菜	徐鼎盛民间菜、九锅一堂酸菜鱼、杨记隆府、陶然居·重庆菜、俏巴渝、民间粮仓重庆菜
京菜	守柴炉烤鸭
中式米饭快餐	大米先生、乡村基
川渝火锅	楠火锅、德庄火锅、后火锅、萍姐火锅、朝天门火锅、刘一手、朱光玉火锅馆、珮姐重庆火锅、小天鹅火锅、李串串老店、临江门秀嬢串串香
粉面	莱得快酸辣粉、曾三仙米线、秦云老太婆摊摊面、十八梯邓凳面、花市豌杂面
麻辣烫	每味每客重庆麻辣烫
冒菜	朱大力冒烤鸭
甜品甜点	三样子
东南亚菜	泰香米泰国餐厅
卤味熟食	麻爪爪
烤串	九村烤脑花
饺子馄饨	张鲜鲜·鲜虾·葱油鸡抄手
特色小吃	龙记山城汤圆、川乐钵·钵钵鸡、正南齐北·老街糯米团

资料来源：红餐大数据。

重庆的泉水鸡、豆花鱼等是特色菜品，串串香、豌杂面、烤豆皮、酸辣粉、冰粉、抄手等小吃简餐的地域特色也很突出。菜得快酸辣粉、十八梯邓凳面、每味每客重庆麻辣烫、麻爪爪、九村烤脑花、临江门秀嬢串串香、川乐钵·钵钵鸡等本地品牌发展势头较好。

茶饮和卤味熟食也是重庆发展得较好的餐饮品类。据红餐大数据，截至2024年6月，重庆门店规模前十的餐饮品牌分别是享哆味、蜜雪冰城、绝味鸭脖、瑞幸咖啡、麻爪爪、沁园、书亦烧仙草、乡村基、华莱士、紫燕百味鸡，其中茶饮和卤味熟食品牌分别占据3席、2席。

八、其他：旅游餐饮升温，县城餐饮走到台前

除了以上重点餐饮城市，西安、厦门、南京、武汉、哈尔滨等城市以及一些县级城市的餐饮也颇具特色。

作为历史文化名城和旅游热门城市的西安，其餐饮热门赛道有陕菜、小吃等。西安饭庄、魏家凉皮、兰湘子·湘菜小炒、茶话弄等是发源于西安的餐饮代表品牌。

厦门以滨海风光、闽南民俗和海鲜美食闻名，其餐饮热门赛道有闽菜、粉面、小吃等。宴遇、临家闽南菜、荣先森·福建小馆、味友、四里沙茶面、乌涂煎包等是厦门本地的餐饮代表品牌。

南京的餐饮既传承了传统技艺，又融合了六朝古都的文化基因，其餐饮热门赛道有南京菜、小吃等。南京大牌档、回味鸭血粉丝汤、和善园、鸡鸣汤包、民国红公馆等是发源于南京的餐饮代表品牌。

"九省通衢"的武汉，其餐饮具备独特的江汉风味，热门餐饮赛道有粉面、卤味熟食、特色小吃等。周黑鸭、蔡林记、常青麦香园、肥肥虾庄等是发源于武汉的餐饮代表品牌。

一句"尔滨"带火的哈尔滨，将冬季旅游的热度承接到了本地餐饮上，东北菜、东北烤肉、俄式西餐、甜品甜点、特色小吃等受到较大关注。山河屯铁锅炖、老厨家等是哈尔滨本地的餐饮代表品牌。

在城乡经济和文旅等因素的发展带动下，昆明、贵阳、兰州、乌鲁木齐、郑州、淄博、潮州、顺德、延吉、台州、柳州等地的餐饮也具有鲜明的地域特色，吸引了不少消费者奔赴打卡。

总的来看，我国的城市餐饮经济发展各有特色，餐饮商圈和餐饮品类的分布与城市规划和餐饮消费习惯相关，各个城市独特的调性则为餐饮品牌的发展提供了肥沃的生长土壤。

CHINA CATERING

第二章　餐饮上游

食材供应链：
围绕"效率线"和"体验线"持续进化

"巧妇难为无米之炊"，说的其实是食材供应链的事。食材是餐饮经营的起点，食材供应链的发展，是餐饮市场需求引动的结果，也是自身发展打开更多餐饮消费场景的必然趋势。可以说，食材是餐饮企业获得竞争优势的关键之一，更是在内卷时代背景下，餐饮企业打造差异化竞争优势的突破口。

在消费者对餐饮品质需求提升，对安全、健康日益注重，餐饮连锁化率增长以及食材供应链发展走向细分化、专业化发展阶段等因素的共同作用下，餐饮食材的市场规模持续扩容，并在餐饮行业演化趋势下围绕"效率线"和"体验线"持续进化。

一、人口结构变化和行业演化趋势对食材发展影响颇大

餐饮食材发展的体量和质量与餐饮行业大盘和餐饮消费需求息息相关。体量方面，餐饮食材随着餐饮业整体大盘的扩容而持续增长；质量方面，食材的

发展和终端不同圈层的消费理念、消费能力、消费偏好同频共振，在我国当前人口结构的变化牵引下呈现新的品质风貌。

1. 餐饮连锁化率达 21%，驱动餐饮食材市场规模向 1.88 万亿元迈进

2023 年，我国餐饮消费持续恢复，餐饮总收入达到 5.29 万亿元，正式迈入 5 万亿元时代。餐饮大盘的水涨船高带来了餐饮食材市场的快速增长。据红餐产业研究院样本企业调研数据，2023

年食材原料进货成本占据了我国餐饮样本企业各项成本的 42.7%。据红餐产业研究院测算，2024 年全国餐饮食材市场规模预计为 1.88 万亿元，同比增长 9.9%（见图 2-1）。

图 2-1　2019 — 2024 年全国餐饮食材市场规模概况

同时，美团数据显示，全国餐饮业的连锁化率也在逐步提升，2023 年达到 21%，比 2022 年提高了 2 个百分点。

连锁的核心是复制，复制的核心是标准化。通过标准化的食材采购、标准化的加工制作消除产品差异、服务差异，提升产品和服务的质量稳定性，是连锁经营的要义。从这个层面来看，食材供应链是连锁餐饮的灵魂，是餐饮连锁化的有力支撑。

2. 行业集中度提升，推动食材供应链发展壮大

餐饮连锁化率的提升，推动了餐饮食材行业的规模集中，促进食材供应链朝着细分化、专业化持续进化。以餐饮细分品类中市值最高、门店连锁化率靠前的火锅品类为例，每一个点单率排名靠前的单品都催生出了专业的供应链企业。

比如火锅点单率较为靠前的牛肉、毛肚、虾滑、丸子等产品，近年来均出现了大单品企业。例如，经营牛肉大单品的和一牧鲜、宾西牛业等；经营毛肚大单品的智琪食品、亲热集团等；经营

虾滑大单品的逮虾记等；经营丸类的有主打牛肉丸的丸来丸去、聚焦北海虾丸的玖嘉久等；经营鸭血的康乐汇、巧丫巧等。

与此同时，餐饮连锁化率的提升还释放出了餐饮供应链本身的资本化价值。一方面，与当前餐饮门店较高的换手率相比，供应链企业稳定性相对较高；另一方面，安全、稳定、高效、标准化的供应链可以有效帮助餐饮企业节省成本，有助于餐饮企业进一步实现规模化扩张。因此，近年来，资本对前端

餐饮企业的投资热情有所下降，对餐饮后端包括食材在内的供应链服务企业的投资意向增强。在此背景下，食材供应链企业近年来获得融资事件数、披露的融资金额，以及登陆资本市场的动作也显著增多。从 2022 年至 2024 年上半年餐饮相关领域披露的融资金额情况来看，2024 年食材供应商披露的融资金额要高于 2022 年以及 2023 年（见图2-2）。

注：2023 年上半年中粮福临门 210 亿元的融资案例不纳入统计范围。
资料来源：红餐大数据，数据统计时间截至 2024 年 6 月 30 日。

图 2-2　2022 年至 2024 年上半年餐饮相关领域披露融资金额占比情况

3. 餐饮食材消费增速显著，将由"数量驱动"转向"质价驱动"

食材供应链企业和餐饮企业共同的服务对象都是终端消费者。而人口是消费的基本盘，值得注意的是，我国当前较为明显的人口结构性变化，将对餐饮食材的品质及风味走向带来长期的影响。

截至 2023 年，我国人口已连续两年呈现负增长。2023 年末全国总人口数比 2022 年末减少了 208 万人，2023 年全年出生人口 902 万人，同比减少 5.6%。与此同时，老龄化率持续提升。

据国家统计局数据，2023 年中国 65 岁及以上人口数为 21,676 万人，占总人口的比例为 15.4%，首次突破 15%。老年人在身体机能逐步下降的情况下，会提高对健康食材的需求。加上居民消费能力、消费意愿趋向谨慎，需求侧增长将进一步放缓。伴随消费结构优化升级，食材消费将由"数量驱动"逐渐转向"质价驱动"，由吃得多转向吃得好。

《2023 年中国食物与营养发展报

告》显示，按照 2021 年可食用食物供给水平计算，我国人均每日能量供给量为 3,428 千卡，与葡萄牙、澳大利亚等国家水平相当，高于日本、韩国（营养峰值在 2,900～3,000 千卡）。当居民特别是城市居民人均食物消费超过营养峰值，食材消费将迎来结构性拐点，朝着健康方向创新升级。

二、餐饮食材发展风向：差异化、地方特色、追求健康

产品是餐饮企业服务顾客的基本面，在行业内卷加剧的当下，食材也因此成为餐饮企业打造差异化竞争优势的突破口（见表 2-1）。近年来，我国餐饮食材呈现出了规模化生产和柔性化定制并重、地方特色食材出圈等发展风向。

表 2-1　2024 年全国部分餐饮相关食材供应链企业概况

企业类型	企业名称
肉禽蛋类	宾西集团、大北农、大成食品、大象农牧、大庄园集团、凤祥食品、禾丰股份、恒都农业、金锣集团、立华股份、牧原股份、欧福蛋业、新希望六和、厚德食品、华英农业、民和股份、三旋供应链、天农食品、元盛食品、龙大美食、康乐汇食品、利思客、越汇食品
水产类	百香顺、百洋股份、国联水产、海大集团、恒兴集团、鲍之源、渤海水产、大湖股份、大洋世家、海鳞源、好当家、开创国际、闽东壹鱼、欧泰贡、三都港、亚洲渔港、中洋鱼天下
米面粮油类	北大荒米业、嘉吉中国、十月稻田、金健米业、金沙河集团、京粮控股、克明食品、鲁花集团、三全食品、道道全、华昌米业、金禾米业
烘焙乳品类	安佳专业乳品、恩喜村、海融科技、立高食品、南侨食品、可颂集团、麦王食品
综合型食材类	乐禾食品、良之隆、千喜鹤、锅圈、亲热集团、麦金地

资料来源：公开信息，红餐产业研究院整理。

红餐网｜红餐大数据

1. 餐饮食材规模化生产和柔性化定制并重，大爆款频出

受当前信息环境更加透明、物质供给更加充裕、大环境不确定性增加等多方面因素的影响，消费者的消费理念和消费能力发生较大变化，消费日趋谨慎。具体表现为消费者开始对"高大上"的东西"祛魅"，一方面追求有品质的性价比，另一方面又追求个性化、差异化的"新奇特"。

在消费需求的牵引下，餐饮企业对

采购产品的品质、价格更为敏感，这对食材供应链提出至少两个方面的要求。

一是能做到规模化供给。强供应链管理能力带来的规模优势，体现在采购、研发、生产、运营、销售等环节，需要具备更高效的反应、更稳定的品质，以及更低的单位原料、制造、物流、分销费用。食材供应规模大才能更好地探索高效率，而食材供应的效率高才能进一步探索性价比。

二是柔性定制级的解决方案。因为餐饮企业追求个性化、差异化的食材供应，只有个性化和差异化才能吸引特定场景、专属群层的消费者，而这对食材供应链企业提出了柔性定制的要求。只有柔性、一户一策，一家餐饮企业一个解决方案，才能满足餐饮企业个性化和差异化的需求。

从规模化供给来看，近年来，一批食材供应企业将需求量大、经过市场检验、具备硬实力和高口碑的优秀产品作为市场大爆款来打造，为企业带来了上亿元甚至数十亿元的营收。例如，美好食品的农家小酥肉、龙大美食的白水肥肠、百香顺的免浆黑鱼片、欧泰贡的免浆巴沙鱼片、利思客的钢钎鲜肉羊肉串、益和丰的调理类牛排、越汇食品的乌鸡卷等产品均为各家企业创造了较好的营收业绩。如美好食品 2018 年发力"美好农家小酥肉"单品，2021—2023 年，美好食品仅靠小酥肉一个单品，就收获了年入 10 余亿元的销售额。此外，百香顺的免浆黑鱼片也是年销售 10 亿元级别的爆款单品。

从柔性定制来看，为了满足消费者个性化和差异化的需求，食材供应链企业和餐饮品牌协同创新，以双向奔赴的方式，寻求供应链成本、价格、品质的最优解，加速了食材产业的高质量升级。

目前，餐饮食材供应链的柔性定制多集中在餐饮品牌的"门店必点""门店爆款"等产品上。比如，虾滑大单品供应链企业逮虾记与珮姐重庆火锅一起打造了墨鱼汁马蹄虾滑；和熊喵来了一起研创了黑金黑虎虾滑等产品；2024 年夏季，逮虾记和朱光玉火锅馆一起打造了小龙虾虾滑，将"夜宵之王"小龙虾和百搭虾滑相结合，做出了差异化的新爆品。专注做牛肉丸的丸来丸去，给餐饮品牌定制了生制贡菜牛肉丸、生制芝士牛肉丸等产品。三旋供应链研制的虎皮凤爪，目前已成为朱光玉火锅馆、怂重庆火锅厂、楠火锅等品牌的定制化爆品，2023 年，该产品的销售额已经突破了 2 亿元。

2. 地域美食出圈，地方特色食材迎来发展机遇

近年来，从兰州拉面到广西螺蛳粉，从淄博烧烤到天水麻辣烫，从海南糟粕醋到贵州酸汤，从哈尔滨冻梨到河南荆芥饮品，地域美食展现出了旺盛的生命力。越来越多的本土地域化美食和地域文化正在被挖掘，各种地方特色菜系、地方特产小吃、地域风味美食中都藏着新机遇，地方特色食材也迎来更多的发展可能性。

像火爆程度堪比淄博烧烤的甘肃天水麻辣烫，就带火了甘谷辣椒、甘谷花椒、秦安花椒等地方食材。和甘肃天水麻辣烫类似，贵州酸汤火锅、云南酸菜火锅、百香果酸汤、香茅草酸汤等酸汤系火锅的出圈，也带动了贵州折耳根、云南姜柄瓜、树番茄等特色食材的发展。

此外，许多地域特色食材也被食材供应链企业制作成多样化的产品，可满足不同餐饮业态的需求。例如，沐之源食品的峨眉山龙须笋、李传芳辽宁黑豆花、天农食品的清远鸡系列等（见图2-3）。

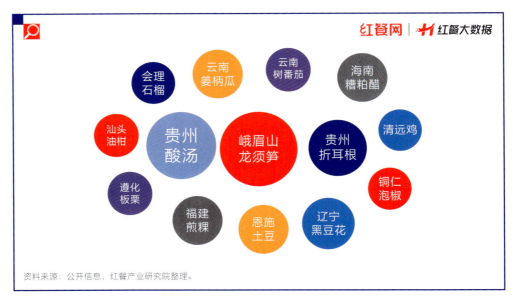

资料来源：公开信息，红餐产业研究院整理。

图 2-3　2024 年全国部分地域食材一览

同时，还有不少预制菜企业通过挖掘本地独特的食材和烹饪传统，推出了富有地域特色的预制菜产品。比如，海文铭的佛跳墙、皇上皇的金冠腊肠、新聪厨的梅菜扣肉、丝路央厨的新疆羊肉皮牙子烤包子等。

3. 新鲜、绿色、高还原度成餐饮食材角逐的关键

中国餐饮讲究一个"鲜"字。可以说，吃鲜是刻在中国人味蕾深处的DNA。特别是在标准化、工业化生产日益发达的当下，消费者对"鲜"更加渴望。美团数据显示，2021—2023年美团平台上的"锅气"搜索指数逐年走高（见图2-4）。近年的用户评价数据也显示，现炒、现磨、当季、鲜嫩、新鲜等用来描述"新鲜"的词频增速较快。

资料来源：美团，红餐产业研究院整理。

图 2-4 2021 — 2023 年美团"锅气"关键词搜索指数

餐饮企业的产品形态选择也呈现出了清晰的对应关系。眼下，蔬菜、瓜果、辣椒、禽蛋等菜市场的常见食材元素，正被一一搬进餐厅改良放大。例如，巴奴毛肚火锅在不少门店前加了一辆小推车，用盛满泥土的框装着鲜竹笋、姜柄瓜等云南特色食材；肯德基在上海推出"菜市场"主题店，在店门口布置了一个小菜场，吸引了不少消费者拍照打卡；一些主打山珍乡野味的湘菜馆，如农耕记·湖南土菜更是热衷于向食客展示一些市面上不常见的时令菜、原产地的食材；而广东地区的特色粥底火锅、海鲜大排档，则直接在店里打造一个海鲜池，将生猛海鲜直接搬进店内。

相应地，追求新鲜、绿色、高还原度也成为餐饮食材供应链企业角逐的关键。以烧烤供应链企业利思客的钢钎鲜肉羊肉串为例，其加工全程低温控制，能够较大限度地保持羊肉的新鲜度。再如，盖世食品的海藻沙拉，采用无菌化自动生成工艺，通过零下30℃速冻保鲜，较好地还原了产品原有的口感和味道。灯塔水母的乳山牡蛎是在自建ASC牡蛎

生态养殖海洋牧场养殖，并经深度清洗净化工艺和流程加工处理而成。

此外，本地食材、传统老味也是食材企业追求的方向。例如，吉香居的小叶脆酸菜，以云南高原小叶芥菜菜心为原料，经清洗甄选以及恒温老坛薄盐发酵，且成品以冷链运输，能够较大限度地锁鲜。

三、饮品食材：围绕上新能力和健康诉求展开角逐

现制饮品是餐饮连锁化率最高的赛道，美团数据显示，2023 年现制饮品的连锁化率达到 49%，同比增长 5 个百分点。随着现制饮品赛道连锁化和规模化程度不断提升，供应链企业也扮演着越来越重要的角色。

目前，蜜雪冰城、瑞幸咖啡这两个品牌的门店数已突破了万家，而古茗茶饮、茶百道、沪上阿姨、星巴克、库迪咖啡、书亦烧仙草、甜啦啦鲜果茶、益禾堂等品牌的门店数均超过了 5,000 家。

随着现制饮品赛道不断成长，食材供应端的各个细分领域也获得了充足的成长空间。如茶饮的产品构成在食材侧涉及茶、奶、水果、糖浆等多个品类，催生出了一批细分领域的茶饮供应链头部企业。如聚焦于供应饮料浓浆、风味糖浆、小料等产品的德馨食品，致力于为现制饮品企业供应燕麦奶、燕麦奶油等燕麦相关产品的 OATLY 噢麦力，为新式茶饮、咖饮等领域提供全乳品解决方案的综合型乳品企业晨非食品等（见表 2-2）。

表 2-2　2024 年全国部分饮品供应链相关企业概况

企业名称	主营业务
大咖国际	全品类饮品原料研发、生产、销售
德馨食品	饮料浓浆、风味糖浆、小料等产品的研发、生产和销售
OATLY 噢麦力	食品销售、技术服务、进出口业务等
晨非食品	为新式茶饮、咖啡、餐饮等领域提供全乳品解决方案
骏茶家	茶叶的生产和销售
领航食品	现制茶饮原料加工与供应
日远饮品	提供饮品定制服务、生产和销售各类特色饮品
鲜活饮品	饮品类、口感颗粒类、果酱类和直饮类等产品的研发、生产和销售
塞尚乳业	乳品深加工企业，产品包括厚乳、轻乳等多种类型

资料来源：公开信息，红餐产业研究院整理。

红餐网 ｜ 红餐大数据

续 表

企业名称	主营业务
三元食品	乳制品的生产、加工和销售
维益食品	生产和销售植脂奶油及其相关产品
熊猫乳品	浓缩乳制品的研发、生产和销售，以及乳品贸易
朝日唯品	乳制品的生产与销售、有机农业的实践、品牌推广以及产品创新等
雀巢（Nestlé）	食品生产、食品销售、饮料生产、食品添加剂生产和调味品生产等
菲诺	椰基植物奶研发、生产与销售
田野股份	果蔬原料制品的研发、生产、销售
恒鑫生活	纸质及塑料餐饮用具的研发、生产及销售
佳禾食品	植脂末、咖啡及其他固体饮料等产品的研发、生产和销售
爱乐甜	零卡糖糖浆类减糖产品
南王科技	手提纸袋和食品包装等纸制品的生产

资料来源：红餐大数据，数据统计时间截至 2024 年 6 月 30 日。

红餐网 | 红餐大数据

与此同时，随着现制饮品赛道不断壮大，更多跨界企业也纷纷布局，例如，茶叶企业张一元、乳企君乐宝、零食品牌格力高都开始进军现制饮品赛道。

1. 上游供应商盈利空间压缩，饮品供应链企业加快上新节奏

现制饮品赛道的规模集中化在带动饮品食材供应链发展壮大的同时，也加剧了食材供应链企业的竞争。近年来，多个饮品供应链企业的经营业绩不及预期。比如，田野股份 2023 年实现总营收 4.6 亿元，同比下降 2.33%；2024年一季度，田野股份的营收仅为 0.88 亿元，同比下降 12.03%。2023 年，保龄宝实现营收 25.24 亿元，同比下滑 6.96%；2024 年第一季度其营收约 5.51 亿元，同比下降 9.68%。

目前，新茶饮头部品牌都已形成较大规模，对上游饮品供应商拥有较大议价权，品牌也能利用规模优势，进一步压低供应价格。不少饮品供应链企业在招股书或者财报中都曾提及，它们为了满足下游客户的需求主动降低产品售价，这或是由于下游需求变化，低毛利的产品销售额上升，导致上游供应商盈利空间压缩。与此同时，上游饮品供应链企业众多，集中度较低，供应链企业之间的激烈竞争又进一步压缩了上游供应商的盈利空间。

基于此，为了获取增长以及争夺市场，上游饮品供应商需要更快速响应客户需求，缩短新产品的商品化周期，通过不断推出新产品、提升产品质量，甚至下调产品价格等方式抢占市场。

近年来，为了建立产品壁垒以及提升品牌竞争力，现制饮品的上新速度不断加快，"一周一款""两周三款"成为常态。美团外卖新茶饮上新数据显示，新茶饮产品总数持续增长，从时间线上看，新茶饮头部品牌通常自3月开始加大上新力度，上新数量明显增多，为"五一"、入夏、立秋等新茶饮旺季做好产品准备（见图2-5）。

图 2-5　2022 — 2023 年新茶饮头部品牌上新数量及总量增长情况

与之对应的是，供应链端对市场的反应速度也变得灵敏，由原来的一年只推 1 ~ 2 款固定产品，逐渐演变为每个季节都要有匹配的新品推出，并且不同系列的产品都会上新，甚至一些供应链企业一月推一款新品。比如，一些乳制品企业，最快能在 2 ~ 3 个月实现一款新品的上市推出。而小料等供应链企业也在建立新品储备库，提前基于未来视角研发新产品。

除此以外，众多的饮品供应链企业也在积极开拓新的渠道或者业务线，以取得进一步的突破。比如，三元生物积极开拓国际市场，2023 年三元生物海外的营收占比从 68.22% 提升至 74.24%，达到 3.71 亿元。2024 年一季度，三元生物的净利润同比增长 210.54%。

2. 低 GI 成为饮品食材创新方向，代糖食材企业迎发展机遇

近年来，消费者对于健康因素的需求日益高涨，低 GI（Glycemic Index，血糖生成指数）等健康诉求成为饮品食材的创新方向。健康食材方面，生椰、牛油果等食材热度较高，更健康的奶制品也成为卖点，比如宁夏塞尚乳业的厚乳、德馨食品的茶咖轻乳、晨非食品的活菌厚酸奶、维益食品的生牛乳特调乳、OATLY 噢麦力的咖啡大师燕麦奶等。

德馨食品的茶咖轻乳主打"0 氢化"基底乳，具有凸显茶香，提高奶与茶的融合度，使饮品达到风味和口感均衡的效果，被广泛应用到古茗茶饮、乐乐茶等多个茶饮品牌中。晨非食品的活菌厚酸奶通过对工艺和加工流程的革新，实现了口感稠度升级，并通过调配复合菌种，保留新鲜口感的同时提升活性菌含量，满足消费者对健康的需求。

随着对品质和健康的不断追求，在现制饮品的原材料选择上，消费者更青睐于真茶、真奶的搭配。在口味选择上，轻乳、低糖等产品更受欢迎。与此同时，国家颁布多项健康规划，控制添加糖摄入量，推动全民参与减糖行动，为代糖行业发展提供了基础。国家政策还倡导生产经营者用安全标准允许的天然甜味物质和甜味剂取代蔗糖，进一步推动了代糖需求的增长。

在此背景之下，各类代糖食材的供应企业迎来了发展机遇，三元生物、保龄宝、华康股份、百龙创园、晨光生物、金禾实业、莱茵生物等企业乘势崛起（见表 2-3）。

表 2-3　2024 年全国部分代糖企业概况

代糖原料名称	代表企业
赤藓糖醇	三元生物、保龄宝、东晓生物、瑞芬生物、福洋生物、哥瑞生物等
阿洛酮糖	保龄宝、百龙创园、三元生物、安徽金禾等
甜菊糖苷	润德生物、莱茵生物、晨光生物、浩天药业等
海藻糖	福洋生物、中诺生物等
塔格糖	林路生物等

资料来源：公开信息，红餐产业研究院整理。

红餐网｜红餐大数据

整体而言，在消费者健康意识的驱动下，现制饮品对于品质健康的要求也在不断提高，而这也对上游食材供应商提出了更高的要求。鉴于此，红餐产业研究院认为上游饮品食材企业可通过以下三个路径来实现差异化。

其一，饮品食材供应链需要从源头上扩大优质原材料的供应，通过扶植原产地农牧业、自建生产基地、在全球寻找优质原料等方式将更多优质食材提供给消费者。其二，用短链供应提升食材新鲜度。尤其是在鲜果及乳制品的供应上，提升从田间到店铺的物流效率。其三，供应商与品牌之间需要提升数字化协同效率，进一步打通产品信息，实现从产地到店铺的全链路可追踪。

四、围绕"效率线"和"体验线"，餐饮食材持续进化

餐饮食材供应链的繁荣与否和餐饮行业的发展息息相关。在餐饮业当前竞争态势和消费需求的牵引下，餐饮食材围绕着"效率线"和"体验线"进化，因为只有高效率才能更好地探索性价比，只有重视终端消费者的体验，才能有高口碑和高复购率。围绕这两大主线，餐饮食材的发展呈现四个走向。

首先，企业定位方向朝着大单品进化。餐饮连锁化率的提升也进一步提升了行业的集中度与专业化，主打单品的餐饮食材企业纷纷出现。近年来，一些食材企业在众多产品中发掘、培育极具竞争力的大单品，一些应用场景广谱、增量显著的细分品类直接诞生大单品类食材供应企业。

其次，在服务能力上强调柔性化定制。餐饮品牌对于个性化、差异化的追求，加上市场竞争的加剧，都对餐饮食材供应企业基于客户需求、快速响应市场变化，以及为餐饮客户柔性定制、开发独家产品的能力，提出了更高的要求。

再次，在产品创新上追求新鲜、天然、健康。餐饮食材的终端服务对象是C端消费者。随着餐饮消费理念从吃出美味向吃出健康升级，追求更新鲜、更天然、更健康，且具体可感可追溯，成为餐饮食材产品创新的一大主旋律。

最后，在生态协同上编织数字化的新网络。英国著名供应链管理专家马丁·克里斯托弗曾提出："21世纪的竞争不是企业和企业之间的竞争，而是供应链和供应链之间的竞争。"供应链产业生态是围绕供应链运营所有参与主体共同组成的价值生态网络，经营餐饮门店和经营食材工厂是两个完全不同的领域，需要的能力模型也不尽相同。借助于数字化和冷链物流新基建，上游餐饮食材企业和下游餐饮门店正在编织数字化的新网络，通过互动共同创造价值，一起更好地服务餐饮消费者。

第二节　预制菜：
市场规模持续增长，政策、企业等多方助力赛道发展

近年来，在餐饮企业对于降本增效的需求日益增长及消费模式变革、市场教育深化等多重因素的推动下，预制菜赛道展现出了稳健向上的发展态势。同时也需要注意的是，2023 年以来，该行业面临了一系列挑战，包括产品同质化问题日益突出、公众舆论的质疑声音较多，以及消费者对预制菜安全性和品质的担忧加深。

为了应对这些挑战并推动行业的健康发展，2023 年以来，多个地区开始实施针对预制菜的相关标准。2024 年 3 月，市场监管总局联合多个部门发布《关于加强预制菜食品安全监管 促进产业高质量发展的通知》，也为预制菜产业的有序、高质量发展注入了动力。

一、预制菜在规范中有序发展，市场规模有望突破 5,600 亿元

2023 年，我国餐饮收入突破 5 万亿元大关，全国餐饮连锁化率逐步提升。在消费渐趋谨慎的大背景之下，我国餐饮行业的竞争不断加剧，人力成本持续攀升，不少餐饮企业通过多种促销活动"以价换量"，餐饮企业的利润空间受到挤压，这又进一步加剧了餐饮企业对于提高效率和降低成本的需求，而采用预制菜则成为餐饮企业实现降本增效的一个思路。

此外，受到家庭户规模缩小、老龄人口比例增加、企业职工工作时间延长等因素的影响，消费者实现家庭烹饪的难度有所上升。在这样的背景下，市场对便捷烹饪解决方案的需求日益增长，为预制菜等相关产业的发展提供了空间。

在 B 端和 C 端需求持续增长的双重驱动下，2023 年，我国预制菜赛道保持增长态势。据红餐大数据，2023 年全国预制菜市场规模达到 4,990 亿元，同比增长 15.9%。其中，B 端预制菜市场表现亮眼，2023 年市场规模达到 3,980 亿元，同比增长 18.5%（见图 2-6）。

图 2-6　2020 — 2024 年全国预制菜市场规模概况

进入 2024 年，预制菜赛道在规范中逐步进入良性发展阶段。尽管目前仍未有国家层面的预制菜标准出台，但据全国标准信息公开服务平台，2024 年以来，已有 8 个预制菜相关的地方标准获批。此外，在 2024 年 3 月，市场监管总局联合教育部、工业和信息化部、农业农村部、商务部、国家卫生健康委印发《关于加强预制菜食品安全监管 促进产业高质量发展的通知》，首次在国家层面规范了预制菜的范围，并表示要推进预制菜标准体系建设、加强预制菜食品安全监管以及统筹推进预制菜产业高质量发展。

由此看来，在餐饮连锁化进程加速、便利性家庭烹饪需求增长、预制菜技术持续升级迭代以及政策扶持等多重因素的推动下，2024 年我国预制菜市场规模或将进一步增长，有望达到 5,680 亿元。

近年来，预制菜领域的竞争格局也在持续演变。目前，我国预制菜赛道参与者众多，除了专业预制菜企业以外，预制菜赛道的参与者还有食材供应链企业、速冻食品企业、餐饮企业、生鲜电商平台以及复合调味料企业。这些企业在原材料、产品、模式和渠道等方面有着各自的优势，共同构成了预制菜赛道上多股力量交织的竞争格局。

具体来看，各个预制菜派系中均有一批颇具实力的预制菜生产企业。比如，布局 C 端预制菜业务的广州酒家、西贝、同庆楼、全聚德等餐饮企业。而盒马鲜生、叮咚买菜等生鲜电商平台凭借前置仓库、配送系统完善以及用户基础庞大等优势，近年来通过自研或与外部品牌合作上线了多款预制菜产品。

此外，圣农发展、国联水产、恒兴集团等上游养殖企业则在原料成本优势的基础上，业务模式逐步从"初加工"往"深加工"的预制菜方向发展。而味知香、好得睐、大希地等企业的预制菜产品种类亦较为丰富（见表2-4）。

表 2-4　2024 年全国部分预制菜赛道参与者概况

企业／品牌简称	总部所在省级行政区	预制菜代表产品
广州酒家	广东	预制咕噜肉、盆菜以及各类预制包点
西贝	北京	草原羊蝎子、草原羊杂汤等
同庆楼	安徽	八宝饭、红烧牛排、招牌红烧肉等
全聚德	北京	红煨牛肉、手工片制烤鸭、佛跳墙等
盒马鲜生	上海	黑椒战斧猪排、蒜蓉粉丝虾夷扇贝、蒲烧鳗鱼炒饭、徽州臭鳜鱼等
美团	北京	金汤酸菜鱼、麻辣小龙虾尾、香煎黑椒鸡胸排、台式卤肉、菠萝咕噜肉、热卤黑猪酱骨架、宫保鸡丁、盐焗手撕鸡等
叮咚买菜	上海	手抓牛大骨、德州五香扒鸡、广式乳鸽、风味烤鱼、毛血旺、蒜蓉扇贝、肉多多蒜香小排、广式窑鸡等
锅圈	上海	芝士虾滑饼、肥牛金针菇卷、凉拌毛肚、孜然羊肉等
圣农发展	福建	川香辣子鸡、酸菜鸡杂、金丝鸡排等
国联水产	广东	烤鱼、酸菜鱼、小龙虾等
恒兴集团	广东	一夜埕金鲳鱼、连头熟虾、金汤酸菜鱼、烤鱼等
鼎味泰	江苏	蟹柳系列、火锅系列、关东煮系列、裹粉油炸系列等系列鱼糜制品
欧泰贡	广东	风味烤鱼、水煮巴沙鱼、番茄巴沙鱼、金汤酸菜鱼、酱汁巴沙鱼段等
好当家	山东	风味比目鱼、软烤扇贝、香辣海带丝等
海文铭	福建	佛跳墙、鲍汁鲍鱼、大盆菜、鲍鱼花胶鸡、蒲烧烤鳗、鲍鱼捞面、鲍鱼捞饭、五谷鲍鱼粥、五谷海参粥、野米花胶粥等
龙大美食	山东	香卤肥肠、肥肠鸡、肥肠爱上鱼、酸菜肥肠等
双汇发展	河南	黄焖小酥肉、黄焖鸡块、黄焖排骨、黄米八宝饭等
安井食品	福建	酸菜鱼、蒜香排骨、梅菜扣肉、牛仔骨等
乐肴居	福建	包子、点心类、小吃类预制菜等
千味央厨	河南	芝麻球、猪猪包、香脆油条等
味知香	江苏	松鼠鳜鱼、佛跳墙、宫保鸡丁等
好得睐	江苏	京酱肉丝、蚝油牛柳等
鲜美来	广西	黑虎虾滑、墨鱼滑、泰式虾饼、鳕鱼小酥肉、鱼米花、炸虾仁等
新聪厨	湖南	梅菜扣肉、浏阳糯米笋等
珍味小梅园	上海	牛肉饼、鱼香肉丝、麻辣小龙虾、蒜蓉粉丝扇贝等

资料来源：公开信息，红餐产业研究院整理。

红餐网｜红餐大数据

续 表

企业／品牌简称	总部所在省级行政区	预制菜代表产品
麦子妈	浙江	糖醋里脊、老坛酸菜鱼、小小狮子头等
叮叮懒人菜	北京	酸菜鱼、猪肚鸡、牛肉卷、黑椒牛排等
信良记	北京	小龙虾、大闸蟹、酸菜鱼、麻辣花蛤、麻辣蜗牛、蒜蓉粉丝扇贝等
盖世食品	辽宁	麻辣蚬子、芥末章鱼、香辣Q弹鱼皮等
惠发食品	山东	招牌章鱼丸、撒尿肉丸、雪花鸡柳等
大希地	浙江	黑椒牛排、韭菜鸡蛋酥皮馅饼等
得利斯	山东	多款中西式预制菜肴产品以及汤丸系列、蒸烤系列、火锅系列、烧烤系列等多个系列的调理肉制品
百香顺	江苏	免浆黑鱼片、脆脆鱼、火锅鱼片、小酥肉等
新雅轩	四川	麻辣霸王鸡、川麻手撕鸡、爆汁脆皮鸭、老成都冒烤鸭等
三都港	福建	三去黄花鱼、去刺黄花鱼柳、鸡汁黄花鱼、蒲烧鳗鱼、海鲈鱼等
春雪食品	山东	经典大盘鸡、口水鸡、麻辣鸡块等
逮虾记	广西	麻辣小龙虾、蒜香小龙虾、九五纯虾排等
彭记坊	湖南	青椒猪肚、茶油谷鸭、梅菜扣肉王、功夫牛三鲜等
浔味堂	浙江	千岛湖鱼头汤、黑豆豆腐等
如意三宝	福建	蒜香骨、扇子骨、蚝油牛柳、孜然羊排、澳式烧排等猪牛羊肉预制菜
美好食品	四川	农家小酥肉、香卤冒节子等预制菜以及火腿肠、低温肉制品
越汇食品	河南	乌鸡卷、红面鹌鹑、翅饺、三椒蒜爆下饭鸡、干将大鸡架、干将大翅根等
雪印集团	广东	药膳大盆瑶鸡、素食大盆菜、香芋扣肉等预制菜
玖嘉久	广西	鱼丸类、肉丸类、肠类等丸滑制品
众口味食品	广东	包点类预制产品、丸滑制品以及小龙虾、鱼片等预制菜
颐海国际	上海	筷手小厨的咖喱牛肉、番茄牛腩、土豆炖牛肉下饭浇头等

资料来源：公开信息，红餐产业研究院整理。

红餐网 | 红餐大数据

此外，部分上市企业的预制菜相关业务板块业绩表现亮眼。比如，2023年安井食品速冻肉制品、速冻鱼糜制品以及速冻菜肴的营业收入分别为26.27亿元、44.09亿元、39.27亿元，同比分别增长10.22%、11.76%和29.84%。龙大美食的预制食品业务收入达到19.84亿元，同比增长50.94%。值得注意的是，该业务板块在龙大美食整体营收中的占比也实现了大幅提升，从2022年的8.16%增长至2023年的14.89%，不难看出，增长势头强劲的预制食品业务在龙大美食中的重要性逐步提升。惠发食品2023年冷冻食品的营收达到

19.76 亿元，同比增长 27.33%，其中，中式菜肴的营收为 2.2 亿元，同比增长 23.95%，且毛利率止跌回升。

除此以外，千味央厨、三全食品、得利斯、海欣食品等企业的预制菜相关业务在 2023 年同样取得了较好的发展，相关业务的营收出现不同程度的增长。

与此同时，部分调味料企业如海天味业、涪陵榨菜等近年也逐步加大对预制菜业务的投入。

尽管如此，目前我国的预制菜领域仍未出现寡头型企业，赛道整体仍呈现出较为分散、区域性特征显著等特点。

二、产品创新：预制菜产品日渐多元，功能性预制菜受关注

回顾预制菜产品的演变，不难发现，过去几年预制菜赛道陆续诞生了酸菜鱼、小龙虾、烤鱼等一系列"爆款"预制菜。事实上，这些"大爆品"预制菜与近年餐饮端的热门大单品品类的重合度较高。一方面，这些大单品对于消费者而言，无论是去专门店就餐还是购买预制菜自行烹饪，均能有效解决消费者的烹饪复杂程度高、耗费时间长的痛点。

另一方面，这些大单品在餐饮端已经得到市场的验证，并积累了庞大的消费群体以及较高的人气。此外，技术的提升和供应链、冷链物流体系的完善，亦为这些大单品的"预制化"提供了有力的发展支撑。在这些因素的共同作用下，酸菜鱼、小龙虾、烤鱼等大单品预制菜在市场中也受到了较多的关注。

然而，这类"大爆品"预制菜产品的同质化现象较为突出。当市场上充斥着大量相似类型和口味的预制菜时，消费者的消费热情较难持久，从而会影响

产品的长期市场吸引力。

在这样的背景下，近年来预制菜生产企业围绕产品的口味和口感、菜品类型、功能以及规格和形态等方面作出了多元化的创新。

第一，在产品口味和口感上，企业主要围绕现有的产品进行多口味延展。比如，国联水产的烤鱼系列，在 2021 年推出之初，该系列产品聚焦麻辣、蒜香两大热门口味，随后陆续推出了青花椒烤鱼和菠萝烤鱼。而逮虾记则在虾滑的基础上，采用不同食材与之进行搭配，在 2023 年相继推出鱼籽虾滑、腐竹虾滑等不同口感和风味的虾滑产品。千味央厨也对油条类产品进行了精细化布局，针对不同的消费场景，推出了茴香小油条、麻辣烫小油条、火锅涮煮油条、外卖专用油条等多款产品。

第二，在菜品类型上，更多烹饪工序繁复的家庭"硬菜"出现在预制菜市

场。比如，猪肚鸡、肥肠、甲鱼、牛蛙、牛腩、臭鳜鱼、粉丝蒸扇贝、剁椒鱼头等。以肥肠为例，美好食品、龙大美食、温氏食品、安井食品等企业近年纷纷推出肥肠类预制菜产品。其中，美好食品推出了卤香肥肠、五香肥肠和白水肥肠等多款肥肠预制菜。而龙大美食则在其白水肥肠的基础上推出"肥肠+"系列，据龙大美食财报，2023 年肥肠类产品的销售收入超过 3 亿元。

第三，挖掘地方特色菜也是预制菜生产企业近年进行产品创新的方向之一。比如，叮咚买菜推出的预制菜"八大碗"系列，谷言推出的石家庄地方美食牛套皮预制菜，以及广州酒家推出的预制菜产品传统咕噜肉。而春雪食品也在 2023 年推出了包括鲁菜、北京菜、粤菜等不同菜系在内的 8 款地方特色预制菜。

第四，预制菜产品的功能性被进一步深挖，药膳预制菜受关注。随着当下消费者对养生和健康的日益关注，部分企业开始对功能性预制菜进行研发。例如，2023 年温氏食品与昆明中药厂共同研发了参苓鸡系列预制菜产品，而广州酒家则与采芝林联合推出了两款人参炖汤预制菜。惠发食品与上海中药创新中心联名打造了品牌"大国味道"之"二十四·吉膳房"，并推出了"五季体质养生"系列药膳预制菜。此外，雪印集团、浙江震元股份、谯郡府食品等企业融入了传统药膳的养生理念，推出了多款药膳预制菜。

与此同时，为了进一步推动药膳预制菜的发展，广东江门、广东德庆、安徽亳州、浙江磐安、山东济南等多个地方政府纷纷颁布相关政策，为当地药膳预制菜产业提供有力支持。

除了在产品口味、口感、菜品类型以及功能的创新以外，部分企业针对不同的消费场景推出不同规格的预制菜产品。比如，正大集团旗下零售预制菜品牌正大厨易推出的猪肚鸡预制菜，就包含家庭装以及适合"一人食"场景的小规格产品。而主打烤鱼预制菜的有鱼妖针对不同的场景推出了家庭版、轻享版以及一人份三种不同规格的烤鱼产品。

综上所述，随着消费者需求的多样化和市场的不断发展，预制菜产品越来越丰富多样。而企业之间的差异化创新，为消费者带来更多美味、便捷且健康的产品选择。

三、渠道强化：深耕 B 端，拓展 C 端，企业全面加速渠道布局

我国预制菜市场的发展呈现出 B 端先行、C 端跟进的态势。近年来，随着预制菜在 C 端消费市场的热度逐渐攀升，不少主营 B 端市场的企业开始关注

并布局 C 端市场，形成了"大 B 端，小 C 端"的布局特征。

从市场需求上看，B 端和 C 端在预制菜方面的需求存在明显的差异。B 端需求方注重降本增效、标准化生产和定制化产品，需求稳定性强，对产品的还原度、品质稳定性和性价比有较高的要求。而 C 端消费者则更看重烹饪的便捷性、产品的口感和味道，且对于产品的需求变化较快，对于品牌和预制菜产品的黏性相对更低（见表 2-5）。

表 2-5　预制菜 B 端、C 端市场不同需求对比

维度	B 端市场	C 端市场
核心价值	通过引入预制菜实现降本增效，优化成本结构，同时提升标准化	使烹饪变得更加简单与便捷
定制化程度	大型 B 端需求方多采用定制产品，小型 B 端需求方多采用通用产品	面向 C 端消费者的产品基本上为预制菜产品的标品
需求稳定性	B 端需求方黏性强、议价能力高，需求更具稳定性	C 端消费者黏性较弱，议价能力同样较弱。此外，C 端消费者的消费热情、需求和偏好变化相对更快
产品需求	还原度高、品质稳定性相对强、性价比相对高	口感好、味道好、便利性强

资料来源：公开信息，红餐产业研究院整理。

红餐网｜红餐大数据

面对多元化的市场需求，众多预制菜生产企业正致力于深化并拓展其渠道建设。比如，安井食品通过推出不同的预制菜品牌布局不同的需求端。其中，安井小厨主攻 B 端市场，采取"深耕 B 端，同时兼顾 B、C 两端"的策略，致力于预制菜产品自研自产。而其旗下的另一品牌冻品先生则以 C 端市场为主导，同时也会根据 B、C 两端的消费趋势推出相应的产品，形成了独特的"C 端引领，B、C 两端并驾齐驱"的产品渠道模式。

同时，得利斯也在 B 端、C 端销售渠道上同步发力。其中，在 B 端渠道上，得利斯目前已经与海底捞、正新鸡排、锅圈食汇等品牌建立长期稳定的合作关系。而 C 端销售渠道方面，得利斯在商超、加盟专卖店、电商平台、便利店等多渠道布局，以便更好地覆盖市场。

而聚焦 C 端预制菜市场的味知香则不断加大零售端渠道门店的扩张力度。味知香以华东区域为中心，持续加密线下门店销售网络，并逐步由一线、二线城市向三线、四线城市以及乡镇下沉。在 B 端渠道上，味知香持续深化与酒店、餐饮、团餐等客户的合作。

此外，盖世食品在 2023 年同样大力拓展国内多样化的销售渠道资源，使其在国内的营业收入同比增长 47.61%。

聚焦海参养殖和食品加工的好当家也表示，2024 年将通过"线上 + 线下"的方式开设实体专卖店，增加海参的销售渠道，并加大对市场的品牌推广。颐海国际旗下聚焦复合调味料的筷手小厨近年也推出了咖喱牛肉、番茄牛腩等预制下饭浇头，并通过电商平台开拓 C 端市场。

除了加强国内 B、C 两端销售渠道

的建设以外，部分预制菜赛道玩家近年还积极布局海外市场。比如，主打鳗鱼预制菜的天马科技、雪诺经贸，聚焦小龙虾预制菜的莱克食品、昌贵水产，以及国联水产、恒兴集团等，这些企业的一些预制菜产品远销海外多个国家和地区。

四、资源整合：各节点企业强强联合，助力预制菜赛道发展

面对预制菜赛道激烈的竞争环境，近年来不少企业选择"强强联手"，加快资源整合，力求在多方面寻求突破。

比如，在产品创新方面，盒马鲜生携手何氏水产及佛山科学技术学院，共同研发出一套创新的养殖与加工技术，有效去除了鱼肉的腥味。2023 年 7 月，盒马鲜生凭借这一技术成果，在杭州推出了以"去腥"为特色的"盒马宝鲜"水产预制菜系列，受到了较多消费者的喜爱。

而在食品安全管理方面，恒兴集团与京东集团于 2023 年 11 月联合推出了首个水产食品溯源平台。该平台运用物联网等先进技术，实现了对食材原产地养殖信息的可靠采集、存证和可视化展示。这不仅确保了恒兴集团产品在养殖、加工等各环节数据的实时性和可追溯性，还为消费者提供了产品生长档案，为恒兴集团旗下的预制菜品牌恒兴渔港提供了强有力的食材质量监控和技术保障。

此外，广州酒家集团的全资子公司利口福食品有限公司在广州市番禺区投资促进中心的支持下，计划在番禺区建设肉制品（精）深加工基地。该项目旨在与利口福现有产能形成联动升级，通过优化产品结构、扩大市场业务，来丰富其食品业务线。

在推进预制菜产业高质量发展的道路上，除了企业之间的协同合作外，各地政府也积极响应产业发展需求，纷纷打造预制菜相关产业园。这些园区不仅集研发、生产、加工、包装等核心环节于一体，还涵盖了物流运输、产品销售等多方面的功能。这种一站式的产业布局，不仅提高了产业效率，也为预制菜产业提供了强有力的支撑。

事实上，产业园区的建设有效地推动了资源的优化配置和高效利用，有效发挥了产业集群的优势，进一步推动了预制菜赛道的发展。

五、消费认知逐步提升，老人、儿童等特定消费群体受关注

2023 年，预制菜的消费情况与舆论反馈形成了鲜明的对比，呈现出"冰火两重天"的态势。

在消费情况方面，随着市场教育的不断深入，消费者对预制菜的认知逐步增强，消费频次也整体呈现上升趋势。据红餐产业研究院调研，2023 年，61.2% 的预制菜消费者购买预制菜产品的次数较 2022 年增多，而 25.7% 的预制菜消费者表示保持不变（见图 2-7）。

图 2-7　2023 年我国预制菜消费者的预制菜消费频次变化情况

从预制菜的产品类型上看，据红餐大数据，在京东、淘宝（含天猫）、抖音这三个电商渠道中，2023 年销量最高的 10 个预制菜产品类型，包含酸菜鱼、水煮肉片、猪肚鸡等家常菜品，小酥肉、薯条、鸡肉卷等中西式小吃，以及以佛跳墙为代表的宴会级菜品（见图 2-8）。

图 2-8　2023 年电商渠道预制菜类型销量 TOP10

尽管预制菜在消费频次和销售量方面展现出较好的增长势头，但舆论反馈中仍充斥着对预制菜的质疑和顾虑。2023 年，"预制菜进校园"、"预制菜占领餐厅"以及"梅菜扣肉事件"等话题在消费端引发了广泛的讨论。不少餐饮品牌也借此机会打出"拒绝预制菜""现炒才好吃"等口号。据红餐产业研究院调研，超六成受访消费者表示担忧预制菜"食材不新鲜，口感不好"以及"添加剂较多，不健康"。其次，59.3% 的消费者表示担心预制菜保质期太久，害怕会出现食品安全问题（见图 2-9）。

资料来源：红餐产业研究院"2024 年餐饮消费大调查"。

图 2-9　2024 年我国消费者对预制菜的顾虑因素

值得注意的是，针对外出就餐，有 16.2% 的消费者对于预制菜顾虑来自供餐企业信息或者预制菜产品信息对消费者不透明。

由此可见，预制菜在快速发展的同时，也面临着诸多挑战和质疑。化解预制菜所面临的"信任危机"，仍需要社会各界的共同努力，包括加强监管、提升产品质量、加强信息透明度等，以确保预制菜赛道的健康可持续发展。

除此以外，在预制菜产品的受众方面，老人、儿童、健身减脂等特定群体越来越受到关注。以儿童预制菜为例，目前味知香、西贝、谷言等企业已经推出多款适合儿童食用的预制菜产品。此外，针对健身和减脂人群，市场上也涌现出了一批低卡低脂的预制菜产品，这些产品旨在满足特定消费群体对健康饮食的需求。

六、水产预制菜潜力渐显，市场规模有望突破 1,500 亿元

随着预制菜市场持续扩容，部分细分赛道的发展潜力渐显。其中，水产预制菜市场的发展潜力值得关注。据红餐产业研究院观察，近年来，海鲜餐饮热度持续高涨，单从抖音平台的搜索指数上看，关键词"海鲜餐厅"的搜索指数整体呈现波动上升的态势，并且从 2023 年至今出现数个波峰点。据中国饭店协会数据，2020 年全国海鲜餐饮市场规模达到 4,633.46 亿元，且未来将会持续增长，预计 2024 年或将突破 9,000 亿元。

在 C 端消费市场方面，联合利华饮食策划相关数据显示，虽然 2023 年畜禽类预制菜在电商平台上的销售额占比达到 37.0%，但是占比第二的水产预制菜销售额增速同样不容小觑，同比增长超过 35%。

可见，无论是在 B 端市场还是 C 端市场，水产菜肴受欢迎程度均较高，这也意味着水产预制菜市场拥有较大的发展空间。据红餐产业研究院测算，2023 年我国水产预制菜市场规模达到 1,260 亿元，同比增长 20.3%，2019—2023 年的复合年增长率达到 18.1%。在供需两端的助力下，我国水产预制菜市场规模在 2024 年有望突破 1,500 亿元。

在水产预制菜市场稳步增长的同时，各类水产预制菜也相继跑出一批颇具实力的品牌。比如，鱼类预制菜参与者中已经出现了国联水产、通威食品、恒兴集团、大湖股份等多个知名度较高的企业。其中，国联水产和通威食品、恒兴集团等企业在烤鱼、酸菜鱼预制菜赛道布局较深，相继推出了相应的爆款预制菜产品，展现出较强的产品创新力。

除此以外，小龙虾、虾滑作为虾类预制菜的"大爆品"，吸引了众多企业入局。比如信良记，小龙虾作为其核心单品，拥有包括麻辣小龙虾、蒜香小龙虾、麻辣虾尾、蒜香虾尾等产品。近年来，为了在品质和口味上打造差异化，信良记在小龙虾产品的调味上通过使用家乐产品实现虾肉去腥提鲜，提升虾肉口感。同时，信良记还借助联合利华饮食策划对市场需求和消费者需求的调研和理解，持续进行新风味的产品开发。据了解，目前信良记的小龙虾预制菜产品已经渗透到多个餐饮企业以及零售终端。

在贝壳小海鲜类预制菜方面，已经诞生了贝特鲜、盖世食品等多个实力企业。其中，贝特鲜推出了螺类、扇贝、鱿鱼、章鱼、蟹钳等小海鲜预制菜，产品也在淘宝、大润发、沃尔玛、胖东来、永辉超市等 C 端渠道售卖。小海鲜的去腥、调味等过程烦琐，贝特鲜与联合利华饮食策划在鱼肉易碎的问题处理、原料去腥、厨务产品研发等方面达成合作，并共同研发推出一系列配方成熟的小海鲜产品。

此外，鲍鱼海参类预制菜的代表企业有海文铭、鲍之源、好当家等，聚焦蛙类预制菜产品的代表企业有美好食品、能龙食品、美佳集团等（见表 2-6）。

表 2-6　2024 年全国各类水产预制菜代表企业发展概况

细分类别	代表企业
鱼类预制菜	国联水产、通威食品、恒兴集团、大湖股份、叮叮懒人菜、百香顺
虾类预制菜	信良记、逮虾记、安井食品、鲜美来、拾洋食品、肥肥虾庄
贝壳小海鲜预制菜	贝特鲜、盖世食品、荣成石岛广信食品、旺和食品、隆恒食品
蛙类预制菜	能龙食品、美好食品、珍味小梅园、美佳集团、佰味蛙、湖北吴王凯越食品、田源程
鲍鱼海参预制菜	海文铭、金舜食品、鲍之源、好当家、广州酒家、德叔鲍鱼
其他水产预制菜	大湖股份、湖南楚肴供应链、农都农业、川仙渔村、润燊食品、盖世食品、元兴食品、青正食品、时代海洋食品（大连）、旭顺达食品

资料来源：公开信息，红餐产业研究院整理。

红餐网｜红餐大数据

整体上看，目前预制菜市场逐步从混乱向有序的方向发展。随着消费者对食品安全和质量要求的提升，以及监管政策的不断完善，预制菜行业逐渐规范化、标准化。各大企业纷纷推出符合消费者需求的多样化产品，满足特定群体的口味和营养需求。未来，预制菜行业有望在技术创新和品质提升的推动下，实现更加健康、便捷的发展。

第三节

复合调味料：

赛道保持高增长态势，上下游协作共创加强

近年来，随着我国餐饮行业标准化与连锁化程度不断提高，复合调味料市场迎来了快速发展期。与此同时，在消费者需求日益多元化的背景下，复合调味料企业从产品创新、合作模式、业务拓展、供应链建设等方面进行探索，以提升自身的市场竞争力。

一、2024年市场规模有望突破2,300亿元，跨界入局者增多

"复合调味料"一词诞生于20世纪80年代初，最初是由天津调味品研究所研发出首款中式菜肴复合调味品，并率先冠以"复合调味品"之名。一开始，复合调味料并没有引起市场重视，直到90年代以后，随着酵母抽提物、肉类抽提物等天然调味基料在技术上实现国产化，以及外资调味料企业开始进入中国，国内复合调味料市场开始兴起并正式起步。2007年，中国食品工业协会出台《调味品分类》标准，随后复合调味料赛道进入了快速发展阶段。

1. 复合调味料保持高增长态势，市场规模有望突破2,300亿元

近年来，随着我国餐饮行业标准化与连锁化程度不断提高，以及消费者对口味多样性和烹饪便捷度的需求增加，具有"一料成菜"特性的复合调味料在B、C两端的需求得到快速增长。

由于复合调味料具有口味丰富、形式多样、操作便捷等特性，可保证菜品口味与品质的稳定、统一，受到了餐企和消费者的青睐。近几年，随着需求持续增长，复合调味料的市场也得到了进一步发展。红餐大数据显示，2023年全国调味料市场规模为5,927亿元，同比增长17.4%。其中，复合调味料市场规模约为2,086亿元，同比增长19.1%（见图2-10）。2021 — 2023年，复合调味料的增速一直高于调味料大盘，复合调味料的市场份额也在不断提高。

单位：亿元　■ 调味料市场规模　━ 同比变化　■ 复合调味料市场规模　━ 同比变化

图 2-10　2020 — 2024 年全国调味料与复合调味料市场规模概况

2024 年，随着我国餐饮市场持续发展，我国复合调味料赛道将保持增长的态势，红餐产业研究院预估复合调味料市场规模有望超过 2,300 亿元。与此同时，2024 年我国调味料市场大盘有望突破 6,500 亿元。

2. 中式复合调味料崛起，赛道进一步细分

早期，我国的复合调味料产品多为通用型产品，如不同菜系均可使用的鸡精等。近年来，随着餐饮连锁化、标准化的提高，复合调味料使用场景也逐渐细分。与此同时，中式餐饮多个赛道快速发展，为中式复合调味料的崛起提供了沃土。

红餐大数据显示，2023 年全国中式复合调味料市场规模为 395 亿元，同比增长 23.4%（见图 2-11）。虽然中式复合调味料目前仅约占复合调味料市场份额的两成，但近年其增速一直高于复合调味料的增速。未来，随着中式餐饮持续向着标准化、连锁化方向发展，中式复合调味料的市场份额占比将进一步提高。红餐产业研究院预估，2024 年中式复合调味料市场规模将达到 480 亿元。

图 2-11 2020 — 2024 年全国中式复合调味料市场规模概况

近年来，中式复合调味料也有进一步细分的趋势。如针对不同的菜系、品类、场景，复合调味料企业推出了专门针对火锅、麻辣烫、粤菜、川菜、湘菜、新疆菜等中式餐饮品类的复合调味料产品。例如，仟味高汤针对粤菜推出了猪肚鸡汤料、啫啫煲调味料等；仲景食品、新雅轩针对湘菜推出了辣椒炒肉调味料；天味食品、美鑫食品、颐海国际、川海晨洋、佳仙食品等企业针对川菜推出了酸菜鱼调味料、烤鱼调味料等；太太乐、草原红太阳、笑厨等企业针对新疆菜推出了新疆大盘鸡调味料等（见表2-7）。

表 2-7 2024 年全国部分细分中式复合调味料概览

细分赛道	产品	代表企业 / 品牌
火锅	火锅底料	聚慧餐调、颐海国际、申唐产业等
	火锅蘸料	颐海国际、川娃子、翠宏食品、馨田火锅油碟等
	火锅牛油	森态牛油、张兵兵火锅牛油等
川菜	酸菜鱼调味料	天味食品、美鑫食品等
	烤鱼调味料	川海晨洋、川娃子、新雅轩、佳仙食品等
	泡椒鸡杂调味料	丁点儿等
湘菜	辣椒炒肉调味料	新雅轩、仲景食品、佳仙食品等
	牛蛙调味料	家乐、味远红芳等
粤菜	猪肚鸡汤料	仟味高汤、颐海国际、家乐等
	啫啫煲酱	仟味高汤等
新疆菜	新疆大盘鸡调味料	太太乐、草原红太阳、笑厨食品等
粉面	粉面汤底	仟味高汤、独凤轩等

资料来源：公开信息，红餐产业研究院整理。

3. 市场集中度较低，跨界入局者颇多

经过近些年的快速发展，国内的一些复合调味料企业快速成长起来。如颐海国际、天味食品、日晨股份、仲景食品、安记食品等企业均已成功上市。从国内主板、新三板和港股上市的调味料企业来看，复合调味料企业占比超过了四成。但与传统基础调味料企业相比，目前我国的复合调味料企业规模相对较小。据各企业的财报数据，2023 年我国复合调味料上市企业总营收仅占我国调味料上市企业总营收的 4.1%，并且在我国复合调味料中的市场份额占比也不足 10%（见图 2-12）。其中，2023 年仅有颐海国际和天味食品两家企业的营收超过了 30 亿元，而多家基础调味料龙头企业的营收规模早已超过百亿元。未来，我国复合调味料企业在规模化上仍有较大的发展空间。

红餐网 | 红餐大数据

- 10亿元以下　58.3%
- 10亿元≤营业收入＜30亿元　25.0%
- 30亿元及以上　16.7%

资料来源：公开信息，红餐产业研究院整理。

图 2-12　2023 年全国复合调味料上市企业（包含主板、新三板、港股）营业收入情况

从当前国内的复合调味料企业的产品来看，主要有鸡精、火锅底料、西式复合调味料、中式复合调味料等几大类。其中，鸡精的代表企业 / 品牌有太太乐、家乐、贺盛食品、百味佳、佳隆股份等；在西式复合调味料中，沙拉酱的代表企业有丘比食品、百利食品、妙多食品等，番茄酱的代表企业有卡夫亨氏、冠农股份等；火锅底料的代表企业有颐海国际、天味食品、日辰股份、川海晨洋、聚慧餐调、诺高美等；中式复合调味料的代表企业有仟味高汤、独凤轩、新雅轩、仲景食品、加点滋味等。森态牛油与张兵兵火锅牛油则专注于牛油细分领域（见表 2-8）。

表 2-8　2024 年全国部分复合调味料企业概况

企业 / 品牌名称	成立时间（年）	主要产品
家乐	1838	鸡精、浓汤宝、烧烤腌粉、中式复合调味料等
卡夫亨氏	1869	番茄酱、沙拉酱、黑胡椒酱、广合黄豆酱等
味好美	1889	辛香料、黑椒酱、沙拉酱、番茄酱等
太太乐	1988	鸡精、鲜鸡汁、菜谱式调味料等
翠宏食品	1984	辣椒红油、酱、烧烤调味料等
欣和食品	1992	豆瓣酱、酱油、中式复合调味料等
颐海国际	2005	火锅底料、蘸料、其他川式复合调味料、预制菜等
川娃子	2008	火锅底料、辣椒酱、其他川式复合调味料等
天味食品	2007	火锅底料、中式菜品调味料等
日辰股份	2001	粉类调味料、酱类调味料、汤类调味料、中式菜系调味料等
川海晨洋	1994	火锅底料、蘸料、调味油等
仟味高汤	2000	高汤、酱汁、卤水等
新雅轩	2010	江湖味型系列调味料、风味汤底、火锅底料、预制菜等
聚慧餐调	2000	火锅底料、烧烤调味料、中式复合调味料等
仲景食品	2002	香菇酱、上海葱油、花椒油等
美鑫食品	2013	火锅底料、酱料等
森态牛油	2004	精制牛油、老火锅牛油、专享定制牛油、液态牛油等
圣恩股份	2007	汤料、酱料、火锅底料等
张兵兵火锅牛油	1996	老火锅牛油、心形打锅牛油、太火多肽浓香牛油等
丁点儿	2004	藤椒油、花椒油、川式复合调味料等
雪麦龙	2006	天然香辛料精油、粉状香料香精、复合调味料等
麻辣红包	2015	火锅底料、麻辣烫底料、辣椒红油、中式复合调味料等
漫味龙厨	2017	火锅底料、川式菜品调味料等
加点滋味	2020	风味汤底、家常小炒调味料、冷泡汁等

资料来源：公开信息，红餐产业研究院整理。

红餐网｜红餐大数据

这些复合调味料企业大多同时生产多种产品，以扩大消费场景覆盖面。例如，太太乐除了主营的鸡精、鲜鸡汁外，还推出了菜谱式调味料系列，如糖醋排骨调味料、麻婆豆腐调味料、大盘鸡调味料、川香小炒肉调味料等。主营火锅底料的颐海国际，也推出了其他川式复合调味料系列产品。

近年来，复合调味料赛道的快速增长也吸引了一些其他企业的入局。诸如海天味业、李锦记、千禾味业、恒顺醋业等传统调味品企业也在布局复合调味料赛道，并将其视为企业增长的"第二曲线"。例如，李锦记除了有传统通用型的中式、西式复合调味料，如蒜蓉辣椒酱、叉烧酱、番茄沙司等，还推出了"一料成菜"的一招胜系列产品，如小龙虾酱、烧烤酱等。千禾味业推出了糖醋排骨调料味、一锅卤调味料、酱香烧汁调味料等产品。恒顺醋业推出了金汤酸菜鱼调味料、青花椒鱼调味料等产品（见表 2-9）。

表 2-9　　2024 年全国部分布局复合调味料赛道的企业概况

企业类型	企业名称	相关产品
基础调味料企业	海天味业	新疆番茄火锅底料、凉拌汁、海鲜捞汁、辣鲜露、小龙虾调味料等
	李锦记	小龙虾酱、烧烤酱、萝卜焖牛腩酱等
	千禾味业	糖醋排骨调味料、一锅卤调味料、酱香烧汁调味料等
	厨邦	火锅底料、牛肉酱、香菇酱、虾米酱等
	恒顺醋业	老坛酸菜鱼调味料、红烧肉酱料包、酸汤肥牛酱料包、火锅底料等
食材供应企业	金龙鱼	藤椒油、花椒油等
	双汇食品	甄骨鲜汤料、炸酱面拌酱、火锅底料、鸡精等
其他	盒马鲜生	白灼汁、川式椒麻汁、潮汕风味卤水汁、酸汤肥牛调味料等

资料来源：公开信息，红餐产业研究院整理。

红餐网｜红餐大数据

此外，其他领域的跨界企业也在布局复合调味料赛道。如金龙鱼推出了藤椒油、花椒油等产品，双汇食品推出了甄骨鲜汤料、炸酱面拌酱、火锅底料等产品。而盒马鲜生作为新零售平台，于2022 年推出了自有品牌"匠酱好"，布局复合调味料赛道，其产品有白灼汁、川式椒麻汁、潮汕风味卤水汁等。

二、主动洞察市场趋势，上下游协作共创成趋势

此前，复合调味料企业大多依据市场需求来生产产品。近年来，随着入局者不断增多，复合调味料赛道竞争也越发激烈。因此，不少复合调味料企业改变产品策略，变被动为主动，组建产品研发团队，定期对餐饮市场的流行趋势进行预测和研判，提前研发新产品供下游餐饮品牌选择。

例如，专注中餐订制的新雅轩洞察到了江湖菜的崛起之势，研发出了"江湖味型"系列复合调味料，可适配来凤鱼、双椒爆炒仔鸡、鲜辣兔丁等爆款江湖菜产品。专注火锅底料研发的聚慧餐调，洞察到重庆老火锅和酸汤味型的流行，推出了相关产品以及定制化服务。对于火锅市场流行的酸汤味型，不少企业继续深挖，研发出了贵州酸汤、云南酸汤、百香果酸汤等底料产品，如美鑫食品、川海晨洋、仟味高汤、艾家食品、卓一食品、百品日光等。为了满足消费者的健康养生需求，川海晨洋推出了沙沙番茄火锅底料和丝滑菌汤火锅底料，仟味高汤推出了浓缩鲜鸡汁、金牌鲜鸡汤等产品。而对于 2024 年上半年较为火爆的天水麻辣烫，新雅轩、川海晨洋、圣恩股份等企业均陆续推出了相关的调味料产品。

再如牛油细分领域的森态牛油，创立20年来一直专注于火锅牛油产品的研发，目前其已获得70余项专利授权。其中，森态牛油历经两年多研发的酶解牛油生产工艺延伸出了酶解牛油系列产品，如味极香牛油、锅锅香牛油等。近期，其又推出了两款老火锅牛油新品"品味"和"大师"，其中"品味"老火锅牛油脂香味浓、油香持久，适合重庆老火锅、园林火锅、牛杂火锅等；"大师"老火锅牛油滋味香浓、糊口感更强，适合成都老火锅、重庆老火锅等。这些牛油产品的细分研发为下游餐饮端带来了更多样、更精准的味道选择。此外，森态牛油除了提供酶解牛油产品的生产与配送，还可以根据客户需求定制应用解决方案，包括锅底配方、产品研发、卖点梳理、品牌宣传等方面。目前，海底捞、小龙坎火锅、德庄火锅等火锅品牌以及天味食品、颐海国际等复合调味料企业均与森态牛油建立了长期合作关系。

另外，为了研发出更多差异化、个性化的产品以提升市场竞争力，复合调味料企业不仅与餐饮企业合作定制产品，还会与餐饮企业共同研发新品。比如，2023年，仟味高汤联合火锅企业大龙燚火锅推出了"元气黑蒜鸡汤锅底"，切中了火锅赛道的"养生锅底风潮"；2024年，仟味高汤又联合龍歌自助小火锅推出了贵州红酸汤锅底，紧跟市场酸汤口味趋势。

除了餐饮企业之外，复合调味料企业也会与部分食材供应企业共创。如复合调味料企业聚慧餐调与专注烧烤供应链的利思客共同研发出了炭烤风味油，可使电烤烧烤也能拥有传统的炭烤风味，解决了餐饮门店无法使用炭火、明火烧烤的场景痛点。

不论是餐饮企业还是食材供应企业，它们的共创需求对调味料企业的市场洞察力和研发能力均提出了更高的要求。复合调味料企业不仅需要有丰富的产品、味型、配方数据积累，能快速响应客户的柔性定制需求，还需要具备敏锐的市场洞察力，方能及时发现并把握消费者需求的变化和市场趋势，研发出符合市场需求的产品。

三、企业向上游种植／养殖基地布局，不断完善供应链

近年来，随着消费者对食品的需求日益多样化，餐饮企业的产品上新速度也在加快，这种变化直接影响了餐饮企业对调味料的采购模式。目前，大部分餐饮企业的调味料采购已经从大批量、低频次的采购逐渐转变为小批量、多批次的定制需求。这种需求变化，更加考验复合调味料企业的供应体系。为了保证食品安全与品质稳定，同时快速响应客户的柔性定制需求，复合调味料企业在供应链建设方面不断完善，从品种选育、种植／养殖、生产、加工、物流配送等各个环节加强管控。

例如，聚慧餐调自 2015 年起与新疆天椒红安农业科技有限责任公司达成合作，研发了聚慧辣椒 1～7 号新品种，并在新疆定植了 10 万亩的聚慧 1 号品种辣椒基地。翠宏食品拥有广汉、贵州、河南、内蒙古四大生产基地，并分别在新疆、贵州、河南与当地农业合作社及政府合作，设有多个辣椒种植基地。新雅轩在四川、河北建立了两大生产基地，自有辣椒种植基地和汉源花椒种植基地。森态牛油建立了东北、新疆、内蒙古三大生产基地，并与伊赛、大庄园等五大肉类供应组织建立密切的合作关系。颐海国际也在快速扩建生产基地，其河北霸州二期工厂、安徽马鞍山二期工厂等已相继投产（见表 2-10）。

表 2-10　2024 年全国部分复合调味料企业供应链建设情况

企业名称	供应链建设情况
聚慧餐调	在新疆定植约 6,666.7 公顷的辣椒基地（聚慧 1 号品种）
翠宏食品	拥有广汉、贵州、河南、内蒙古四大生产基地，并分别在新疆、贵州、河南与当地农业合作社及政府合作，设有多个辣椒种植基地
新雅轩	自有辣椒基地 134 公顷、汉源花椒基地 67 公顷，在四川、河北建立了两大生产基地
天味食品	投资建立了牛油炼制、辣椒、花椒、泡菜、豆瓣等专属原料基地
森态牛油	建立了东北、新疆、内蒙古三大生产基地，原料来自新疆、西藏、青海、内蒙古四大牧场，并与伊赛、大庄园等五大肉类供应组织建立密切合作
颐海国际	在河北、安徽、河南、四川等多地建有生产基地
香汇彩云	在全国建立了 118 个优质原料基地，种植面积约 400 公顷

资料来源：公开信息，红餐产业研究院整理。

红餐网｜红餐大数据

在物流配送方面，部分复合调味料企业与专业的物流公司合作，如天味食品与京东物流等公司建立合作关系。此外，也有企业自建物流配送体系，保证配送效率，如颐海国际等。

四、复合调味料企业探索多元化业务，寻找第二增长曲线

随着复合调味料行业竞争的加剧，为了提升营收和实现可持续发展，复合调味料企业也在尝试探索多元化的业务。其中，不少复合调味料企业在近年的预制菜热潮下，积极布局预制菜产业。

例如，天味食品投资入股千喜鹤和麦金地两大团餐企业，以团餐渠道为切入口试水预制菜。新雅轩推出了专攻预制菜的品牌"川肴妹"，近期上新了川麻手撕鸡、麻辣霸王鸡、爆汁脆皮鸭等爆款预制菜，其中麻辣霸王鸡上榜了"第四届中国餐饮产业红牛奖"的"2024年度餐饮供应链金质产品"榜单。颐海国际旗下的筷手小厨和悦颐海也推出了部分预制半成品，其中筷手小厨有牛杂火锅、羊蝎子火锅、虎皮凤爪、小龙虾等产品。川娃子则基于自身多年的川式复合调味料的研发经验，推出了毛血旺、水煮鱼片、椒麻跑山鸡、吮指手撕兔等川式预制菜（见表 2-11）。而宝立食品通过收购空刻意面的母公司厨房阿芬，提升了其在轻烹食品领域的市场空间。

表 2-11　2024 年全国部分复合调味料企业推出的预制菜相关产品情况

企业名称	预制菜相关产品
新雅轩	川麻手撕鸡、麻辣霸王鸡、爆汁脆皮鸭、鱼香肉丝、小炒肉等
川娃子	毛血旺、水煮鱼片、椒麻跑山鸡、吮指手撕兔等
颐海国际	牛杂火锅、羊蝎子火锅、虎皮凤爪等
幺麻子	钵钵鸡、藤椒鸡丝等
老坛子食品	活泡菜、老母水泡菜等

资料来源：公开信息，红餐产业研究院整理。

红餐网｜红餐大数据

与此同时，部分传统调味料企业也在拓展预制菜业务，如金龙鱼2022年就投建了中央厨房，提供预制菜、学生餐等产品，同时，在电商平台也推出了"丰厨"系列预制菜产品，包括红烧狮子头、黑椒牛柳、锅烧肉等产品。

虽然从行业属性来说，预制菜与调味料分属两个不同的赛道，但从品类关联度来说，二者却非常紧密。预制菜可以看作"食材+调味料"的组合，复合调味料企业拥有专业的食品调味研发能力，能够根据不同食材特性和消费者口味偏好设计出多样化的调味方案。未来，随着预制菜产业的发展，或许会有更多的复合调味料企业入局。

另外，在近年中餐"出海"的浪潮下，部分复合调味料企业也在积极开拓海外市场。如天味食品旗下的"好人家""大红袍""天车"等品牌系列调味料已远销全球40余个国家及地区。美鑫食品已布局北美、欧洲及亚洲十余个国家的海外市场。专注番茄复合调味

品生产与研发的澄明食品正计划以中国香港、中国台湾地区为起点开启"出海"之路，再逐步推向东南亚、欧美等海外市场。专注汤料的仟味高汤近年也频频亮相东南亚地区的食品展会。颐海国际已在泰国建立了生产基地，一期工厂已开始投产。

复合调味料企业作为供应链中的重要组成部分，开拓国际市场不仅能为中国的餐饮企业"出海"提供有效助力，也为企业自身的全球化战略铺平道路，在国际市场上建立起竞争优势，实现可持续的全球化扩张。

虽然当前复合调味料行业处于高速增长的阶段，但随着消费者口味的多样化和入局者的增多，市场竞争也日益激烈。未来，在复合调味料赛道扩容的过程中，将有一批中小企业被并购整合或者淘汰。因此，复合调味料企业要从市场洞察、产品研发、定制化服务、业务拓展等方面去提升自身的市场竞争力，才能在激烈的市场竞争中保持领先地位。

第四节　冷链物流：
市场规模持续增长，精细化、平台化、数智化成趋势

冷链物流作为餐饮产业链条中的重要一环，可为餐饮品牌的连锁扩张提供支撑。近年来，随着餐饮的连锁化率提升，冷链物流行业也迎来了快速发展，并且，冷链物流企业在基础设施建设、运营模式、数智化、跨境业务等方面都有一些升级和突破。

一、冷链物流快速发展，2024 年市场规模有望突破 5,500 亿元

我国冷链物流行业始于 20 世纪 60 年代，为保证肉类、家禽和海鲜产品的市场供应、外贸出口及淡旺季调节，我国在主要产区和城市建立了大型冷藏仓库。2008 年北京奥运会严格的食品供应标准推动了我国冷链物流的发展。之后，国家发改委出台了首个冷链物流规划，冷链理念开始普及，加上外资冷链企业的进入，我国冷链产业链开始真正形成。2018 年后，随着我国餐饮业的连锁化发展加速、生鲜电商的崛起以及政府的专项政策扶持，冷链物流产业进入了快速发展阶段。

1. 政府支持与市场需求双重助力，冷链物流市场规模持续增长

近年来，我国政府高度重视冷链物流行业的发展。早在 2010 年，国家发改委就发布了第一个冷链物流发展规划《农产品冷链物流发展规划》。2021 年，国务院发布了《"十四五"冷链物流发展规划》，对我国冷链物流产业建设提出了更高的要求，计划到 2025 年，初步形成衔接产地销地、覆盖城市乡村、联通国内国际的冷链物流网络（见表 2-12）。

表 2-12　近年我国出台的部分冷链物流相关政策

发布时间	政策文件	相关内容
2023 年 12 月	国家发展改革委印发《城乡冷链和国家物流枢纽建设中央预算内投资专项管理办法》	规范城乡冷链和国家物流枢纽建设中央预算内投资专项管理
2023 年 6 月	国家发展改革委印发《关于做好 2023 年国家骨干冷链物流基地建设工作的通知》	发布新一批 25 个国家骨干冷链物流基地建设名单
2022 年 5 月	国务院发布《"十四五"现代物流发展规划》	提出要完善冷链物流设施网络,提高冷链物流质量效率
2021 年 11 月	国务院发布《"十四五"冷链物流发展规划》	提出布局建设 100 个左右的国家骨干冷链物流基地

资料来源:公开信息,红餐产业研究院整理。

伴随着我国城乡居民收入水平不断提高,消费者对食品的多样性、营养性、健康性需求大幅提升,加之餐饮连锁化率的提高和生鲜电商零售市场的快速崛起,冷链物流的市场需求快速增长。中物联冷链委数据显示,2023 年全国冷链物流需求总量约 3.5 亿吨,同比增长 6.1%。基础冷链设施建设也逐渐完善,2023 年全国冷库容量达 2.28 亿立方米,同比增长 8.3%;全国冷藏车保有量约 42.3 万辆,同比增长 12.9%(见表 2-13)。

近 5 年来,全国冷链物流市场规模呈持续增长态势。中物联冷链委数据显示,2023 年市场规模达 5,170 亿元,同比增长了 5.2%,2019 — 2023 年年复合增长率为 11.1%。未来,随着冷链物流技术的进步和基础设施覆盖面的进一步扩大,预计 2024 年全国冷链物流市场规模有望突破 5,500 亿元。

表 2-13　2019 — 2023 年全国冷链物流市场规模、冷库容量、冷藏车保有量情况

年份	市场规模(亿元)	冷库容量(亿立方米)	冷藏车保有量(万辆)
2019 年	3,391	1.51	21.47
2020 年	3,832	1.77	27.50
2021 年	4,586	1.96	34.00
2022 年	4,916	2.11	37.47
2023 年	5,170	2.28	42.30

资料来源:中物联冷链委,红餐产业研究院整理。

2. 冷链物流与餐饮产业共同发展，部分餐企开始拓展冷链物流业务

为了确保食品在整个供应过程中的安全与新鲜，从上游的农产品生产端到下游的消费端，整个链条都会涉及冷链物流（见图2-13）。作为餐饮产业链条中的重要一环，冷链物流在餐饮产业中扮演着至关重要的角色。近年来，随着冷链物流行业的发展，很多连锁餐饮企业通过标准化、规模化经营，实现了

品牌的快速扩张。美团显示，2023年我国餐饮连锁化率已达到21%。红餐大数据显示，截至2024年6月，已有六个餐饮品牌突破了万家门店。与此同时，这种规模化扩张和整个餐饮行业连锁化率的提升，对冷链物流也提出了更高的要求。

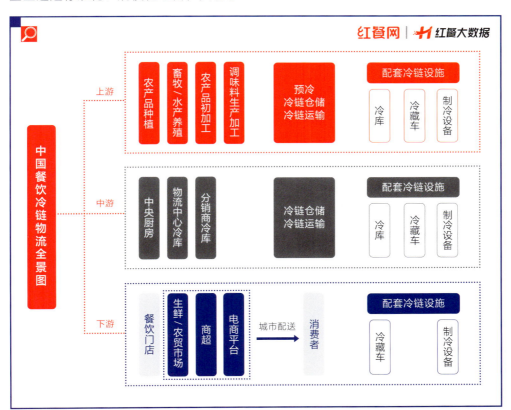

图 2-13 中国餐饮冷链物流全景图

近年来，不少冷链物流企业针对餐饮品牌的需求，提供标准化或定制化的服务。按照这些企业的主营业务类型，

可以分为四类：仓储型、配送型、综合型和平台型。仓储型企业主要提供冷库租赁服务，如美库、亚冷等；配送型企

业主要提供城市配送服务，如顺丰同城、达达快送等；综合型企业可提供的服务项目较多，除了冷链仓储、干线运输、城市配送之外，部分企业还会提供供应链解决方案，如华鼎冷链、餐北斗供应链、顺新晖等；平台型企业则通过建立网络货运平台，实现车主与货主的双向匹配，高效整合调度社会冷藏车资源，如运荔枝、运满满冷运等（见表2-14）。

表 2-14　2024 年全国部分餐饮冷链物流相关企业概况

企业类型	企业名称	主营业务
仓储型	美库	以冷库租赁为主
	亚冷	以冷库租赁为主，也提供冷库建设、冷库运维等服务
配送型	顺丰同城	主营城市配送
	达达快送	主营城市配送
综合型	华鼎冷链	提供冷链仓配、冷链到店、冷链零担、冻品食材交易、供应链金融等服务
	顺丰冷运	提供冷链仓储、冷链运输、城市配送、国际冷链等服务
	京东冷链	提供冷链整车、冷链商务仓、冷链卡班、冷链电商仓、冷链 TC 等服务
	绝配供应链	提供冷链仓储、冷链运输等服务
	中外运普菲斯	提供仓库仓储、物流配送、国际航运、检验检疫等服务
	餐北斗供应链	提供仓储管理、冷链配送、数字化解决方案等服务
	传胜供应链	提供冷链配送、采购、设备配套、行业咨询和质量控制服务
	圆规物流	提供冷链仓储、干线运输、城市配送等服务
	瑞云冷链	提供冷链零担、冷链整车、大票拼单等服务
	荣庆物流	提供冷链仓储、干线运输、城市配送等服务
	顺新晖	提供冷链仓配、冷运配送以及供应链解决方案等服务
平台型	运荔枝	提供冷链仓储、干线运输、城市配送以及冷链交付解决方案等服务
	运满满冷运	提供干线运输、城市配送等服务

资料来源：公开信息，红餐产业研究院整理。

红餐网｜红餐大数据

作为餐饮供应链的重要一环，很多餐饮企业都非常重视冷链物流方面的建设（见表2-15）。例如，海底捞自建的供应链企业蜀海供应链可提供研发、采购、仓储运输等服务，并于 2011 年正式独立运营，对外提供仓储运输服务。

功夫集团于 2017 年成立了功夫鲜食汇供应链平台，在满足其餐饮品牌真功夫的食材配送服务的同时，也对外开放每日鲜配共配服务。绝味食品于 2018 年自建绝配供应链，对外提供冷链仓储、干线运输、共享共配等服务。百胜中国于 2020 年建立了传胜供应链，为其旗下品牌提供采购、物流配送等服务，2023 年传胜供应链也正式对外开放物流服务。

但是由于冷库、冷藏车等基础设施均属于重资产投入，餐饮品牌大多选择与专业的冷链物流企业合作，如麦当劳、喜茶等品牌与顺新晖合作；蜜雪冰城在冷链配送上与密巴巴合作；瑞幸咖啡则在全国租赁了约 30 个仓库，其冷链物流的合作企业有顺新晖、荣庆物流、顺丰同城等；夸父炸串将其仓储与物流业务托管给华鼎冷链、绝配供应链；老娘舅与普冷国际、上海尚进物流、顺丰同城等多家企业合作。

表 2-15　2024 年全国部分餐饮品牌冷链物流建设情况

品牌名称	建设模式	自建 / 合作企业
肯德基	仓储与物流均自建	传胜供应链
真功夫	仓储与物流均自建	功夫鲜食汇
海底捞	仓储与物流均自建	蜀海供应链
绝味鸭脖	仓储与物流均自建	绝配供应链
蜜雪冰城	自建冷链仓储 + 第三方物流配送	密巴巴
麦当劳	仓储与物流均与第三方合作	顺新晖
瑞幸咖啡	仓储与物流均与第三方合作	顺新晖、荣庆物流、顺丰同城等
喜茶	仓储与物流均与第三方合作	顺新晖
夸父炸串	仓储与物流均与第三方合作	华鼎冷链、绝配供应链
老娘舅	仓储与物流均与第三方合作	普冷国际、上海尚进物流、顺丰同城等

资料来源：公开信息，红餐产业研究院整理。

红餐网 | 红餐大数据

近年来，部分食材供应企业、餐饮品牌也在布局冷链物流业务，不仅能满足自身仓储物流需求，还能对外提供服务。如望家欢在全国各地自建了多座高标准冷库，拥有千余辆物流车，配送线路超千条；蜜雪冰城于 2023 年成立了送冰冰供应链有限公司，并对外提供冷链仓储与配送服务。

二、平台化、数智化成趋势，"冷链 +"服务模式进一步延伸

近年来，冷链物流企业在基础设施建设、运营模式、数智化、跨境业务等方面不断升级和完善，为餐饮企业的供应链建设提供了有力支撑。

1. 基础设施建设进一步完善，温区管理精细化

一方面，随着消费者越来越倾向于"吃新鲜""吃特色"，餐饮食材采购愈加向原产地靠拢；另一方面，餐饮品牌逐渐向下沉市场拓展门店，餐饮食材配送网络也愈加下沉，这对冷链物流企业的网络覆盖能力提出了更高要求。因此，很多冷链物流企业继续加大基础冷链设施建设，加密服务网点，不断向"最先一公里"和"最后一公里"延伸，为餐饮品牌的食材配送时效提供保障。例如，华鼎冷链已在全国建立有 18 个省级中心仓，干 / 支线网络超 2,800 条，覆盖全国 20 多个省、1,700 多个县，可冷链直达县乡区域；顺丰冷运在全国建立了 30 余个专业冷仓，冷运干线超 160 条，次日达可覆盖国内 200 多个城市（见表 2-16）。

表 2-16　2024 年全国部分冷链物流企业网点布局及仓配能力情况

企业名称	网点布局及仓配能力
华鼎冷链	18 个省级中心仓，冷链仓储面积超 40 万平方米，2,800 余条干 / 支线网络，覆盖全国 20 多个省，可调配冷藏车超 2.5 万辆，可冷链直达县乡区域
顺丰冷运	专业冷仓超 30 个，160 余条冷运干线，可调配冷藏车 1.3 万余辆，次日达可覆盖国内 200 多个城市，开通运营国际冷链航线 50 余条
绝配供应链	冷链仓储面积超 38 万平方米，冷链线路 200 余条，可调度冷藏车 2,000 余辆
荣庆物流	在全国拥有 120 多家分支机构，冷链仓储面积超 30 万平方米，自有冷藏车 400 余辆，可为客户提供"最后一公里"配送服务

资料来源：公开信息，红餐产业研究院整理。

红餐网 | 红餐大数据

与此同时，为保障生鲜食材、预制菜等产品的配送质量，冷链物流企业对供应链各环节的温区管理也越来越精细化。从产地预冷、自动冷库储存、全冷链运输到终端冷链配送，每个过程都要通过不同的温度区域来保持产品的新鲜。如华鼎冷链、顺新晖、荣庆物流、顺丰冷运等企业均采用全温区冷库设计，对不同温度区域进行精细化管理。而在冷链运输过程中的冷藏车，目前已有部分车型采用双温区设计，以满足不同食材在运输过程中的温度需求。

2. 平台化提升运营效率，"冷链+"服务模式进一步延伸

在运营模式方面，随着连锁餐饮的全国化扩张，零担业务、宅配业务需求大幅增加，冷链物流企业通过平台模式链接整合车辆资源、货品资源，以促成更大规模的交易，提升运营效率。如运荔枝、运满满冷运等是专业的平台型企业，而华鼎冷链、瑞云冷链等企业也拓展了平台业务。

平台模式不仅能提升冷链物流企业的业务量，还能帮助下游餐饮品牌实现少量多次的配送，减少配送过程中的物料损失。如夸父炸串通过与华鼎冷链、绝配供应链两大冷链物流企业合作，可实现全国门店一周两次的物料配送；茶百道通过与第三方配送企业合作，可实现全国九成以上门店每周两次或更高频次的原材料配送。

此外，"冷链+"服务模式也在进一步延伸。为了满足餐饮品牌的个性化需求，冷链物流企业除了提供单纯的仓储、运输配送等服务，也可以给餐饮品牌提供运营管理、品控、供应链金融、AI 应用等服务，如华鼎冷链、顺新晖、

餐北斗供应链等企业均可提供供应链整体解决方案。

在数智化方面，近年来，餐饮品牌对供应链建设的要求越来越高，为保障食品安全和食材流通的可追溯性，冷链物流企业运用数字化技术、物联网技术构建数字化物流体系。如顺丰冷运的冷藏车皆配备完善的物流信息系统及自主研发的 TCEMS 全程可视化监控平台；华鼎冷链自主研发了华鼎云 SaaS 平台，可帮助品牌门店做订单预测，提升供应链运营效率；G7 易流帮助益禾堂打造了数字化供应链，可实现库存精细化管理、物流端到端可视和食品安全全链管控。

冷链物流是餐饮产业发展不可或缺的环节，虽然近些年冷链物流有了较快的发展，但仍然存在一些问题，如基础设施有待进一步完善、管理和技术有待进一步提升、专业化分工有待加强等。未来，随着餐饮产业和生鲜电商的进一步发展，一批专业能力强、实力雄厚的冷链物流企业有望迎来发展机遇。

第五节 餐饮数智化：
软硬件结合，科技浪潮席卷餐饮界

随着科学技术的飞速发展，餐饮行业正迎来一场前所未有的变革。从后厨烹饪到前厅服务，再到供应链管理，数智化正逐渐渗透到餐饮全产业链的各个环节，推动着行业的升级与发展。

一、市场需求变化助推餐饮产业数智化发展

餐饮数智化，即餐饮企业利用"数字化"和"智能化"手段，改造和升级餐饮流程和服务模式。近年来，餐饮企业的经营持续承压，租金、人工、食材等成本高企，不少企业通过数字化手段和智能化设备的应用实现了降本增效。与此同时，随着我国餐饮连锁化率的进一步提升，数智化也成为众多连锁餐饮企业管控运营门店的重要手段。在此背景之下，我国的餐饮数智化水平得到了进一步的提升。

总体来看，中国餐饮数智化进程随着互联网产业的快速迭代和智能 AI 技术的崛起而发展，经历了从无到有的三个探索阶段。在单机时代、O2O 时代和生态互联时代之后，我国的餐饮行业正向"数智驱动时代"迈进。

当前，我国数智化产品在餐饮行业的渗透率较高，但总体融合深度还处在较低水平，在各餐企的应用呈现出参差不齐的状态。在数智驱动时代，随着 5G 大数据、云计算、区块链、人工智能等创新技术在餐饮行业全面铺开，餐饮行业的整体数智化水平有望进一步提升（见表 2-17）。

表 2-17　2024 年餐饮数智化产品 / 应用一览

应用类型	产品 / 应用	相关企业 / 主体
智能化设备用品	智能调理设备、智能炉具、点餐 / 收银类产品、送餐机器人等	拓邦股份、橡鹭科技、厨芯科技、长膳智能、格匠、极效科技、优特智厨、英联斯特、擎朗智能、厨芯科技、名厨磁电、翔鹰中厨、美厨厨业等
数字化工具	外卖管理产品、订位排队类产品、供应链管理产品、HR 管理产品、BI 产品、OA 办公管理产品、CRM 管理产品、选址类产品、财务管理产品、门店管理产品等	美团餐饮系统、客如云、奥琦玮、美味不用等、企迈科技、上上参谋·企业版、食亨科技、万店掌、非码、观远数据、慧运营等

资料来源：公开信息，红餐产业研究院整理。

红餐网 | 红餐大数据

在时代变革的浪潮下，中国餐饮行业数智化产品已渗透多数餐饮企业，深入企业的日常运营管理中。红餐产业研究院的 2024 年调研数据显示，点餐 / 收银类产品、外部流量平台和外卖管理产品在餐饮企业中的应用率已分别达到 94.2%、89.3% 和 85.4%。

可以看出，点餐 / 收银类产品、外部流量平台、外卖管理产品等轻应用产品以其成本低廉、兼容性强的优势，迅速抢占了餐饮市场。相比之下，后厨智能设备、中后台管理系统等系统化的软硬件数智产品渗透率仍然较低，有待进一步挖掘。

二、数字化：三大主体共进发展，一体化趋势明显加强

近年来，数字化产品已广泛渗透进餐饮上下游，无论是下游的餐饮企业还是上游的餐饮供应链企业，均有运用数字化产品。

总体来看，餐饮数字化呈现出以下三点发展特征。

1. 下游餐饮企业不断拓宽数字化应用场景

近年来，大量餐饮企业已经深刻意识到，数字化不仅仅是一个技术趋势，更是提升竞争力、优化顾客体验、实现可持续发展的关键。因此，它们开始积极拓宽数字化的应用场景，力求在多个业务层面都实现数字化的渗透和转型（见表 2-18）。

一方面，餐饮企业不断挖掘并拓宽数字化工具在门店经营中的应用场景，通过引入智能化的门店管理系统，力争实现从顾客进店、点餐、支付到离店的全程数字化服务。如海底捞推出了 3.0 版"嗨嗨"管理系统，使其成为一个多功能、全流程的综合管理工具，可以帮助店长们更好地进行门店管理；又如瑞幸咖啡组织了超 400 人的算法团队，自研了门店选址系统，实现了基于大数据的科学选址。

另一方面，部分大型连锁餐饮品牌逐步将其数字化业务拓展至上游供应链，通过构建自有数字化供应链体系，以提升原料采购与供应效率，从而降低成本，减少库存积压和浪费，实现更加精益化的运营。

表 2-18　　2024 年全国部分自建数字化供应链的连锁餐饮企业

细分赛道	代表企业 / 品牌
火锅	海底捞、呷哺呷哺、小龙坎、巴奴毛肚火锅等
中式正餐	西贝莜面村、新荣记、小菜园新徽菜、广州酒家、全聚德、同庆楼、眉州东坡、徐记海鲜等
小吃快餐	绝味鸭脖、正新鸡排、老乡鸡、巴比、杨国福麻辣烫、张亮麻辣烫、和府捞面等
咖饮	星巴克、瑞幸咖啡、Tims 天好咖啡、幸运咖等
茶饮	蜜雪冰城、奈雪的茶、喜茶、茶百道、古茗茶饮、茶颜悦色等

资料来源：公开信息，红餐产业研究院整理。

红餐网｜红餐大数据

无论是门店经营的数字化，还是自建数字化供应链，其首要特征都是供应链的线上化和协同化。通过应用大数据、人工智能等前沿技术，餐企可以实现对原料采购、库存管理、门店管理等全过程的智能监控和调度，将各个环节都连接起来，形成一个协同化的供应链。例如，茶百道构建了集 OMS、WMS 及 TMS 于一体的物流信息化自动化技术系统，全面实现了订单处理、运输资源配置及到店服务等全链路的数字化转型，确保了信息的完整性与可追溯性。又如，老乡鸡搭建的统一的信息化体系，打通了 40 余个系统，包括订单中心、对账中心、物料检索系统、供应链系统、门店管理系统等，实现了统一管理。

2. 供应链企业数字化进程加速

近年来，餐饮上游供应链企业也在积极拥抱数字化，以满足餐饮企业不断升级的服务需求。通过引入先进的信息化技术和数据分析工具，这些企业正在对供应链的各个环节进行深度优化，实现更高效、更精准的资源配置（见表 2-19）。

表 2-19　　近年全国部分餐饮上游供应链企业数字化举措

所属板块	企业名称	主要数字化举措
食材供应	新希望六和	以数字化采购管理系统为主线，并配套 WMS、EBS、OA 等各类系统，全面推进企业采购的信息化建设
	温氏股份	打造温氏现代农业产业互联网平台，其中包括温氏商城、温氏的阳光采购以及温氏的农户服务平台
	国联水产	在对虾工厂化养殖基地实施 5G 智能化对虾仿生态养殖，实现标准化、可持续、可复制的对虾养殖模式
	益海嘉里	首创稻谷"六步鲜米精控技术"创新体系开发及产业化技术
餐饮调味料	圣恩股份	通过 SAP 等数字化系统提供系统化解决方案，以"柔性定制"为核心品牌竞争力
	新雅轩	建成新雅轩数字化生产基地，融合信息化、互联网、大数据和智能制造，打通了客户服务、研发、生产制造和物流运输等全套环节
	聚慧餐调	建设了无人生产车间，以数字化驱动产品味型研发，依托"味来研究院"开展味觉研发，实现中国风味模块标准化
冷链物流	华鼎冷链	华鼎云 SaaS 平台的 18 个子系统实现了从生产端到消费端的全覆盖，形成华鼎冷链云仓网、运输网和信息网
	餐北斗供应链	打造"SaaS+ 物流托管"的运营模式，为餐企、食材供应商及物流商植入 SaaS 系统整合零散运力和货主
	绝配供应链	自主研发了"智慧供应链平台"。将服务、运营和执行平台中获取的全链节点数据实时同步到"数据平台"，通过数据驱动业务的可持续发展

资料来源：公开信息，红餐产业研究院整理。

红餐网 | 红餐大数据

数字化技术对餐饮上游供应链企业至关重要。一方面，数字化技术助力餐饮上游供应链进一步洞察需求，推出符合消费趋势的产品。如联合利华饮食策划基于消费者行为数据，形成对特定群体味型变化趋势的精准预测，推出了"家乐酸汤肥牛"调味料；聚慧餐调建设了"味来研究院"开展味觉研发，基于深刻的行业洞察及自身智能化生产线基础，实现了中国风味模块标准化，为 B 端客户提供了从配方研发、原料配给到柔性生产的全流程餐饮解决方案。

另一方面，数字化技术可以有效整合供应链企业的多个业务模块，极大地提高信息传递效率。例如，华鼎冷链投入近 3 亿元研发的华鼎云 SaaS 平台，实现了 CRM、POS、ERP、OMS、TMS 等八大类、二十余项子系统的深度融合，打通了从生产端到消费端的各类数据，确保了冷链履约服务的稳定性和高效性。

3. 餐企需求推动第三方数字化供应商服务多样化

数智化转型涉及由后端到前端的方方面面。自研数字化系统固然能较好地契合本企业发展需要，但也需要强大的资金链、专业的研发团队和长期的战略定力作为支撑。基于此，不少中小型餐饮企业更倾向于直接与第三方数字化服务供应商合作。在这种背景下，大量优秀的第三方数字化服务供应商应运而生，为亟须进行数智化转型的餐饮企业提供了可靠的解决方案（见表 2-20）。

当前，餐饮数字化供应商呈现出整体化和精细化并存的趋势。一方面，从上游的原材料采购与库存管理，到中游的餐品制作与配送，再到下游的点餐、支付及顾客反馈，同一家餐饮数字化供应商可以提供全流程的整体解决方案；另一方面，数字化供应商不断挖掘并拓展在餐饮企业经营中的细分应用场景如点餐、选址、菜品等，实现经营管理的精细化和高效化。

表 2-20　2024 年全国部分第三方数字化供应商企业主要业务情况

服务领域	企业名称	主要业务
整体解决方案服务供应商	奥琦玮	微生活超级会员 SCRM 系统、"天子星快餐云"收银管理后台、喰星云供应链系统
	慧运营	连锁餐饮门店标准化运营系统
	客如云	智享版餐饮管理系统
	企迈科技	门店管理系统、用户运营系统、数据可视化
	云徙科技	全渠道运营解决方案、数据智能解决方案、业财融合解决方案
	天财商龙	信息化整体解决方案及管理咨询服务
	美团餐饮系统	门店收银系统、CRM 系统
细分领域服务供应商	非码	私域经营一体化 SaaS、营销推广
	观远数据	数字化管理中台系统
	上上参谋·企业版	选址服务系统
	万店掌	顾客体验场景数字化管理平台
	章鱼小数据	餐饮菜品大数据监测与市场预测
	转换商城	电商平台
	六度人和（EC）	CRM 系统

资料来源：公开信息，红餐产业研究院整理。

红餐网 | 红餐大数据

在整体化趋势上，此类数字化供应商拥有广泛的业务覆盖面和深厚的技术积累，不仅提供基础的信息化管理系统，如点餐、收银、库存管理等，往往还能根据餐饮企业的具体需求，定制开发个性化的解决方案。例如，奥琦玮创新性推出了连锁餐企乐高积木式数字化整体解决方案，业务范围涵盖了连锁餐饮客户的小程序门户、消费者管理、门店收银管理、供应链管理以及巡店管理等全业务场景。又如，成立于1998年的天财商龙，作为业内知名的综合型数字化供应商，在餐饮信息化以及数字化的进阶迭代过程中，发展出针对不同业态、不同规模客户的定制化整体闭环解决方案体系，产品涵盖SaaS管理系统、餐饮厨房管理、智能点餐、会员管理、供应链管理、数据中台、智慧餐厅等。截至2024年6月，天财商龙在全国拥有500余家本地化服务团队，已经服务了全国各地10万余家不同业态、不同规模的知名餐饮企业，如大董集团、炳胜集团、新荣记、呷哺呷哺、喜家德、米村拌饭等，在中大型餐饮企业中拥有不错的市场占有率。

在精细化趋势上，第三方数字化供应商则不断挖掘新的细分场景和品类，专注于某一细分餐饮运营领域，如门店选址、点单收银等，并在该领域持续深耕，推出更具针对性的数字化SaaS系统。如专注门店选址系统的上上参谋·企业版，致力于提供从战略规划、网规选址、勘店找铺到开店评估的全流程智能决策支持。

未来，随着技术的不断进步和应用场景的日益丰富，无论是连锁餐饮巨头还是独立小店，都需要积极拥抱数字化，而这也必将带动餐饮数字化供应商一体化和精细化服务的进一步发展。

三、智能化：在探索中革新，智能设备崭露头角

为了更好地满足消费者日益增长的个性化需求，提升服务效率与顾客体验，同时优化降低成本、增强竞争力，餐饮企业越来越意识到使用智能设备的重要性。如今，智能化设备逐步突破了依赖特定代码驱动单一行为的局限性，渐渐发展出主动学习的能力，并在一定程度上模拟人类的应变技巧，这也使得智能化设备替代人工烹饪成为可能。

然而，囿于高昂的研发和适配成本，目前市场上应用于餐饮业的智能设备中，真正具备高级智能功能的设备尚属少数，大多数仍停留在半自动或全自动的阶段。即便如此，在越发成熟的科技条件下，餐饮企业也没有停止探索，尤其是中式快餐、饮品等品类中的企业探索积极性较高（见表2-21）。

例如，煲仔正通过自主研发全自动煲仔炉，以轨道链条滚动的模式进行煲仔饭标准化流水线制作，可以实现每小时出180份煲仔饭；小女当家3.0门店厨房现已引进先进的智能炒菜机与智能蒸菜设备，所有设备均采用智能程序控制，可带来菜品质量与效率的双提升。

喜茶最新推出的智能分体式出茶机，只需要工作人员在出茶机上扫描点单的二维码，就可以在最快3秒内做好一杯茶饮产品。除此之外，该设备还能实现原料控温存储、有效期监控提醒、可追踪自动清洁等功能。

表2-21　2024年全国部分使用智能化设备的连锁餐饮品牌

所属品类	品牌名称	主要智能化设备
火锅	海底捞	自动配锅机、智能电磁炉等物联网智能化设备
火锅	巴奴毛肚火锅	毛肚标准智能检测仪
中式快餐	老乡鸡	智能产业基地及热烹饪车间
中式快餐	小女当家	智能炒菜机器人
中式快餐	煲仔正	全自动煲仔炉
中式快餐	霸碗盖码饭	智能炒菜机器人
咖饮	星巴克	全自动咖啡机
咖饮	瑞幸咖啡	全自动智能烘焙机
茶饮	奈雪的茶	自动茶饮机
茶饮	喜茶	智能分体式出茶机

资料来源：公开信息，红餐产业研究院整理。

红餐网｜红餐大数据

除了餐饮企业自主研发智能设备之外，庞大的市场需求也催生出了许多优秀的智能设备企业（见表2-22）。

表 2-22　　2024 年全国部分供应餐饮智能设备的企业概况

类别	企业名称	主要智能产品
后厨设备	厨芯科技	半自动和全自动餐具洗涤系统等
	名厨磁电	商用炒灶、蒸烤箱、电热煮饭台等
	翔鹰中厨	中央厨房设备、不锈钢厨房设备等
	霍巴特 HOBART	商业微波炉、榨汁机、均质机等
	迈科清洗科技	半自动和全自动餐具洗涤系统等
	美厨厨业	制冷设备、餐具洗涤系统、智能蒸饭柜等
	赛米控 semikron	智能电磁加热设备等
前厅设备	英联斯特 VESTA	智能保温餐车等
智能机器人	拓邦股份	智能控制系统解决方案
	橡鹭科技	智能炒菜机器人等
	擎朗智能	送餐机器人、酒店机器人等
	穿山甲机器人	迎宾机器人、配送机器人等

资料来源：公开信息，红餐产业研究院整理。

红餐网｜红餐大数据

例如，拓邦股份旗下的厨纪研发的智能烹饪机器人采用智能化的烹饪策略，有助于充分激发食材风味，在保证菜品口味标准化的基础上提升菜品口感。橡鹭科技提供"机器人 + 菜谱程序 + 后厨智能管理系统"的交付闭环模式，可以帮助餐饮商家降本增效。

在食材供应赛道，智能化技术为农牧产品科学种植 / 养殖提供了强大支持。例如，佳沃食品利用智慧巡检机器人、智能饲喂机器人等精准投料，定时、定量科学饲喂，对养殖进行可视化、智慧化管控。

在冷链物流赛道，在数字化的加持下，智能化设备进一步优化了物流流程，提高了效率和准确性。例如，华鼎冷链、餐北斗供应链等企业均研发了一体化智能物流仓库，在提高物流效率、降低用工成本的同时，还能基于设备运行数据进行数字化分析，提升仓库精细化管理水平。

当下，数智化转型已经成为餐饮业的发展大势。从前厅服务到后厨管理，再到供应链优化，数智化既提升了运营效率，又确保了食品安全，并不断改善消费者的用餐体验。餐饮企业应积极拥抱新技术，持续优化业务流程，提升顾客体验，为企业的长远发展奠定坚实的基础。而随着生成式人工智能的不断突破，数智化将进一步融入餐饮产业链的各个环节，成为推动整个餐饮行业发展的强大动力。

CHINA
CATERING

第三章 中式正餐

第一节　川菜：

市场规模持续扩容，烧鸡公、水煮鱼等爆品出圈

近年来，川菜保持稳步增长态势，也涌现出了一批颇具代表性的川菜连锁品牌。与此同时，川菜亦发生了许多新变化，比如，越来越多相对小众的地方菜系被挖掘，川式小炒、成都砂锅菜等细分赛道的热度较高，川菜的标准化程度进一步提升……

一、全国门店数超 15 万家，川菜市场规模进一步扩容

川菜，因取材广泛、调味多变、烹饪技巧丰富，兼具南北之长而闻名，是较早实现走向全国化发展的菜系之一。红餐大数据显示，截至 2024 年 6 月，全国川菜门店数超 15 万家，占全国中式正餐总门店数的 11.4%，也是中式正餐中门店数最多的一个菜系。

川菜门店数众多，与连锁川菜品牌的快速发展密切相关。近年来，包括眉州东坡、椒爱水煮鱼川菜、石灰石烧鸡公、先启半步颠小酒馆、周麻婆·新川式家常菜等川菜品牌都在频频加码开设新店。红餐大数据显示，截至 2024 年 6 月，先启半步颠小酒馆、石灰石烧鸡公等品牌的门店数已超过 170 家，且门店均已辐射至江苏、浙江、广东等全国多个省份（见表 3-1）。

表 3-1　2024 年全国部分川菜品牌发展概况

品牌名称	门店数（家）	人均消费（元）	门店主要分布区域
先启半步颠小酒馆	200+	79	江苏、上海、浙江等
石灰石烧鸡公	170+	72	浙江、四川、江苏等
冯四孃跷脚牛肉	160+	51	四川、江苏、广东等
周麻婆·新川式家常菜	160+	44	福建、河南
椒爱水煮鱼川菜	160+	96	辽宁、北京、黑龙江等
徐鼎盛民间菜	130+	69	重庆、四川
朝花里青花椒鱼·川菜	90+	59	陕西、云南、甘肃
肖四女乐山跷脚牛肉	80+	71	江苏、上海、浙江等
眉州东坡	80+	92	北京、上海、四川等
全牛匠·乐山跷脚牛肉	80+	68	陕西、天津、山东等

资料来源：红餐大数据，数据统计时间截至 2024 年 6 月 30 日。

红餐网｜红餐大数据

续 表

品牌名称	门店数（家）	人均消费（元）	门店主要分布区域
蜀都丰水煮鱼·川菜	70+	83	福建、浙江、山东等
胖姥姥	70+	53	福建、广东、湖北等
一把骨	60+	66	四川、重庆、贵州
辛香汇·现炒川菜	50+	71	江苏、上海、安徽等
茅庐川菜	50+	57	山东、江苏、福建等
杨记隆府	50+	93	重庆、浙江、广东等
川人百味	40+	69	辽宁、黑龙江、天津等
鸡毛店·川菜	30+	63	四川、陕西
大蓉和	30+	112	四川、重庆
麻六记	30+	115	北京、上海、山东等
渝乡辣婆婆	30+	83	河北、北京、天津
有红鸡毛店	30+	68	四川
峨嵋酒家	30+	108	北京
秋金川味小炒	20+	65	四川、江苏
俏巴渝	20+	105	重庆
俏江南	20+	195	北京、江苏、上海等
陶然居·重庆菜	20+	77	重庆、四川
民间粮仓重庆菜	20+	69	甘肃、重庆、河南等
渝月	20+	80	广东
百年神厨·地道川菜	20+	66	四川
榕意	10+	112	广东
悦百味·品质川菜	10+	121	四川
陈麻婆豆腐	10+	76	四川
陶德砂锅	10+	60	四川
红杏酒家	10+	93	四川
饕林餐厅	约 8	72	四川
许家菜	约 8	312	四川
南堂馆	约 8	198	四川
六合居	约 7	67	四川
椿庐 ChunLounge	约 7	232	广东
老房子	约 6	196	四川
卞氏菜根香	约 6	80	四川
不二隐庐	约 6	234	四川
三样菜	约 5	101	北京、四川
马旺子川小馆	约 3	133	四川、广东
子非	约 3	788	四川
玉芝兰	约 3	1,967	四川、上海
柴门荟	约 2	750	四川、上海
宋·川菜	1	272	广东
银芭	1	612	四川
梅须里·现代川菜	1	277	广东

资料来源：红餐大数据，数据统计时间截至 2024 年 6 月 30 日。

虽然川菜的门店数众多，但是川菜的品牌化程度还有待进一步提升。据红餐大数据，截至2024年6月，门店数在5家及以下的川菜品牌数占比最高，达到97.8%。门店数在100家以上的川菜品牌占比仅有0.1%。总体来看，目前川菜品牌多而分散，集中度相对较低，连锁化发展仍有较大提升空间。

二、深挖地方特色，重庆江湖菜、自贡盐帮菜表现亮眼

过去，消费者对于川菜的认知相对单一，对于川菜的细分菜系了解甚少。但近几年，部分从业者开始主打一些味型和特点鲜明的川式地方菜，重庆江湖菜、乐山菜、自贡菜、合川菜等细分菜系开始崭露头角。

重庆江湖菜，是指具有浓厚乡土气息的民间菜，烹调上不拘常法，手法粗犷豪爽，故有"土""粗""杂"的特点。据了解，多数江湖菜的菜品均以香辣味为主，如双椒爆炒仔鸡、辣子鸡、尖椒兔、毛血旺等。

因特色鲜明，价格相对亲民，重庆江湖菜在全国多地起势，一批主打重庆江湖菜的餐饮品牌也迎来了快速发展。

比如，成立于2014年的杨记隆府，不仅在川渝地区开店，还将门店开到了江浙沪地区。红餐大数据显示，截至2024年6月，杨记隆府门店数有50余家。

主攻川渝市场的徐鼎盛民间菜，目前也已开出130余家门店。在扩大门店规模的同时，徐鼎盛民间菜还在不断迭代门店模型。2023年，徐鼎盛民间菜推出了全新的3.0门店，将重庆的风土人情与雅致的中式风格进行了融合，使得原本传统的门店焕然一新。

除重庆江湖菜之外，自贡盐帮菜也是近年来发展较快的一个川菜细分菜系。该菜系灵活运用了兔、牛、蛙、鱼等食材以及多种烹饪技法，具有"味厚香浓、辣鲜刺激"的特点，发扬了川菜"百菜百味、烹调技法多样"的传统。

目前，以饕林餐厅、锦府盐帮、秋金川味小炒为代表的自贡盐帮菜品牌已经跑出了一定的门店规模。红餐大数据显示，截至2024年6月，饕林餐厅开出约8家门店，主要位于成都、自贡等城市。锦府盐帮主要深耕北京市场，门店数也有近10家。秋金川味小炒的全国门店数则为20余家，2023年其还将门店开到了新加坡，正式进军海外市场。

乐山菜也是川菜的主要代表菜系之

一，其以丰富的口味和独特的烹饪技艺而闻名。乐山菜肴种类繁多，其中，跷脚牛肉、钵钵鸡、西坝豆腐等都是乐山经典美食。近年来，跷脚牛肉等经典菜品被一些品牌打造成了爆款单品。代表品牌如冯四孃跷脚牛肉，在四川、江苏、广东等地已开出 160 余家门店；另一代表品牌肖四女乐山跷脚牛肉，也已发展出了 80 余家门店。

总的来看，川菜选料广泛，烹调技艺和调味方式多样，且川渝地区各个地方的菜系自成一格，有着不同的鲜明风味，未来具有再细分的潜力。诸如泸州和鲜菜、宜宾三江菜、南充菜等更细分的地方菜系值得进一步挖掘。

三、外地川菜品牌加速崛起，川渝本地川菜品牌持续焕新

过去，大部分的川菜品牌都起源于川渝两地，但随着川菜在全国进一步普及，不少诞生于川渝之外的川菜品牌开始加速崛起，川菜品牌阵营不断扩大（见表 3-2）。

表 3-2　2024 年全国部分起源于外地的川菜品牌发展概况

品牌名称	成立时间（年）	发源地
先启半步颠小酒馆	2018	上海
周麻婆·新川式家常菜	2012	福建
椒爱水煮鱼川菜	2018	辽宁
肖四女乐山跷脚牛肉	—	上海
朝花里青花椒鱼·川菜	2017	陕西
眉州东坡	1996	北京
蜀都丰水煮鱼·川菜	2017	福建
全牛匠·乐山跷脚牛肉	2017	北京
辛香汇·现炒川菜	2003	上海
茅庐川菜	2007	山东
渝月	2012	广东
榕意	2013	广东

资料来源：红餐大数据，数据统计时间截至 2024 年 6 月 30 日。

红餐网｜红餐大数据

具体来看，眉州东坡、全牛匠·乐山跷脚牛肉、俏江南等川菜品牌皆是从北京起家。辛香汇·现炒川菜、肖四女乐山跷脚牛肉则是从上海做起。周麻婆·新川式家常菜、蜀都丰水煮鱼·川菜的大本营都在福建。渝月、榕意则立足于广东，在华南市场不断探索。

这些品牌的成立时间大都已超过5年，经过多年的发展，它们沉淀出了一套标准化的商业模式。再加之，北京、上海、广州、深圳、福建沿海等地，皆是流动人口的聚居地，人口的流动优势会进一步促进这些品牌进行全国化扩张。比如，起源于上海的先启半步颠小酒馆，已在全国多个省市开设门店，覆盖江苏、浙江、上海等地，目前总门店超过200家；诞生于福建的周麻婆·

新川式家常菜、蜀都丰水煮鱼·川菜等品牌，还将门店拓展至了河南、浙江、山东等地。

在外地川菜品牌崛起的同时，川渝本地起家的一些川菜品牌也在积极拥抱市场变化，通过深耕产品、门店、营销、服务等，加速焕新（见表3-3）。

例如，一些川渝地区的老牌川菜品牌通过增设渠道、开拓新副牌等方式，探索新的增长空间。比如，陶然居·重庆菜推出了定位中高端的新品牌两江映像·公馆菜，以满足消费者对高品质川菜的需求；悦百味·品质川菜旗下推出定位大众消费的新品牌那么川·民间特色川菜，与原本走中高端路线的主品牌形成了互补。

表 3-3　2024 年全国部分川菜品牌发展动态一览

品牌名称	品牌动态
徐鼎盛民间菜	门店店型升级，在原本重庆民间传统风格的基础上融汇了更多新中式元素
陈麻婆豆腐	开启抖音直播，售卖优惠套餐；上线外卖业务，进驻外卖平台
老灶房乡村菜	开启抖音直播，售卖各类优惠套餐
大蓉和	老店场景翻新，上架预点餐系统
红杏酒家	进驻外卖平台，推出了多款套餐
六合居	老店场景翻新，有门店开设开出了档口，也有门店打造了以"庭院"为主打特色的场景
秋金川味小炒	打造了品牌新 IP 形象，同时对门店场景进行升级，以橙色与白色作为门店的主色调
陶然居·重庆菜	推出定位中高端的新品牌两江映像·公馆菜
悦百味·品质川菜	推出定位大众消费的新品牌那么川·民间特色川菜

资料来源：公开信息，红餐产业研究院整理。

红餐网｜红餐大数据

在本地和外地川菜品牌的齐发力下，川菜赛道得到了进一步巩固和扩大，而老品牌的不断焕新，又为川菜的发展注入了新的活力，推动川菜市场的发展。

四、"大单品＋菜系"打法依然流行，烧鸡公、水煮鱼等出圈

川菜曾持续输出了诸如酸菜鱼、回锅肉、麻婆豆腐等超级大单品，不少川菜品牌也凭借大单品实现了突围，快速打出知名度，形成差异化。2023年以来，依然有不少川菜品牌高举"大单品＋菜系"的打法，挖掘川菜爆品，并形成了一定规模（见表3-4）。

表 3-4　　2024 年全国部分采用大单品打法的川菜品牌一览

主打爆品	代表品牌
来凤鱼	聂发财来凤鱼、莱忆八零等
璧山兔	凤驿来凤鱼璧山兔、老来福酸汤兔等
毛血旺	磁盛天毛血旺、渝大江重庆毛血旺等
烧鸡公	石灰石烧鸡公、犟山城烧鸡公等
水煮鱼	椒爱水煮鱼川菜、蜀都丰水煮鱼·川菜、朝花里青花椒鱼·川菜等
蹄花	陈蹄花、易老妈蹄花等
麻婆豆腐	周麻婆·新川式家常菜、陈麻婆豆腐、眉州东坡·麻婆豆腐等

资料来源：公开信息，红餐产业研究院整理。

红餐网 | 红餐大数据

比如，在川渝地区较为火爆的烧鸡公，受到了诸多消费者的喜爱。目前，市场上已经涌现一批主打烧鸡公的川菜品牌，部分品牌自2023年以来开始快速扩张，比如石灰石烧鸡公，目前已经开出170余家门店，进驻了浙江、四川、江苏等省级行政区。

水煮鱼，也是川渝地区的传统名菜，有"麻上头，辣过瘾"的特点。近些年来，以椒爱水煮鱼川菜、朝花里青花椒鱼·川菜等为代表的一批川菜品牌，通过对传统水煮鱼进行改良和创新，推高了水煮鱼细分赛道的热度。比如，椒爱水煮鱼·川菜在传统川式的沸腾水煮鱼中加入了椒盐，将北方的咸香与西南的麻辣辛香相结合，给众多消费者带来了新鲜感。

作为江湖菜的代表菜品，毛血旺是

重庆传统名菜之一，知名度较高，也有不少川菜品牌通过对这款菜品持续深挖，将其打造成餐厅的爆品。比如磁盛天毛血旺、渝大江重庆毛血旺等品牌直接将毛血旺作为品牌的招牌产品，与其他川菜品牌形成区隔。其中，磁盛天毛血旺已在上海、江苏等地开出了20余家门店。

除烧鸡公、水煮鱼和毛血旺以外，来凤鱼、璧山兔、尖椒鸡、辣子鸡、蹄花、鳝丝等产品也是不少川菜品牌的爆品打造对象，甚至有不少川菜品牌会直接在品牌名称或门店名称中加上爆品菜名，如眉州东坡·麻婆豆腐、凤驿来凤鱼璧山兔、陈蹄花等。采用"大单品＋菜系"的打法，将有助于提升品牌在消费者眼中的辨识度，也能助力品牌形成差异化特色。

五、精致化与大众化并行，川式小炒、砂锅菜热度高涨

近年来，越来越多精致川菜品牌走进大众视野，比如玉芝兰、许家菜、柴门荟等（见表3-5）。它们以高品质的食材、独特的烹饪方式、定制化的服务以及舒适的用餐环境赢得了市场的肯定。并且，在"第五届中国餐饮红鹰奖"的"2023年度臻味典范品牌"榜单上，这些川菜品牌也占据了一席之地。

这些精致川菜品牌的发展，起到了很好的示范作用，也带动越来越多的川菜品牌探索精致化发展策略，包括陶然居·重庆菜、大蓉和在内的老牌川菜品牌都已推出了高端子品牌。

表 3-5　2024 年全国部分精致川菜品牌发展概况

品牌名称	品牌特色	主打菜品
玉芝兰	主要做清淡雅致的川菜，菜单会随季节变化而变化；强调"以汤定味，以食材定格，以辅料定神"	原创虾冻膏配卡露伽鲟鱼子酱等
柴门荟	深挖四川各地特色食材以及全球优质食材，强调"创意川味·臻选全球好食材"的理念	黑松露雪花鸡淖、怪味安格斯牛肉等
松云泽	是蓝门川菜、蓉派川菜的代表，秉承传统筵席理念，完整保留了民国包席宴的制式、流程和经典菜肴	芙蓉鸡片、红烧牛头方等
许家菜	主打私房菜，菜品会随季节变化而变化，强调"不时不食"	生态翘壳王、花椒牛舌等
银锅现代川菜	主打融合理念，结合了粤菜对食材的珍爱、川菜对调味料的精妙以及法餐的"Fine dining"就餐流程	橙皮牛肉、青花椒麒麟鱼等
芳香景	主打筵席川菜，在空间设计上讲究"庭院"美学，将中国古典文化融入设计和菜品中	水煮科尔沁牛肉、金丝葫芦鸭等

资料来源：红餐大数据、公开信息，红餐产业研究院整理。

红餐网｜红餐大数据

与此同时，在大众化的川菜领域里，川式小炒、成都砂锅菜的表现突出，凭借现炒、烟火气以及价格适中等特点，赢得了越来越多消费者的认可。此外，一批走大众化路线的川菜品牌也表现出了较好的发展势头。

例如，一些主打川式小炒的品牌就受到了较多的关注。如辛香汇·现炒川菜以钵钵鸡、水煮鱼以及一系列现炒菜品为主，在江苏、上海等地快速扩张。红餐大数据显示，截至 2024 年 6 月，辛香汇·现炒川菜有 50 余家门店。

具备烟火气的成都砂锅菜，也迎来了新的发展机遇。一批主打砂锅菜的川菜品牌开始走红，比如陶德砂锅，其选用新鲜的食材，配以特制的酱料和香料，推出了蒜蓉粉丝、青豆肥肠等特色砂锅菜。红餐大数据显示，截至 2024 年 6 月，陶德砂锅已在四川开出了 10 余家门店。

不过，总体来看，目前主打砂锅菜的正餐品牌门店规模普遍较小，多数品牌的门店数都在 20 家以下。砂锅菜的发展尚处于初期阶段，品牌化仍有较大提升空间。

总的来看，川菜的细分、多元以及标准化，都在催生新一轮的行业红利。但也要注意，川菜目前依然面临不小的挑战。比如，部分川菜品牌缺乏创新，产品较为雷同；细分菜系的认知度尚待提升等。在机遇和挑战并存的形势下，未来川菜品牌还需不断创新，持续开疆拓土，才能迎来更大的发展契机。

第二节 粤菜：
地方特色菜系进一步细分，潮汕菜、粤式小炒受关注

近年来，粤菜市场规模稳定增长，大众粤菜与精致粤菜同步发展。地方菜系连锁化品牌冒头，潮汕菜、顺德菜、客家菜及湛江菜等地方菜系均跑出一批具有一定知名度的品牌。同时，主打啫煲、乳鸽、卤鹅、茶点和粤式小炒的专门店也跑出了一批品牌，它们或通过"大单品+"，或通过探索多场景、多时段经营的方式扩张。

一、全国门店数超 12 万家，粤菜市场规模持续扩容

粤菜泛指广东和港澳地区的菜系，包含了广府菜、潮汕菜、客家菜等细分菜系。具体来看，广府菜、潮汕菜、客家菜等粤菜细分菜系各有特色（见图3-1）。

广府菜	潮汕菜	客家菜
广府菜，是粤菜的代表菜系，包含了南海菜、番禺菜、东莞菜、顺德菜、中山菜等地方风味。口味较清淡，追求清、鲜、嫩、滑、香等口感	潮汕菜，起源并形成于潮汕地区。潮汕菜以食材讲究、选料广博、做工精细、质鲜味美而著称	客家菜又称东江菜，素有"无鸡不清，无肉不鲜，无鸭不香，无鹅不浓"的说法，用料以肉类为主，水产品较少

资料来源：公开信息，红餐产业研究院整理。

图 3-1　粤菜主要细分菜系

粤菜受众广泛，门店数众多。红餐大数据显示，截至 2024 年 6 月，全国粤菜门店总数超过 12 万家，在全国中式正餐各个菜系的门店数中排名第二，仅次于川菜。经过多年的发展，粤菜赛道中已经诞生了一批具有一定规模和体

量的连锁品牌。红餐大数据显示，截至 2024 年 6 月，廣順興、克茗冰室、太哼冰室、金戈戈香港豉油鸡等品牌的门店数均超 100 家。此外，如文通冰室、如轩海鲜砂锅粥·潮汕菜、点都德、蔡澜港式点心、避风塘、顺德佬、子曰禮·茶居、客语客家菜、太兴餐厅等品牌的门店数均超 50 家（见表 3-6）。

表 3-6　2024 年全国部分粤菜品牌发展概况

品牌名称	门店数（家）	人均消费（元）	门店主要分布区域
廣順興	590+	87	河南、河北、山东
克茗冰室	130+	53	广东、江苏、上海等
太哼冰室	120+	45	广东、广西、福建等
金戈戈香港豉油鸡	110+	58	广东
文通冰室	85+	49	广东、上海、浙江等
如轩海鲜砂锅粥·潮汕菜	80+	73	广东、山西、重庆等
点都德	70+	96	广东、上海、江苏等
蔡澜港式点心	70+	90	广东、北京、上海等
避风塘	70+	93	上海、江苏、浙江等
顺德佬	70+	115	广东
子曰禮·茶居	60+	57	广东
客语客家菜	60+	79	广东
太兴餐厅	50+	76	中国香港、广东
添好运	30+	90	中国台湾、上海、中国香港等
翠华餐厅	30+	70	广东、中国香港、上海等
高第街 56 号餐厅	30+	82	山东
陶陶居	30+	122	广东、上海
大榕树下	30+	76	广东
唐宫	20+	182	上海、北京、广东等
广州酒家	20+	144	广东
陈鹏鹏潮汕菜	20+	96	广东
客家班·客家菜	20+	69	广东
潮界	20+	105	上海
利苑酒家	10+	353	中国香港、广东
家府潮汕菜	10+	106	上海
大鸽饭	10+	98	广东、湖南
海门鱼仔·潮汕味	10+	113	广东
凤小馆·顺德菜	10+	85	广东
常来小聚	10+	63	广东

资料来源：红餐大数据，数据统计时间截至 2024 年 6 月 30 日。

红餐网｜红餐大数据

续表

品牌名称	门店数（家）	人均消费（元）	门店主要分布区域
万绿东江·客家菜	10+	74	广东
小荔园·粤菜小馆	约9	85	广东
潮江春	约9	153	广东、福建
滋粥楼顺德菜	约9	143	广东
顺意·顺德家乡菜	约9	132	广东、云南、上海
太艮堡毋米粥	约8	168	广东
粤·向群饭店	约8	90	广东
炳胜品味	约7	263	广东
惠食佳	约7	170	广东、上海
好客家·客家菜	约7	78	广东
粤京熹·顺德菜	约6	107	北京
东海海鲜酒家	约5	242	广东
北京厨房	约5	284	北京
猪肉婆私房菜	约4	209	广东
菁禧荟	约4	890	上海
悦榕庄顺德菜	约4	97	广东
潮上潮	约4	461	北京、山西
好酒好蔡	约2	1,725	广东、中国香港

资料来源：红餐大数据，数据统计时间截至 2024 年 6 月 30 日。

红餐网｜红餐大数据

不过，总体来看，粤菜品牌的规模化程度还有待提升。红餐大数据显示，截至 2024 年 6 月，门店数在 5 家及以下的品牌占比达 98.3%。门店数在 100 家以上的品牌占比仅为 0.1%（见图 3-2）。

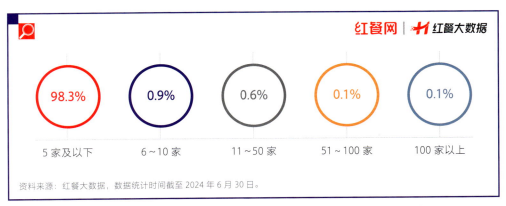

资料来源：红餐大数据，数据统计时间截至 2024 年 6 月 30 日。

图 3-2　2024 年全国粤菜品牌门店数区间占比分布

从区域分布看，粤菜门店分布呈现出较为明显的区域集中化特征。红餐大数据显示，截至 2024 年 6 月，华南地区粤菜门店数量最多，占比达 51.9%，其次为华东地区，占比为 23.3%，华中、西南地区的粤菜门店数占比分别为 8.7%、7.3%（见图 3-3）。

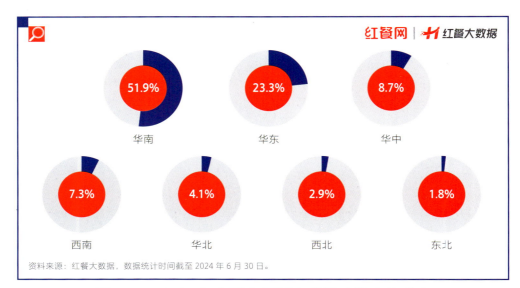

图 3-3　2024 年全国各区域粤菜门店数占比分布

近年来，粤菜品牌在巩固华南市场的同时，积极向华东、华中、西南等地区拓展。红餐大数据显示，截至 2024 年 6 月，唐宫在广东省外的门店数占比超过八成，蔡澜港式点心的省外门店占比超过了六成。

伴随着连锁品牌积极向省外布局，粤菜在全国的渗透率和影响力都得到了进一步提升。

二、地方特色被进一步挖掘，潮汕菜、顺德菜表现较为亮眼

随着粤菜影响力不断扩大，潮汕菜、顺德菜、客家菜、湛江菜等地方菜系也受到了越来越多的关注。其中，潮汕菜表现相对突出，近年来，定位为精致潮汕菜和相对大众的潮汕菜均跑出了一批代表品牌（见表 3-7）。

表 3-7　大众潮汕菜与精致潮汕菜的发展特征

类型	特征	代表品牌
大众潮汕菜	这类品牌主要聚焦卤鹅、砂锅粥、牛肉火锅等细分品类，打造特色场景吸引消费者	如轩海鲜砂锅粥·潮汕菜、陈鹏鹏潮汕菜、潮界、海门鱼仔·潮汕味、潮江春、家府潮汕菜、潮福餐馆等
精致潮汕菜	多推行新潮菜概念，定位以商务宴请、私宴、私厨为主，部分品牌人均消费在千元以上。一些品牌借鉴西式、日式的经营模式，如 Chef's Table、Omakase 等	潮上潮、嘉苑饭店、好酒好蔡、菁禧荟、吴·现代潮菜、临江宴·雲、珍庭潮州菜、潮跃、岁集院子、新厝·融合新潮菜等

资料来源：公开信息，红餐产业研究院整理。

红餐网｜红餐大数据

精致潮汕菜以商务宴请、私宴和私厨为主要定位，通过创新经营模式，为消费者提供高端、个性化的餐饮体验，人均消费相对较高，部分品牌的人均消费超过千元。例如，潮上潮推出中餐双厨房 Chef's Table，提供适合商务宴请、聚会的"潮汕私宴"等。好酒好蔡则提供 Omakase 服务，根据消费者需求或新鲜食材定制菜式。精致潮汕菜品牌多推行新潮菜概念，结合多元化的食材和烹饪技法，推出融合菜品。如菁禧荟的"花胶烧酿空心粉"以及潮跃餐厅的"澳洲和牛沙茶牛肉卷"等。

大众定位的潮汕菜品牌则通过聚焦于细分品类和打造特色场景吸引消费者，代表品牌有如轩海鲜砂锅粥·潮汕菜、陈鹏鹏潮汕菜、潮界、海门鱼仔·潮汕味、吴记富苑等。这批品牌通过聚焦卤鹅、砂锅粥等特色品类实现连锁化扩张。比如，陈鹏鹏潮汕菜、日日香鹅肉饭店、壹只卤鹅·潮汕菜、澄鹅潮汕菜，均以卤鹅作为主打特色产品；如轩海鲜砂锅粥·潮汕菜专注于潮汕风味的砂锅粥。截至 2024 年 6 月，如轩海鲜砂锅粥·潮汕菜的门店数超 80 家，陈鹏鹏潮汕菜和潮界的门店数均超 20 家。

环境打造上，部分大众定位的潮汕菜品牌通过挖掘潮汕传统文化，提升用餐体验和文化价值。比如，陈鹏鹏潮汕菜部分门店还原"潮汕市集"场景，明档展示产品，店内设有海鲜档、砂锅档等；海门鱼仔·潮汕味则在部分门店融入小渔村、潮汕地区红头船文化等元素，营造地方风情。

此外，在潮汕当地也出现了一些主打潮汕当地特色的品牌。这些品牌以食材新鲜和出色的烹饪赢得较高的口碑，如被誉为汕头"夜宵天花板"的不夜粥大排档，其装修是简洁的大排档风，但是人均消费却不算低。

从整体上看，潮汕菜在精致化、连锁化方面都取得了一定的进展，但品牌布局多以广东地区为主，全国化尚待进一步拓展。

近年来，顺德菜的知名度也在不断提升。顺德是厨师之乡，近年来涌现了一批知名私房菜餐厅，如水仙头私房菜、鱼膳坊、德云居、猪肉婆私房菜等。其中，鱼膳坊、猪肉婆私房菜分别上榜"黑珍珠""第五届中国餐饮红鹰奖·2023年度餐饮区域标杆品牌"。

这些顺德菜私房菜馆大多讲究食材新鲜，烹饪上追求食材本味，代表菜品有顺德鱼生、均安蒸猪、拆鱼羹、桑拿菜等。门店选址上，这些私房菜馆多位于老宅内，远离闹市，营造独门小院氛围，并打造明档点菜、鱼池等场景。如年丰楼私房菜开在百年老宅内，野仙鱼生店则由岭南老宅改造而成。

近些年来，客家菜也跑出了一批连锁品牌，如客语客家菜、客家班·客家菜、万绿东江·客家菜、好客家·客家菜等，人均消费为 60～80 元。这些品牌主要在广东省内开店，部分品牌如客语客家菜、好客家·客家菜等也将门店拓展至福建、广西、中国澳门等地。

客家人讲究靠山吃山、靠水吃水，这种文化也被融入各地客家菜里面。粤菜里面的客家菜取材广泛，有家禽、河鲜、猪肉及蔬菜等，品牌也多围绕这些食材研发菜品。例如，客语客家菜强调主要食材源自客家大山，代表菜品有古法手撕盐焗鸡、客家酿豆腐、客家土猪汤、鸡汤苦麦菜等。万绿东江·客家菜则借助靠近河鲜产地东江的地理优势，推出了一系列河鲜菜品，如桑拿鲟龙鱼、煎焗东汇钳鱼等。

近年来，湛江菜以其新鲜食材和简约调味受到市场欢迎。在湛江当地，画喜鸭、猛料鸭仔饭等品牌已经开设了多家门店。在一线城市，湛江菜品牌也在崛起，如上海的渔哥·湛江，深圳的百味馆、望海潮·粤西味等。随着这些连锁品牌的扩张，湛江菜的知名度和影响力有望进一步增强。

从整体上看，潮汕菜、顺德菜、客家菜、湛江菜等细分菜系均有其独特风味和烹饪特色，并共同丰富了粤菜的内涵，增强了粤菜在国内的知名度和影响力。

三、大单品策略下，啫啫煲、茶点专门店、茶餐厅积极谋变

粤菜市场持续扩容的同时，也正经历一场多元化的变革：大单品专门店进一步流行，茶点专门店和粤式茶楼也通过经营模式的创新，推动了粤菜的发展。

第一，大单品专门店流行，啫啫煲崭露头角。

近年来，以啫啫煲、乳鸽、卤鹅等为主打的专门店受到市场关注，并跑出了一批连锁品牌（见表3-8）。

其中，啫啫煲餐厅因其现点现制的

烹饪方式和"带煲上桌"的上菜方式广受欢迎。近年来，啫啫煲赛道也出现了一些实力品牌。例如，1992年在广州创立的惠食佳及旗下的品牌啫八都以啫啫煲为特色，惠食佳滨江大公馆店连续6年（2018—2023年）蝉联米其林一星；创立于2021年的火啫啫·粤式啫啫煲、啫火啫啫煲，门店数已超100家；同样创立于2021年的啫两手啫啫煲在深圳开出了10余家门店。

表 3-8　2024 年全国部分粤菜单品专门店发展概况

单品	特色菜品	代表品牌
啫啫煲	啫啫蚝烙、黄鳝啫啫煲、啫生肠、啫啫雪花牛肉煲、生啫鱿鱼等	惠食佳、啫八、啫火啫啫煲、火啫啫·粤式啫啫煲、啫两手啫啫煲等
乳鸽	红烧鸽、盐焗鸽、铜炉香茅焗鸽、乳鸽煲、紫苏生啫乳鸽等	大鸽饭、金光鸽王等
卤鹅	卤鹅系列，以及蚝仔烙、香煎马友鱼、杂鱼煲等经典潮汕菜产品	日日香鹅肉饭店、壹只卤鹅·潮汕菜、澄鹅潮汕菜等

资料来源：红餐大数据，数据统计时间截至 2024 年 6 月 30 日。

红餐网｜红餐大数据

乳鸽、卤鹅等专门店则通过深入挖掘核心食材，并结合"大单品＋菜系"模式，满足了消费者多元化的需求。例如，乳鸽专门店以"乳鸽＋粤菜"为产品组合。以大鸽饭为例，其门店除了提供乳鸽相关产品，还提供河源车田豆腐、沙姜白切猪手等产品；卤鹅专门店则聚

焦"卤鹅＋潮汕菜"，如日日香鹅肉饭店，除了卤鹅，也提供蚝仔烙、香煎马友鱼等潮汕菜产品。

在区域布局上，部分乳鸽、啫啫煲品牌已实现了跨区域发展，如金光鸽王在多个省份布局，啫火啫啫煲也拓展至华东等地区。不过，卤鹅品牌如日日香

鹅肉饭店等品牌则聚焦深圳等区域市场，扩张较谨慎。

第二，粤式茶点专门店、港式茶餐厅通过多种创新举措探索新的增长模式。

粤式茶点专门店和港式茶餐厅是粤菜中知名度相对较高的专门店，伴随市场的发展和消费者需求的变化，一批品牌探索多元化经营以增强竞争力。

1. 对营业时段和场景进行多元化探索

近年来，一批粤式茶点专门店和港式茶餐厅品牌尝试通过延长营业时间、创新门店模型、挖掘多元消费场景来探索新的增长模式。例如，子曰禮·茶居定位 24 小时茶楼；蔡澜港式点心调整部分门店的营业时间，供应早餐产品，实现多时段经营；翠华 Express 通过在交通枢纽开设外带店，满足不同消费场景和消费者需求。红餐大数据显示，截至 2024 年 6 月，子曰禮·茶居门店数为 60 余家，翠华 Express 开出了约 4 家门店。

2. 挖掘传统文化创新菜品，以新鲜手作为卖点

部分茶点专门店通过挖掘传统文化来进行产品创新，如蔡澜港式点心借鉴了岭南传统非遗文化中的醒狮元素，推出了蔡澜醒狮酥。陶陶居则通过明档制作，强化手作现做。同时，陶陶居还加强了对传统点心和小吃的改良创新，如将广州特色龟苓膏创新为肠粉形式，推出酸甜奶香清凉卷；结合传统广式点心薄撑和萨其马，推出了新型脆皮萨其马等。

新派港式茶餐厅在传统西多士、冻柠茶等基础产品上，推出漏奶华、小熊冻柠茶等网红单品。在空间打造方面，则注重融入港风元素。如克茗冰室、太哼冰室、文通冰室等，在门店设计中加入马赛克瓷砖、霓虹灯牌等港风元素。

粤式茶点专门店、港式茶餐厅通过产品和经营模式创新，提升了品牌的竞争力，同时也为其他粤菜品牌的创新提供了思路。

总的来说，粤菜赛道仍在不断扩容，且正变得越来越多元化。随着粤菜品牌进一步夯实自身实力，不断探索品牌化、新连锁化经营的创新模式，未来粤菜有望进一步提升在全国市场的渗透率。

第三节 湘菜：
品牌以爆品策略突围，赛道迎来扩张风口

凭借香辣、鲜辣口味征服广大消费者的湘菜，近年来势能不断增强，赛道迎来发展风口期，涌现出了多个实力品牌。这些湘菜品牌积极开拓，朝着全国化、细分化和精致化等方向探索。

一、全国门店数超 11.9 万家，赛道迎来扩张风口

近几年，湘菜发展势头向好，市场规模持续扩容。据红餐大数据，2023 年全国湘菜市场规模达到 2,264 亿元。同时，2021 — 2023 年，湘菜市场规模增速分别为 10%、-18.4%、33.6%，同期中式正餐的市场规模增速分别为 9%、-24.1%、27.4%（见图 3-4）。对比来看，湘菜市场规模增速整体高于中式正餐。

图 3-4　2019 — 2023 年全国中式正餐、湘菜市场规模概况

随着湘菜热度不断升温，入局者也在不断增加，赛道迎来发展风口期。据红餐大数据，目前全国湘菜门店数超过 11.9 万家，占中式正餐总门店数的 8.9%，从单个地方菜系在中式正餐中的门店数占比来看，湘菜门店数占比仅次于川菜、粤菜和本帮江浙菜，居于第四位。

与此同时，一批湘菜品牌开始加快

扩张步伐。在这个过程中，一线和新一线城市是湘菜品牌的主要拓展阵地。

比如，费大厨辣椒炒肉，2023年新进入广州、苏州等城市，目前已经完成北上广深的布局，全国门店数超过100家。农耕记·湖南土菜相继进入北京、上海、中国香港等城市，同时开始布局海外，门店已扩张至新加坡、马来西亚等国家。兰湘子·湘菜小炒2023年新开100余家门店，并于2024年1月开出北京首店，据红餐大数据，截至2024

年6月，其门店共覆盖全国十余个省份，总门店数为290余家（见表3-9）。

在上海成立的湘菜品牌胡子大厨，2023年底在北京开出首店，这是其跨出苏浙沪进驻的第一个外地城市。北京湘菜品牌潇湘阁，对外扩张首站选择了上海。湘辣辣现炒黄牛肉、辣可可·小炒黄牛肉在广东省外的首家门店均选择了北京。炊烟小炒黄牛肉在湖南省外的门店，则全部分布在上海。

表 3-9　2024 年全国部分湘菜品牌发展概况

品牌名称	创立时间（年）	门店数（家）	人均消费（元）	门店主要分布区域
兰湘子·湘菜小炒	2019	290+	52	陕西、河南、甘肃等
小食候湘	2012	230+	70	广东、安徽、湖北等
彭厨	2010	210+	72	广东、湖南、湖北等
味派菜园子	2014	140+	64	湖南、广东、陕西等
厨嫂当家	2007	130+	67	广东、江西、福建等
毛家饭店	1987	100+	69	广东、湖南、山东等
阿瓦山寨	2003	100+	70	山东、山西、江苏等
大碗先生	2004	100+	36	湖南、广东、江西等
费大厨辣椒炒肉	2003	100+	77	湖南、广东、北京等
胡子大厨	2019	100+	55	上海、江苏、四川等
湘阁里辣	2005	100+	57	广东、湖南、福建等
杨掌柜辣椒炒肉	2010	100+	55	河南、安徽、河北等
廖哥土鲫鱼下饭菜	2021	90+	47	广西、安徽、湖北等
农耕记·湖南土菜	2017	70+	79	广东、上海、北京等
绿草地·湘菜	1999	60+	49	湖南
吃饭皇帝大	2016	60+	82	湖南、浙江、上海等
呈湘·湖南菜	2010	60+	78	江苏
徐记海鲜	1999	50+	196	湖南、陕西、湖北等
巡湘记·地道湖南菜	2015	40+	98	上海、江西、安徽等
湘辣辣现炒黄牛肉	2021	40+	78	广东、北京、上海
佬麻雀·新湘菜	2017	30+	90	广东
炊烟小炒黄牛肉	1998	30+	85	湖南、上海
回家湘	1999	30+	63	广东、湖北、湖南等
湘当有饭剁椒鱼头	2012	30+	69	江苏、湖南、北京等
饭菜真湘	2013	20+	55	广东、江西、安徽等

资料来源：红餐大数据，数据统计时间截至 2024 年 6 月 30 日。

红餐网｜红餐大数据

续 表

品牌名称	创立时间(年)	门店数（家）	人均消费（元）	门店主要分布区域
以饭湘许	2015	20+	62	广东
水墨田塬	2012	20+	64	广东、湖南
潇湘阁	2011	20+	81	北京、广东、上海等
辣可可·小炒黄牛肉	2018	20+	84	广东、北京
遇见湘·地道湖南菜	2016	20+	74	广东
壹盏灯	1997	20+	79	湖南、湖北、江苏等
粟厨小炒	2002	20+	64	湖南
笨萝卜浏阳菜馆	2017	10+	52	湖南、广东
望湘园·湖南菜	2002	10+	101	上海
许爷剁椒鱼头	2016	10+	124	上海
湘颂	2018	10+	113	广东
王捌院子	2017	10+	144	湖南、广东、安徽等
芙蓉楼·健康湘菜	2000	约9	89	广东、湖南、安徽等
野·湖南	2019	约7	113	广东
湘之荷	2017	约2	229	浙江

资料来源：红餐大数据，数据统计时间截至 2024 年 6 月 30 日。　红餐网｜红餐大数据

从湘菜的区域分布和城市线级分布也能看出，众多品牌的加码布局，推高了一线及新一线城市湘菜市场的热度。

在区域分布方面，据红餐大数据，截至 2024 年 6 月，湘菜门店主要集中在华中、华南、华东地区，占比分别为 33.9%、27.8% 和 20.8%（见图 3-5）。

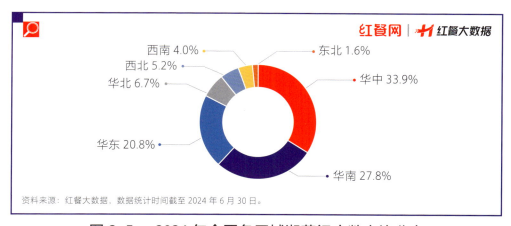

资料来源：红餐大数据，数据统计时间截至 2024 年 6 月 30 日。

图 3-5　2024 年全国各区域湘菜门店数占比分布

在城市线级分布方面，新一线城市的湘菜门店数占比最高，达 23.6%（见图 3-6）。具体到城市，长沙的湘菜门店数量最多，占比达 8.4%，深圳、广州紧随其后，成为湘菜的第二个"大本营"。据红餐大数据，目前深圳湘菜门店数占比达 5.9%，广州也达到了 4.8%。

而上海和北京亦成为诸多湘菜品牌入驻的重点城市。据红餐大数据，上海、北京的湘菜门店数近些年增长速度较快，目前在各城市湘菜门店数统计中，两者分别位列第六和第七，门店数占比分别为 2.4%、2.2%。

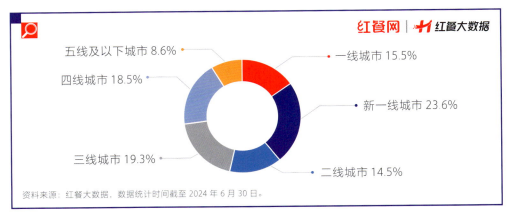

资料来源：红餐大数据，数据统计时间截至 2024 年 6 月 30 日。

图 3-6　2024 年全国各线级城市湘菜门店数占比分布

此外，近些年来，湖南省外也跑出了一批具有代表性的湘菜品牌，并形成了一定的规模。比如，直营门店数近 300 家的兰湘子·湘菜小炒，创立于西安；上海跑出了巡湘记·地道湖南菜、望湘园·湖南菜、胡子大厨、许爷剁椒鱼头等品牌；北京的潇湘阁、雁舍等品牌发展势头不错；桂林的廖哥土鲫鱼下饭菜，在广西开出了数十家门店；无锡的呈湘·湖南菜，在苏浙沪地区开出 60 余家门店；南阳创立的杨掌柜辣椒炒肉，在全国开出 100 余家门店。还有广州和深圳市场中，佬麻雀·新湘菜、湘辣辣现炒黄牛肉、以饭湘许、湘颂、农耕记·湖南土菜、辣可可·小炒黄牛肉等一批知名度颇高的湘菜品牌，发展得也较好（见表 3-10）。

表 3-10　2024 年全国部分城市湘菜品牌概况

发源城市	代表湘菜品牌
上海	巡湘记·地道湖南菜、望湘园·湖南菜、胡子大厨、许爷剁椒鱼头等
北京	潇湘阁、雁舍等
广州	湘辣辣现炒黄牛肉、佬麻雀·新湘菜、以饭湘许、湘颂等
深圳	农耕记·湖南土菜、辣可可·小炒黄牛肉、芙蓉楼·健康湘菜、俏九州·小炒黄牛肉等
西安	兰湘子·湘菜小炒、阿瓦山寨等
东莞	湘阁里辣、水墨田塬、饭菜真湘等
无锡	呈湘·湖南菜等
桂林	廖哥土鲫鱼下饭菜等

资料来源：红餐大数据，数据统计时间截至 2024 年 6 月 30 日。

二、品牌以爆品策略突围，赛道进一步细分

湘菜的小炒较多，其"烟火气""锅气"与当下趋势相吻合，受到了诸多消费者的喜爱。但现炒对人工依赖较高，在此情况下，不少湘菜品牌做起了减法，通过走大单品路线，利用爆品提升品牌认知，进而加速了品牌的连锁化进程。

目前走大单品路线的湘菜品牌多聚焦在辣椒炒肉、小炒黄牛肉等经典湘菜小炒菜品。比如，成立于 2018 年的辣可可品牌首创分部位小炒黄牛肉，引领小炒黄牛肉进入分部位现炒时代，用吊龙、牛腩、脖仁、匙柄、五花趾等多个部位，组合成"小炒黄牛肉""小炒花龙""小炒五花趾"3 款特色招牌产品；2023 年 9 月，辣可可品牌再度升级，进驻北、深多个核心商圈，并打出"小炒黄牛肉，认准辣可可"的品牌口号，进一步巩固市场地位。凭借差异化的爆品策略，辣可可·小炒黄牛肉门店的最高翻台率可达 10 轮。2023 年 7 月，辣可可·小炒黄牛肉开启全国发展战略，发力北京市场。红餐大数据显示，截至 2024 年 6 月，其在北京拥有 4 家门店，全国总门店数超过 20 家。

与此同时，也有一些湘菜品牌试图挖掘其他湘菜大单品。例如，一批主打"剁椒鱼头"的湘菜品牌开始崭露头角，包括湘阁里辣、湘当有饭剁椒鱼头、坛宗剁椒鱼头、望湘园·湖南菜、许爷剁椒鱼头等。其中，湘阁里辣目前在广东等省份开出了 100 余家门店。

此外，湘菜还有不少大单品正在被挖掘，如永州东安鸡、永州血鸭等，不少湘菜馆以此为招牌菜品，但尚未出现规模化的连锁大品牌。

据红餐大数据，走大单品路线的品牌门店SKU多控制在30～40个。同时，一些品牌还对后厨制度进行改良，如费大厨辣椒炒肉、湘辣辣现炒黄牛肉等，采用厨师责任制，即每个厨师专门负责3～6个菜品，以此提高后厨效率。

在大单品路线流行的同时，湘菜赛道还在不断细分。不少湘菜品牌通过挖掘地方特色菜，比如衡阳小炒、浏阳蒸菜、常德钵子菜等，来打造差异化。

其中，衡阳小炒的热度颇高。衡阳小炒一般使用独特技法"小炒熬"来烹制，即食材不提前腌制，直接下锅煸炒去除膻腥味，以突出食材的原汁原味。此外，衡阳小炒还有自己独到的"三件宝"：茶油、黄贡椒、米酒。依靠独特的技法和"三件宝"，衡阳小炒脱颖而出。因此，湖南餐饮界流行"湘菜看小炒，小炒看衡阳"的说法。

近两年，市场上出现了一些主打"衡阳小炒"特色的品牌，如绿草地·湘菜、粟厨小炒等。绿草地·湘菜是衡阳当地创立20余年的品牌，招牌菜品包括茶油鸡、辣椒炒肉等。据红餐大数据，截至2024年6月，绿草地·湘菜在湖南省内已有60余家门店；粟厨小炒则在长沙等地开出了20余家门店。

近年来，浏阳菜热度提升。浏阳菜菜品丰富，主要技法有蒸、炒、煎、炖。其中，浏阳蒸菜做法较简洁，将食材叠放在碗中，再加入辣椒、豆豉、茶油和盐等调味料，最后放入蒸锅即可。笨罗卜浏阳菜馆以浏阳蒸菜和浏阳家常小炒为主，2023年走出长沙，相继在株洲、深圳开设新店。

与此同时，常德钵子菜的市场关注度亦有所提升。钵子菜以陶制砂锅为容器，将食材放置锅中慢慢炖煮，随炭炉上桌边加热边吃。目前，常德钵子菜已经跑出了一批小有规模的品牌，如小钵爷、钵湘湘等。其中，小钵爷诞生于常德，2023年走出湖南将门店开到苏州，目前共有10余家门店。

除此之外，湘潭菜、永州菜、湘西腊味等细分菜系也逐渐冒头，已有品牌开始试水主题餐饮门店。比如，右味·湘潭菜、老细屋里私房菜馆主打湘潭菜；永膳、灌溪村·永州百年血鸭、故乡缘·永州宴主打永州菜；至仁膳湘西腊味馆以湘西腊味为特色等（见表3-11）。

总体而言，湘菜细分尚处于初级阶段，大多定位于细分菜系的品牌仍以湖南省为"大本营"，向外扩张势头尚不明显。从这些品牌的门店数来看，较少品牌的门店数突破了20家。因此，这类细分菜系的连锁化程度仍有较大提升空间。

表 3-11　2024 年全国湘菜部分细分菜系概况

细分菜系	菜系特点	代表品牌
衡阳小炒	采用"小炒熬"的技法，即食材不提前腌制，直接下锅煸炒去除膻腥味，突出食材的原汁原味	绿草地·湘菜、粟厨小炒等
浏阳菜	主要技法有蒸、炒、煎、炖，有三大特色调味料，即红椒碎、茶油、浏阳豆豉	笨罗卜浏阳菜馆、宏辣椒浏阳菜馆等
常德钵子菜	主要烹饪方式为炖，以陶制砂锅为容器，将食材放置锅中慢慢炖煮，随炭炉上桌边加热边吃	小钵爷、钵湘湘等
湘潭菜	用料广泛，注重香鲜、酸辣、软嫩，在制法上以煨、炖、炒等为主	冇味·湘潭菜、老细屋里私房菜馆等
永州菜	制作讲究，特点是芡大油厚，口味酸、辣、鲜、嫩兼具，风味独特	永膳、灌溪村·永州百年血鸭等
湘西菜	擅长烹制山珍野味、烟熏肉和各种腌肉，风味侧重于咸、香、酸、辣	至仁膳湘西腊味馆等

资料来源：公开信息，红餐产业研究院整理。

三、湘菜探索精致化：菜品融合创新，组庵菜成亮点

早期，以木桶饭、大碗菜、小炒等为代表的湘菜，多以快餐形式出现。近年来，湘菜精致化的趋势渐显。美团发布的《2024 中国精致餐饮报告》显示，2023 年湘菜精致餐厅数量同比增长超 30%。

与此同时，一些湘菜品牌开始对湘菜进行精致化改造。这些精致湘菜品牌多定位商务宴请，人均消费价格在 200 ～ 400 元。部分精致湘菜餐厅人均消费超过 500 元，如新荣记旗下的芙蓉无双荣派湘菜，人均消费将近 700 元，深圳的魔戒·天然台的人均消费数千元（见表 3-12）。

表 3-12　2024 年全国部分精致湘菜品牌发展概况

品牌名称	门店数（家）	人均消费（元）
君庭中餐馆	10+	288
新长福	约 9	246
宴长沙	约 9	160
晴溪莊园	约 6	282
湘上湘	约 5	354
佬麻雀·雀园	约 5	191
未下山	约 4	268
湘之荷	约 2	229
蓝麒麟	1	408
墨泉峰味	1	442
鲤隐台	1	166
芙蓉无双荣派湘菜	1	659
CICADA 宋·湘	1	580
魔戒·天然台	1	5,000

资料来源：红餐大数据，数据统计时间截至 2024 年 6 月 30 日。

从食材、菜品、环境打造等方面来看，精致湘菜品牌存在一些共性特征。

在食材上，一些精致湘菜品牌在强调湖南本地食材的同时，引入鲍参翅肚等名贵海鲜。比如，徐记海鲜旗下定位高端的蓝麒麟，汇聚来自全球的各类珍稀海鲜，用湘式特色风味加以烹调，推出坛子剁椒炒花胶公、湘味金蒜紫苏炒法国蓝龙等菜品。

鲤隐台则通过收集湖南特色优质食材研发菜品，如用张家界桑植县的娃娃鱼（人工养殖）和岩耳，研发出岩耳三脆、金鲵娃娃鱼三下锅等精致菜品。用沅江益阳南县的特色豆渣结合吊水江团，推出南县豆渣煮吊水鱼团等。

在菜品上，精致湘菜多融合粤菜、淮扬菜、鲁菜等其他菜系的技法，推出融合菜。君庭中餐馆主要做湘菜、粤菜以及创新型中式融合料理。新长福同样在湘菜基础上，结合粤菜、鲁菜、苏菜等菜系，创造出了陈坛剁椒蒸鱼头、白松露剁椒帝王蟹等菜品。

在环境打造上，一些精致湘菜品牌通过挖掘湖湘文化、传统文化，增加用餐体验中的人文价值。比如，长沙的宴长沙湘菜酒楼，将湖湘戏曲、非遗文化、民间艺术与湘菜结合，丰富用餐体验。末下山则借鉴了宋代园林美学，以独栋中式湘菜庭院为特色，整体风格较为雅致。

与此同时，以"组庵菜"为特色的精致湘菜品牌开始得到更多关注。组庵菜又被称为"官府湘菜"，选材用料、刀工、调味、技法均较为讲究。例如，晴溪荘园的菜品强调"精"而非"奢"，其招牌菜品"组庵豆腐"，用料讲究，做法精细。墨泉峰味推出了系列组庵菜品，包括"祖庵肘子""祖庵寒菌奶白菜""祖庵豆腐"等；湘园玖号主打组庵菜，定位精深加工食材＋私人订制湘菜。

这些精致湘菜品牌也收获了一定的市场认可，如芙蓉无双荣派湘菜、CICADA 宋·湘、蓝麒麟（运达汇店）、墨泉峰味（润和国际广场店）、晴溪荘园（星沙店）、新长福（世嘉店）等餐厅均入选 2024"黑珍珠"一钻餐厅。

总体来看，目前湘菜发展势头正好，但也面临着一些发展的痛点，如品牌连锁化率有待进一步提升、同质化竞争、湘菜产业链发展有待完善等。值得注意的是，一些头部以及新锐湘菜品牌，已经开始寻找差异化的路径以更好实现突围。未来，随着规模化连锁化的品牌增多，整个湘菜市场也将进一步扩大。

第四节　本帮江浙菜：

私房菜、融合创新菜兴起，品牌挖掘"出海"新机遇

随着餐饮消费需求愈加多元化，中式正餐多个菜系均迎来了快速发展的新时期，本帮江浙菜也不例外。近年来，为更好地满足消费需求，顺应时代发展，众多本帮江浙菜品牌开始积极谋变，或发力创新、融合菜品；或打造独特的场景，给予消费者别致体验……多措并举共同推动本帮江浙菜不断焕新。

一、市场规模仅次于川菜和粤菜，区域化发展特点明显

本帮江浙菜因用料广泛、注重本味等特点而闻名。本书中的本帮江浙菜研究对象主要涵盖了南京、苏州、杭州、宁波、南通、绍兴、上海本帮菜等地方菜系列。

在中式正餐的各个菜系中，本帮江浙菜的总门店数仅次于川菜与粤菜，居于第三位。红餐大数据显示，截至2024年6月，本帮江浙菜全国门店数超过12.5万家，占中式正餐总门店数的9.4%。

但整体上，本帮江浙菜品牌化程度相对较低。据红餐大数据，截至2024年6月，本帮江浙菜品牌中仅有绿茶餐厅、外婆家等少数品牌的门店数突破了100家（见表3-13）。

表 3-13　2024 年全国部分本帮江浙菜品牌发展概况

品牌名称	创立时间（年）	门店数（家）	人均消费（元）	门店主要分布区域
绿茶餐厅	2008	370+	74	广东、浙江、北京等
外婆家	1998	100+	76	浙江、北京、上海等
南京大牌档	1994	90+	74	江苏、北京、上海等
新发现	2010	70+	73	浙江、上海、江苏
知味观	1913	60+	42	浙江
新白鹿餐厅	1998	50+	74	浙江、上海、江苏
桂满陇	2013	50+	84	上海、江苏、北京等
苏小柳手工点心	2016	40+	63	上海、浙江、江苏
去茶去·休闲中餐	2005	30+	69	浙江、四川、黑龙江
小厨娘淮扬菜	1997	30+	129	江苏、北京
丰收日	1999	30+	131	上海、江苏、河南
涌上外婆桥	2008	30+	70	浙江、江苏
外婆印象	2008	30+	60	陕西、吉林、河南等
老头儿油爆虾	1987	30+	93	浙江、上海、江苏
弄堂里	2011	20+	74	浙江、江苏、上海等
楼外楼	1848	20+	84	浙江、山东
上海小南国	1987	20+	221	上海、中国香港、北京
老鸭集	2019	20+	93	浙江
金海华	2000	20+	172	江苏
和记小菜	1999	10+	125	上海、江苏、湖南
松鹤楼	1757	10+	186	江苏、北京、浙江等
新荣记	1995	10+	851	浙江、上海、北京等
新梅华	1990	10+	102	江苏
小绍兴	1943	10+	68	上海、浙江
甬府	2011	10+	604	上海、江苏、中国香港
荣小馆	2013	10+	186	浙江、北京、上海
苏浙汇	1999	10+	205	上海、中国香港
龙井湖杭帮菜	2021	10+	69	广东
寻宝记绍兴菜	2002	10+	98	浙江、山西
江南雅厨	2015	约 8	224	江苏
民国红公馆	1921	约 6	473	江苏
茶人村	1996	约 3	133	浙江
龙吟山房	2016	约 3	332	江苏、上海
醉庐·新上海菜	—	约 3	137	上海
兴兴·海派本帮菜	—	1	183	上海

资料来源：红餐大数据，数据统计时间截至 2024 年 6 月 30 日。

红餐网｜红餐大数据

从区域分布来看，本帮江浙菜门店主要集中在华东地区。红餐大数据显示，目前近七成的本帮江浙菜门店均位于华东地区，而分布于华北、华南、华中等区域的本帮江浙菜门店则较少（见图3-7）。

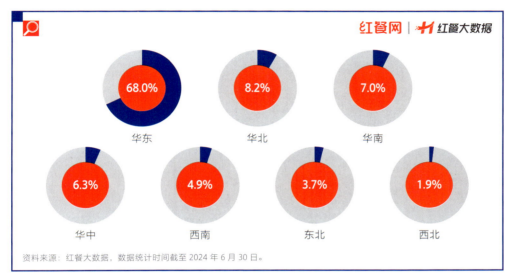

资料来源：红餐大数据，数据统计时间截至2024年6月30日。

图 3-7　2024年全国各区域本帮江浙菜门店数占比分布

不过，华东以外的地区也跑出了一些表现较为亮眼的本帮江浙菜品牌。比如，诞生于陕西的外婆印象，于2010年在西安开出首店，目前总门店数超30家；而起家于广东的龙井湖杭帮菜，已在广东地区开出了10余家门店。

二、菜系进一步细分，台州菜、绍兴菜等地方菜系崛起

近年来，本帮江浙菜中的各个地方菜系相继冒头。在本书的研究范畴下，本帮江浙菜主要涵盖浙菜、苏菜、上海本帮菜等三大菜系。具体来看，浙菜主要涵盖了杭帮菜（杭州）、宁波菜（宁波）、绍兴菜（绍兴）、瓯菜（温州）、台州菜（台州）等地方风味；苏菜则主要由淮扬菜（淮安、扬州、镇江）、金陵菜（南京）、徐海菜（徐州、连云港），以及苏锡菜（苏州、无锡、常州）4种地方风味组成（见表3-14）。

表 3-14 本帮江浙菜菜系构成一览

菜系构成	菜系分支	菜系特点	代表菜品	代表品牌
苏菜	淮扬菜	原料多以水产为主，强调鲜活。刀工以精细闻名，以瓜雕享誉四方	清炖蟹粉狮子头、三套鸭、软兜长鱼、松鼠鳜鱼等	趣园茶社、山·餐厅、福兴荟、小厨娘淮扬菜等
	苏锡菜	口味以鲜甜可口、浓油赤酱著称，属于“南甜”风味	腌笃鲜、百叶结烧肉、银杏菜心等	松鹤楼、得月楼、新梅华等
	金陵菜	刀工精细，善用炖、焖、烤、煨等烹调方法，口味平和，鲜香酥嫩	松鼠鱼、蛋烧卖、美人肝、凤尾虾等	南京大牌档、六华春、寻魏等
	徐海菜	口味鲜咸适度，取料广泛，讲究时鲜，“以鲜为主，五味兼蓄”	霸王别姬、沛公狗肉、彭城鱼丸、荷花铁雀等	徐州宴、大张烙馍村等
浙菜	杭帮菜	口味以咸为主，略有甜头。烹调方法多以蒸、烩、汆、烧为主	西湖醋鱼、东坡肉、龙井虾仁、笋干老鸭煲、八宝豆腐等	香芙茗楼、如院、茶人村、绿茶餐厅、外婆家、新白鹿餐厅等
	绍兴菜	以河鲜及家禽、豆类为烹调主料，注重香酥绵糯、原汤原汁	绍三鲜、梅干菜焖肉、油炸臭豆腐、绍兴醉鸡、绍兴卤鸭等	小绍兴、咸亨酒店、寻宝记等
	瓯菜	大多采用近海鲜鱼与江河小水产类食材，烹调方法多为鲜炒、清汤、凉拌、卤味	三丝敲鱼、三片敲虾、双味猷蛑等	瓯江宴、溢香厅等
	宁波菜	以咸、鲜闻名，以蒸、烤、炖等技法为主	腐皮包黄鱼、苔菜小方烤、雪菜炒鲜笋等	甬府、宁海食府、陈公馆等
	台州菜	强调就地取材、追求本味，用到的帝王蟹、海参等高级海鲜食材居多	蛋清羊尾、家烧大黄鱼、沙蒜豆面等	新荣记、顺记·浦江荟、林家一、台乡缘等
本帮菜	上海菜	口味以浓油赤酱、醇厚鲜美为其特色。烹饪方式以烧、生煸、滑炒、蒸为主	草头圈子、八宝辣酱、青鱼秃肺、扣三丝、八宝鸭、红烧河鳗、排骨年糕等	阿宝饭店、上海和平饭店、兴兴·海派本帮菜、和记小菜、醉庐·新上海菜等

资料来源：公开信息，红餐产业研究院整理。

红餐网 | 红餐大数据

浙菜的细分体系里，杭帮菜表现突出。以绿茶餐厅、外婆家等为代表的一批主打杭帮菜的品牌全国化进程起步较早，曾经一度掀起江浙菜快时尚餐厅的风潮。近几年，这些品牌的发展总体相对平稳。红餐大数据显示，截至 2024 年 6 月，绿茶餐厅共有 370 余家门店，外婆家则有 100 余家门店。

苏菜体系下，淮扬菜的发展也值得关注。淮扬菜的历史悠久，曾与鲁菜、川菜、粤菜并称为中国四大菜系，目前主打淮扬菜的品牌中有不少老字号，包括玉华台饭庄、陈记菜馆等。与此同时，淮扬菜领域也跑出了苏锦宴、懿·EAST、福兴荟等新派淮扬菜品牌，这些品牌对菜品、环境的创新，为淮扬菜注入了新的活力。

上海本帮菜，以浓油赤酱、醇厚鲜美为特色。近年来，上海本帮菜的影响力在进一步提升。尤其是 2023 年得益于电视剧《繁花》的热播，八宝辣酱、八宝鸭、排骨年糕等多款上海本帮菜肴出圈，阿宝饭店、上海和平饭店等上海本帮菜餐厅也开始受到更多关注，上海本帮菜的知名度有所提高。

与此同时，一批新式上海本帮菜品牌的表现也值得关注。其中，兴兴·海派本帮菜、醉庐·新上海菜、上海 12弄·新派上海菜等品牌以新上海菜为卖点，通过融合经典本帮菜味道和西餐技法，对本帮菜进行改革，为本帮菜的发展注入了新的活力。

此外，本帮江浙菜体系下的其他细分菜系也在稳步发展。其中，又属台州菜、绍兴菜表现突出。

林家一、顺记等台州菜品牌如今已经走出台州，进入上海等地发展；新荣记的门店已经辐射至广东、北京、中国香港等地，2023 年，其又在成都开出了新店。在外拓的同时，新荣记还持续开出副牌，拓宽业务边际。红餐大数据显示，截至 2024 年 6 月，新荣记旗下子品牌数量众多，包括荣小馆、荣庄、荣府家宴、荣叔、芙蓉无双、京季等品牌。

绍兴菜的发展势头也不容小觑。过去几年，在绍兴市有关部门的推动下，绍兴菜博物馆、绍兴菜研发中心相继成立，为绍兴菜的发展提供了交流平台、展示窗口。咸亨酒店、寻宝记、小绍兴等绍兴菜老牌不断创新变革，通过升级用餐环境、摆盘外观、菜品口味等，促进绍兴菜的发展。而绍越荟、兰亭记等新锐品牌也为绍兴菜的发展注入新鲜血液。在多方的推动下，绍兴菜影响力不断扩大。

总的来看，在本帮江浙菜品牌的共同努力之下，本帮江浙菜的发展已取得了一些突破。未来，随着消费者对高品质餐饮需求的不断增加，本帮江浙菜市场规模有望持续稳定增长。但值得注意的是，目前本帮江浙菜依然还存在一些挑战，比如部分本帮江浙菜品牌菜品较为雷同，部分品牌对市场变化的响应速度相对较慢……倘若能将这些挑战一一击破，未来本帮江浙菜赛道有望迎来新的发展机遇。

第五节 鲁菜：
地方菜规模化程度提升，"大单品＋"模式助推发展

近年来，鲁菜影响力持续提升，诸多的鲁菜品牌开始受到关注。这些鲁菜品牌或优化门店模型，或打造"大单品＋"模式，或探索精致化，进一步提升了鲁菜的品牌化进程。

一、区域化发展特征明显，青岛菜等地方菜受关注

鲁菜发源于山东，烹饪技法丰富，包含爆、炸、溜、炒、烧、焖等30多种技法。菜品讲究色、香、味、形，且味型上变化多样，包含咸鲜、酸甜、酱香等多种复合口味。整体来看，鲁菜主要包含3大细分菜系：济南菜、胶东菜、孔府菜（也称济宁菜）（见表3-15）。

表 3-15　鲁菜主要细分菜系特色一览

细分菜系	主要流传地区或场景	代表原材料	烹饪特色	代表菜品
济南菜	济南	取材广泛，既包含高档海鲜，也包含动物下货	烹饪技法多样，"爆""扒"尤为闻名，精于制汤	糖醋鲤鱼、九转大肠、油爆双脆、葱烧海参、奶汤鲫鱼等
胶东菜	青岛、烟台、威海	以海鲜为主，如鱼、虾、海参、牡蛎等	以原汤原味见长	虾籽海参、糟溜鱼片、烧蛎黄等
孔府菜	发源于曲阜孔府，主要用于宴席场景	用料精细、高档，如虾仁、燕窝、鱼翅等，宫廷菜风格突出	讲究火候、调味和造型	孔府一品锅、神仙鸭子、一品豆腐、寿字鸭羹、翡翠虾仁等

资料来源：公开信息，红餐产业研究院整理。

红餐网｜红餐大数据

近年来，我国鲁菜赛道稳步发展。据红餐大数据，截至2024年6月，全国鲁菜门店数超过8万家。但整体来看，我国鲁菜整体规模化程度较低，红餐大数据显示，门店数在5家及以下的鲁菜品牌占比为98.71%，门店数在50家以上的品牌占比仅0.08%（见图3-8）。

图 3-8 2024 年全国鲁菜品牌门店数区间占比分布

从具体品牌来看，吕氏疙瘩汤、城南往事、笨鸡小跑等品牌的门店数较为领先。其中，吕氏疙瘩汤门店数超80 家，笨鸡小跑和城南往事的门店数则超过 30 家，山东老家也开出了 10 余家门店（见表 3-16）。

表 3-16 2024 年全国部分鲁菜品牌发展概况

品牌名称	门店数（家）	人均消费（元）	门店主要分布区域
吕氏疙瘩汤	90+	62	山东、河北、天津等
笨鸡小跑	30+	83	山东
城南往事	30+	111	河北、江苏、上海
双合园 · 海鲜水饺青岛菜	20+	92	山东
金春禧	20+	84	山东、河北
山东老家	10+	103	广东、四川、浙江
老济南四合院	10+	96	山东
洪兴砂锅 · 融合砂锅菜	10+	50	山东
伊尹海参馆	10+	421	北京
前海沿 · 青岛菜	10+	76	山东、北京
惠丰堂饭庄 · 烤鸭 · 京鲁菜	10+	96	北京
三人行酱汁鸡	10+	48	山东
老牌坊鲁菜名店	10+	90	山东

资料来源：红餐大数据，数据统计时间截至 2024 年 6 月 30 日。

续 表

品牌名称	门店数（家）	人均消费（元）	门店主要分布区域
胶东人家	约 8	96	山东
聚友斋	约 8	77	山东
舜和海鲜	约 8	135	山东
鲁采 LU STYLE	约 8	435	北京、山东、上海
观澜餐厅	约 5	297	山东、北京
魁盛居百年鲁菜馆	约 5	116	山东
1937 青岛老味道	约 5	72	山东
波螺油子·青岛本帮菜	约 5	95	山东
丰泽园饭店	约 5	207	北京
四季明湖	约 4	322	山东
开海红岛海鲜虾水饺	约 4	182	山东
106 餐厅	约 3	133	北京
船歌宴	1	551	山东
东兴楼饭庄	1	149	北京
燕喜堂	1	155	山东
鲁上鲁	1	815	北京

资料来源：红餐大数据，数据统计时间截至 2024 年 6 月 30 日。

红餐网 | 红餐大数据

从品牌的分布情况来看，鲁菜区域性发展的特征较为明显。山东省是鲁菜大本营，多数鲁菜门店均分布于山东省内。红餐大数据显示，截至 2024 年 6 月，山东省鲁菜相关门店数在全国的占比达 62.9%。

不过，近年来一批鲁菜连锁品牌也逐步向外扩张，包括城南往事、吕氏疙瘩汤等。创立于济南的城南往事近年不断向外扩张，红餐大数据显示，截至

2024 年 6 月，城南往事门店遍及山东、上海、江苏、河北等地。吕氏疙瘩汤亦陆续在河北、天津等地布局。

此外，近年来，鲁菜的细分菜系，比如青岛菜、烟台菜、临沂菜等也进入到更多消费者的视野中（见表 3-17）。

青岛菜以青岛家常菜、青岛海鲜为特色，代表品牌包括波螺油子·青岛本帮菜、1937 青岛老味道、前海沿·

青岛菜、双合园·海鲜水饺青岛菜等。其中，2017年创立的波螺油子·青岛本帮菜，以油泼黄花鱼、海肠捞饭、大虾锅贴等为特色菜品，在当地拥有一定的知名度；青岛老字号品牌双合园·海鲜水饺青岛菜则以青岛水饺为特色，主打"青岛水饺＋青岛家常菜"模式，目前在山东开出了20余家门店。

地方菜系	特色菜品	代表品牌
青岛菜	青岛海鲜水饺、大虾锅贴、香酥鸡、油泼黄花鱼、麻辣小海螺、椒麻小海鲜等	波螺油子·青岛本帮菜、1937青岛老味道、前海沿·青岛菜、双合园·海鲜水饺青岛菜等
烟台菜	烟台焖子、海肠捞饭、葱烧海参、韭菜炒海肠等	旺角小渔村、洪兴砂锅·融合砂锅菜、观澜餐厅等
临沂菜	沂蒙炒鸡、煎饼、临沂糁、莒南驴肉等	笨鸡小跑、三人行酱汁鸡等

表 3-17　2024 年全国部分鲁菜地方菜发展概况

资料来源：公开信息，红餐产业研究院整理。

红餐网｜红餐大数据

与青岛菜相似，烟台菜也以烹饪海鲜为特色。例如，旺角小渔村主打胶东海鲜和特色菜；洪兴砂锅·融合砂锅菜主打烟台砂锅菜，近年来品牌朝着年轻化方向升级，目前共有10余家门店。观澜餐厅则定位中高端新派鲁菜融合菜，目前在北京、山东共有近10家门店。

以临沂炒鸡为特色的临沂菜，近年来也出现了一批代表性品牌，并在山东省内形成了一定规模。其中，笨鸡小跑主打临沂炒鸡和临沂特色菜、特色小吃，自2015年创立以来，其在山东开出30余家门店。三人行酱汁鸡则主打临沂新派炒鸡。

上述细分地方菜系的发展，一定程度上得益于当地餐饮业标准化、工业化水平的提升。比如，鲁菜的一大标志是使用多种酱料形成独特的复合风味。过去，酱料调配主要靠经验丰富的厨师进行把控，不易进行推广和复制，近年来鲁菜酱料标准化程度进一步提升，为鲁菜连锁品牌的规模化发展带来了便利。如临沂菜的特色炒鸡，标准化技术相对成熟，笨鸡小跑的中央厨房单日可炒制8,000只鸡，这也为其近年来规模化的提升奠定了基础。

与此同时，得益于供应链体系的进一步完善，不少品牌也加快了全国化的步伐。比如，凯瑞集团就通过其完善的供应链体系，为城南往事品牌的向外拓展奠定了基础，这也为其他鲁菜品牌打破区域化发展难题提供了可借鉴的路径。

值得一提的是，宴会菜在鲁菜中占据重要地位。受传统文化、风俗习惯和地方菜系等因素的影响，山东当地形成了孔府宴、碧波太公宴、聚乐村四四席、蓬莱八仙宴等一批特色的宴会。近年来，也有部分鲁菜品牌通过在品牌名称中突出宴会元素、打造宴会用餐场景等方式，强化品牌的卖点，如主打青岛海鲜水饺宴的船歌宴，主打济南船宴的明湖小楼等，为鲁菜的品牌化发展提供了新的思路。

二、探索"大单品＋"模式，鲁菜影响力进一步提升

近年来，一批鲁菜品牌在品牌化、规模化方面持续探索。部分品牌通过聚焦"大单品＋家常菜"、提升门店出餐效率等模式，实现迭代升级。也有一些品牌通过精致化探索和跨区域布局，来寻求品牌突围之道。

1. 聚焦"大单品＋"，加快拓店步伐

近年来，一批鲁菜品牌通过聚焦"大单品＋"、提升出餐效率等方式进一步扩张。这些品牌的 SKU 多控制在 30 ～ 40 个，人均消费多在 50 ～ 60 元。

例如，吕氏疙瘩汤以海鲜疙瘩汤为特色，搭配新派鲁菜家常菜，如砂锅粉丝焗虾、蛋黄焗仔鸡等。近年来，吕氏疙瘩汤精简 SKU，优化门店动线，提升前厅及后厨效率，并提出上菜超时将提供折扣，将"上菜快"塑造为品牌标签之一。基于此策略，吕氏疙瘩汤发展较为快速，目前，其在全国已开出 90 余家门店，覆盖山东、河北、天津等地。

笨鸡小跑于 2015 年开出首家门店，近年来通过建立中央厨房来提升门店出餐效率，使得拓店速度有所提升，其门店数从 2019 年的个位数增长到目前的 30 余家。

洪兴砂锅·融合砂锅菜近年来将菜单简化为洪兴砂锅、洪兴家常菜、洪兴

好凉菜 3 大板块，SKU 有 40 余款，通过重点突出其中 10 余款爆款砂锅菜，如鲶鱼砂锅、蒜蓉粉丝虾锅等，打造品牌特色。此外，洪兴砂锅·融合砂锅菜亦将"上菜快"作为品牌特色之一，门店打出"25 分钟上齐菜，超时就赠送"的标语。

2. 引入高端食材，改良传统菜品

近年来，部分鲁菜品牌进一步探索精致化发展路径。一方面，品牌在挖掘地方菜系特色的基础上，融合其他菜系技法对菜品进行改造，并引入高端食材；另一方面，品牌提供更加现代化和时尚化的就餐环境和服务，且选址多在城市核心商圈、景区。

一些精致鲁菜品牌引入松茸、鹅肝、鱼子酱等名贵食材形成创新融合菜品。如凯瑞集团旗下的泉客厅，其代表菜品"泉城四重奏"由 4 道菜组成，分别为阿胶猪手冻、南荠裹蛋白霜、雪蟹鳗鱼卷配香槟醋以及用马爹利 XO 等高档洋酒腌制的腐乳鹅肝。船歌宴则对传统青岛水饺进行了丰富和升级，以海参、鲍鱼等作为馅料。鲁采 LU STYLE 推出的"沂蒙六味大煎饼"在传统煎饼基础上，添加了麦菜、苦菊和金丝馓子等新食材。

在环境打造上，一些精致鲁菜品牌通过挖掘山东传统文化，增加用餐体验中的人文价值。比如，鲁采 LU STYLE

北京三元桥店以"星光华风"为主题，融合齐鲁山水、《礼记》等元素；上海门店则融入海派元素，设计风格偏现代。在选址上，多数精致鲁菜品牌位于城市核心商圈或写字楼内。又如，观澜餐厅依托百纳餐饮集团旗下酒店选址，门店多数位于北京、烟台的核心商圈。此外，也有部分精致鲁菜品牌门店选址远离市中心的地段，如船歌宴八大关店，位于青岛八大关风景区内，毗邻海边（见表3-18）。

表 3-18　2024 年全国部分鲁菜品牌精致化发展概况

品牌名称	定位或特色	人均消费（元）	门店选址偏好
泉客厅	主打新派鲁菜，定位济南城市名片；餐厅视野开阔，可鸟瞰济南城	865	济南市中心写字楼
申客厅	主打新派融合鲁菜，定位上海城市艺术社交场域；设计上在保留原老建筑框架的基础上，添加现代艺术风格的设计	296	上海黄浦江边老建筑
船歌宴	主打中华水饺宴和创意青岛菜	559	青岛市核心商圈、知名景区
观澜餐厅	主打新派鲁菜、融合菜	265	北京、烟台核心商圈
鲁采 LU STYLE	主打具有胶东特色的新派鲁菜，门店艺术气息较强，不同门店采取不同的设计主题	551	北京、上海、济南核心商圈
鲁上鲁	主打传统鲁菜，定位高端宴请	815	北京核心区写字楼

资料来源：红餐大数据，数据统计时间截至 2024 年 6 月 30 日。

红餐网 ｜ 红餐大数据

总的来看，以山东作为大本营的鲁菜拥有得天独厚的优势：一方面，山东是我国重要的粮食和蔬菜生产基地，为品牌提供了丰富的食材资源；另一方面，当地活跃的餐饮消费市场也为鲁菜的繁荣创造了良好的经济社会环境。不过值得注意的是，鲁菜仍然面临着一些挑战，比如如何加速全国化扩张的步伐、提高标准化和工业化水平等均需要众多的鲁菜从业者共同努力攻克。未来，在一众鲁菜品牌的共同推动下，鲁菜有望取得更为快速的发展。

第六节　徽菜：
全国门店数超 5.4 万家，华东地区仍为品牌主阵地

伴随着头部品牌的加速扩张，徽菜的知名度得到进一步提升，市场规模也在持续扩大。除了发源地安徽，北京、上海、南京等地也孕育出一批徽菜品牌，并开始向外扩张。与此同时，徽菜的大众化、中高端领域均出现一批代表性品牌，它们积极寻求差异化竞争：或是挖掘徽派文化，提升用餐的人文价值；或是顺应健康趋势，推出少油少盐的新徽菜，探索药食同源……

一、徽菜市场规模不断扩大，全国门店数超 5.4 万家

徽菜，泛指安徽一带的菜系，主要分为皖南菜、皖江菜、合肥菜、淮南菜、皖北菜五大流派。徽菜重油重色、讲究火功，烹调技法以烧、炖、熏、蒸闻名。徽菜中熟知度较高的菜品，如刀板香、毛豆腐、臭鳜鱼等均是通过腌制、焖炖等方式烹制而成。

近年来，在头部品牌的引领下，徽菜赛道发生了许多新变化。

1. 头部品牌加速扩张，带动徽菜热度提升

2023 年，徽菜市场规模呈小幅增长态势。红餐大数据显示，截至 2024 年 6 月，全国在营徽菜门店数量超过 5.4 万家（见图 3-9）。

资料来源：红餐大数据，数据统计时间截至 2024 年 6 月 30 日。

图 3-9　2024 年全国徽菜品牌门店数区间占比分布

目前，百店及以上规模的徽菜品牌数量较少，多数品牌的门店数集中在 5 家以内。近年来，徽菜头部品牌扩张势头较为强劲，其中小菜园新徽菜以 610 余家直营门店的规模居于首位，成为目前全国中式正餐赛道中门店数最多的品牌（见表 3-19）。过去 3 年，小菜园新徽菜加速拓店，直营门店数量从 2021 年初的 278 家增长至 2024 年 6 月的 610 余家，覆盖了国内 10 余个省份，3 年内门店数实现了翻番。如今，其正在向千店目标发起冲击。

高速扩张下，小菜园新徽菜的营收、净利润水平也稳定增长。2024 年 1 月，小菜园新徽菜向港交所递交了招股书。其招股书显示，2023 年前三季度小菜园新徽菜的营收已超过 2022 年全年营收水平。

已经上市的老牌徽菜品牌同庆楼，也在积极扩张。据同庆楼财报，2023 年，同庆楼共新增 8 家门店，包括 6 家餐饮门店、2 家宾馆门店。截至 2024 年 6 月，同庆楼的餐饮门店数量超过 70 家，集中分布在安徽、江苏、北京等地区。

表 3-19　2024 年全国部分徽菜品牌发展概况

品牌名称	门店数（家）	人均消费（元）	门店主要分布区域
小菜园新徽菜	610+	77	江苏、安徽、上海等
同庆楼	70+	139	安徽、江苏、北京等
徽商故里	20+	173	北京、安徽
宋徽厨	20+	65	安徽
刀板香·安徽菜	20+	81	安徽、江苏
乐和餐饮	20+	130	江苏、北京
大鱼徽州·寻味徽菜	10+	83	浙江
江君府臭鳜鱼·徽菜	10+	124	北京
昶丰臭桂鱼	10+	86	陕西
杨记兴臭鳜鱼	10+	103	北京
徽宴楼	10+	150	安徽
皖厨·中国徽菜	约 9	119	广东
山里亲戚	约 7	206	上海、安徽等
皖南水乡	约 6	143	北京、河北
皖荟·徽菜	约 6	102	上海
披云徽府	约 6	140	安徽、浙江
璞徽	约 5	330	上海
春盛渔府	约 5	151	安徽、江苏
一楼食业	约 5	60	安徽
皖宴	约 3	450	上海、安徽
翰林宴	约 3	102	安徽
徽菜博物馆	约 2	100	安徽
品粹 1788	1	480	上海
梦都会·新派徽菜	1	300	北京

资料来源：红餐大数据，数据统计时间截至 2024 年 6 月 30 日。

红餐网｜红餐大数据

伴随着小菜园新徽菜、同庆楼等头部品牌的加速扩张，其他徽菜品牌如山里亲戚、大鱼徽州·寻味徽菜、

徽商故里也在向外扩张，徽菜热度或有望进一步走高。

2. 区域性徽菜品牌在多地冒头，华东成品牌扩张首选地

安徽作为徽菜发源地，也是徽菜门店分布最多的地区。从全国范围来看，徽菜品牌多以区域性分布为主，华东、华北、西北、华南等区域均诞生了一批颇具实力的徽菜品牌。

其中，华北、西北地区跑出了一批主打臭鳜鱼的徽菜餐厅，如创立于北京的杨记兴臭鳜鱼、江君府臭鳜鱼·徽菜、席福记·臭鳜鱼等，创立于陕西的徽兴记黄山臭鳜鱼、昶丰臭桂鱼。华东地区

的上海则诞生了一批定位中高端的徽菜品牌，如品粹1788、皖荟·徽菜、璞徽、山里亲戚、皖宴等；起源于浙江杭州的大鱼徽州·寻味徽菜，创立以来一直聚焦浙江市场，门店分布在义乌、杭州等多个城市。华南区域则诞生了聚焦深圳市场的皖厨·中国徽菜。

尽管多地都跑出了本土徽菜品牌，但是华东地区仍然是徽菜馆分布最多的区域（见图3-10）。

资料来源：红餐大数据，数据统计时间截至 2024 年 6 月 30 日。

图 3-10　2024 年全国各区域徽菜门店数占比分布

据红餐大数据，截至 2024 年 6 月，在全国各省级行政区中，安徽的徽菜门

店数量居首，其次则是江苏、浙江、上海、广东等省级行政区。并且，徽菜门店数

量靠前的省级行政区均集中在华东区域。

与此同时，徽菜品牌向外扩张时也多选择在华东地区。比如，成立于上海的徽菜品牌山里亲戚，2023 年 11 月开出了合肥首店，而这也是该品牌在上海之外的初次探索；2023 年，北京的徽菜品牌徽商故里也加大了对华东市场的开拓力度，不仅在安徽芜湖、合肥等地开出了新店，还在上海虹桥开出了上海首店；2024 年上半年，小菜园新徽菜加大了浙江市场的开拓力度，分别在台州、宁波、湖州等地开出了新店。

3. 老字号、新徽菜同台竞技，精致化、大众化均涌现代表品牌

总体来看，国内徽菜品牌大致分为两类。

第一类，面向大众餐饮市场的徽菜品牌，以小菜园新徽菜、宋徽厨、杨记兴臭鳜鱼、同庆楼、徽宴楼、惠园为代表。这类品牌的人均消费在 60～150 元，以臭鳜鱼、毛豆腐、土鸡汤等产品作为招牌菜，同时为了更好地进行全国化扩张，它们的产品结构中除了经典的徽菜之外，还会推出其他类型的菜品，如红烧、蒸菜、凉菜、小炒等家常菜，使得整体菜品的口味具有普适性。

此外，传统徽菜重油重色，部分徽菜品牌顺应当下健康饮食消费趋势，对传统徽菜进行改良。例如，小菜园新徽菜主打新徽菜，采用少油少盐、少用调味品的烹饪方法，推出了焗南瓜、芸豆丝等口味清淡的菜品。并且，小菜园新徽菜的臭鳜鱼还会依据不同区域市场的消费者口味，针对性调整发酵时间，使臭鳜鱼产品的风味更适合当地人饮食习惯。宋徽厨的门店除了臭鳜鱼等安徽特色菜品，还有酸菜鱼、小炒肉等川湘风味菜肴。

还有一批创立时间较长的徽菜品牌，它们深耕当地市场，对外扩张持谨慎态度，重点发力宴会市场，门店占地面积较大，设有宴会厅与多个包厢，可以接纳多类型宴会，场景打造则主要突出徽派文化。

比如，1985 年成立的徽宴楼，门店均分布于安徽，其各个门店均有不同的主题，可以承办商务宴请、婚宴、家庭聚会、朋友聚餐等各类宴会。翰林宴也主打宴会场景，婚宴餐饮是其重要业务。同庆楼的宴会业务以"同庆楼宴会中心""会宾楼""palace 帕丽斯婚礼艺术中心"等 3 个品牌为主。据其年报披露，2023 年，同庆楼新开了 2 家婚礼宴会门店，分别位于合肥、淮北。

第二类，以璞徽、皖宴、山里亲戚、品粹 1788 为代表的徽菜精致品牌，多分布于上海。这类品牌讲究场景打造，空间设计注重挖掘徽派文化，且人均消费处于 300～500 元。

比如，山里亲戚结合现代设计手法打造徽州建筑院落，门店装修突出徽派建筑元素。在菜品上，将徽菜与其他菜系、异国料理进行融合，推出了多款创新融合菜，如非遗大师臭鳜鱼、徽式小炒肉等。

品粹 1788 也在门店中运用了徽雕、徽派屋檐、瓷板画等大量徽州文化艺术元素。在菜品研发上，品粹 1788 探索药食同源，注重营养健康，把徽菜与澳洲鲍鱼、鱼子酱、石斛等高端食材、滋补食材进行了结合（见表 3-20）。

徽菜精致品牌的涌现，进一步提升了徽菜知名度。

表 3-20　2024 年全国部分细分徽菜品牌发展概况

类型	特征	代表品牌
大众化	面向大众餐饮市场，人均消费在 60～150 元。既有臭鳜鱼、毛豆腐、土鸡汤等徽菜特色菜品，同时又融合了其他菜系的菜品，菜品的口味具有普适性	小菜园新徽菜、杨记兴臭鳜鱼、昶丰臭桂鱼、刀板香·安徽菜、宋徽厨、皖厨·中国徽菜、同庆楼、徽宴楼、翰林宴、惠园、一楼食业等
精致化	定位中高端，人均消费多处于 300～500 元。品牌多发源于上海、北京等地。讲究场景打造，主打精致徽菜，菜品摆盘精致，空间设计注重挖掘徽派文化	山里亲戚、璞徽、皖宴、品粹 1788、梦都会·新派徽菜等

资料来源：红餐大数据，数据统计时间截至 2024 年 6 月 30 日。

红餐网｜红餐大数据

二、搭上新零售，徽菜借助预制菜焕发新活力

徽菜的一些代表菜品，如臭鳜鱼、毛豆腐由腌制发酵工艺制成，易于保存，再加上重油重色的特性，比较适合研发成预制菜。伴随着预制菜热度升温，越来越多餐饮品牌、食品企业也加入徽菜预制菜研发阵营中。同庆楼、徽张臭鳜鱼、徽三说等都推出了臭鳜鱼预制菜等产品。

同庆楼 2021 年成立了专门的食品公司来发展餐饮零售业务。经过 3 年发展，同庆楼已经形成了大厨菜、大厨料汁、大厨面点等多个系列的产品，预制菜也成了其重要的业绩增长点。

据其财报，2023 年，同庆楼围绕预制菜研发了多款新品，推出了双椒鱼头、

招牌红烧肉等多款预制菜新品，与大润发、合家福等零售企业联营开设 150 家超市店中店。加大预制菜业务的投入，也为同庆楼带来了业绩增量。2023 年，同庆楼的食品业务实现营收 1.67 亿元，较上一年同期增长了 78.28%。

2023 年以来，安徽当地产业协会出台了多项团体标准助力预制菜发展。2023 年 3 月，安徽省食品行业协会批准发布了徽菜预制菜 5 项团体标准，涉及臭鳜鱼、刀板香、毛豆腐等特色菜品；同年 12 月，宿州市绿色食品协会又发布了多项预制菜团体标准，涉及灵璧黄牛肉、酱香鸭、老鸡汤、皖北地锅鸡。

预制菜团体标准的密集出台，在一定程度上提振了餐饮企业和供应链企业探索食品新零售业务、布局徽菜预制菜的信心。未来，伴随着越来越多的徽菜预制菜走向消费市场，徽菜的知名度有望继续提升。

总体来看，在头部品牌的带动下，徽菜的热度正在提升。但徽菜目前仍主要集中在区域发展，徽菜的全国化发展还有较大的提升空间。未来，相信在一众徽菜品牌的创新与努力之下，徽菜有望发展得更为壮大。

第七节　云贵菜：

贵州菜借酸辣味型出圈，云南菜探索多元化经营

伴随着云南、贵州文旅产业的发展以及当地政府的推动，加上一批云贵菜品牌的积极探索，云贵菜的热度得以进一步提升。近年来，云贵菜在餐饮行业中的关注度和影响力逐步走高。

一、云贵菜潜力不断释放，一线、新一线城市热度攀升

云南和贵州位于我国西南地区，均处于云贵高原之上，在复杂多变的地形和亚热带季风气候的影响下，云贵地区四季分明、雨量充沛，当地物产丰富，为云贵菜的发展奠定了基础。同时，云南、贵州是多民族杂居又聚居的省份，各民族风俗、烹调方式和特有的生态资源相互交织，形成了云贵菜菜品丰富、口味多样化的特征。

目前云贵菜发展节奏相对稳定，已在全国发展出一批门店。红餐大数据显示，截至 2024 年 6 月，全国云贵菜门店总数约 4 万家（见表 3-21）。

表 3-21 2024 年全国部分云贵菜品牌发展概况

品牌名称	门店数（家）	人均消费（元）	门店主要分布区域
云海肴云南菜	120+	85	北京、上海、江苏等
外婆味道	70+	57	云南、四川
茄子恰恰	40+	60	云南、贵州
丝恋丝娃娃	20+	56	贵州、重庆
山石榴贵州菜	10+	130	上海、江苏
老凯俚酸汤鱼	10+	101	贵州、云南
一坐一忘云南菜	10+	138	北京、上海、陕西等
龙大哥辣子鸡	10+	80	贵州
树厨贵州菜	10+	70	贵州
滇铺子	10+	68	云南
甘思咪哚·云南菜	10+	83	广东
纳禾春	10+	64	云南
兰木肆·云南菜	约 9	87	重庆、云南、浙江等
小雅贵阳家常菜	约 9	75	贵州
福照楼	约 8	100	云南、安徽
金塔傣乡	约 8	58	云南
麦麦山云南菜	约 8	110	上海
柒食贵阳味·贵州家常菜	约 8	59	贵州
黔香阁	约 7	187	上海、贵州、浙江
云尊府云南菜	约 7	112	北京、河北
都氏二当家	约 6	153	四川、重庆
太小食堂	约 6	52	云南
浩淼火烧云傣家菜	约 5	106	上海、北京
壹霖·洱语云南菜	约 3	93	北京
半山腰	约 3	180	北京、上海
野果 yeego	约 3	128	湖北
毛辣果	约 2	265	上海
左左客·家常云南菜	约 2	58	湖北
汤之加里·贵州酸汤 Bistro	约 2	126	四川
福瑞琪 Food Rich	约 2	99	四川
蛮蛮云南菜	1	75	湖北

资料来源：红餐大数据，数据统计时间截至 2024 年 6 月 30 日。

红餐网 | 红餐大数据

从整体上看，云贵菜的规模化程度相对较低。红餐大数据显示，截至2024年6月，门店数在5家及以下的云贵菜品牌占比达98.62%，门店数超过100家的云贵菜品牌占比仅0.04%（见图3-11）。

图3-11　2024年全国云贵菜品牌门店数区间占比分布

在区域分布上，云贵菜呈现出相对明显的区域特征，门店主要分布在西南和华东地区，其中西南地区门店数占比达55.3%，华东地区的占比为25.1%，华南、华北、华中、东北、西北五个区域的云贵菜门店数占比较低（见图3-12）。

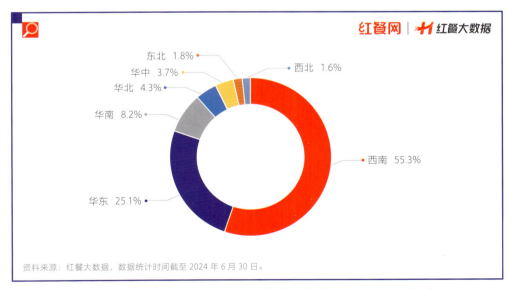

图3-12　2024年全国各区域云贵菜门店数占比分布

具体到省份，云南和贵州是云贵菜的大本营，当地跑出了一批知名度较高的连锁品牌，如外婆味道、茄子恰恰、福照楼、纳禾春、老凯俚酸汤鱼、龙大哥辣子鸡、树厨贵州菜等。这批品牌聚焦于本土发展，具备较为明显的区域特征。比如，起源于云南的外婆味道、茄子恰恰、福照楼、纳禾春等品牌，它们超九成的门店均开设在云南省内；贵州的老凯俚酸汤鱼、龙大哥辣子鸡、树厨贵州菜、小雅贵阳家常菜等品牌，也基本聚焦在贵州省内发展。

整体上看，云贵菜区域化发展的特点相对明显，但是近年来，随着地方特色菜潜力不断释放，云贵菜正逐步走向全国。在上海、北京、成都、武汉等一线、新一线城市，一批云贵菜品牌正在崛起（见表 3-22）。红餐大数据显示，截至 2024 年 6 月，上海起家的山石榴贵州菜、黔香阁、麦麦山云南菜、浩海火烧云傣家菜等均已开设 5 家以上门店。诞生于北京的云海肴云南菜、一坐一忘云南菜、云尊府云南菜、壹霖·洱语云南菜、半山腰、凯珍餐厅、黔臻私房菜等，在当地发展势头也不错。其中，云海肴云南菜共开出了超过 120 家门店；一坐一忘云南菜、云尊府云南菜、壹霖·洱语云南菜、半山腰等品牌的门店数均在 3 家以上。都氏二当家、汤之加里·贵州酸汤 Bistro、福瑞琪 Food Rich 等发源于成都的品牌，门店规模均在 2 家以上。其中，都氏二当家门店数约 6 家，分布在成都、重庆两地。

表 3-22　2024 年全国部分起源于一线、新一线城市的云贵菜品牌发展概况

起源地	代表品牌
上海	山石榴贵州菜、黔香阁、麦麦山云南菜、浩海火烧云傣家菜、毛辣果、坠入 Chefs 等
北京	云海肴云南菜、一坐一忘云南菜、云尊府云南菜、壹霖·洱语云南菜、半山腰、凯珍餐厅、黔臻私房菜等
武汉	野果 yeego、贵 Guui、左左客·家常云南菜、蛮蛮云南菜等
广州	甘思咪哚·云南菜、钤徕·Qianlai Table 等
成都	都氏二当家、汤之加里·贵州酸汤 Bistro、福瑞琪 foodrich 等

资料来源：公开信息，红餐产业研究院整理。

红餐网｜红餐大数据

红餐产业研究院研究发现，这批在外地起家的云贵菜品牌，主要具备三大特点。

首先，通过凸显云贵菜的特色、地方文化，提升品牌辨识度。

在文旅产业深度融合背景下，深挖地方特色美食文化成为餐饮业的一大亮点。部分云贵菜品牌顺应这一趋势，通过挖掘云贵地方文化、打造创新体验等方式，助推云贵菜在全国范围内知名度的提升（见表3-23）。

比如，黔香阁打造"酱香宴"，将非遗黔菜与贵州标志性特产茅台酒的酱香风味相结合，展示了地方美食和特色资源的深度融合；一坐一忘云南菜先后在上海、深圳、西安、北京四地举办"赶摆"活动，展示云南市集文化和地域风情；云海肴云南菜和山石榴贵州菜则通过打造主题店、门店造景等方式，将云贵当地特色元素以更时尚的方式展示，促进云贵地方特色饮食文化的进一步传播。

表3-23　2024年全国部分云贵菜品牌对地方文化的挖掘情况一览

品牌名称	起源地	主要举措
黔香阁	上海	2023年以来推出非遗宴、酱香宴以及四季主题宴，将贵州传统烹饪技艺与季节食材结合进行创新
山石榴贵州菜	上海	将贵州非遗"蜡染"运用到店内布景中，融入贵州省花"山石榴花"打造成金属花吊顶
一坐一忘云南菜	北京	复刻云南傣族"赶摆"，根据不同城市制定不同的主题，邀请云南当地的艺术家、手工艺人"摆摊"展示傣族食材、工艺艺术、风味小食等云南特色风物
云海肴云南菜	北京	在各城市打造主题店，比如成都万象城店为"洱海主题店"，深圳金光华店为"秘境主题店"等

资料来源：红餐大数据，数据统计时间截至2024年6月30日。

红餐网 | 红餐大数据

其次，伴随近两年bistro热度不断提升，一批在外地发展的云贵菜品牌将云贵菜风味与bistro元素进行融合、改良，让云贵地方风味有了更多元的表达。例如，飞行果林·川·Bistro等餐厅，将云、贵、川三地风味进行融合，推出炭烧脑花麻婆豆腐等川渝菜，以及傣味香茅鸡、黑三剁等云贵特色菜。

最后，随着精致餐饮热度攀升，部分城市出现了一批精致云贵菜单店，其菜品通常采用小份制，餐厅环境较为雅致。代表品牌有上海的 1877·黔、北京的泓 0871 臻选云南菜、深圳的醉贵·现代贵州菜以及广州的钤徕·Qianlai Table 等。

二、云南菜探索多时段、多渠道经营，贵州菜凭酸辣味型出圈

云贵菜既有共同点，也存在一定的差异。云南菜味型偏鲜香，烹饪方式以舂、烧、烤、煮等为主。而贵州菜的酸、辣味型较为突出，烹饪方式以炖、焖、蒸、烤、煨、炒见长。这些差异使得两个菜系的发展各具特色（见表 3-24）。

表 3-24　贵州菜和云南菜特色一览

菜系	味型	烹饪技法	食材
云南菜	云南菜风味相对多元，部分菜品注重原汁原味，也有部分菜品口味偏向酸辣风味	以舂、烧、烤、煮、蒸、凉拌、揉、腌渍等为主	云南因独特的地理位置和多样的气候类型，食材种类更加丰富多样，包括热带水果、高山野菜、稀有菌类等
贵州菜	贵州菜偏重于酸、辣、鲜的结合，大量使用辣椒、花椒等调料，追求强烈、鲜明的口味	以炖、焖、蒸、烤、煨、炒等为主	贵州菜强调对特定食材的深度开发，如各种发酵制品和腌制食品等，特色食材有毛辣果、木姜子、二荆条等

资料来源：公开信息，红餐产业研究院整理。

红餐网 | 红餐大数据

1. 傣味率先崛起，云南菜品牌探索多时段、多渠道经营

云南地区饮食文化丰富，这主要得益于其独特的地理风貌和多元的民族构成，形成了傣味、哈尼味、景颇味等多种民族特色风味，在选材用料和特色菜品上各有特色（见表 3-25）。这种多元饮食文化的相互借鉴和融合，共同塑造了云南独有的饮食风貌。

表 3-25　　2024 年全国云南菜部分民族特色菜一览

民族风味	特色食材	主打特色菜
傣味	刺五茄、水蕨菜、香茅草、苦凉菜、水香菜、野茄子、四棱豆、甜菜、滴水芋、树皮菜、野番茄等	孔雀宴、火烧干巴、傣族手抓饭、撒撒、傣族柠檬鸡、傣族香茅草烤鱼、傣味鬼鸡、傣族茴香鸭、五香烤傣鲤、老奶洋芋等
哈尼味	麂子肉、黄牛肉、田螺、芭蕉花、竹虫、臭菜等	长街宴、哈尼肉松、酸菜煮螺蛳、腌酸肉、哈尼蘸水鸡、哈尼鸡肉粥、蜂蛹酱、清汤橄榄鱼、螃蟹炖蛋等
景颇味	香柳、荆芥、大蒜、小米辣、缅芫荽、水豆豉等	绿叶宴、景颇鬼鸡、舂干巴、竹筒饭、过手米线、包烧马鬃鱼等

资料来源：公开信息，红餐产业研究院整理。

红餐网｜红餐大数据

在众多的云南特色风味中，主打傣味的餐厅知名度相对较高，在云南省和部分一线城市均出现了一批代表性的品牌，如俏香傣·德宏风味馆、金塔傣乡、喃咪傣寨·德宏傣家风味、纳禾春等品牌，门店规模均在 4 家以上。起家于上海的浩海火烧云傣家菜目前在上海、北京开出了 5 家门店，主打菜品以傣味为主。

这些品牌主打德宏或西双版纳等地区的傣族风味，菜品包括孔雀宴、傣味香茅草烤鱼、菠萝饭、柠檬撒等特色菜肴，环境打造上则注重营造傣族文化氛围。

此外，也有一些云南菜品牌在产品矩阵中融入了云南多地特色产品，如云海肴云南菜、外婆味道、茄子恰恰、老滇山寨·云南特色民族菜、福照楼、都氏二当家等。

近年来，部分云南菜品牌开始探索多时段经营和零售渠道的发展。通过加入云南特色的茶、咖啡、精酿、小吃等，丰富产品矩阵，增加经营时段。

比如，半山腰推出了下午茶套餐，产品包括牛肝菌冰激凌、苦荞茶豆腐、黄豆粉甜米酒和鲜榨滇橄榄汁等；一坐一忘云南菜也在部分门店提供具有云南特色的下午茶及宵夜套餐，除了滇红茶、景谷暑夜白茶等，还有乳饼乳扇、德宏冈椰片等云南风味小吃。

此外，部分云南菜品牌还通过在门店设置零售空间，同时打造线上商城等方式，售卖云南特色水果、蔬菜、食材和调味品等。比如，云海肴云南菜的"优选商城"，产品包括时令水果、新鲜蔬菜、五谷杂粮等。

2. 酸辣口味流行，助推贵州菜出圈

酸、辣是贵州美食的特色。近两年，贵州的酸汤味型开始在全国流行。贵州酸汤牛肉火锅、夺夺粉火锅在一线、新一线城市崛起。此外，诸多的连锁火锅品牌、创意菜餐厅、米其林餐厅等也推出了酸汤相关产品，如海底捞、怂重庆火锅厂、巴奴毛肚火锅等均上线了酸汤口味的锅底，上海米其林一星餐厅linglong 推出了酸汤鱼特色菜，九毛九打造了新品牌山外面·贵州酸汤火锅。

贵州以"酸辣味"出圈，推动了贵州菜系热度的提升。一批主打贵州菜的品牌受到了诸多关注，它们以"贵州小炒"以及地方特色美食文化为标签，受到了诸多消费者的关注。

一方面，贵州当地的连锁品牌，多定位于"贵州小炒""贵州家常菜"。这些品牌强调新鲜食材、地道黔菜风味，主要烹饪方式为爆炒、炝炒等，代表品牌有树厨贵州菜、柒食贵阳味·贵州家常菜、小雅贵阳家常菜、吴宫保老黔菜等。红餐大数据显示，截至 2024 年 6 月，树厨贵州菜已在贵阳开出 10 余家门店；柒食贵阳味·贵州家常菜在贵州开出了约 8 家门店。

另一方面，外地创立的贵州菜品牌，则围绕菜品、环境等不同层面进行创新。例如，黔香阁自成立以来，结合古建筑与非遗文化，在上海、北京、贵阳等地开设了 7 家特色主题店。同样发源于上海的山石榴贵州菜，以凯里苗家酸汤鱼、毕节爆浆小豆腐等民族特色美食为主打产品。同时，山石榴贵州菜的门店融入了贵州民族蜡染特色。红餐大数据显示，截至 2024 年 6 月，其在上海、南京、苏州开出 10 余家门店。

总的来看，云贵菜具备相对鲜明的味型、民族文化特色，在文旅产业的推动下，云贵菜的影响力得到了一定程度的提升。不过，云贵菜品牌规模化程度不高、以区域化发展为主，全国化连锁品牌相对较少。接下来，伴随着云贵菜品牌进一步挖掘地方特色菜品、味型及民族特色，强化供应链建设，云贵菜有望取得更长远的发展。

第八节　西北菜：
产业规模不断扩大，头部品牌的带动效应持续释放

伴随地方美食与文旅产业的融合、推广，餐饮供应链水平提升，头部品牌市场效应增强，西北菜的热度不断攀升，市场规模不断扩大。与此同时，部分西北菜品牌开始积极求变，或将西北文化融入用餐场景，或对菜品进行创新升级，或探索线上零售化渠道……西北菜的内涵正变得愈加丰富。

一、全国西北菜门店数超 5 万家，陕菜、新疆菜等表现突出

西北菜，泛指我国西北地区的菜系，涵盖甘肃、宁夏、青海、新疆等地方风味。受物产、气候、饮食习惯的影响，西北菜在原料选择、制作工艺方面形成了独有的风格（见表 3-26）。

表 3-26　西北菜特色一览

主要选材	烹饪技法	味型特点	代表菜品
羊肉、牛肉、沙葱、土豆、青稞、牦牛肉、面食、豆制品等	以烧、蒸、煨、炒、汆、炝等传统烹调方式为主	香味突出，多用香菜作配料。常使用干辣椒、陈醋和花椒等调味料	手抓饭、大盘鸡、椒麻鸡、手抓羊肉、葱爆羊肉、红烧狗鱼、烤全羊、馕炒肉、兰州糟肉等

资料来源：公开信息，红餐产业研究院整理。

红餐网 | 红餐大数据

近年来，西北菜在我国呈稳定增长态势。红餐大数据显示，截至 2024 年 6 月，全国西北菜门店超过 5 万家。

总体来看，西北菜品牌的规模化程度相对低。除了西贝莜面村目前门店数超过 350 家以外，老绥元、九毛九西北菜、德顺源、大美西北等西北菜品牌的门店数均未超过 100 家。与此同时，西北菜品牌的人均消费多为 60 ~ 100元（见表 3-27）。

表 3-27　2024 年全国部分西北菜品牌发展概况

品牌名称	门店数（家）	人均消费（元）	门店主要分布区域
西贝莜面村	350+	97	上海、北京、广东等
老绥元	80+	40	内蒙古
九毛九西北菜	70+	63	广东、海南、江苏等
德顺源	60+	48	内蒙古
大美西北	50+	52	广东、江苏、海南等
楼兰新疆主题餐厅	40+	82	浙江、重庆、江苏等
晋家门·现炒家常菜	30+	69	江苏、安徽、上海等
巴依老爷新疆美食	30+	81	北京、天津、湖北等
塔哈尔·新疆盛宴	30+	96	上海、北京、浙江、山西等
大厨小馆	30+	58	陕西
北疆饭店	20+	75	江苏、山东、福建等
西安饭庄	20+	119	陕西
那�新疆	20+	101	上海、浙江
纳家楼·陕菜酒楼	20+	68	宁夏、陕西等
阿娜尔·新疆菜	20+	83	湖北、广东等
耶里夏丽	10+	96	上海、江苏等
遇见长安	10+	68	陕西
中发源·清真餐厅	10+	98	青海、广东等
长安大牌档	10+	50	陕西
奔跑吧陕菜	10+	58	陕西
滩羊铺子·南北疆特色汇	约 9	139	北京
阿西娅食府	约 8	98	甘肃、北京
自留田西北菜	约 8	70	四川
同盛祥	约 8	53	陕西
莲花餐饮	约 5	98	陕西
面辣子·陕西家乡菜	约 5	97	陕西
新粤新疆菜	约 4	101	广东
醉长安	1	82	西安

资料来源：红餐大数据，数据统计时间截至 2024 年 6 月 30 日。

红餐网｜红餐大数据

近年来，随着西北菜整体不断发展，陕西菜（陕菜）、甘肃菜、宁夏菜、新疆菜、内蒙菜等地方菜系走入了大众视野，也跑出了一些代表性品牌，如以内蒙古风味为特色的西贝莜面村、自留田西北菜；经营新疆菜肴的那时新疆、北疆饭店；主打陕菜的西安饭庄、莲花餐饮、遇见长安等；主营甘肃清真菜的阿西娅食府……

其中，陕菜、新疆菜的表现更突出。近年来，新疆菜正逐步走向全国，形成了一定规模，也涌现出一批新疆菜连锁品牌，包括楼兰新疆主题餐厅、巴依老爷新疆美食、北疆饭店、塔哈尔·新疆盛宴、西域楼兰、耶里夏丽、滩羊铺子·南北疆特色汇等，这些品牌大多诞生于疆外，在规模扩张时，也会优先选择在北京、上海、广州、深圳等一线城市开店。比如，塔哈尔·新疆盛宴于2008年起源于上海，之后开始向上海以外的地区扩张。据红餐大数据，截至2024年6月，塔哈尔·新疆盛宴共开出门店30余家，分布在上海、北京以及浙江、山西等地区。而诞生于北京的滩羊铺子·南北疆特色汇，已开出约9家门店，绝大部分门店都位于北京。

在菜品方面，越来越多新疆菜品牌会在保留新疆特色菜品的同时，融入其他地方特色风味，丰富产品结构，如增加椒麻鸡、番茄炖牛腩、麻辣牛肉等融合菜品。新疆菜多元、融合、包容化趋势渐显。

新疆菜之外，陕菜的发展势头也不容小觑。陕菜体系下跑出了诸多表现亮眼的品牌，如西安饭庄、莲花餐饮、同盛祥等知名老字号，以及唐肴长安小馆、八百里秦川·正宗陕菜、奔跑吧陕菜等一批新锐品牌，它们在市场中共同成长。

但与新疆菜的扩张路径不同，陕菜正餐品牌大多会选择陕西以及陕西周边的省市作为大本营，向外扩张的势头尚不明显。比如，莲花餐饮、同盛祥、长安大牌档等品牌依旧坚守区域大本营，门店均分布于陕西省内。虽然西安饭庄、遇见长安等品牌已向四川、河南等地扩张，但在这些地区开出的门店尚较少。不过，近年来陕菜品牌都在积极推动陕菜文化的发展，相信在文旅热点的推动下，陕菜将会获得更多的关注和迎来更大的发展空间。

二、多因素的共同推动，西北菜迎来快速发展

西北菜自带厚重的文化属性，地域特色和民族特色较强，以往相对小众。如今，西北菜受到了诸多的关注，热度攀升，越来越多的西北菜品牌在全国多地冒头，这主要得益于以下三方面因素的推动。

第一，头部品牌稳定增长，带动了整个西北菜的热度走高。过去几年，西贝莜面村、西安饭庄、大美西北、德顺源等西北菜品牌保持了稳定增长。西贝创始人贾国龙在 2024 年初发布的一封内部信中提到，2023 年，西贝莜面村全年接待了 3,766 万人次顾客进店就餐。西安饮食作为陕西餐饮的代表企业，旗下已有 11 家中华老字号。2023 年，西安饮食在成都开设了 3 家老字号品牌，并推动陕菜走进了于上海举办的中国国际进口博览会，服务更多消费者。起源于广州的大美西北，也在持续稳步拓店，其 2020 年进入海南市场，2021 年进入华东地区，门店辐射范围不断扩大。

这些西北菜品牌朝着全国化、规模化方向深入发展，进一步打响了西北菜的名号，也推动着西北菜市场进一步扩容。

第二，供应链能力加强，助力特色菜品标准化，提升西北菜影响力。西北菜中，大盘鸡、烤全羊、手抓羊肉等代表菜品特色鲜明，以"牛羊肉"为主角的硬菜，是众多消费者对西北菜的普遍印象。这类食材地域性较强、保鲜要求较高，但由于过去供应链体系建设尚不完善，因此，西北地区的独特风味较难实现大规模复制。

如今，随着餐饮供应链的建设日益完善，标准化、工业化程度快速提升，诸多西北特色食材已能够被稳定输送到全国，实现全国的标准化供应。因此，更多的西北特色菜得以加速走出西北地区。

第三，旅游经济、文化赋能，助力品牌出圈，提升西北菜的辨识度。伴随文旅产业的深度融合，地方美食已成为当地文化旅游的一张名片，独特的饮食文化、饮食习惯也由此被放大。西北地区的西安、乌鲁木齐、兰州等城市是热门的旅游目的地，这也在一定程度上助推了西北美食在全国范围内知名度的提升（见表 3-28）。

与此同时，部分西北菜品牌也在不断创新，将地方传统文化、饮食习惯与产品、门店环境、服务等融合，为消费者带来了更为多样化的美食体验。

表 3-28　　部分西北菜品牌对地方文化的挖掘情况一览

品牌名称	门店特色
长安大牌档	营造沉浸式用餐场景，一店一景：有门店设置了巨型酒缸＋酒坛包厢，有门店复原了丝绸之路盛景与长安饕餮盛宴等
西安饭庄	打造陕菜文化体验博物馆，将科普展览、研学工坊、沉浸式餐饮相结合
耶里夏丽	复刻大海道雅丹地貌的半封闭式包房、城墙隔断，还原大美新疆街景，同时店内还会上演新疆舞蹈等

资料来源：公开信息，红餐产业研究院整理。

三、菜品融合创新、布局零售渠道，西北菜探索新增长模式

近年来，部分西北菜品牌还通过创新产品、增设渠道来探索新的增长模式。

菜品方面，过去受地区文化影响，西北菜总体偏粗放，在众多菜系中属于"豪放派"。不过，近年亦有一些主打精致菜品的西北菜品牌出现，如大秦小宴、壮壮酒馆等品牌将部分西北菜与其他菜系、菜品进行了融合，赋予西北菜更丰富的内涵。壮壮酒馆主打精致化西北菜，其推出了羊肉牛肝菌酥壳、风干脆皮烤鸡等菜品。大秦小宴则主打新派西北菜。

渠道方面，越来越多的西北菜品牌开始进行预制化、零售化的探索。比如，楼兰新疆主题餐厅、塔哈尔·新疆盛宴、莲花餐饮、德顺源等品牌搭建了线上商城，出售地方特色食材、调味料等产品。以德顺源为例，其"甄选商城"出售烧卖类、礼盒类等产品，既增加了产品销量，又提升了会员黏性。

总的来看，西北菜近几年呈现出蓬勃的发展态势，但仍然面临不小的挑战，如特色与标准化的平衡，品牌建设及标准化管理能力的提升⋯⋯

基于此，西北菜品牌未来还需要在强化供应链、建立长期的品牌战略、打好"渠道战"等方面下足功夫。而头部品牌以及一批新锐西北菜品牌已经开始在这些方面加强探索。可以预见，伴随西北菜品牌持续开疆拓土，未来整个西北菜市场将会进一步壮大。

第九节 东北菜：爆品策略推动菜系发展，精致化、场景化成发力点

2024年初，随着哈尔滨旅游的火爆，东北菜也随即出圈。事实上，近年来，东北菜的关注度一直颇高，一些有实力的品牌陆续冒头并加快了发展步伐：一些品牌逐渐走出北方大本营往南方拓展，开启全国化进程；一些品牌通过"聚焦单品，孵化爆品"策略，实现新一轮门店扩张；还有部分品牌紧跟消费趋势，朝着精致化、场景化方向探索。

一、全国东北菜门店数约 10 万家，"南下东进"趋势渐显

东北菜，泛指东北地区的本土菜系，涵盖辽菜、吉菜、龙江菜、蒙东菜等细分菜系。因东北地区的地理位置与俄罗斯、朝鲜等国家接壤，且受"闯关东"等社会历史因素影响，东北菜在发展过程中与国外饮食相交融，并吸收了鲁菜等菜系的精华，形成了油炸、烧烤、炖煮等多样化烹饪方式，菜品呈现出一菜多味、咸甜分明的特点。

近年来，东北菜呈现稳定发展态势。红餐大数据显示，截至 2024 年 6 月，全国东北菜门店数约 10 万家，在中式正餐各大菜系的门店数排名中居于第 5 位。

如图 3-13 所示，从门店分布区域来看，东北菜门店多集中在北方地区，其中，东北和华北地区的门店数占比分别为 27.6% 和 22.4%。与此同时，东北菜"南下东进"的趋势开始显现，华东地区的东北菜门店数超过华北地区，占比达到 25.4%，华中、华南地区的东北菜门店数占比分别为 8.3% 和 7.1%。

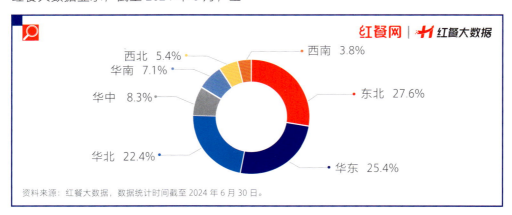

资料来源：红餐大数据，数据统计时间截至 2024 年 6 月 30 日。

图 3-13　2024 年全国各区域东北菜门店数占比分布

总体来看，目前东北菜品牌连锁化程度相对较低，以小型连锁品牌为主，布局全国且规模较大的头部品牌尚缺。红餐大数据显示，截至2024年6月，东北菜门店数在5家及以下的品牌数占比为98.2%；50家以上的品牌数占比仅0.2%（见图3-14）。

值得注意的是，近年来，东北菜全国化的势头逐渐显现，一些品牌的连锁化程度有所提升。一方面，一些东北菜本土品牌尝试南下"走出去"。如主打精致东北菜的奉天小馆，根植北方多年，于2022年南下广东，在深圳开出华南首店，目前其在全国共有10余家门店。起源于黑龙江的山河屯铁锅炖，目前也南下到广东、浙江、福建等省份开店。此外，起源于辽宁的咱妈烀饼铁锅炖鱼馆，近年来也加快南下步伐，于江苏和海南开出了门店。

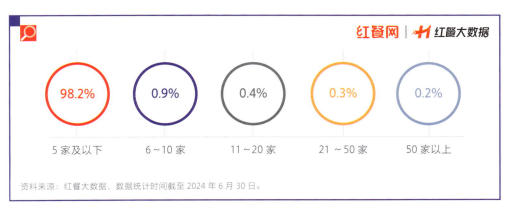

资料来源：红餐大数据，数据统计时间截至2024年6月30日。

图3-14　2024年全国东北菜品牌门店数区间占比分布

另一方面，一批新兴东北菜品牌被"异地孵化"，在南方地区被创立并开启连锁化发展之路。例如，在浙江创立的东北菜品牌厨创东北大厨，目前开出 20 余家门店，分布在浙江、上海、广东等地；同样在浙江创立的马丫东北饭儿，目前全国 10 余家门店均位于浙江省内；定位"大众家庭聚餐"的北方家宴创立于广东，目前其 20 余家门店均分布在广东省内；定位"东北大馆子"的村口二叔家的首店则开在上海（见表 3-29）。

表 3-29　2024 年全国部分东北菜品牌概况

品牌名称	门店数（家）	创立时间（年）	发源地	人均消费（元）	门店主要分布区域
山河屯铁锅炖	230+	2016	黑龙江	76	黑龙江、北京、广东等
咱妈烀饼铁锅炖	130+	2008	辽宁	55	辽宁、内蒙古、北京等
咱屯子锅台鱼	100+	2004	吉林	75	吉林、辽宁、内蒙古等
老昌春饼	80+	1992	黑龙江	56	黑龙江、吉林、广东等
满圆薄春饼·烤鸭	70+	2012	辽宁	65	辽宁、河北、北京等
金掌勺东北菜	30+	2008	北京	76	北京、山西、河北等
厨创东北大厨	20+	2003	浙江	79	浙江
老韩杀猪菜	20+	2008	黑龙江	58	黑龙江、内蒙古、吉林
九转小磨	20+	2008	黑龙江	63	黑龙江
北方家宴	20+	1997	广东	72	广东
那家老院子东北菜	10+	2009	辽宁	69	辽宁
同合居民间菜馆	10+	1982	黑龙江	57	黑龙江
马丫东北饭儿	10+	2005	浙江	70	浙江
奉天小馆	10+	2013	辽宁	108	辽宁
百富源·海鲜辽菜	10+	1999	辽宁	130	辽宁
老厨家	10+	1922	黑龙江	65	黑龙江
村口二叔家	1	2023	上海	90	上海
止观小馆·辽河口渔家菜	1	2016	辽宁	800	北京

资料来源：红餐大数据，数据统计时间截至 2024 年 6 月 30 日。

红餐网｜红餐大数据

二、爆品效应助推东北菜出圈，精致化、场景化成新热点

近年来，东北菜在消费市场的关注度得到进一步提升。一批东北菜品牌通过打造单品、爆品强化消费者认知，在提升品牌知名度的同时实现了进一步扩张。还有一批东北菜品牌正朝着精致化、场景化方向探索，获得了市场的认可。

1."聚焦单品、孵化爆品"，东北菜在全国热度走高

锅包肉、小鸡炖蘑菇、铁锅炖、春饼等东北菜，口味或酸甜可口，或咸甜分明，记忆点清晰，口味普适性相对较高。近年来，部分东北菜品牌通过"聚焦单品、孵化爆品"的策略，将铁锅炖、锅包肉、春饼等经典菜作为招牌，实现快速发展。

铁锅炖原指东北特别是农村地区使用烧柴的方式，在灶台铁锅中炖鸡、鹅、鱼、排骨等食材的烹饪形式，代表菜品有铁锅炖大鹅、地锅鸡、灶台鱼等。近年来，一些主打铁锅炖的品牌得以快速发展，例如，山河屯铁锅炖在全国开出了230余家门店，覆盖城市超过70个，并进入了北京、深圳、上海等一线城市；同样主打铁锅炖的东北菜品牌还有咱屯子锅台鱼，其门店数超过100家。

老昌春饼、满圆薄春饼·烤鸭等品牌则以手工制作春饼为特色。目前，老昌春饼在全国的门店数超过80家，满圆薄春饼·烤鸭在辽宁、河北、北京等省市也开出了70余家门店。

除铁锅炖、春饼等大单品外，也有一些东北菜品牌采用"爆品+"策略，主推如锅包肉这类具有明显辨识度的菜式作为招牌菜，以此提高品牌声量。例如，锅包肉创始菜馆的老厨家，其锅包肉突出"精、细、洋、养"，受到了诸多消费者的喜爱。那家老院子东北菜、金掌勺东北菜、奉天小馆等品牌，也将锅包肉作为招牌菜。不过，由于锅包肉大都强调现制，较为依赖厨师，标准化程度相对低，目前尚未出现主打锅包肉的大规模连锁品牌。

2. 深挖东北文化，东北菜精致化、场景化趋势渐显

长久以来，诸多的东北菜品牌均推行平价策略，因此东北菜在消费端素有"量大实惠"的形象。红餐大数据显示，目前东北菜门店人均消费多集中在30～60元，占比达到45.7%。人均消费在100元及以上的东北菜门店数占比为7.4%（见图3-15）。

资料来源：红餐大数据，数据统计时间截至 2024 年 6 月 30 日。

图 3-15 　2024 年全国东北菜门店人均消费价位占比分布

近年来，一批东北菜品牌有意打破消费者对东北菜"粗犷豪迈，不拘小节"的固有印象，在传承经典的基础上，通过对食材选料、烹饪工艺、摆盘出品以及用餐环境的创新，探索东北菜的精致化路径。

这类精致东北菜代表品牌如止观小馆·辽河口渔家菜、奉天小馆、百富源·海鲜辽菜等。这些品牌的人均消费多在百元以上，菜品也多选用本地生鲜山珍等名贵食材烹制而成，在出品上不再以量大取胜，而是着力提升菜品的精致感和价值感（见表 3-30）。

表 3-30 　2024 年全国部分探索精致化的东北菜品牌概况

品牌名称	代表菜品
奉天小馆	草莓雪绵豆沙、东北烧烤风味锅包肉、秋葵竹荪排骨汤、东北铁锅炖有机鱼头、大兴安岭榛蘑饭等
百富源·海鲜辽菜	八爪鱼烧排骨、海参鲍鱼全家福、笨公鸡烧蘑菇、海鲜拉皮、黑松露大虾球等
止观小馆·辽河口渔家菜	炭烤草原尾尖、小馆锅包肉、湿地稻香鸭、河蚌归来、辽河口鲜蒲笋等
老厨家 78 号私房小馆	锅包肉、石锅银鳕鱼、干贝煨萝卜球、辣卤黄蚬子、油炸冰棍等

资料来源：公开信息，红餐产业研究院整理。

例如，主打辽河口渔家菜的止观小馆人均消费 800 元，是国内首家连续 5 年蝉联米其林一星榜单的东北菜餐厅。止观小馆以"不时不食、不地不食"为理念，菜品强调即席制作并融入山珍、海鲜、河鲜等本土食材，出品精致且具有仪式感。在环境打造上，止观小馆则以"艺术馆里的餐厅"为特色，餐厅内有展厅展示艺术作品。

奉天小馆善于"老菜新做"，曾复原了雪绵豆沙、酥黄菜等传统东北菜名菜，还在传统东北菜的基础上创新推出了东北烧烤风味锅包肉、特色齐齐哈尔酸菜煎肉等菜品。2022 年底，奉天小馆在深圳开出非遗东北菜餐厅奉天·繁华，属于奉天小馆的升级形象店，得到了诸多消费者的认可。

与此同时，还有一批东北菜品牌聚焦东北文化，通过场景打造提升用餐价值感。例如，那家老院子东北菜、村口二叔家、山河屯铁锅炖等品牌通过运用雪乡、大红灯笼、挂满苞米的东北农村大院等元素，打造出东北"小院风""怀旧风"，让消费者沉浸式体验东北民俗风情。老厨家门店则多主打"民国风"，其友谊路店是哈尔滨首家半博物馆式饮食文化体验餐厅，店内设置四大主题餐区，消费者可在此感受哈尔滨中西融合的城市文化（见表 3-31）。

表 3-31　2024 年全国部分东北菜品牌对地方文化的挖掘

品牌名称	门店特色
老厨家	友谊路店内设置"花样大菜馆""道台食府中厅"等四大主题餐区，将科普展览与沉浸式用餐相结合，消费者在此可了解当年哈尔滨"华洋杂处，中西融合"的城市面貌
那家老院子东北菜	以院落为单位，进行空间平面布局，以夯土墙、唢呐灯、灰瓦檐、老门扇等旧时物件作为空间装饰，服务员身穿花棉袄、碎花布等
村口二叔家	通过人造雪景复刻东北雪乡，将东北农村大集搬进门店，店内还有秧歌表演、手摇爆米花、粮票换雪糕等特色活动
山河屯铁锅炖	一些门店内外悬挂醒目的大红灯笼，店内镶嵌东北雪山壁画，餐位间隔采用冰砖设计，并开辟人造雪区域，消费者可在店内感受东北雪乡氛围

资料来源：公开信息，红餐产业研究院整理。

红餐网｜红餐大数据

总体来看，网红城市哈尔滨热度的攀升以及餐饮从业者的积极响应，在一定程度上提升了东北菜的声量。但目前东北菜在连锁化、全国化发展上仍面临一定的挑战。东北菜品牌仍需深挖东北文化，进一步探索深耕这个赛道，为东北菜的发展添砖加瓦。

第十节 京菜：新京菜获得市场认可，烤鸭单品店带动京菜下沉

近年来，京菜赛道持续扩容，全国门店数稳步增长。在此背景之下，部分京菜老字号开始转型谋变，或结合现代表达改造用餐场景，或对菜品融合创新，以寻求更大的突破。与此同时，新京菜概念兴起，一批主打新京菜的品牌获得市场认可。此外，北京烤鸭、春卷等大单品崭露头角，催生出了一些连锁品牌。

一、市场规模逐步扩大，全国门店数超 6 万家

京菜，又称京帮菜，是以北方菜系为基础，融合宫廷菜、鲁菜、清真菜、官府菜等其他菜系风味的菜系。京菜，既有出自明清皇家的宫廷菜以及以谭家菜为代表的官府菜，又有来自民间的市井家常菜以及丰富的北京小吃等（见图 3-16）。

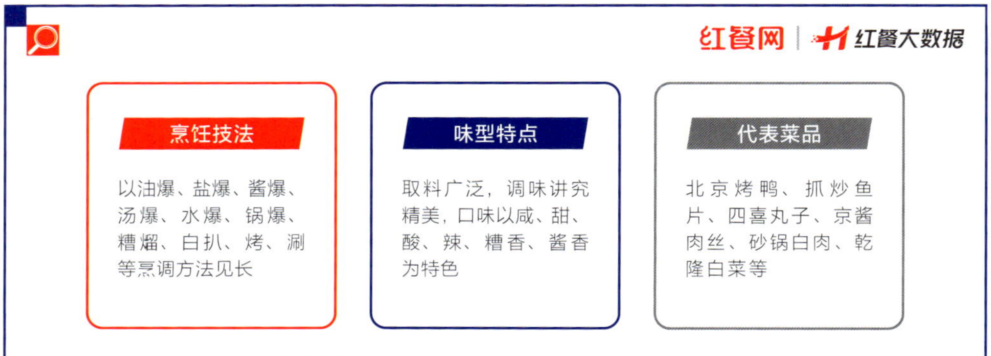

资料来源：公开信息，红餐产业研究院整理。

图 3-16　京菜特点一览

近年来，京菜赛道稳步发展。从门店规模来看，据红餐大数据，截至 2024 年 6 月，全国京菜门店数超过 6 万家，门店规模在中式正餐各菜系中排第 7 位。

与此同时，一些京菜品牌通过调整门店模型实现快速扩张。比如，紫光园迭代出“一店六铺”的门店模型，即 1

个紫光园门店可以延伸出早餐、正餐、三方送餐、"线上＋线下"（到店＋到家）、外卖档口和私域社群等6种档口铺，以此实现多业态、全时段、全客流覆盖。据红餐大数据，紫光园门店增长速度较快，目前其全国门店数已突破160家，门店规模在京菜品牌中排名前列（见表3-32）。

大董则再度向海外进军，并计划以更轻的模式和招募合伙人的方式来扩张。2017年，大董曾在纽约开出首家海外门店；2023年11月，大董再度"出海"，并开启全球合伙人招募计划，包括产品城市合伙人和线下店城市合伙

人。根据官方资料，大董海外线下店将以更为亲民和简约的形象示人，并且大董总部还会提供标准化的半成品。

但总体来看，目前京菜品牌连锁化程度相对较低。据红餐大数据，96%的京菜品牌门店数在5家及以下。紫光园、全聚德、大鸭梨、旺顺阁、便宜坊、小吊梨汤等知名京菜老牌中，仅紫光园的门店数超100家，大多数品牌门店数不超过50家。

近几年诞生的一批京菜新锐品牌，如提督·TIDU、新拾玖·新京菜、柿合缘新京菜等，门店数量也相对较少，仅提督·TIDU门店数量超过了10家。

表 3-32　2024 年全国部分京菜品牌发展概况

品牌名称	门店数（家）	人均消费（元）	门店主要分布区域
守柴炉烤鸭	320+	61	重庆、四川、陕西等
紫光园	160+	50	北京、河北
全聚德	70+	128	北京、江苏、山东等
大鸭梨	60+	101	北京、四川、河北等
张记北京烤鸭	50+	79	河北、江苏、河南等
小吊梨汤	40+	98	北京、陕西、河北等
青年公社	30+	110	北京、安徽、上海等
便宜坊	30+	126	北京、山东、河北等
吉祥春饼·烤鸭	30+	67	山东、天津、湖北等
富贵春饼·烤鸭	30+	63	山东、江苏
大董	20+	520	北京、上海、广东等
旺顺阁	20+	140	北京、天津、陕西等
万酥脆北京烤鸭	20+	48	上海、山东、广东等
那家小馆	20+	115	北京、江苏、山东等
四季民福烤鸭店	20+	174	北京、上海
花家怡园	10+	204	北京
小大董	10+	118	北京、上海、浙江等
京味斋·北京牡丹烤鸭	10+	130	北京
京味张·北京烤鸭	10+	106	广东
局气	10+	102	北京、天津
提督·TIDU	10+	310	北京、上海、江苏
姥姥家春饼店	10+	65	北京、辽宁、山西等
四世同堂	10+	163	北京
柿合缘新京菜	约6	299	广东、上海、江苏
北平楼	约6	134	北京
范家小馆·京菜扛把子	约5	84	北京
大碗居	约5	66	北京
晟永兴	约4	430	上海、北京
厉家菜	约4	552	北京、台湾
拾久	约3	216	北京
秀儿四九城·新京菜	约3	200	北京
新拾玖·新京菜	约3	225	北京、四川
同顺居北京菜馆	约3	104	广东
京艳	约2	1,958	北京

资料来源：红餐大数据，数据统计时间截至 2024 年 6 月 30 日。

具体到城市来看，北京拥有最多的京菜门店，其次为石家庄。近年来，武汉、重庆、郑州、上海、成都等地的京菜门店数亦在不断增长，均跻身于全国京菜门店数 TOP10 城市（见图 3-17）。

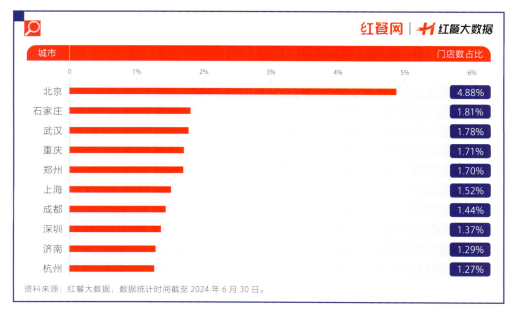

图 3-17　2024 年全国京菜门店数 TOP10 城市

在人均消费方面，据红餐大数据，在全国的京菜门店中，人均消费在 90 元以上的门店占比为 40.0%，其中人均消费在 200 元以上的门店占比为 11.9%，如大董、花家怡园、晟永兴、厉家菜、拾久等品牌均在此价格区间。人均消费在 60 ～ 90 元的门店占比为 29.4%，包括小吊梨汤、吉祥春饼·烤鸭、大碗居等品牌（见图 3-18）。

图 3-18　2024 年全国京菜门店人均消费价位占比分布

整体来看，京菜市场规模在不断扩大，但目前市场上知名度较高的、门店数量较多的品牌仍以京菜老牌为主，如全聚德、紫光园、大鸭梨等。近年来，在发展过程中，一些京菜老牌遇到了品牌老化、增长放缓等问题，并开始顺应时代趋势创新谋变。

二、京菜老牌创新突围，新京菜获得市场认可

在京菜创新发展的过程中，部分京菜老牌通过门店重装、创新产品、增设渠道等方式，朝年轻化、个性化的方向发展。与此同时，随着京菜与西方菜系的创新融合，市场上出现了一批崭露头角的新京菜品牌，给京菜的发展带来了新变化。

在装修风格方面，不少京菜老牌将门店重装升级，或变得更现代，或突出新中式、国潮特色。比如，2023 年，全聚德升级改造了和平门店的中华一绝·空中四合院餐厅、王府井店的宫囍·龙凤呈祥餐厅、前门店的中轴食礼 3 家主题餐厅。其中，中轴食礼餐厅将中轴线文化、文创糕点伴手礼京式下午茶以及外带食品进行融合，形成新的经营模式。宫囍·龙凤呈祥餐厅植入故宫的宫囍龙凤呈祥主题文化 IP，打造多个主题用餐场景和特色互动体验。

旺顺阁将位于北京朝阳区财富购物中心的旺顺阁鱼头泡饼门店改造成旺顺阁 1999，该店以京城建筑特色为基础，融入窗棂、宫灯、红墙等元素，主打京城宴请氛围的风格。大鸭梨则将北京光彩店重装，以原木色调搭配红色座椅，门店风格更具现代化。

在产品方面，京菜老牌也在不断探索年轻化策略。2023 年，全聚德推出"全聚德创新菜"，包括灯影蜜酥鱼片、青绿番茄腐皮卷、烤冰激凌芝士蜜薯等菜品，对素食、甜品进行研发创新。其财报指出，新菜单上线 1 个月，全聚德创新菜品的销售额占门店堂食菜品（讲究菜之外）销售额的 16.5%。旺顺阁 1999 门店则尝试将招牌菜品鱼头泡饼定制化出品，除了经典味道，还推出"低油少盐""免辣""中辣""变态辣"等不同的口味选择。另外，其门店还提供茶点与下午茶服务，推出位上制（即 1 人 1 份）下午茶套餐及围炉煮茶套餐，丰富了用餐场景。

在渠道方面，京菜老牌积极发力零售、外卖等业务。比如，大董推出的新零售品牌"董到家"，其核心产品是预制切片烤鸭。2023 年 11 月，全聚德启动了休闲食品项目，推出副品牌"零研

所"。2024年4月，小吊梨汤宣布在上海区域开通外卖业务。

在京菜老牌创新谋变的同时，部分京菜大厨在谋求京菜新表达的过程中，创造出了"新京菜"的概念。新京菜主要以经典京菜为基础，讲究中西融合，就餐环境、服务体验更现代化。近年来，一些主打新京菜的品牌开始崭露头角，如提督·TIDU、拾久、柿合缘新京菜、新拾玖·新京菜、京艳等（见表3-33）。

表 3-33　2024 年全国部分新京菜品牌发展概况

品牌名称	代表菜品
提督·TIDU	五味三吃鱼子酱烤鸭、酸萝卜水晶粉煮鲜活兰花蟹、黄金白菜文火鸭汤等
拾久	传统果木烤鸭、拾久绝味鱼头、意大利黑醋汁带鱼等
柿合缘新京菜	鱼子酱烤鸭、炙子羊肉等
秀儿四九城·新京菜	招牌香酥烤鸭、花椒猪肚鸡、贝勒爷烤肉等
新拾玖·新京菜	段式绝味鱼头、四代家传葱烧活海参、乾隆白菜等
京艳	多种果木低脂烤鸭、北卤脱脂肥肠、北派佛跳墙等

资料来源：红餐大数据，数据统计时间截至 2024 年 6 月 30 日。

红餐网｜红餐大数据

比如，提督·TIDU 融合了西方精致菜品做法，将传统烤鸭升级为"五味三吃鱼子酱烤鸭"，并且每年会对吃法进行创新。2023 年，提督·TIDU 烤鸭第三吃为"空气鸭丝春卷"，2024 年第三吃为"芋泥香酥鸭"。

京艳门店装修融合古典府邸文化，主打四合院餐饮和官府菜。京艳的菜品融合中西食材，如北卤脱脂肥肠，就是用北方酱汤搭配意大利珍珠醋和指橙烹制而成。

随着新京菜概念的流行，一批新京菜品牌获得了市场的认可。提督·TIDU 目前在北京、上海、江苏开出约 10 家门店。而京艳·翰林书院店在 2022 —2024 年蝉联了北京米其林指南一星餐厅。柿合缘浦东新区店则在 2023 年和2024 年成为上海米其林指南入选餐厅。

三、烤鸭大单品出圈，以社区店布局下沉市场

随着京菜市场规模不断扩大，京菜赛道细分化趋势渐显，一些主打烤鸭、春饼等知名度较高的京菜单品品牌开始出圈。相较大而全的综合型京菜品牌，这些主打大单品的京菜品牌的门店模型更加轻便灵活，目前已经出现了一些门店规模比较大的品牌（见表 3-34）。

比如，守柴炉烤鸭门店数突破了 320 家，并获评第五届"中国餐饮红鹰奖"的"2023 年度餐饮区域标杆品牌"。张记北京烤鸭目前在全国有 50 余家门店。而以春饼为特色的品牌，如吉祥春饼·烤鸭、富贵春饼·烤鸭等门店数 20～30 家。

从这些品牌的发源地看，它们多在京外诞生，且多聚焦于二线城市、三线及以下城市的下沉市场发展。比如守柴炉烤鸭在重庆创立，目前其 320 余家门店主要分布在新一线及五线城市。南京诞生的张记北京烤鸭，超八成门店位于二线及以下城市。诞生于潍坊的富贵春饼·烤鸭，全国门店数达 30 余家，其中近四成门店位于三线及以下城市。

表 3-34　　2024 年全国部分京菜单品品牌发展概况

品牌名称	发源地	门店主要分布区域
守柴炉烤鸭	重庆	重庆、四川、陕西等
张记北京烤鸭	南京	河北、江苏、河南等
万酥脆北京烤鸭	上海	上海、山东、广东等
吉祥春饼·烤鸭	天津	山东、天津、湖北等
富贵春饼·烤鸭	潍坊	山东、江苏
姥姥家春饼店	北京	北京、辽宁、山西等

资料来源：红餐大数据，数据统计时间截至 2024 年 6 月 30 日。

红餐网｜红餐大数据

此外，还有一些主打大单品的京菜品牌以社区店、档口店等轻便灵活的门店模型为主，如万酥脆北京烤鸭门店面积在 90 平方米左右。乐寿御坊北京烤鸭、京兆刘福记北京烤鸭、火刻北京烤鸭、德宜盛北京烤鸭等品牌则主打外卖外带，通过档口店加快扩张。据红餐大数据，目前这些品牌的门店数均突破了 100 家。

总的来看，京菜正在不断创新变革，老牌和新锐品牌都在寻找新的路径和方式，以适应渠道多元化、消费群体年轻化等趋势。与此同时，以大单品为主打的京菜品牌还在加速扩张和下沉，未来京菜的全国化程度有望进一步提升。

CHINA
CATERING

中式米饭快餐：
赛道持续扩容，全国化、细分化、轻正餐化趋势明显

近年来，中式米饭快餐赛道持续扩容，全国在营门店数以及市场规模稳步增长。与此同时，霸蛮湖南米粉、小菜园新徽菜、永辉超市等跨界者相继入局中式米饭快餐赛道，中式米饭快餐品类竞争日趋激烈。在此背景之下，众多的中式米饭快餐品牌朝着全国化、细分化和轻正餐化的方向深入发展，以实现突围。

一、赛道持续扩容，中式米饭快餐市场规模有望突破 2,700 亿元

经过多年的发展，中式米饭快餐品类已经成为我国餐饮市场中的重要品类。据红餐大数据，截至 2024 年 6 月，在我国门店数、品牌数最多的小吃快餐品类中，中式米饭快餐门店数和品牌数占比分别达到 21.0% 和 20.9%，为小吃快餐第二大赛道。

2023 年以来，随着我国餐饮市场逐步回暖，中式米饭快餐消费者外出就餐的频率逐渐增加。据红餐产业研究院调研数据，在中式米饭快餐的消费者中，每天至少消费 1 次中式米饭快餐的消费者占比从 2022 年的 19.4% 增长至 2023 年的 24.4%，其中每天消费不止 1 次的消费者占比亦有所增加（见图 4-1）。可见，中式米饭快餐的市场需求呈现出较明显的增长态势。

资料来源：红餐产业研究院"2023 年餐饮消费大调查""2024 年餐饮消费大调查"。

图 4-1　2022 — 2023 年中式米饭快餐消费者消费频率情况

而需求的增长也进一步推动了中式米饭快餐品类的持续扩容。据红餐大数据，截至 2024 年 6 月，全国中式米饭快餐门店数达到 91.6 万家，同比增长 3.4%。此外，2023 年中式米饭快餐品类的市场规模达到 2,513 亿元，同比增长 13.8%，预计 2024 年的市场规模仍将稳步增长，有望突破 2,700 亿元（见图 4-2）。

图 4-2　2019 — 2024 年全国中式米饭快餐市场规模概况

在市场规模稳步增长的同时，中式米饭快餐赛道的诸多品牌也在快速发展（见表 4-1）。比如，鱼你在一起近年除了在国内加速开店步伐，其海外的布局亦同步进行，目前其已经将门店扩张至纽约、旧金山、温哥华、迪拜、吉隆坡等多个海外城市。米村拌饭近年扩张速度也在加快，其 2023 年全年和 2024 年前 6 个月的新开门店数分别为 480 余家和 230 余家。

表 4-1　2024 年全国部分中式米饭快餐品牌发展概况

品牌名称	门店数（家）	人均消费（元）	门店主要分布区域
杨铭宇黄焖鸡米饭	2,600+	20	山东、江苏、浙江等
鱼你在一起	2,300+	37	江苏、浙江、陕西等
老乡鸡	1200+	26	安徽、江苏、湖北等
米村拌饭	1200+	33	辽宁、山东、吉林等
张秀梅张姐烤肉拌饭	840+	17	河北、山东、浙江等
晨曦炖品·鲍鱼饭	710+	61	广东、浙江、四川等
大米先生	680+	24	湖北、上海、四川等
超意兴·把子肉	630+	17	山东
乡村基	570+	22	重庆、四川、浙江等
犟骨头排骨饭	560+	32	山东、天津、北京等
猪角·闽南猪脚饭	540+	30	福建、广东、浙江等
香他她煲仔饭	480+	26	湖南、湖北、江西等
真功夫	450+	28	广东
永和大王	450+	24	上海、广东、浙江等
霸碗盖码饭	430+	22	湖南、广东、湖北等
老娘舅	400+	30	浙江、江苏、上海等
大家乐	350+	41	中国香港、广东等
米多面多	190+	24	河南、陕西、山西等
和合谷	190+	28	北京
南城香	180+	27	北京
煲仔皇	170+	39	北京、江苏、上海等
煲仔正	140+	27	广东
小女当家	30+	33	广东、广西等
吾虎将·现炒快餐	20+	26	广东

资料来源：红餐大数据，数据统计时间截至 2024 年 6 月 30 日。

红餐网｜红餐大数据

而深耕山东市场的超意兴·把子肉则在 2023 年 11 月于北京开出了首家门店，产品单价在 3 ~ 10 元。这是超意兴·把子肉自成立以来首次向山东省以外的地区扩张，据红餐大数据，截至

2024 年 6 月，超意兴·把子肉在北京已经开出了 2 家门店。与此同时，乡村基近年来也在加速全国化扩张，继 2013 年退出北京市场之后，其在 2023 年末再次进入北京开店。据红餐大数据，截

至 2024 年 6 月，其门店共覆盖 7 个省份及 20 余个城市。2024 年 6 月，乡村基宣布开放四川与重庆地区的联营。

此外，和合谷、南城香等品牌持续加密区域市场的布局，并相继推出包含多款粥品和豆浆、牛奶的"3 元早餐自助"活动，积极抢占早餐市场。不仅如此，南城香更是在"米饭 + 馄饨 + 烤串"的经典产品结构上，深化品类融合策略，推出了 3 款特色小火锅，并凭借较高的性价比获得较好的市场反响。

在部分品牌加速发展的同时，另一部分品牌却稍显沉寂。比如，真功夫、大家乐等品牌近年来依旧坚守区域大本营。而杨铭宇黄焖鸡、张秀梅张姐烤肉拌饭等品牌近年来门店规模则有所收缩。

显然，当前中式米饭快餐品类竞争日趋激烈，品牌间的竞争格局仍充满变数。

二、多因素推动下，中式米饭快餐多个老赛道翻红

经过多年发展，中式米饭快餐品类已经形成多个细分赛道。近年来，在标准化、性价比、烟火气等因素的作用下，石锅拌饭、盖码饭、砂锅菜等多个细分赛道热度上涨。

石锅拌饭作为我国东北地区的朝鲜族以及朝鲜半岛具有代表性的米饭料理，在早年间多出现在韩式料理店中。近年来，石锅拌饭逐渐独立发展成为中式米饭快餐的细分品类，并已经涌现出一批发展成熟、市场表现良好的品牌。比如，门店数突破千家的米村拌饭，还有门店数超百家的敏丁拌饭馆、喜葵拌饭等。

与此同时，盖码饭凭借着浓厚的市井气息以及平价、下饭等特点，近年来市场关注度持续走高。盖码饭是湖南地区的特色米饭快餐，通常以辣椒炒肉、香干炒肉、小炒黄牛肉等湘式小炒作为"码子"盖于米饭之上。而在人均消费方面，盖码饭整体的价格相对实惠、平价，据红餐大数据，目前盖码饭品牌的人均消费价位约为 24 元。可见，相较于其他米饭快餐品类，盖码饭更加强调现炒的锅气，并且更具性价比。目前，盖码饭赛道同样已经跑出了一批颇具门店规模的品牌，如霸碗盖码饭、状元派长沙盖码饭等。

此外，同样具有烟火气和性价比特点的砂锅菜也热度高涨。据了解，截至 2024 年 6 月，抖音平台上"砂锅菜"视频播放量达 12.5 亿次，微博相关话题阅读量也达 1.3 亿次。同时，2023 年以来，成都、重庆、广州、深圳等地陆续有成都砂锅菜品牌冒头，如罗妈砂锅、浪·老成都砂锅菜、6 市口老砂锅、牛陈向砂锅菜等。但整体而言，目前成都砂锅菜品类的发展尚处于初期阶段，品牌化仍有较大的提升空间。而司属砂锅菜细分赛道的煲仔饭赛道目前已经跑出了多个颇具规模的品牌，如香他她煲仔饭、煲仔皇、煲仔正等品牌的门店数均已超百家（见表 4-2）。

表 4-2　2024 年全国部分细分中式米饭快餐品牌发展概况

所属细分品类	品牌名称	门店数（家）	门店主要分布区域
石锅拌饭	米村拌饭	1,200+	辽宁、山东、吉林等
	敏丁拌饭馆	160+	辽宁、山东、河北等
	喜葵拌饭	160+	河北、山东等
砂锅菜	香他她煲仔饭	480+	湖南、湖北、江西等
	煲仔皇	170+	北京、江苏、上海等
	煲仔正	140+	广东
	罗妈砂锅	50+	四川、安徽等
	浪·老成都砂锅菜	10+	广东
	6 市口老砂锅	约 6	四川
	牛陈向砂锅菜	约 4	四川
盖码饭	霸碗盖码饭	430+	湖南、广东、湖北、江苏等
	状元派长沙盖码饭	200+	广东、河南、江苏等
	德天顺盖码饭	10+	湖南

资料来源：红餐大数据，数据统计时间截至 2024 年 6 月 30 日。

红餐网 | 红餐大数据

三、现炒快餐再受关注，智能化驱动品牌升级

此前，卫生、口味和价格是中式米饭快餐消费者在选择中式米饭快餐门店时最关注的三大因素。但近年来，在健康饮食观念日益增强以及对烟火气日渐向往的餐饮消费大环境下，中式米饭快餐消费者在选择门店时的关注重点发生了一些变化。

据红餐产业研究院"2024年餐饮消费大调查"，中式米饭快餐消费者在挑选中式米饭快餐门店的过程中，虽然门店的卫生和口味依然是影响其决策的前两大因素，但亦有51.5%的中式米饭快餐消费者比较重视产品的食材新鲜度（见图4-3）。在此类消费偏好的驱动下，2023年我国现炒快餐再度受到关注，主打"现炒盖码饭""现炒木桶饭""现炒小碗菜"等概念的现炒快餐品牌如雨后春笋般涌现。

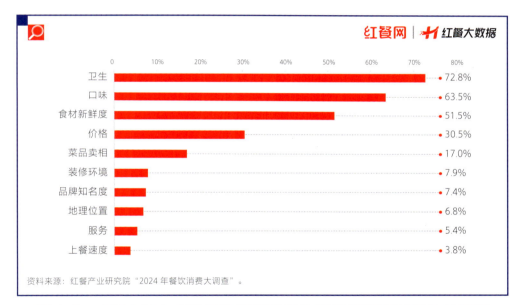

图 4-3　　2024 年中式米饭快餐消费者选择就餐门店时关注的因素

事实上，现炒快餐并非新兴概念，而是中式米饭快餐品类中早就存在的一种细分品类。经过多年的演变与发展，现炒快餐已经逐步从最开始的以小本经营为主、品牌意识薄弱的 1.0 阶段演化到了强调效率与锅气并重的 3.0 阶段（见表 4-3）。

表 4-3　现炒快餐品类发展历程

阶段	发展特征
1.0 阶段	在中央厨房和预制菜诞生以前，现炒是中式米饭快餐门店的主要出餐形式。彼时的现炒快餐以街头小摊或小型餐馆为主，主要满足周边消费者的基本饮食需求
2.0 阶段	随着快餐消费体验升级，现炒快餐告别了粗放式发展，逐步进入品牌化、连锁化、精细化发展阶段。彼时，大米先生、小女当家等多个现炒快餐连锁品牌相继创立
3.0 阶段	近年，智能化烹饪设备技术逐步提升，并开始广泛应用于现炒快餐门店的后厨，以此提升出品的标准化程度，减轻后厨对厨师的依赖，同时提升后厨的出餐效率

资料来源：公开信息，红餐产业研究院整理。

红餐网｜红餐大数据

近年来，随着智能化烹饪技术的不断革新和提升，智能烹饪设备在餐饮行业中的应用日益广泛。当下，一批现炒快餐品牌正积极借助智能烹饪设备实现降本增效，加速门店扩张。比如，大米先生在重庆、武汉的多个门店中应用了橡鹭科技旗下的炒菜机器人"美膳狮"；霸碗盖码饭则自主研发了盖码饭机器人，由其负责完成放油、投料、爆炒、出锅、清洗锅具等炒菜程序。据红餐大数据，截至 2024 年 6 月，二者的全国门店数分别有 680 余家和 430 余家，远超其他现炒快餐品牌（见表 4-4）。

表 4-4　2024 年全国部分现炒快餐品牌发展概况

品牌名称	门店数（家）	人均消费（元）	门店主要分布区域
大米先生	680+	24	湖北、上海、四川等
霸碗盖码饭	430+	22	湖南、广东、湖北等
小汤总	40+	21	广西、湖南
小女当家	30+	33	广东、江西等
饱李李现炒	20+	19	湖南、江西
吾虎将·现炒快餐	20+	26	广东
义泰昌	10+	25	广东
两餐秀	10+	22	广东

资料来源：红餐大数据，数据统计时间截至 2024 年 6 月 30 日。

红餐网｜红餐大数据

与此同时，其他现炒快餐品牌亦引入智能烹饪设备，如小女当家在 2023 年初引入了智能投料机、智能蒸菜机等智能设备，降低后厨对厨师的人工依赖，并提升出品的标准化程度与门店可复制性。据红餐大数据，2023 年至 2024 年

6月，其开店步伐加快，该时间段内新开门店数超过 10 家。此外，小菜园旗下的品牌菜手食堂同样在门店中使用了炒菜机器人。

除了现炒快餐品牌以外，部分强调现烹现制的中式米饭快餐品牌亦较为注重后厨的智能化升级。比如，首家入选非遗项目的煲仔饭品牌煲仔正，自主研发了流水线式的全自动煲仔炉，既还原出原始古老的明火砂煲工艺，还解决了煲仔饭出餐慢的问题。据了解，该设备在明火现煲的情况下，后厨只需要配备 2 ~ 3 位工作人员就能在 1 小时内制作 216 份煲仔饭，平均每分钟出餐 3 ~ 4 份。而传统的明火煲仔炉，同样的 216 份出餐量则需要 9 位经验丰富的厨师。可见，在自动化煲仔炉的赋能下，煲仔正大幅度提升了出餐效率，同时降低了人力成本。

整体来看，在追求增效降本的大背景下，智能化升级或成为大势所趋，未来或有望成为品牌竞争的新战场和关键领域。

四、快餐正餐化风潮渐起，部分品牌探索"轻正餐"模式

近年来，消费者对于快餐的需求发生了一些转变，除了关注出餐速度和价格，也较为注重营养、口感和用餐体验。在这样的背景下，"快餐正餐化"的风潮渐起，有部分中式米饭快餐品牌正尝试通过"轻正餐"模式探索更高的价格带。据红餐大数据，截至 2024 年 6 月，38.6% 的中式米饭快餐门店人均消费价位在 10 ~ 20 元，20 ~ 30 元区间的门店占比达到 27.6%。除此以外，人均消费价位在 30 ~ 50 元和 50 ~ 80 元的中式米饭快餐门店占比均超过 10%（见图4-4）。

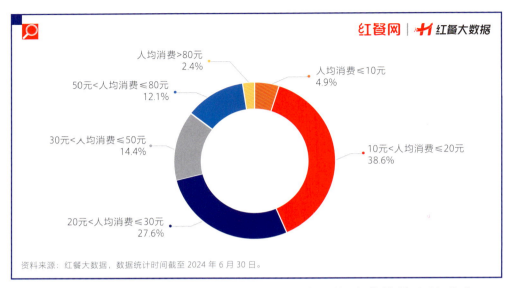

图 4-4　2024 年全国中式米饭快餐门店人均消费价位占比分布

轻正餐模式是一种介于正餐和快餐专门店之间的餐饮形式，能较好地满足当下消费者对于健康、快捷、多元化餐饮的需求。相比正餐门店，轻正餐的门店模型更轻，标准化程度和效率相对高，能提供快速、便捷的就餐体验。而相比快餐专门店，轻正餐的门店则较为注重菜品的品质、口感和营养价值。

近年来，一些中式米饭快餐品牌通过调整产品结构和门店模型策略、提升服务品质等来探索"轻正餐"模式。比如，主打石锅拌饭的米村拌饭对产品、服务、选址等多个维度进行了升级，以便给消费者提供轻正餐的消费体验。而主打"酸菜鱼 + 米饭"的鱼你在一起采取"快餐 + 轻正餐"多店型组合策略，在下沉市场推出以轻正餐模式

为主的门店，以提升品牌在下沉市场的渗透度。此外，还有小菜园旗下的社区食堂品牌菜手食堂，品牌定位为新徽菜轻正餐，性价比相对较高，单份菜品售价在 8 ～ 30 元。

虽然相比快餐专门店，轻正餐模式在效率上有所让渡，但其在体验上能够给消费者带来相对高的价值感，能较好地满足当下消费者追求"质价比"的餐饮消费需求。

纵观中式米饭快餐品类近年的发展，不难看出其依旧呈现出蓬勃的生机。但与此同时，品类仍然面临一些挑战，如效率与体验的平衡问题等。总体来看，随着中式米饭快餐赛道竞争日趋激烈，品牌需要更多的创新和差异化的发展策略以实现突围。

第二节　粉面：
赛道进一步细分，轻正餐场景备受关注

粉面的发展源远流长，有着数千年的历史。经过漫长的演变，全国各地催生出不同种类的粉面产品，做法和口味较为丰富。粉面具有深厚的群众基础，是我国消费者较为喜爱的快餐品类。红餐产业研究院"2024年餐饮消费大调查"显示，在常见的快餐品类中，约有58.6%的受访消费者经常消费粉面，仅次于米饭快餐品类的68.8%。

虽然粉面品类的消费人群较为广泛，但是由于粉面地域性相对强，粉面赛道整体还较为分散，赛道中有大量的夫妻店、街边店存在。

近年来，为了提升品牌的连锁化程度，面馆品牌或积极开放加盟，或聚焦轻正餐场景；米粉品牌则推出更具性价比的产品，或探索手工现制的品质升级方向，加速占领市场。同时，更多的细分粉面赛道开始崛起，苏式面、湖南杀猪粉、云南小锅米线等细分赛道渐渐冒头。在此背景之下，我国粉面赛道的市场规模持续扩大，一批粉面品牌得以迅速崛起。红餐大数据显示，2023年全国粉面市场规模达到2,110亿元，2024年全国粉面市场规模有望超过2,300亿元。

一、面馆：新中式面馆谋变，品牌探索轻正餐场景

早期，面馆以夫妻小店为主，后面经过演变发展，一批连锁面馆品牌开始崭露头角。如今，面馆赛道的品牌化进程持续加速，面馆品牌越发注重产品和服务模式的创新，它们或深挖地方面条，或推出高性价比的组合套餐，推动着面馆赛道的发展。

1. 全国约有65万家面馆，超八成品牌门店数不足10家

面条种类众多、烹饪方式多样，是我国消费者一日三餐的重要组成部分。经过不断发展，我国孕育出众多的面馆门店。红餐大数据显示，截至2024年6月，全国约有65万家面馆。近年来，随着面馆品牌持续发力，面馆赛道的发

展平稳向好。红餐大数据显示，2023年全国面馆的市场规模约为 1,395 亿元，预计 2024 年其市场规模有望超 1,500 亿元。

从区域分布上看，据红餐大数据，目前我国面馆门店主要集中在华东一带，占比达到 35.1%，华中、西南、华南、华北的门店数占比也超过一成。从省级行政区来看，江苏、浙江的面馆门店数排名前列，其门店数占比均为 8.3%，其次是河南、山东、广东等，其面馆门店数占比分别为 7.6%、7.0%、7.1%（见图 4-5）。

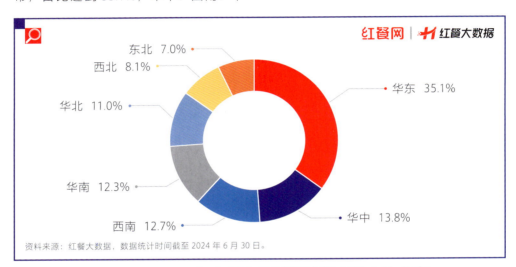

图 4-5　　2024 年全国各区域面馆门店数占比分布

目前，面馆赛道中大部分的门店是夫妻店、街边店。据红餐大数据，截至 2024 年 6 月，超八成品牌门店数在 10 家及以下，仅有 3.3% 的品牌门店数在 50 家以上（见图 4-6）。

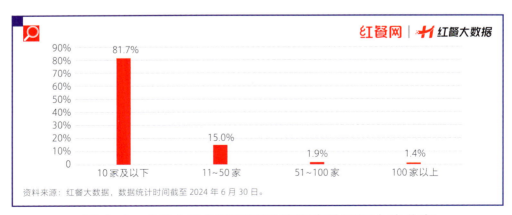

图 4-6　　2024 年全国面馆品牌门店数区间占比分布

如何快速地实现品牌化、规模化发展，是不少面馆品牌重点思考的问题。它们根据自身的品牌特性，积极探索出不同的路径。其中，陈香贵·兰州牛肉面专注于地道兰州味，其主打产品"牛骨清汤牛肉面"累计销量已超 3,300 万碗。2024 年，陈香贵·兰州牛肉面品牌研发团队，经过长时间的潜心钻研与多次测试后对主打产品"牛骨清汤牛肉面"完成了产品升级。如针对兰州牛肉面的辣子，陈香贵·兰州牛肉面选用了风味更辛香的甘谷辣椒。在骨汤方面，陈香贵·兰州牛肉面在工艺上做了升级，采用了百斤大骨经数小时鲜熬的牛骨清汤，力求还原醇香地道的兰州牛肉面。

近年来，和府捞面、遇见小面、松鹤楼面馆等连锁品牌通过在一线、新一线、二线城市"高举高打"，持续积累人气，并同步加密门店。地域面馆品牌如蔡林记、兵哥豌豆面、陕味食族油泼面等，则通过深挖地域面条（如武汉热干面、豌豆面、油泼面），成为各自所属细分赛道的标杆品牌。

新中式面馆品牌如陈香贵·兰州牛肉面、张拉拉手撕牛肉面、马记永·兰州牛肉面等，还通过新品上新、改变价格策略、开放加盟等方式积极谋变。例如，2024 年，陈香贵·兰州牛肉面在精心钻研产品升级的同时，在全国各大战略城市进行深度挖掘，对京津冀、长三角、珠江三角深入扎根，向下沉市场进一步开拓，同时正式宣布开放加盟。

日式拉面如味千拉面、博多一幸舍、一兰拉面、一风堂等品牌凭借着异国风味，在我国面馆赛道亦占据一定的市场份额。红餐大数据显示，截至 2024 年6 月，味千拉面共有 560 余家门店，是日式拉面赛道中规模化程度较高的品牌（见表 4-5）。与此同时，味千（中国）财报显示，其 2023 年度实现扭亏为盈，整体盈利能力有所提升。

表 4-5　　2024 年全国部分面馆品牌发展概况

品牌名称	门店数（家）	人均消费（元）
五爷拌面	1,000+	20
李先生牛肉面大王	960+	31
常青麦香园	600+	10
和府捞面	570+	34
味千拉面	560+	44
秦云老太婆摊摊面	510+	16
阿利茄汁面	430+	20
蔡明纬	360+	13
渝味重庆小面	340+	22
老城街小面	280+	20
马记永·兰州牛肉面	280+	38
遇见小面	270+	29
陈香贵·兰州牛肉面	260+	34
老碗会·陕西手工面	260+	38
蔡林记	230+	17
醉面	220+	22
松鹤楼面馆	160+	65
陕味食族油泼面	130+	26
张拉拉兰州手撕牛肉面	110+	31
东方宫	110+	27
大师兄·手工面·西北菜	100+	47
吴茂兴本帮面	90+	24
兵哥豌豆面	90+	19
西部马华	80+	42
裕兴记	60+	60
康师傅私房牛肉面	60+	45
高原姑娘牛肉面	30+	30
一风堂	20+	80
博多一幸舍	约 9	63
一兰拉面	约 4	88
蟹家大院	约 4	330
雲和面馆	约 2	230

资料来源：红餐大数据，数据统计时间截至 2024 年 6 月 30 日。

红餐网｜红餐大数据

除了上述品牌之外，面馆赛道中还有一批颇具特色的品牌。这类品牌通过产品上主打高性价比的特色面条，布局上瞄准一线、二线城市的做法，以实现错位竞争。比如，起源于北京的醉面主打肉酱面，人均消费为 22 元，其以北京为大本营，逐渐扩张至河南、山东等地区。红餐大数据显示，醉面曾获得番茄资本的融资，截至 2024 年 6 月，已开出 220 余家门店。碗丰亭板面则以安徽太和牛肉板面的定位切入上海地区，定位平价面馆，人均消费 18 元，于 2023 年完成百万级种子轮融资。

2. 放加盟、下调价格、聚焦轻正餐，面馆品牌加速突围

为了加快发展步伐，面馆品牌采取了多种发展战略。

首先是开放加盟，以便能用更低的成本实现更快的门店扩张。和府捞面、陈香贵·兰州牛肉面、大师兄·手工面·西北菜等此前走直营发展模式的面馆品牌，都于近几年先后开放了加盟/联营模式。

在加盟商的助力之下，搭配品牌原有的供应链体系和运营体系，面馆品牌有望实现快速扩张。比如，在联营模式的助力之下，和府捞面正式开启"出海、下沉、加密、加盟"的战略布局（见表4-6）。

表 4-6　全国部分面馆品牌开放加盟/联营的概况

品牌名称	开放加盟/联营时间（年）	发展模式
遇见小面	2019	直营+加盟
张拉拉手撕牛肉面	2022	直营+加盟
和府捞面	2023	直营+联营
陈香贵·兰州牛肉面	2023	直营+加盟
大师兄·手工面·西北菜	2024	直营+加盟

资料来源：公开信息，红餐产业研究院整理。

红餐网 | 红餐大数据

此外，针对当下的性价比消费趋势，一批面馆品牌开始调整价格策略。和府捞面、遇见小面、陈香贵·兰州牛肉面、张拉拉手撕牛肉面等品牌或下调全线产品售价，或推出单价较低的小吃产品，或推出促销活动，以满足消费者对于性价比餐饮的需求（见表4-7）。

表 4-7　2023 — 2024 年全国部分面馆品牌价格调整策略

品牌名称	人均消费（元）	价格调整措施
和府捞面	34	自 2024 年 1 月开始把 20 ~ 30 元的产品占比提高至 50%。在部分地区和部分门店，推出了"10 元吃面活动"
遇见小面	29	2023 年 9 月起将全线产品售价降至 20 元内。推出"11.1 元吃面券""9.9 元下午茶"等活动
陈香贵·兰州牛肉面	34	多次推出"9.9 元一碗面"的促销活动。增加单价 10 元以下的小吃产品
张拉拉手撕牛肉面	31	曾在美团、抖音等平台上推出一些优惠团购价，一碗牛肉面的价格降至 20 元以内

资料来源：公开信息，红餐产业研究院整理。

红餐网 | 红餐大数据

同时，随着"大"聚餐场景变"小"，小吃小聚逐渐流行，一批面馆品牌开始通过增加其他品类菜品、推出套餐组合等形式，发力轻正餐场景。目前，"面

食＋烧烤＋小吃＋饮品"成了诸多面馆品牌的"标配产品组合"。部分品牌更在菜单中加入特色菜品，如冒菜、小火锅、烤鱼、酸菜鱼等，使得消费者的选择更为多样。不少品牌还通过推出单人餐、多人餐、儿童套餐等多种套餐组合，适配家庭、朋友、同事之间的小聚场景。

比如，遇见小面的产品包括了重庆小面、烧烤、小吃、饮品、米饭套餐、冒菜等系列，针对上班族群体，其更推出了"嗨5超值工作餐"系列，提供单价在 28 元左右，包含主食、小吃、饮品的套餐（见表4-8）。

表 4-8　2024 年全国部分面馆品牌菜单结构

品牌名称	面食	烧烤	小吃	饮品	特色菜	米饭套餐	小火锅	冒菜
遇见小面	✓	✓	✓	✓		✓		✓
张拉拉手撕牛肉面	✓	✓	✓	✓				
和府捞面	✓	✓	✓	✓	✓	✓	✓	
陈香贵·兰州牛肉面	✓	✓	✓	✓				
大师兄·手工面·西北菜	✓	✓	✓	✓	✓			
松鹤楼面馆	✓		✓	✓	✓	✓		
味千拉面	✓		✓	✓		✓		
五爷拌面	✓		✓	✓		✓		

资料来源：公开信息，红餐产业研究院整理，数据统计时间截至 2024 年 6 月 30 日。　　红餐网｜红餐大数据

为了寻找新增量，一部分面馆品牌也开始了多品牌、多赛道的布局。例如，和府捞面通过孵化或收购建立了多品牌矩阵，旗下拥有阿兰家牛肉面等品牌。通过在不同的赛道布局，品牌可以获得更多元化的市场机会，有助于提高品牌的抗风险能力，但这种策略对于品牌的供应链建设要求相应更高。

可见，随着餐饮市场竞争的加剧，面馆品牌纷纷在产品、模式、经营策略上打造自身的"护城河"，以谋取进一步的发展。毕竟，对于面馆从业者来说，只有不断创新、提升品质和服务水平，才能在市场中立于不败之地。

二、米粉：地方米粉提质进行时，湖南米粉、云南米线持续发力

近年来，米粉赛道持续细分，湖南米粉、云南米线、广西螺蛳粉、川渝米线等一众细分赛道陆续崛起。与此同时，地方米粉品牌亦在产品和渠道等多维度深耕，以便为消费者提供更高的价值感。

1. 品类持续细分，地方米粉品牌冒头

随着湖南米粉、云南米线等细分品类热度上升，米粉赛道持续扩容。据红餐大数据，2023 年全国米粉品类的市场规模超过 700 亿元，预计 2024 年米粉市场规模有望超过 800 亿元。截至 2024 年 6 月，全国米粉门店数超过 30 万家。

目前，品类进一步细分，是近年来我国米粉赛道中较为明显的发展趋势。

首先，湖南米粉、云南米线、江西米粉、广西螺蛳粉、新疆炒米粉等细分赛道发展势头持续上升，上述赛道中均出现了一批规模化相对较高的品牌（见表 4-9）。

表 4-9　2024 年全国部分米粉品牌发展概况

品牌名称	细分赛道	门店数（家）	门店主要分布区域
五谷渔粉	鱼粉	3,200+	广东、河南、湖北等
无名缘米粉	—	2,200+	黑龙江、辽宁等
蒙自源	云南米线	1,600+	广东、福建等
融柳大铁牛螺蛳粉	广西螺蛳粉	1,200+	浙江、江苏、安徽等
花小小新疆炒米粉	新疆米粉	1,100+	山东、河北、北京等
小蛮螺螺蛳粉	广西螺蛳粉	1,000+	河南、山东、河北等
曾三仙米线	川渝米线	820+	四川、江苏、安徽等
阿香米线	云南米线	670+	山东、江苏、浙江等
柳螺香	广西螺蛳粉	590+	广西、广东等
螺鼎记螺蛳粉	广西螺蛳粉	580+	湖南、四川等
莱得快酸辣粉	酸辣粉	390+	重庆、四川等
啊臻味道米粉	新疆米粉	360+	新疆
姐弟俩土豆粉	土豆粉	350+	河南、内蒙古等
吴佳拌米粉	新疆米粉	330+	新疆
魔都三兄弟	酸辣粉	330+	上海、江苏等
辣风芹	新疆米粉	320+	新疆
大鼓米线	云南米线	300+	上海、浙江、江苏等
三品王	广西牛肉粉	260+	广西
小淮娘鸭血粉丝	鸭血粉丝	230+	江苏、浙江等
子固路老南昌拌粉	江西南昌拌粉	230+	浙江、北京等
尝不忘桂林米粉	广西桂林米粉	210+	广西
周真真江西米粉	江西南昌拌粉	210+	江西
李大叔南昌拌粉	江西南昌拌粉	190+	广东
万方圆拌粉瓦罐汤	江西南昌拌粉	180+	江西
霸蛮湖南米粉	湖南米粉	120+	北京、山东等

资料来源：红餐大数据，数据统计时间截至 2024 年 6 月 30 日。

红餐网｜红餐大数据

续表

品牌名称	细分赛道	门店数（家）	门店主要分布区域
谭仔米线	云南米线	110+	中国香港、广东
甘食记成都肥肠粉	肥肠粉	90+	湖北、四川等
三两粉·湖南手工米粉	湖南米粉	90+	广东
胖大碗小锅米线	云南米线	90+	云南
桥香园云南过桥米线	云南米线	70+	云南
红荔村肠粉	广式肠粉	70+	广东
大熊熊螺蛳粉	广西螺蛳粉	70+	广西、广东等
银记肠粉	广式肠粉	60+	广东
肥汁米蘭香港米线	港式米线	50+	上海
灵芝妹子海鲜米线	海鲜米线	50+	辽宁
大弗兰	湖南米粉	50+	广东
山水至尊杀猪粉	湖南米粉	30+	广东
贵凤凰贵州羊肉粉	贵州米粉	10+	北京
彭海军鱼粉	湖南米粉	约 5	湖南

资料来源：红餐大数据，数据统计时间截至 2024 年 6 月 30 日。

红餐网｜红餐大数据

例如，在广西螺蛳粉赛道，融柳大铁牛螺蛳粉、小蛮螺螺蛳粉、柳螺香等品牌的门店规模则相对领先，并且这些螺蛳粉品牌在不断扩张。比如，柳螺香2023 年新开门店数近 200 家，而小蛮螺螺狮粉的新开门店数超 500 家，融柳大铁牛螺蛳粉 2023 年新开门店数超 800家。此外，一批螺蛳粉品牌更开发出螺蛳粉火锅、螺蛳粉砂锅的新玩法，赛道活力十足。

而随着新疆旅游热度的持续走高，新疆炒米粉迅速走红。例如，发源于乌鲁木齐的啊臻味道米粉、吴佳拌米粉、辣风芹，发源于北京的花小小新疆炒米粉，发源于石家庄的西雅苏新疆炒米粉等品牌的门店数均突破了 300 家，其中花小小新疆炒米粉更突破了 1,100 家门店。同时，不少新疆炒米粉品牌推出了新疆炒米粉的零售产品，推动了该细分品类在线上的火热。

而江西南昌拌粉主打"拌粉 + 瓦罐汤"的产品组合，人均消费价格在20 ~ 30 元，以"好吃不贵"的高性价比逐渐铺向全国。江西南昌拌粉的代表品牌如子固路老南昌拌粉、周真真江西米粉开出了超过 200 家的门店，万方圆拌粉瓦罐汤、李大叔南昌拌粉的门店数亦超过了 180 家。

外来米粉品类，如越南河粉亦出现了蔡澜越南粉、PHO 東田越南粉等连锁品牌，进一步提升了米粉赛道的丰富度。

其次，一些发展潜力较强的米粉赛道亦开始进一步细分（见表 4-10）。例如，湖南米粉赛道跑出了杀猪粉、衡阳鱼粉、常德津市米粉等细分赛道。杀猪粉以猪杂为原材料，追求现切、现煮，以食材新鲜、口味鲜为特色。近年来，随着我国"吃鲜"风气渐起，生猪供应链逐渐成熟，杀猪粉亦受到了关注并走出了湖南。例如，成立于广东深圳的山水至尊杀猪粉，其于广东地区积极开拓门店，截至 2024 年 6 月，其全国门店数近 40 家。总体来看，这类细分赛道虽然已跑出了部分连锁品牌，但总体较为分散，品牌力有待进一步加强。

表 4-10 　 2024 年全国部分米粉细分赛道概况

细分赛道	代表品牌
湖南米粉	统桶发卤粉王、大弗兰、霸蛮湖南米粉、三两粉·湖南手工米粉等
云南米线	蒙自源、阿香米线、桥香园、三品阁过桥米线、建新园米线等
广西螺蛳粉	小蛮螺螺蛳粉、柳螺香、螺鼎记螺蛳粉、尝不忘桂林米粉、大熊熊螺蛳粉等
川渝米线(米粉)	曾三仙米线等
新疆炒米粉	花小小新疆炒米粉、吴佳拌米粉、啊臻味道米粉、辣风芹等
江西米粉	李大叔南昌拌粉、子固路老南昌拌粉、万方圆拌粉瓦罐汤、周真真江西米粉等
越南河粉	PHO 東田越南粉、FATPHO 大發越南粉、越岚·正宗越南牛肉粉、蔡澜越南粉等

资料来源：公开信息，红餐产业研究院整理。

红餐网 ｜ H 红餐大数据

而云南米线亦孕育出了云南过桥米线、云南小锅米线、港式米线三个较受关注的细分赛道。云南过桥米线在全国范围内普及度较高，拥有蒙自源、阿香米线等实力品牌。其中，拥有超千家门店的蒙自源深耕云南米线 20 余载，并在云南米线的基础上开发出普适性较强的多种米线类、拌粉类、饭类产品。2023 年 5 月，蒙自源正式在上海和广州开启"双总部战略"，在深耕华南市场的基础上积极开拓华东、全国市场。

而云南小锅米线主要流行于西南、西北、华北等地区，出现了胖大碗小锅米线、薛三郎小锅米线、铁朋小锅米线等连锁品牌。以谭仔米线、肥汁米蘭香港米线为代表的港式米线则积极进入一线、二线城市，知名度逐渐走高。例如，谭仔米线近年积极与八合里牛肉火锅、亚洲汽水等品牌跨界合作，并积极开拓广州、珠海、中山、东莞等市场，成为该区域白领的日常就餐选择（见表 4-11）。

表 4-11　2024 年云南米线主要细分赛道概况

细分赛道	特色	代表品牌
云南过桥米线	起源于云南蒙自地区，讲求以沸汤高温烫熟配料，配料荤素搭配，较为丰富	蒙自源、阿香米线、桥香园过桥米线、建新园等
云南小锅米线	起源于云南昆明地区，主打小锅煮制，汤底口味较为浓郁	胖大碗小锅米线、薛三郎小锅米线、青和小锅米线、铁朋小锅米线等
港式米线	结合云南小锅米线和港式风味，以单底多浇复合味型为特色	谭仔米线、肥汁米蘭香港米线等

资料来源：公开信息，红餐产业研究院整理。

红餐网 | 红餐大数据

2.“现制”成米粉品类升级点，米粉零售成新增量

随着地方米粉品牌的增多，米粉赛道竞争渐趋激烈。不少品牌为了实现差异化竞争，在产品、渠道上不断探索。

产品上，米粉品牌聚焦“现制”，以现炒码子、现制鲜粉、现熬汤底来提升自身的价值感。

其中，部分米粉品牌以“现炒”的方式提升烟火气。例如，三两粉·湖南手工米粉、大弗兰、霸蛮湖南米粉等品牌以辣椒炒肉、小炒黄牛肉、老坛剁椒炒肉等现炒码子搭配米粉产品。此外，三两粉·湖南手工米粉、霸蛮湖南米粉等品牌还推出了辣椒炒肉、小炒黄牛肉、应季时蔬等现炒菜品，凭借着新鲜、有锅气的特征，获得了诸多消费者的追捧。

一些米粉品牌则从“现制鲜粉”切入，凸显自身的独特性。例如，三两粉·湖南手工米粉、甘食记成都肥肠粉、及第粉、小满手工粉等品牌在门店进行鲜粉制作，提出“现磨现蒸”“手打鲜粉”等概念，并在门店设置明档区域，使得消费者能清楚地看到现制鲜粉的产品制作过程，构建出“鲜粉更好吃”的消费认知。

一部分米粉品牌还选择聚焦“现熬汤底”来构建竞争优势。例如，云南小锅米线以小铜锅煮制，有着“一人一锅”的价值感，汤底中加入了臭豆腐或杂酱煮制，味道浓郁；谭仔米线、肥汁米蘭香港米线等港式米线品牌则在高汤的基础上加入鲜鱼食材，提供每日限定鱼汤。

在渠道上，近年来一些米粉品牌积极探索零售渠道。霸蛮湖南米粉、甘食记成都肥肠粉、啊臻味道米粉等品牌都在电商平台布局，推出了速食米粉、小吃等零售产品，打破米粉销售的“时空限制”（见表 4-12）。

表 4-12　2023 — 2024 年全国部分米粉品牌零售产品概况

品牌名称	速食米粉	调味品	其他产品
蒙自源	—	蒜香油辣椒等	野生菌、鲜花饼等
宛禾米线	✓		—
霸蛮湖南米粉	✓	—	猪油拌饭等
甘食记成都肥肠粉	✓	—	—
啊臻味道米粉	✓	炒米粉专用酱	酸奶、泡菜等
贵凤凰贵州米粉小吃	✓	—	腊肠、腊肉、米酒、预制菜、蜂糖李、苹果等
吴佳拌米粉	✓	香辣牛肉酱、辣椒鸡肉酱等	—

资料来源：公开信息，红餐产业研究院整理，数据统计时间截至 2024 年 6 月 30 日。　红餐网｜红餐大数据

在米粉品牌积极提升自身实力的同时，地方政府亦持续发力，推进米粉产业建设，使得米粉赛道产业化程度不断提升。例如，广西壮族自治区柳州市、江西省、河南省、四川省绵阳市等地方政府都从政策扶持、平台搭建、资金投入、标准体系建设等方面切入，推动当地特色米粉的发展。其中，广西壮族自治区柳州市的螺蛳粉产业成绩尤为亮眼。官方数据显示，2023 年柳州螺蛳粉产业实现全产业链年销售收入 669.9 亿元，同比增长 11.5%。在地方政府的支持下，米粉供应链、产业链不断完善，上中下游紧密联动协作，为米粉产业的持续健康发展提供了有力保障。

可见，随着地方米粉品牌的不断崛起，米粉赛道正日益展现出其多元化的发展态势。这些米粉品牌凭借各自独特的风味，在市场上获得了广泛的认可。同时，米粉品牌也在积极构建品牌的深度和广度，通过创新制作工艺、挖掘新渠道等方式满足消费者的多样化需求。

总体而言，随着粉面赛道的不断扩容，粉面赛道的发展呈现出欣欣向荣的态势，但仍存在一些经营挑战，如地方粉面产品教育成本较高、跨地域发展难度大、速食粉面制作工艺有待成熟等。粉面品牌需要不断创新和进步，才能在市场中脱颖而出。

第三节　卤味：
创新产品、升级服务，品牌持续挺进年轻消费市场

近年来，随着我国餐饮行业加速转型升级，"Z世代"在消费者中的比重逐渐上升。为了更好地满足年轻人群的消费需求，不少卤味品牌积极求变，或发力新爆品，或以独特的口味差异化突围，或与不同品类结合……一时间，卤味赛道新玩法、新模式层出不穷。

一、拓店、上新加快、新鲜玩法频现，卤味赛道以变应变

2023年以来，"增长、求变、年轻化"成了卤味赛道发展的关键词。

一方面，头部卤味品牌不断扩大门店规模，加快拓店速度。红餐大数据显示，

2023年，头部卤味品牌绝味鸭脖、紫燕百味鸡、周黑鸭新增超千家门店，煌上煌、久久丫、九多肉多等品牌亦新开出了数百家门店（见图4-7）。

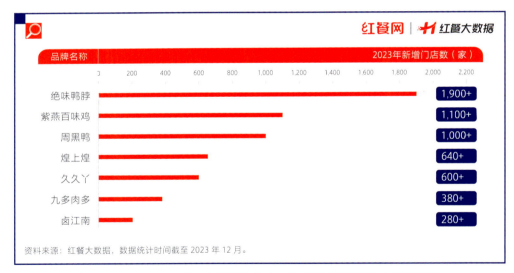

资料来源：红餐大数据，数据统计时间截至2023年12月。

图4-7　2023年全国部分卤味品牌新增门店数情况

另一方面，为了吸引更多的年轻消费者，诸多卤味品牌全面扩充了产品线，加快了上新频率。比如，自 2023 年以来，绝味鸭脖推出了虎皮凤爪系列、黄金爆籽鱼丸、爆一脖发财桶等新品；周黑鸭推出了干煸辣子鸡、甜辣小鸡腿、手撕鸭脖、糊辣椒凤爪等新品；紫燕百味鸡则上新了爽脆三丝、冒烤鸭、香拌猪头皮等产品，受到诸多消费者的关注。

针对热门产品，卤味品牌还研发出了多种口味，以满足不同消费人群的需求。如绝味鸭脖的虎皮凤爪系列设有蒜香、甜辣、糊辣、五香口味；周黑鸭的小龙虾球产品设有香辣、麻辣、蒜蓉三种口味；紫燕百味鸡的凤爪产品设有五香、红油、酸辣等口味。

在卤味品牌积极创新的努力下，多个卤味品牌 2023 年均实现了营收、利润的双增长，卤味赛道的市场规模也得以进一步扩容。红餐大数据显示，2023 年全国卤味品类的市场规模上升至 3,120 亿元，同比增长 4.8%，预计 2024 年市场规模将达到 3,240 亿元（见图 4-8）。

图 4-8　2018 — 2024 年全国卤味市场规模概况

从卤味门店的区域分布来看，红餐大数据显示，截至 2024 年 6 月，华东区域的卤味门店数最多，约占全国总门店数的 34.4%，其次是华中、西南区域。从省级行政区分布来看，江苏、广东、山东三大省份拥有最多的卤味门店，湖北、河南、四川、湖南等省级行政区亦名列前茅。这或与当地特色卤味品牌的兴盛有关。比如，湖南、湖北地区分别催生出"卤味巨头"绝味鸭脖和周黑鸭，山东地区孕育出了主打山东名吃的德州扒鸡，河南地区拥有九多肉多、菊花开手撕藤椒鸡等连锁品牌。

根据产品属性的不同，卤味的细分赛道主要分为三类，分别是休闲卤味、佐餐卤味、热卤。目前，这三个赛道均有各自的知名品牌（见表 4-13）。

表 4-13　　2024 年全国卤味细分赛道一览

细分赛道	产品属性	代表产品	门店选址	代表品牌
休闲卤味	闲暇时享用的卤制食品	卤鸭脖、卤鸭翅、卤小龙虾等	交通枢纽、超市、街边等	绝味鸭脖、周黑鸭、煌上煌、廖记棒棒鸡等
佐餐卤味	在家庭以及餐厅、酒店等餐桌消费场景享用的佐餐食品	扒鸡、口水鸡、夫妻肺片等	农贸市场、社区、商超等	紫燕百味鸡、九多肉多、卤江南、留夫鸭等
热卤	现点即做，可充当小吃、快餐的卤制食品	卤面、鸡爪、猪油拌粉等	以商场、商圈为主	盛香亭热卤、研卤堂、热卤食光等

资料来源：公开信息，红餐产业研究院整理。

红餐网 | 红餐大数据

休闲卤味的发展历史较长，孕育出的知名品牌较多，绝味鸭脖、煌上煌、周黑鸭三大"卤味巨头"均出自休闲卤味赛道。其中，绝味鸭脖门店规模遥遥领先于其他品牌，目前总门店数超14,000 家，进驻超 350 个城市（见表4-14）。

表 4-14 2024 年全国部分卤味品牌发展概况

品牌名称	门店数（家）	进驻城市数（个）
绝味鸭脖	14,000+	350+
紫燕百味鸡	6,300+	220+
周黑鸭	3,600+	230+
煌上煌	3,500+	190+
久久丫	1,900+	50+
窑鸡王	1,800+	230+
九多肉多	1,500+	60+
卤江南	1,000+	10+
留夫鸭	780+	20+
廖记棒棒鸡	630+	80+
麻爪爪	600+	10+
辣小鸭	410+	50+
菊花开手撕藤椒鸡	380+	40+
卤三国	360+	170+
德州扒鸡	330+	40+
洪濑鸡爪	320+	60+
盛香亭热卤	300+	40+
研卤堂	110+	50+
热卤食光	60+	40+

资料来源：红餐大数据，数据统计时间截至 2024 年 6 月 30 日。

红餐网 | 红餐大数据

刚需属性较强的佐餐卤味赛道亦出现了多个知名品牌。比如，紫燕百味鸡目前已开出超 6,000 家门店，并于 2022 年成功上市，成为"佐餐卤味第一股"；九多肉多和卤江南开出了超 1,000 家门店；留夫鸭、菊花开手撕藤椒鸡、德州扒鸡亦开出了数百家门店，在所在的区域享有较高的知名度。

新式热卤品牌则在保有自身发展特性的同时，持续稳步拓店。比如，红餐大数据显示，截至 2024 年 6 月，盛香亭热卤已开出了超 300 家门店，进驻超 40 个城市。研卤堂亦已开出了超百家门店，进驻超 50 个城市。

二、休闲卤味：发力新爆品，加速攻占年轻消费者市场

2023 年，卤味市场整体回暖，休闲卤味品牌通过提升品牌渗透率、推出新产品、拓展新渠道等方式，实现了业绩企稳回升。

各卤味头部品牌的财报显示，2023 年绝味食品实现营业收入 72.61 亿元，同比增长 9.64%；周黑鸭实现营业收入 27.44 亿元人民币，同比上涨 17.1%。仅有煌上煌的复苏略显缓慢，2023 年煌上煌实现营业收入 19.21 亿元，同比下降 1.7%。2024 年第一季度绝味食品实现营业收入 16.95 亿元，归母净利润为 1.65 亿元，同比增长 20.02%；煌上煌实现营业收入 4.58 亿元，同比下降 10.56%（见图 4-9）。

图 4-9　2019 — 2023 年周黑鸭、绝味鸭脖、煌上煌营收情况

近两年，休闲卤味品牌为了赢得更多年轻消费者的欢心，在产品研发、品牌传播策略方面持续加码。

在产品研发上，休闲卤味品牌在传统的鸭货产品之外，积极打造卤味爆品。比如，"卤味巨头"绝味鸭脖于 2020 年通过股权投资的方式投资了小龙虾相关产业，近两年来相继推出红宝石虾球、

"虾粒 wow"龙虾桶等小龙虾相关产品。周黑鸭于 2017 年开发小龙虾单品，其 2023 年 1 — 7 月虾球累计销售额超过亿元。在两大头部品牌的发力之下，小龙虾成了休闲卤味赛道备受瞩目的爆品。

在品牌传播策略方面，休闲卤味品牌采用了联名、直播、造节等方式，以求更好地与年轻消费者进行沟通交流。

比如，绝味鸭脖陆续与电视剧《甄嬛传》、腾讯游戏《元梦之星》等 IP 联名，推出套餐产品、周边等。其中，绝味鸭脖与《甄嬛传》的联名，推出了趣味性十足的抽盲卡活动，并通过线上线下的诸多联动，取得了较好的效果；周黑鸭推出了"超级星期三"品牌节日，在周三推出特价优惠活动，通过"造节"激发消费者的分享热情，提升品牌声量。为了顺应消费市场上的"国潮风"，周黑鸭还于 2024 年打出"中国卤味"的定位，进一步强化品牌形象。

直播作为餐饮行业的流量风口，同样成了休闲卤味品牌关注的焦点。绝味鸭脖、周黑鸭、煌上煌、久久丫等品牌都积极与各大直播平台合作，打造自营的直播间。比如，绝味鸭脖在 2023 年 9 月 22 日— 10 月 7 日，推出"# 秋天也要快乐鸭#抖音心动大牌日#双节同庆"直播活动，该活动在抖音直播平台的交易额超过 6,600 万元，成交订单数量超 280 万单，创下卤味行业单场直播交易记录冠军。

三、佐餐卤味：创新产品、改进服务模式，餐桌争夺战升级

近年来，佐餐卤味赛道的热度节节攀升，品牌发展亦在提速。2023 年，"佐餐卤味第一股"紫燕百味鸡实现了净利增长，其 2023 年归属于上市公司股东的净利润为 3.32 亿元，同比增长 49.46%。此外，九多肉多、卤江南等品牌也在积极扩大产能、加速拓展门店。

与此同时，佐餐卤味品牌通过创新产品、改进服务模式等方式，拓展午餐、晚餐等消费场景，再度升级了佐餐卤味赛道的"餐桌争夺战"。

比如，紫燕百味鸡于 2023 年推出了多种凉拌菜新品，以及热卤产品如冒烤鸭、紫燕鹅、香酥鸭等，以"热卤 +凉菜"的模式，满足正餐、夜宵、"一人食"等多样化的消费场景。卤江南则于 2023 年冬季上新四款热卤"暖暖煲"，如竹笋鸭·江南小火锅、东北卤鹅·寒地小火锅等，以小火锅产品切入正餐消费场景。而周黑鸭则宣布将全面铺开"锁鲜 & 散卤二合一门店"战略模式。

留夫鸭打造出了热卤门店新模式，其在传统凉拌菜的基础上，推出了热卤套餐，如香卤鸭套餐饭、卤味双拼套餐饭等。上述每个套餐中均包括热卤、素拌菜、蔬菜、米饭等，菜品荤素结合，以便更好地满足消费者的用餐需求。

四、热卤：与多种品类结合，探索"热卤＋"的不同可能性

与佐餐卤味品牌相似，热卤品牌亦颇为关注消费者午餐、晚餐的需求。不少热卤品牌通过将热卤产品与不同的品类（如甜品、茶饮等）结合，或在菜单中加入米饭套餐、粉面套餐等，探索"热卤＋"的不同可能性（见表4-15）。

比如，盛香亭热卤结合了日式关东煮的形式，推出了金汤爽卤杯，并上新了芥菜卤拌馄饨等馄饨类产品；热卤食光则主打"卤味浇头配粉"的产品组合，拥有大盘炸蛋拌粉等产品；研卤堂推出了卤香鸡排饭、卤香腊肠鸡排饭等米饭套餐；深耕深圳的热卤品牌一心一味则陆续推出了酸辣鸡杂饭、猪脚饭等产品。

表 4-15　2024 年全国部分热卤品牌扩充的产品一览

品牌名称	甜品	饮品	其他
盛香亭热卤	金桂酒酿冰豆花、沁爽竹蔗冰粉、青团冰豆花、紫苏杨梅冰凉粉	—	金汤爽卤杯（选用酸辣金汤烹制关东煮食材）、芥菜卤拌馄饨、腊香卤拌馄饨
热卤食光	啵啵猫爪冰粉	鸭屎香柠檬茶、桂花酸梅汤	主打"卤味浇头配粉"的产品组合，推出大盘炸蛋拌粉，以及热卤把子肉、热卤素鸡等与米粉适配的热卤产品
研卤堂	椰汁波波冰粉、蜜桃乌龙冰粉、山楂洛神冰粉、黑糖琥珀冰粉	—	卤香鸡排饭、卤香腊肠鸡排饭、卤香热卤拌饭等

资料来源：公开信息，红餐产业研究院整理。

此外，研卤堂还对"卤味＋麻辣烫"两大小吃快餐的组合进行创新性的探索。2023 年 12 月，研卤堂推出卤味麻辣烫门店模式，打造出"能吃卤味的麻辣烫"，并推出草本卤汤、麻辣干拌两种味型。

除了布局"餐桌战场"之外，部分热卤品牌通过独特的调味方式来突出口味差异化，吸引了不少消费者关注。其中较受瞩目的是曹氏鸭脖，其掘金辣卤口味，以"变态辣"占领消费者味蕾。

虽然卤味赛道目前发展得较为平稳，但是其也面临一些挑战。比如，休闲卤味产品相对雷同，同质化竞争相对激烈；佐餐卤味地域性特征明显，赛道集中度有待进一步提升；相比起其他小吃快餐品类，热卤刚需属性还需加强。

不过，随着消费者对卤味的需求不断增加，品牌在产品创新、口味多样化、营销策略等方面的不断探索和创新，上述挑战或有望被一一突破。

第四节　西式快餐：

"中式风""咖饮潮"正盛，头腰部品牌大举拓店

近年来，西式快餐头腰部品牌不断加快规模化与本土化的进程，业绩颇为亮眼。在此背景之下，我国西式快餐赛道的市场规模增速得以快速提升，实现了显著的进化。

一、概述：规模化程度进一步提升，头腰部品牌大举拓店

2023 年至今，我国的西式快餐赛道出现了两个较为明显的发展特征，分别是规模化程度进一步提升和本土化程度再深化。基于此，我国的西式快餐赛道再度扩容。红餐大数据显示，2023 年我国西式快餐市场规模达 2,680 亿元，同比增长 29.6%，预计 2024 年市场规模有望超过 2,900 亿元（见图 4-10）。

图 4-10　2019 — 2024 年全国西式快餐市场规模概况

一方面，我国的西式快餐赛道规模化程度持续提升。2023 年至今，多个西式快餐品牌均在加速开店。

在综合型西式快餐赛道，肯德基于 2023 年在我国新开出了超 1,900 家门店，其在我国的门店数量突破万店，正式成为我国餐饮行业"万店品牌"中的一员（见图 4-11）。在"万店"规模的驱动之下，肯德基业绩上升态势明显。

百胜中国 2023 年业绩公告显示，百胜中国旗下肯德基 2023 年实现收入 82.4 亿美元，同比增长 14.14%。百胜集团 2023 年全年营 109.8 亿美元，同比增长 15%（见图 4-12）。此外，麦当劳、华莱士在 2023 年均新开出约千家门店。

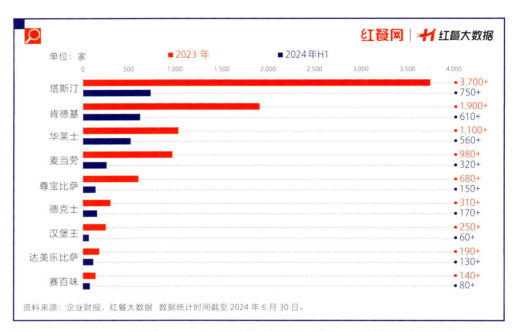

图 4-11　2023 年至 2024 年上半年全国部分西式快餐品牌新增门店数

图 4-12　2019 年至 2024 年第一季度百胜中国营业收入概况

中式汉堡赛道 2023 年以来发展迅猛，诸多品牌迎来了快速发展期。如塔斯汀于 2023 年新开出超 3,700 家门店，截至 2024 年 6 月，其全国总门店数超7,500 家，反超麦当劳。享哆味的全国门店数亦突破 2400 家（见图 4-13）。

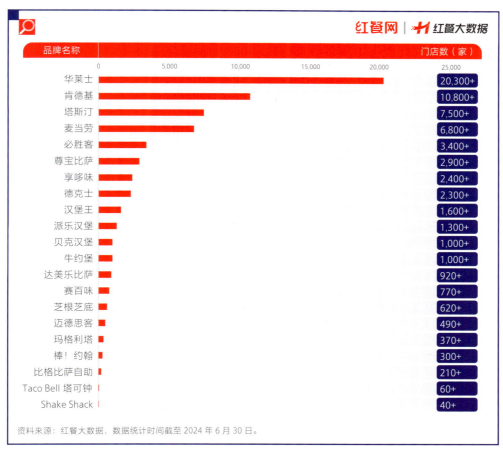

资料来源：红餐大数据，数据统计时间截至 2024 年 6 月 30 日。

图 4-13　2024 年全国部分西式快餐品牌发展概况

比萨赛道中一众品牌亦表现颇佳。例如，比萨品牌达美乐比萨于 2023 年在港交所挂牌上市，其 2023 年新开出超 190 家门店。达美乐比萨首份年报显示，2023 年达美乐中国全年营收 30.5亿元，同比增长 51%；除所得税前利润为 227.5 万元，经调整净利润为 877.8万元，而 2022 年同期亏损约 1.14 亿元，实现扭亏为盈。

此外，起源于美国的汉堡品牌汉堡王、三明治品牌赛百味、炸鸡品牌Popeyes 都计划进一步在我国餐饮市场上发力，扩张门店版图。

另一方面，众多西式快餐品牌在追求规模化发展的同时，也在本土化策略上持续深化。

在产品研发方面，许多西式快餐品牌借鉴中式食材和调味方式，推出中西合璧的产品。例如，美国汉堡品牌 Shake Shack 受到中式麻辣风味的启发，推出了香辣萝豆牛肉堡和椒麻塔塔鸡肉堡等新品，赢得了消费者的喜爱。

在门店设计方面，西式快餐品牌同样注重与中国文化的结合。比如，肯德基以中国传统文化为灵感，打造了苏州园林和"杜甫草堂"等风格的主题门店，为消费者带来了沉浸式的用餐体验。而

Shake Shack 的佛山首店则以醒狮文化为主题打造出创意围挡，展现出了浓厚的中国风。

在品牌营销方面，西式快餐品牌积极挖掘中国的当代流行文化和传统文化元素。肯德基以"祝你 KFC"［即"祝你快（Kuai）发（Fa）财（Cai）"的谐音］为主题，巧妙地玩"谐音梗"，引发了众多网友的热议。必胜客则与上海美术电影制片厂合作，推出了"五宝闹新春"系列周边产品，唤起了一些"80后""90后"消费者的童年回忆和情感共鸣。

在上述策略的持续作用下，西式快餐赛道呈现出了新的发展态势。

二、产品："中式风""咖饮潮"正盛，品牌深挖新消费趋势

近几年，部分西式快餐品牌在产品方面不断作出新的尝试，以更好地满足广大本土消费者的需求。

不少品牌选择深挖多个消费场景与消费时段，扩充产品线，以满足消费者在不同场合下的需求。比如，肯德基持

续关注消费者"一早一晚"的就餐需求，不断扩充其早餐和宵夜时段的产品种类；华莱士推出了乐山钵钵鸡风味脆藕堡、0 酒精气泡啤等限定新品，加码"宵夜江湖"；汉堡王则推出了多款早餐新品以及"9.9 早餐两件"等早餐套餐（见表 4-16）。

表 4-16　　2023 — 2024 年上半年全国部分西式快餐品牌推出的早餐、宵夜新品

品牌名称	早餐新品	宵夜新品
肯德基	热干面、螺蛳粉、北京炸酱面、芝士鸡肉帕尼尼等	西北风味孜然牛／羊肉串、爆汁香肠串、爪爪盒、嗷嗷大鸡架、肉酥贝贝油条等
华莱士	—	乐山钵钵鸡风味脆藕堡、0 酒精气泡啤、大漠孜然烧烤香骨鸡等
汉堡王	蟹柳牛油果蛋可颂、菌菇猪肉蛋麦芬、多彩时蔬烤鸡卷等	—

资料来源：公开信息，红餐产业研究院整理。

红餐网｜红餐大数据

除了扩充产品线，针对我国市场的新消费趋势对现有产品进行创新，也是西式快餐连锁品牌的重要产品创新方向。中式汉堡的崛起无疑是西式快餐赛道近几年较受瞩目的趋势之一。在这股"中式改良"的风潮之下，不少外来的西式快餐品牌开始入局，推出中式汉堡产品。率先入局的是肯德基，其于2023 年 6 月推出现烤饼皮的"饼汉堡"产品。为了测试市场反应，肯德基首先在部分城市进行了限定上新。经过一段时间的市场观察和产品优化，该产品于2023 年 11 月被推向了肯德基全国门店。

此外，对于正在我国发展得如火如荼的咖饮品类，一些西式快餐头部品牌亦颇为关注并持续布局。据红餐产业研究院发起的"2024 年餐饮消费大调查"，从点单偏好来看，传统的西式快餐产品如汉堡、炸鸡、薯条是西式快餐消费者最喜爱的食物，分别占比 67.4%、53.5% 和 55.9%。值得留意的是，茶饮、咖饮等近年来市场热度较高的饮品，亦颇受西式快餐消费者青睐，占比分别达到了 7.6% 和 8.4%（见图 4-14）。

图 4-14　2024 年西式快餐消费者点单偏好情况

基于此，西式快餐品牌近年来在茶饮、咖饮产品的研发上投入了不少资源，推出各式各样的茶饮、咖饮产品，在满足消费者的这一需求的同时也为品牌带来了新的增长点。例如，两大"巨头"麦当劳、肯德基旗下均设有咖饮子品牌。随着近年国内咖饮市场进入高速发展期，这两大品牌的咖饮子品牌均在不断丰富咖饮产品。比如，针对中国咖饮消费者嗜奶的喜好，麦咖啡就在 2023 年推出了新品奶铁冰冰冰奶铁，产品中含有一整块由奶铁液加工而成的"奶铁冰"，可保证冰块在融化后，咖啡依然保持着较好的风味和口感；KCOFFEE 则推出了海盐焦糖风味雪顶咖啡、百香果九珍气泡美式、0 糖生椰拿铁等新产品，往果咖、零糖等方向探索。

在推出新品的同时，西式快餐品牌开始采取不同的价格策略，以更好地应对市场竞争。比如，肯德基把价格下探，于 2023 年 12 月推出了"价格重回 2006 年"全家桶，并开展免费可乐、喜袋、大神卡万店版等一系列促销活动。汉堡王则启动了大幅优惠活动，推出"天天 9.9 元"套餐，为消费者提供"9.9 元 1 个汉堡""9.9 元 2 个汉堡"等福利套餐。

业内人士指出，肯德基、汉堡王等品牌选择降价，是在降本增效的路线、高性价比的品牌定位上继续深化。此类"硬折扣"（Hard discount）的策略，旨在砍掉商品的品牌溢价、低效的供应链环节以及非必要的经营成本，从而为消费者提供高质低价的产品，以便更好地满足消费者的用餐需求。

三、门店布局：区位下沉、多点位布局，加速扩张市场

面对我国庞大的、层次丰富的消费市场，近年来诸多的西式快餐品牌纷纷采取了区位下沉、多点位布局的扩张策略。

首先，随着西式快餐品类在一线、二线城市的竞争渐趋激烈，越来越多的品牌把目光投向了广阔的下沉市场，聚焦到县、乡、镇等市场。

红餐大数据显示，截至2024年6月，华莱士、塔斯汀、德克士、派乐汉堡等专注于下沉市场的西式快餐品牌，其在

三线及以下城市的门店数占比均已超过了40%。而起步于一线和二线城市的肯德基、麦当劳、达美乐比萨等品牌，近年来亦在加速对下沉市场的渗透。

整体而言，我国西式快餐品类在下沉市场的门店数占比有着上升的趋势。红餐大数据显示，截至2024年6月，西式快餐在三线及以下城市的门店数占比接近五成，达到48.4%，相比起2023年的占比（46.1%）上升了2.3个百分点（见图4-15）。

图 4-15 2023 年至 2024 年上半年全国各线级城市西式快餐门店数占比分布

具体至城市的门店点位，在商超、购物中心等点位之外，众多的西式快餐品牌选择社区、高校等点位，挖掘不同圈层的消费人群。

相比商场店，社区店有着租金相对较低的特点，且地理位置邻近居民生活区，消费黏性较高，因而成为众多西式快餐品牌争相布局的点位。例如，麦当

劳陆续与中海地产、中铁置业等地产商合作，将麦当劳门店引入上述地产商所布局的住宅小区。此举不仅加强了麦当劳在城市中的覆盖，还通过与地产商的合作，实现了双方资源的互补，带动片区商业水㟃的提升。中式汉堡品牌塔斯汀则以社区为重点布局点位，以低成本选址、高覆盖人群的模式实现快速扩张。尊宝比萨选择扎根于社区店，集中选址住宅小区、小型社区等点位，搭配小店模型、聚焦外卖的业务模式，实现线上线下的多维度渗透。

高校是一个相对封闭的环境，相较商场门店，高校内的餐饮门店有机会享有稳定的客流量和较高的复购率。同时，学生群体对于新颖、时尚的餐饮体验有着旺盛的需求，因此不少西式快餐品牌将目光投向高校，试图在这一市场中占据一席之地。例如，2023 年至今，麦当劳陆续在北京邮电大学、广东文理职业学院等高校开出校园新店，肯德基亦陆续进驻广东工业大学、四川西南航空职业学院、华南师范大学等高校。

不过，高校餐饮的入驻条件比较严苛，同时也会涉及假期学生放假，客流减少的问题，这些都需要品牌进行综合考量。

四、消费端：消费者的消费时段与点单偏好趋向多样化

从消费者画像来看，年轻消费者是西式快餐的主力消费群体。据红餐产业研究院发起的"2024 年餐饮消费大调查"，在西式快餐消费者中，18 ~ 25 岁和 26 ~ 30 岁的年轻人群是主要的消费群体，分别占比 28.7% 和 27.7%（见图 4-16）。这两个年龄段的消费者对新鲜事物和时尚潮流有着较高的追求，西式快餐品牌新潮的营销玩法、独特的品牌形象和产品创新对他们具有较大的吸引力。此外，31 ~ 35 岁、36 ~ 40 岁的消费群体亦在西式快餐消费者中占有较大的比例，分别占比 16.7% 和 10.7%。这一年龄段消费者对品质、口感和服务的要求较高，这一点值得西式快餐品牌关注。

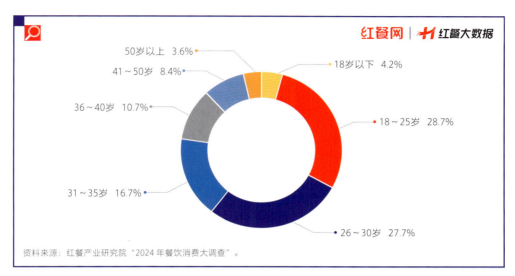

图 4-16　2024 年西式快餐消费者年龄段占比分布

另外，西式快餐消费者有着明显的消费偏好。从消费时段来看，"2024 年餐饮消费大调查"显示，在西式快餐消费者中，午餐时段和晚餐时段是其主要的消费时段，分别占 46.2% 和 39.7%。这说明午 / 晚餐的正餐时段在西式快餐品类中仍占据主导地位。此外，下午茶时段、早餐时段也占据了一定的市场份额，分别达到了 28.2% 和 14.9%（见图 4-17）。可见，下午茶与早餐也是不可忽视的市场，值得持续深挖。

图 4-17　2024 年西式快餐消费者消费时段情况

从营销活动来看，优惠折扣和赠券是西式快餐消费者最喜爱的营销活动，占比为65.3%（见图4-18）。消费者在面对优惠折扣和赠券时，往往会有一种即时的获得感。同时，经常推出新产品在西式快餐消费者中也拥有较高的吸引力，占比达到了29.5%。这反映了消费者对于多样化产品的追求。

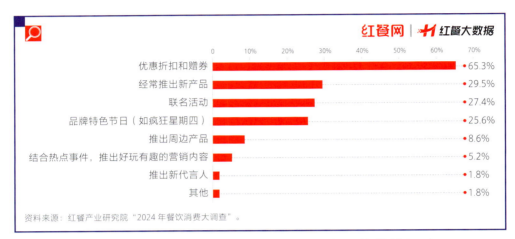

资料来源：红餐产业研究院"2024年餐饮消费大调查"。

图 4-18　2024 年西式快餐消费者喜爱的营销活动

此外，联名活动亦是西式快餐消费者较为喜爱的营销活动之一，占比为27.4%。通过与其他品牌进行跨界合作，能够为消费者带来丰富的消费体验。

综合以上调研结果，2024年的西式快餐市场展现出消费群体年轻化、消费时段与点单偏好多样化等特点。西式快餐品牌应紧跟市场步伐，针对消费人群的需求和偏好，制定对应的市场策略。

总体而言，西式快餐赛道发展得较为成熟，头部品牌的规模化程度和本土化程度不断加深，并且有着稳定的消费群体且消费者有着明显的消费偏好。但该赛道目前依然面临着一些挑战，比如西式快餐品牌在下沉市场的争夺或将日趋激烈，这对品牌的综合发展能力提出了更高的要求。此外，加盟乱象、食品卫生安全问题等时有发生，赛道尚需不断规范化。西式快餐品牌需要正视这些问题，积极寻求解决方案，以实现可持续发展。

第五节　比萨：
放加盟、做小店，品牌加速"卷"入年轻人市场

近年来，比萨赛道呈现出一派新气象。一批连锁比萨品牌加速开店，并推出多种风味、饼底的比萨产品，在营销方式上也屡屡创新。

一、美式比萨成主流，快餐类、简餐类品牌错位竞争

关于比萨的起源有很多种说法，但是最广泛的理论是起源于意大利的那不勒斯小镇。那不勒斯小镇制作的比萨推崇薄底、配料精简和新鲜，受到了世界多国消费者的喜爱。20世纪初，比萨开始在美国流行，之后比萨被当地的从业者进行改造，厚底、配料丰富的美式比萨由此诞生。其中，以水果为原料的夏威夷比萨正是比萨"美国化"的产物。

比萨在美国经过"本土化"改造后大受欢迎，也孕育出了众多以美式比萨为主打的比萨品牌，如必胜客、达美乐比萨、棒！约翰等。

作为舶来品，比萨在我国的发展历史相对较短。20世纪90年代，随着美式比萨品牌必胜客进入我国，比萨在我国开始落地开花。彼时，比萨常被视为中高端西餐，意味着时髦的生活方式和高消费的餐饮选择。20世纪末至21世纪初，以尊宝比萨、比格比萨自助等为

代表的本土比萨品牌崛起。这些本土比萨品牌推出了众多性价比较高的比萨产品，让比萨逐渐成为国内消费者喜闻乐见的食物。目前，我国比萨市场以美式比萨为主流。

而为了把比萨推向更广大的人群，我国从业者对比萨作出了本土化的改造。2009 年起，以乐凯撒披萨为首的品牌，创新性地推出了榴梿比萨，在市场上引发"榴梿比萨潮"。其后，麻辣比萨、红烧比萨等本土化产品时有出现。

近年来，随着我国餐饮业连锁化程度不断提高，比萨品牌持续扩张，比萨赛道发展热度高涨。红餐大数据显示，全国比萨市场规模从 2019 年的 340 亿元增长至 2023 年的 435 亿元，预计 2024 年将达到 480 亿元，同比增长 10.4%（见图 4-19）。

图 4-19　2019 — 2024 年全国比萨市场规模概况

同时，比萨赛道的入局者亦越来越多。红餐大数据显示，截至 2024 年 6 月，全国比萨门店接近 6 万家。

从经营模式来看，我国的比萨品牌可主要分为快餐类和简餐类。尊宝比萨、达美乐比萨、芝根芝底、玛格利塔现烤披萨等品牌主打性价比的产品，门店装修相对简单，座位较少，倾向于以快餐的思路做比萨。

其中，达美乐比萨凭借"30 分钟内送达"的承诺和多样化的产品快速占领国内市场，其中国特许经营商达势股份于 2023 年成功在港交所上市。尊宝比萨凭借社区小店的店型快速扩张，据红餐大数据，截至 2024 年 6 月，其已开出超 2,900 家门店。芝根芝底和玛格利塔现烤披萨关注"一人食"和外卖场景，门店数均超过 300 家（见表 4-17）。

表 4-17　2024 年全国部分比萨品牌发展概况

品牌名称	门店数量（家）	进驻城市数（个）	门店主要分布区域
必胜客	3,400+	320+	广东、江苏、浙江等
尊宝比萨	2,900+	240+	广东、福建、湖南等
达美乐比萨	920+	40+	上海、广东、北京等
至尊比萨	640+	80+	广东、湖北、湖南等
芝根芝底	620+	90+	江苏、福建、浙江等
玛格利塔现烤披萨	370+	60+	福建、山东等
棒！约翰	300+	30+	上海、北京、江苏等
比格比萨自助	210+	40+	北京、河北、山东等
乐凯撒披萨	190+	10+	广东、上海等
City1+1 城市比萨	160+	30+	吉林、黑龙江、内蒙古等
好伦哥	80+	20+	北京、河北等
牛男手造比萨	50+	20+	江西、江苏等
圣比萨	50+	10+	浙江
比萨玛尚诺	40+	10+	上海、广东等
Tubestation 站点比萨	30+	约 6	北京
HOMESLICE 斯莱仕披萨	约 4	1	上海

资料来源：红餐大数据，数据统计时间截至 2024 年 6 月 30 日。

红餐网｜红餐大数据

简餐类比萨品牌则以优雅的环境、丰富的 SKU 等吸引消费者，人均消费价格相对快餐类比萨品牌要高。比如，乐凯撒披萨、必胜客、棒！约翰除了比萨产品外，还提供牛排、意面、沙拉、三明治等产品，主打家庭聚餐、商务聚餐的场景。据红餐大数据，截至 2024 年6 月，必胜客的全国门店数超 3,400 家。棒！约翰近年来亦加速对品牌进行年轻化改造，发展势头上扬。比格比萨自助、好伦哥则聚焦比萨自助模式，比萨玛尚诺通过深耕意式薄底比萨，实现了错位竞争。

二、放加盟、做小店，品牌规模化竞争加剧

近年来，随着我国消费者对比萨的接受程度不断提高，比萨品类的发展潜力得到进一步释放。电商、新零售市场中出现了不少冷冻比萨产品，推出冷冻比萨的品牌如小萨牛牛、披萨在线等亦开始获得关注。

在餐饮市场上，比萨品牌开始加速开店抢占全国市场。红餐大数据显示，必胜客、尊宝比萨、达美乐比萨均于2023年开出了超百家新店，其中必胜客和尊宝比萨的新开门店数超过500家（见图4-20）。

图 4-20　2023 年至 2024 年上半年全国部分比萨品牌新开门店数情况

不少比萨品牌还公布了"万店""千店"的扩张计划。如尊宝比萨于2023年宣称"冲刺万店"，未来三年计划突破5,000家门店；达美乐比萨计划于2024年达成千店；必胜客亦表示未来三年将保持每年新增数百家门店。

为了加速占领市场，一众比萨品牌通过开放加盟、进一步下沉、把店型做"小"等方式进行探索。

首先是开放加盟。自2022年起，比萨玛尚诺、City1+1城市比萨、乐凯撒披萨等此前主打直营的比萨品牌，都陆续开放了加盟（见表4-18）。开放加盟之后，这些比萨品牌能够借力加盟商，以风险共担的形式快速拓店。

表 4-18 全国部分比萨品牌开放加盟／联营的概况

品牌名称	开放加盟／联营时间（年）	发展模式
比萨玛尚诺	2022	直营＋加盟
City1+1 城市比萨	2022	直营＋加盟
乐凯撒披萨	2024	直营＋加盟

资料来源：公开信息，红餐产业研究院整理。

红餐网｜红餐大数据

其次，不少专注于一线和二线城市的品牌，如必胜客、乐凯撒披萨、达美乐比萨，纷纷进行下沉市场的探索（见表 4-19）。其中部分品牌已取得了亮眼的成绩。例如，据达势股份财报，2023 年，达美乐比萨在济南、武汉、成都、青岛、温州、常州开设的 48 家门店中，平均预期投资回报期约为 9 个月，经营成绩颇为亮眼。

表 4-19 2024 年全国部分比萨品牌下沉动向

品牌名称	动向
必胜客	百胜中国方面表示，与高校、医院、景区、加油站、高速路服务站等点位，小镇、偏远地区以及五线、六线小城市的加盟商合作，是必胜客未来三年的战略重要部分
达美乐比萨	在苏州、杭州、西安、青岛等新一线、二线城市加密布局，加速进入常州、温州、南通、宁波等三线及以下城市
乐凯撒披萨	乐凯撒披萨在官宣开放特许经营时，表示希望借此将门店网络延展至新一线、二线城市，并向社区进一步拓展

资料来源：公开信息，红餐产业研究院整理。

红餐网｜红餐大数据

这主要是由于一线、二线城市的市场竞争激烈。红餐大数据显示，截至 2024 年 6 月，超过六成的比萨门店位于一线、新一线、二线城市。同时，下沉市场的消费者对于比萨存在着一定的需求，比萨品牌在下沉市场或有一定的发展空间。对比 2023 年和 2024 年的数据可知，位于三线及以下城市的比萨门店占比从 2023 年的 33.5% 上升至 2024 年的 36.1%，可见比萨品牌的下沉趋势逐渐明显（见图 4-21）。

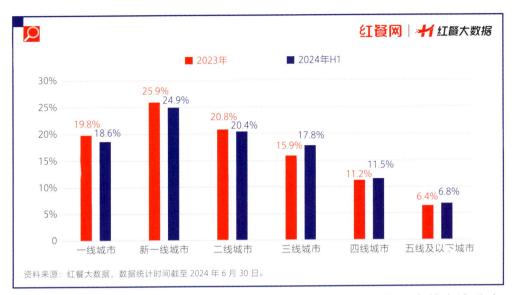

图 4-21　　2023 年至 2024 年上半年全国各线级城市比萨门店数占比分布

与此同时，部分简餐类比萨品牌通过把"大店"做"小"的方式，以更轻的店型、更高的效率，以实现规模化效应。例如，自助比萨品牌好伦哥于 2020 年推出新店型"比萨小店"，将自助模式改为单点模式，不设堂食，主攻外卖、外带场景。必胜客于 2023 年加强关注卫星店、紧凑型门店等较小店型，前者是"一个大店带着几个小店"，后者则在升级原有堂食模型基础上，让新堂食店投资更少。乐凯撒披萨于 2023 年 5 月迭代出新店型，门店面积更小，单店投资金额降至 70 万～ 150 万元。

三、口味做"多"、比萨做"小"，"卷"入年轻人市场

随着"Z 世代"人群逐渐成为新时代的消费主力，比萨的消费客群亦日趋年轻化。持续吸引年轻消费者的关注成了大多数比萨品牌的运营重点。

产品上，品牌注重打造多种风味、多种饼底的比萨产品。据红餐大数据，达美乐比萨、必胜客、棒！约翰、玛格利塔现烤披萨等比萨品牌的比萨产品口味均在 10 种以上。部分品牌如达美乐比萨、棒！约翰，还在比萨饼底上下功夫，分为厚底、薄底比萨，甚至提供不同的卷边供消费者选择（见表 4-20）。

表 4-20　　2024 年全国部分比萨品牌产品概况

品牌名称	比萨风味	附加配料	饼底口味	设有小尺寸的比萨产品
达美乐比萨	金枪鱼海鲜、海参鲍鱼大虾、新西兰羔羊腿肉、榴梿、和牛芝香菌菇等超 30 款	根据不同的比萨风味提供菠萝、番茄、玉米、虾仁、蘑菇、鸡块等多种配料	分为厚底和薄底，有荔浦芋泥燕麦双层饼底、双层芝士多多饼底、菠萝奶黄流心卷边、红薯薯泥流心卷边等多款	—
必胜客	薯角培根、和牛、炙烤牛肉、意式肉酱等超 20 款	芝士	手拍、芝士奶香、芝心、烤肠卷边、奶香菠萝卷边、铁盘等多款	✅
尊宝比萨	榴梿、鲜芒奶黄、奥尔良烤鸡、和风照烧鸡等共计 8 款	芝士	—	✅
棒！约翰	火腿培根、芝士、素食、鸡肉 BBQ、土豆火腿等超 20 款	—	经典手拍、薄脆、黄金薄脆、芝士香肠卷边、榴梿卷边、黄薯泥卷边等	✅
玛格利塔现烤披萨	水果、奥尔良鸡肉、法式培根、巴西烤肉等超 10 款	—	—	✅

资料来源：公开信息，红餐产业研究院整理。

红餐网｜红餐大数据

针对当下流行的小吃小聚场景，比萨品牌更把传统的"大"比萨做"小"，推出一人食套餐，以满足不同消费群体的需求。

除此之外，比萨本土化的程度亦在持续深化。比如，达美乐比萨推出了小龙虾风味的比萨和加入了荔枝的嫩鸡腿比萨；比格比萨自助推出了章鱼小丸子比萨、角瓜蛋仔比萨等。

营销活动上，除常见的会员日、会员卡活动，比萨品牌还推出了不同的新玩法。如棒！约翰开启了创新的盲盒式活动，每天晚上以剩余的食材打造盲盒比萨，以 19.9 元的价格为消费者提供"捡漏比萨"，在线上线下受到了不少关注。另外，针对年轻家庭客群，必胜客、达美乐比萨、乐凯撒披萨、尊宝比萨等品牌充分利用门店的闲暇时段，为亲子家庭提供比萨 DIY 的体验活动。

销售渠道上，一众比萨品牌均锚定外卖渠道发力，头部玩家在外卖渠道的竞争更是日趋白热化。据红餐大数据，得益于我国外卖平台的发展、互联网用户的增加以及比萨非常适合外卖的特性，2021—2026 年，我国比萨外卖市场规模预计将以 19.2% 的复合年增长率增长。

发展至今，专攻外卖渠道的连锁品牌如达美乐比萨、尊宝比萨等已取得较为亮眼的成绩。比如，达势股份财报显示，2023 年，外卖业务在其总收入中的占比超过七成，约为 76.0%。而此前较为关注堂食的连锁品牌如乐凯撒披萨、比萨玛尚诺等亦推行了不少提升外卖业绩的策略（见表 4-21）。

表 4-21　我国部分比萨品牌布局外卖渠道情况

品牌名称	在外卖渠道上的布局
必胜客	设有主攻外卖的宅急送门店，推出宅急送套餐，其小程序菜单中宅急送优惠套餐近 10 种，而堂食或外带的促销套餐则相对较少
达美乐比萨	主打"30 分钟送达"，自建配送体系，超时即送免费比萨券
尊宝比萨	主打 30 平方米的外卖型门店，2～3 人可满足日常经营操作，集中布局于住宅小区
棒！约翰	堂食与外卖并重，定期推出外卖促销活动
乐凯撒披萨	于 2017 年首推外卖店型
比萨玛尚诺	在外卖平台上主推"一人食"套餐

资料来源：公开信息，红餐产业研究院整理。

红餐网 | 红餐大数据

总体而言，我国比萨赛道的发展呈上升趋势，在我国餐饮市场的渗透率日渐提高。但比萨作为舶来食物，在我国的普及度尚待进一步提升。特别是，当比萨品牌开始扩大规模时，口味的普适性不足以及单店发展空间受限等发展挑战亦随之出现。因此，比萨赛道中的众多品牌需要持续发力，共同把比萨品类做精做透。

第六节　包点：
全时段经营、现制模式走红，品牌探索进化新方向

　　包点品类在早餐市场中占据着重要的地位，也催生出了诸多的连锁品牌。近年来，随着早餐市场竞争加剧，包点品牌通过产品创新、扩张门店等方式，夯实自身的护城河。此外，也有部分品牌瞄准了正餐消费时段，积极把包点推向消费者正餐消费时段的"餐桌"。

一、概述：早餐市场增长潜力大，包点品牌积极寻求升级发展

　　近年来，我国早餐市场得到快速发展。英敏特数据显示，2023年我国早餐市场规模超2万亿元，预计2023—2025年的年均复合增长率超7%。而包点则是我国消费者早餐就餐选择的主要产品之一。红餐产业研究院发起的"2024年餐饮消费大调查"显示，在消费者通常会选择的早餐种类中，包点类食物以高达64.3%的比例占据榜首，成为最多消费者通常会选择的早餐种类（见图4-22）。

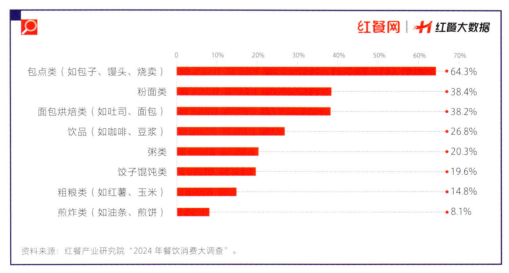

资料来源：红餐产业研究院"2024年餐饮消费大调查"。

图4-22　2024年消费者选择早餐种类偏好情况

基于上述因素,包点品类整体增长趋势良好,市场规模逐年上涨。红餐大数据显示,2023 年全国包点市场规模达到 670 亿元,预计 2024 年市场规模有望上升至 704 亿元,同比增长 5.1%(见图 4-23)。

图 4-23　2019 — 2024 年全国包点市场规模概况

值得留意的是,虽然早餐市场发展潜力较大,但市场竞争颇为激烈。一方面,餐饮行业中争夺早餐市场份额的入局者逐步增多,茶饮、西式快餐、粉面、中式米饭快餐等品牌在早餐市场的渗透率越来越高;另一方面,速冻食品企业以提供"宅家"消费品的形式,加速布局家庭早餐市场。

在这种情况下,包点品类在早餐市场上面临着较大的挑战,不少包点品牌积极寻求升级发展。

一批知名连锁品牌开始快速扩张,已占据更多的市场份额(见表 4-22)。红餐大数据显示,三津汤包、早阳肉包、巴比、和善园、老台门汤包均于 2023 年开出超过 200 家新店(见图 4-24)。部分品牌在门店扩张方面有着更加积极的尝试。如巴比于 2023 年首次在安徽合肥开放加盟业务,将门店辐射范围进一步扩大。华南的头部包点品牌三津汤包,2023 年加快了扩张步伐,将直营门店开到了中国香港。

表 4-22　2024 年全国部分包点品牌发展概况

品牌名称	门店数（家）	进驻城市数（个）	门店主要分布区域
巴比	3,200+	60+	江苏、浙江、上海等
三津汤包	2,600+	50+	广东、湖南等
早阳肉包	1,500+	70+	浙江、广东、北京等
老台门汤包	1,400+	210+	山东、浙江、广西等
和善园	1,200+	50+	江苏、湖北等
蒸旺	840+	80+	广东、湖北等
沈老头包子	810+	810+	辽宁、吉林、黑龙江等
蜀食一家五馅包	520+	140+	四川、贵州等
包道广式点心专门店	500+	30+	广东、广西等
青露馒头	440+	20+	江苏、安徽等
小杨生煎	300+	10+	江苏、浙江、上海等
李与白包子铺	260+	50+	四川、山西等
包客里	190+	约 5	浙江、湖南、四川
包馔夜包子	180+	90+	四川、广东、江苏等
庆丰包子铺	180+	10+	北京
老盛昌汤包	170+	约 4	上海
肚子里有料	130+	30+	福建、广东、湖南等
偶遇楼兰新疆烤包子	120+	70+	河南、山东等
宫门口馒头铺	70+	约 5	北京
鼎泰丰	50+	20+	中国台湾、北京、上海等
狗不理	约 8	约 2	天津

资料来源：红餐大数据，数据统计时间截至 2024 年 6 月 30 日。

资料来源：红餐大数据，数据统计时间截至 2024 年 6 月 30 日。

图 4-24　2023 年至 2024 年上半年全国部分包点品牌新增门店数情况

新锐包点品牌则在打造"爆品"、精进产品的层面上持续发力。如李与白包子铺坚持"包子＋新奇颜色""包子＋新奇味型"等产品策略，陆续推出了火锅肥肠包、绿包子、绿油条、黑油条等创新产品，并与火锅品牌后火锅、NOWWA 挪瓦咖啡联名，受到了诸多年轻消费者的喜爱。

二、进攻餐桌战场、加速产品迭代，品牌积极寻找新增量

除了发力早餐市场，包点品牌还针对午餐、晚餐等消费时段进行探索，以寻求赛道新增量。比如老盛昌汤包在成立之初就推出汤包、馄饨、米饭快餐等多条产品线，深挖早、中、晚时段的社区餐饮需求。李与白包子铺、城墙胡同等新锐品牌则在主攻包子产品的基础上，在菜单中加入了粉面、粥品、饮品、小吃等产品，以丰富多元的产品实现全时段营业。

巴比则打磨出全新的门店模型——一种兼顾外卖和堂食，集早中晚三大时段的全天型店型，配合原有专攻早餐的传统店型，以覆盖更多的客群和场景（见表 4-23）。

表 4-23　2024 年全国部分包点品牌菜单结构

品牌名称	包点	其他米面制品（如粉面、饺子等）	粥品	饮品	汤类	小吃类（如卤味、油条等）	米饭快餐类
巴比（全天型店型）	✓	✓	✓	✓	✓		
李与白包子铺	✓	✓			✓	✓	
老盛昌汤包	✓	✓				✓	✓
城墙胡同	✓		✓	✓	✓	✓	
鼎泰丰	✓	✓		✓	✓	✓	✓
老台门汤包	✓	✓		✓			
蜀食一家五馅包	✓			✓		✓	
庆丰包子铺	✓	✓	✓	✓		✓	

资料来源：公开信息，红餐产业研究院整理。

红餐网｜红餐大数据

对于包点品牌而言，增加产品种类可以吸引更多的消费者，并强化品牌的盈利能力。一般而言，相较早餐，午餐和晚餐消费时段通常具有更高的消费客单价。通过推出适合这些时段的产品，包点品牌可以提高单店的销售额，突破早餐包子店的营收天花板，从而增加品牌的收益来源。

从早餐时段延伸到午餐、晚餐时段的过程中，包点品牌强化了自身的餐饮属性，在餐桌上有了更强的存在感。对于消费者而言，包点品牌向全时段营业转型，使得消费者在午 / 晚餐时段的选择变得更为多元——除了米饭快餐、粉面之外，消费者还能够选择包点类产品。

此外，为了加速品类进化，包点品牌在产品迭代方面亦作出了更多的探索。

制作工艺上，部分包点品牌强调现包现蒸，以手工制作提升包点的价值感。比如，新锐包点品牌堂上堂只卖门店现制包子，门店包子现包现蒸，并设有明档厨房。据了解，堂上堂于 2023 年获得番茄资本数百万元的融资。

事实上，现包现蒸模式并非首次出现在包点赛道，诸多的连锁品牌如和善园、鼎泰丰均采用这种模式。业内人士认为，堂上堂的创新之处，是把明档厨房与现包现蒸结合，且限时售卖，可让消费者切实地感受到包点产品的价值感。这样的策略与此前饺子赛道流行的明档现包现煮模式有一定的相似之处，后续或有机会发挥更大的潜力。

产品口味上，包点品牌以鲜味为切入点，推出创新味型产品。红餐产业研究院"2024 年餐饮消费大调查"显示，咸鲜、肉香、鲜辣、鲜甜、鲜香位居包点消费者偏爱的口味 TOP 5（见表 4-24）。

表 4-24　　2024 年包点消费者对于包点口味的偏好情况

排名	口味	排名	口味
1	咸鲜	6	咸香
2	肉香	7	清淡
3	鲜辣	8	鲜甜
4	鲜甜	9	酸甜
5	鲜香	10	酱香

资料来源：红餐产业研究院"2024 年餐饮消费大调查"。

基于包点消费者喜欢"鲜味"，不少包点品牌亦推出以鲜味为显著特点的包点产品。以和善园的芙蓉三丁包为例，其以鸡丁、肉丁、笋丁作为馅料，荤素搭配，鲜、香、脆、嫩皆具。

综上所述，不少包点品牌正勇于创新，从多方面入手拓展品类的发展空间。

但包点品类仍存在一些痛点，如手工现制与效率难兼顾，多品类、全时段发展策略带来的供应链建设难题，产品创新相对较为缓慢，网红产品难以长红等。包点从业者需要持续深耕生产流程标准化、供应链建设、品牌塑造等多个方面，以推动品类进一步发展。

第七节　麻辣烫与冒菜：
地域特色麻辣烫出圈，冒菜细分赛道冒烤鸭崛起

麻辣烫与冒菜，作为我国传统的地方特色美食，如今均已发展为独立的餐饮赛道，在我国的餐饮行业中占据一定的市场份额，并催生出了众多的实力品牌。尽管这两个品类具有一定的相似性，但近年来，它们的发展却呈现出不同的特征。

一、麻辣烫：活力与韧性犹在，2024年市场规模或超 1,500 亿元

近年来，麻辣烫品类整体仍呈现出较强的活力和发展韧性，伴随着持续增长的市场规模，麻辣烫千店品牌再度扩员。与此同时，麻辣烫赛道竞争逐步升级，烟火气、差异化成为品牌突围的方向之一，各地的地域特色麻辣烫相继受到青睐。

1. 2023 年麻辣烫市场规模显著增长，千店品牌再度扩员

近年来，麻辣烫品类的发展呈现出了活力与韧性。据红餐大数据，2023 年麻辣烫品类的市场规模同比增长了 8.5%，达到 1,413 亿元。随着消费者外出就餐的需求持续释放，麻辣烫品类的市场规模预计将持续扩大，2024 年有望突破 1,500 亿元（见图 4-25）。

图 4-25　2019 — 2024 年全国麻辣烫市场规模概况

随着市场规模的扩大，麻辣烫品类在门店数上同样实现了稳步增长。据红餐大数据，截至 2024 年 6 月，全国麻辣烫门店数超过 14.8 万家，较上年同期增长了 2.8%。

2023 年以来，多个麻辣烫品牌的门店规模持续扩张。据红餐大数据，2023 年至 2024 年 6 月，杨国福麻辣烫新开门店数超过 2,200 家，而张亮麻辣烫、刘文祥麻辣烫新开门店数均超过 900 家。与此同时，小谷姐姐麻辣拌麻辣烫在同一时期内新开门店数超过 430 家，总门店数突破千家，成为目前麻辣烫赛道中第四个拥有千家门店的品牌（见表 4-25）。

表 4-25　2024 年全国部分麻辣烫品牌发展概况

品牌名称	门店数（家）	人均消费（元）	主要分布区域
杨国福麻辣烫	6,700+	26	广东、山东、江苏等
张亮麻辣烫	6,200+	25	河南、山东、内蒙古等
刘文祥麻辣烫	1,500+	21	黑龙江、山东、辽宁等
小谷姐姐麻辣拌麻辣烫	1,000+	25	河北、广东、江苏等
觅姐	660+	26	广东、江苏、上海
刁四麻辣烫	620+	24	河北、山东
吉阿婆麻辣烫	610+	24	浙江、江苏
老街称盘麻辣烫	590+	39	四川、福建、江苏等
汤火功夫麻辣烫	370+	23	黑龙江、吉林、内蒙古等
张十三·益阳麻辣烫	220+	28	湖南
每味每客·重庆麻辣烫	210+	35	重庆
小蛮椒麻辣烫麻辣拌	130+	26	上海、江苏、浙江等
辣盘盘麻辣烫	100+	37	天津、河北
超级泰·泰式麻辣烫	90+	32	江苏、上海、浙江等
福客 FOOOK	50+	35	广东
文立新麻辣烫	30+	51	北京

资料来源：红餐大数据，数据统计时间截至 2024 年 6 月 30 日。

红餐网 | 红餐大数据

除了门店持续扩张以外，面对竞争日益激烈的麻辣烫赛道，部分品牌通过调整经营策略积极求变。比如，刁四麻辣烫紧跟性价比需求的变化，近年来积极调整门店策略，推出了小吃、米饭、饮料免费且不限量的优惠政策，以吸引更多消费者。

此外，随着麻辣烫品类在海外市场的热度持续上升，多个麻辣烫品牌加速海外扩张。2023 年，张亮麻辣烫在泰国、马来西亚、新加坡、印度尼西亚这四个国家共开出了 10 余家门店。与此同时，杨国福麻辣烫、刁四麻辣烫、吉阿婆麻辣烫、汤火功夫麻辣烫等品牌也加快了"出海"步伐。

2. 赛道内卷升级，地域特色麻辣烫被持续发掘

麻辣烫起源于巴蜀地区，经过多年的发展，麻辣烫门店已经广泛分布于全国各地。在这个过程中，麻辣烫与各地饮食习惯相结合，衍生出了具有不同地域特点的麻辣烫流派。近年来，这些具有地域风味的麻辣烫不断"出圈"。

比如，当下热度较高的益阳麻辣烫，其保留了早期麻辣烫的穿串形式，消费者围炉而坐，并可根据自己的口味喜好在不同辣度的锅底中自由选择已烹煮好的食材食用，烟火气较强。而这一独特的用餐体验也受到了诸多消费者的喜爱。

近年来，益阳麻辣烫这一细分品类催生出了一些连锁品牌，比如张十三·益阳麻辣烫等。截至 2024 年 6 月，张十三·益阳麻辣烫在全国已有 220 余家门店，其多数门店均位于湖南省内。同样扎根于湖南省的等凳灯·益阳麻辣烫，其门店数量也已超过 40 家。这些益阳麻辣烫品牌通过对街头"苍蝇麻辣烫店"进行品牌形象、门店设计、供应链体系、运营团队等方面升级，从而实现连锁化扩张。

此外，甘肃天水麻辣烫、东北黏糊麻辣烫、潮式麻辣烫等地域特色麻辣烫亦逐渐出现在大众视野中。其中，甘肃天水麻辣烫 2024 年初在流量经济与"旅游＋餐饮"的助力下，热度持续攀升。据红餐产业研究院统计，截至 2024 年 6

月，甘肃麻辣烫相关内容在抖音、小红书、微博这三个社交媒体平台上的浏览总量超过 7.9 亿次。

甘肃麻辣烫凭借独特的调料配方和丰富多样的主食食材，在一众地域美食中突围而出。其不仅吸引了大量游客前来体验甘肃麻辣烫的魅力，更在甘肃以外的众多城市如成都、重庆、天津、苏州等地，催生出了一批专营甘肃麻辣烫的门店，其中，大多数属于小店。甘肃麻辣烫的热度也被市场洞察敏锐的上游供应链企业所捕捉到，如新雅轩、圣恩股份、川海晨洋等供应链企业快速响应市场热点，先后推出了"天水麻辣烫"相关酱料。

而东北黏糊麻辣烫则是在如今较为常见的东北老式麻辣烫的基础上进行延伸，其在口感和口味上强化了麻酱的风味，同样受到市场的欢迎（见表4-26）。同时，一些麻辣烫品牌捕捉到了这一口味需求后推出相关产品。比如，杨国福麻辣烫在 2024 年 1 月就在部分门店推出了新品东北黏糊麻辣烫。

表 4-26　2024 年不同地域特色麻辣烫的产品特点

流派	产品特点
甘肃麻辣烫	汤底以各种辅料搭配肉或骨头煮出来的清汤为主。食材出锅后淋上油泼辣子以及其他调料小菜进行调味。同时，其搭配的主食种类较多，仅土豆粉就有宽粉、细粉、韭叶粉、手擀粉等多种类型
东北黏糊麻辣烫	通过在麻辣烫上铺上大量的麻酱或在骨汤汤底加入牛奶、麻酱的方式，使汤底享有介于汤和酱之间的浓稠质感
潮汕麻辣烫	汤底多选用骨汤，在食材上加入了黄牛肉、猪杂、牛杂、海鲜等潮汕特色食材

资料来源：公开信息，红餐产业研究院整理。

红餐网｜红餐大数据

潮汕麻辣烫则更加注重在食材上的融合，在麻辣烫中加入潮汕当地的特色食材。除了潮汕本地，潮汕麻辣烫在深圳也颇受消费者青睐，如标记汤粉小吃烫菜在深圳营业多年，在当地积累了一定的人气。据红餐产业研究院观察，目前主打潮汕麻辣烫的门店仍以夫妻店为主，赛道整体发展处于早期阶段，管理相对粗放。

尽管地域风味麻辣烫细分赛道在市场上的表现引人注目，但是其市场份额相较于整体麻辣烫品类而言依然较小，且品牌化、连锁化程度较低。不过，这类地域风味麻辣烫的崛起也给众多的麻辣烫从业者提供了一个思路，即面对消费者日益多样化的口味需求，品牌可在产品口味、食材、烹饪方法等方面适当融合地域特色以打造差异化。

3. 麻辣烫烟火气体验升级，砂锅麻辣烫突围而出

随着麻辣烫赛道竞争日益激烈，众多麻辣烫品牌纷纷寻求创新突破，以期在激烈的竞争中脱颖而出。在这样的背景下，麻辣烫品类不断涌现出各种新型变体，如麻辣拌、称盘麻辣烫、浇头麻辣烫、油泼麻辣烫等。

这些细分品类在迅速崛起的同时，也孕育出了许多新锐品牌，其中一些品牌已经发展得初具规模，如目前门店数有 590 余家的老街称盘麻辣烫和门店数有 100 余家的辣盘盘麻辣烫。不过，经历了热度较高的发展阶段之后，近年来，这些麻辣烫细分赛道逐步回归常态化发展阶段。

与此同时，随着消费者对烟火气息的向往，砂锅菜的热潮也随之兴起。而砂锅麻辣烫作为其中的细分赛道之一，也迎来了发展机遇。据红餐产业研究院观察，早年间有部分麻辣烫品牌为了打造差异化，开创了用砂锅单锅单煮麻辣烫的模式。这种模式不仅能较好地保持

食材的味道与口感，而且煮好立马上桌的砂锅麻辣烫还能够满足消费者对锅气、烟火气的追求，传递出相对高的价值感。

经过一段时间的发展，如今砂锅麻辣烫已经从一种产品逐渐发展成为麻辣烫的一个细分赛道，并在全国多地均有门店分布。据红餐大数据，截至 2024 年 6 月，砂锅麻辣烫的门店主要集中在华东、华北和东北地区。其中，江苏、吉林、内蒙古这三个省级行政区的砂锅麻辣烫门店数占据了前三（见图 4-26）。在线级城市分布上，砂锅麻辣烫主要分布在二线及以上城市，其门店数占比超过八成。

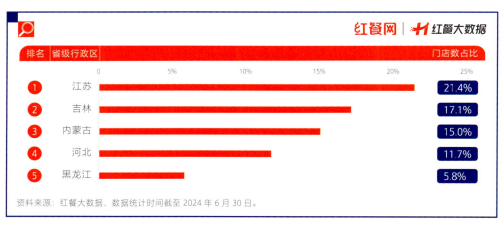

图 4-26　2024 年全国砂锅麻辣烫门店数 TOP5 省级行政区

目前，砂锅麻辣烫赛道已经有一些品牌实现了连锁化扩张，如觅小鲜砂锅麻辣烫、辣洋洋砂锅麻辣烫、王贵仁砂锅麻辣烫等品牌的门店数均超百家。但是近年来也有不少砂锅麻辣烫品牌的扩

张速度却有所放缓。可见，砂锅麻辣烫赛道正面临着消费热情上升与品牌发展缓慢的矛盾，这或许意味着砂锅麻辣烫亟须新一轮的品类升级和品牌迭代。

二、冒菜：2023 年市场规模约为 450 亿元，冒烤鸭热度攀升

近年来，冒菜品类呈现出竞争激烈的发展态势以及旺盛的品类生命力。2023 年至 2024 年上半年，冒菜在全国范围内的门店数量保持增长，冒菜品类的竞争格局依然多变，新的机遇与挑战并存。其中，细分赛道冒烤鸭凭借轻正餐属性脱颖而出，成为赛道新亮点。

1. 全国门店数超 3.5 万家，冒菜竞争格局仍有变数

冒菜源自川渝，素有"一人份火锅"的称号。前些年其凭借着食材多样、食用便捷以及价格亲民等特点，迅速发展成一条独立的餐饮赛道，众多冒菜品牌也应运而生。近年来，冒菜品类日益壮大，市场规模不断扩容。据红餐大数据，2023 年全国冒菜市场规模约为 450 亿元。在门店数量方面，截至 2024 年 6 月，全国冒菜门店数已超过 3.6 万家，同比增长了 9.7%。

尽管冒菜赛道不断扩容，但是冒菜品类的连锁化程度仍有较大的提升空间。据红餐大数据，截至 2024 年 6 月，超过 66.3% 的冒菜品牌门店数在 50 家及以下；而门店数在 500 家以上的冒菜品牌占比仅有 6%（见图 4-27）。可见，小型连锁品牌仍是冒菜品类的主要参与者。

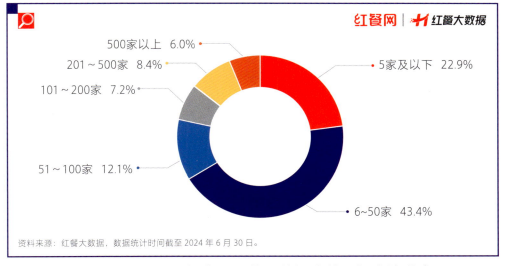

资料来源：红餐大数据，数据统计时间截至 2024 年 6 月 30 日。

图 4-27　2024 年全国冒菜品牌门店数区间占比分布

在门店分布上，冒菜门店主要集中在西南区域。据红餐大数据，位于西南区域的冒菜门店数占比达到 34.8%，其中四川省的冒菜门店数量尤为多，占据了全国总门店数的 22%。作为冒菜的起源地，四川省拥有较为广泛的冒菜消费群体，这为冒菜品牌在该地区的稳步发展提供了有力支撑。因此，四川仍然是众多冒菜品牌门店布局的重点区域。

随着品类持续扩容，冒菜赛道的竞争亦在加剧，一些品牌力较弱的冒菜品牌逐渐被淘汰出局，而一些实力较强的冒菜品牌则实现了稳步扩张。比如，川魂帽牌货冒菜近年来门店扩张速度相对较快，据红餐大数据，2023 年至 2024 年 6 月，其新开门店数达到 710 家，目前全国门店数超过 1,200 家

（见表 4-27）。冒大仙近年的拓店速度亦较快。

与此同时，三顾冒菜近年亦在稳步发展。其持续夯实供应链建设，除了不断提升自有供应链企业的加工制造产能以外，三顾冒菜还在贵州、河南等地建立了种植基地，同时还与知名食材供应链企业建立了稳定合作关系，从源头把控产品品质。

而这也为三顾冒菜加紧海外扩张步伐提供了有力的支持。据了解，三顾冒菜海外门店所使用的底料均由国内供给。目前，三顾冒菜已经在德国、美国等国家开有多家分店，并受到当地消费者的追捧。此外，川魂帽牌货冒菜、冒菜西施·火锅冒菜等品牌同样加速了海外扩张步伐，相继开出多家海外门店。

表 4-27　　2024 年全国部分冒菜品牌发展概况

品牌名称	门店数（家）	人均消费（元）	门店主要分布区域
冒大仙	1,520+	23	云南、四川、浙江等
川魂帽牌货冒菜	1,200+	29	四川、云南、江苏等
三顾冒菜	810+	30	四川、江苏、陕西等
巴老冒豆花冒菜	660+	25	四川、陕西、云南等
芙蓉冒菜	600+	26	四川、重庆、云南等
冒菜西施·火锅冒菜	580+	19	四川、重庆、江西等
黄手艺冒菜	320+	29	四川、浙江等
三五筷伴市井冒菜	170+	30	江苏、浙江、上海等
广福记冒菜	140+	29	西藏、安徽、四川等
成都你六姐·牛肉冒菜	140+	48	上海
冒拾川	100+	30	浙江、贵州、广西等

资料来源：红餐大数据，数据统计时间截至 2024 年 6 月 30 日。

红餐网｜红餐大数据

而芙蓉冒菜则成为第一个成功申请"非物质文化遗产"的冒菜品牌，其近年积极在产品、门店模型、品牌形象塑造方面作出创新。据红餐大数据，截至2024年6月，芙蓉冒菜全国门店数超过600家。

除了赛道内部的竞争之外，冒菜品牌还面临着其他跨界入局者分食市场的挑战。近年来，海底捞、小龙坎火锅、大龙燚火锅、呷哺呷哺等多个品牌相继布局冒菜赛道。其中，海底捞在2023年推出了聚焦冒菜外卖赛道的子品牌下饭火锅菜。

2. 冒烤鸭细分赛道突围，轻正餐属性助力其快速发展

冒菜的"冒"实际上是一种烹饪手法，即用中药和各种调料配出的汤汁烫熟食材。冒菜可选用的食材种类多样，比如烤鸭就是近来备受青睐的一类食材。冒烤鸭作为一道具有浓郁地方特色的川菜菜品，实际上最早出现在农贸市场的小档口中，近年来逐渐成为川菜馆、冒菜店中的一道菜品。进入2023年，诸多从业者打造出了冒烤鸭专门店，冒烤鸭逐渐成为冒菜的细分品类。

近年来，冒烤鸭的发展热度不断上升。巨量算数显示，2023年1月以来，以"冒烤鸭"为关键词的搜索指数持续上涨，从不到1万逐步上升至2024年6月的6万，并出现了多个突破10万的波峰点。与此同时，冒烤鸭的门店数亦在不断上升，红餐大数据显示，2022年11月—2024年6月，冒烤鸭全国门店数从385家上升至3,632家，上涨了843%。

竞争格局方面，目前部分冒烤鸭品牌已开始了连锁化、规模化发展。如钢一区伍妹冒烤鸭开出了超200家门店，进驻城市数超120个；张三花烫烤鸭、回味冒烤鸭、李叙青冒烤鸭已开出超50家门店，进驻城市数超10个；姚妃媱冒烤鸭、南北桥·冒烤鸭·水煮肉片等品牌的门店数均超过了20家（见表4-28）。

表 4-28　　2024 年全国部分冒烤鸭品牌发展概况

品牌名称	门店数（家）	人均消费（元）	门店主要分布区域
钢一区伍妹冒烤鸭	200+	29	河南、江苏、河北等
张三花烫烤鸭	90+	31	四川、湖北、江西等
回味冒烤鸭	50+	29	四川、河南、江苏等
李叙青冒烤鸭	50+	57	上海、江苏、浙江等
姚妃媱冒烤鸭	30+	63	江苏
南北桥·冒烤鸭·水煮肉片	20+	35	福建、广东等
张烤鸭·川菜·非遗冒烤鸭	约 6	59	四川
朱大力冒烤鸭	约 4	36	四川、重庆

资料来源：红餐大数据，数据统计时间截至 2024 年 6 月 30 日。

红餐网｜红餐大数据

值得注意的是，与快餐属性较强的冒菜不同，冒烤鸭的人均消费价位介乎于正餐与快餐之间，大部分品牌的人均消费在 40～60 元。可见，冒烤鸭具有轻正餐的属性，符合当下消费者追求"平价质优"的消费趋势。

尽管当前冒烤鸭赛道的发展热度较高，但是其仍然面对诸多挑战。比如，冒烤鸭赛道处于发展初期，赛道中充斥着大量的长尾商家，尚未出现在门店规模、品牌力、供应链建设等方面占有较大优势的头部品牌。与此同时，赛道尚未实现规范化发展，加盟乱象仍然存在于赛道中。此外，冒烤鸭品类还存在竞争壁垒较低的问题，品牌难以在品质、口味、供应链等方面建立自身的优势，创新受限，较易陷入同质化。

综上所述，麻辣烫和冒菜作为两个颇受欢迎的品类，它们的发展道路虽有所不同，但都面临着同样的挑战。比如，标准化和健康化水平有待提升。其次，口味创新不足，难以满足消费者日益多元化的口味需求。此外，成本控制也是一大难题。企业如何在保持品质的前提下降低成本，提高盈利能力，是许多经营者需要思考的问题。随着市场竞争的日趋激烈，麻辣烫和冒菜的一众品牌需要不断寻求破局之道，才能更好地突围而出。

第八节　饺子馄饨：

门店总数超 20 万家，赛道进入精细化运营阶段

目前，我国的饺子馄饨赛道已经进入了精细化运营阶段。一批饺子品牌多方位开启自我革新，在产品、渠道、供应链等层面展开角逐，一些馄饨品牌也在寻求更大的突破。2024 年饺子馄饨品类继续稳步前行。

一、概述：赛道入局者增多，六成以上品牌门店数在 50 家以内

饺子馄饨是人们餐桌上的常见食物，在我国拥有悠久的历史。经过多年的发展，饺子馄饨已经成为小吃快餐中一条颇具地方特色的赛道。

随着"小吃小喝"赛道的入局者增多，饺子馄饨的门店数也在增加。据红餐大数据，截至 2024 年 6 月，全国的饺子馄饨门店总数超过 20 万家。

总体来看，我国饺子馄饨的入局者大致可分为两类：地方饺子馄饨馆和连锁饺子馄饨品牌。其中，地方饺子馄饨馆数量较多且遍布全国，它们多为个体经营，标准化水平相对低。

在此背景之下，我国饺子馄饨赛道的连锁化程度还有待提升。据红餐大数据，截至 2024 年 6 月，超过六成的饺子馄饨品牌门店数在 5 ~ 50 家，门店数超过 100 家的品牌数不到两成（见图4-28）。

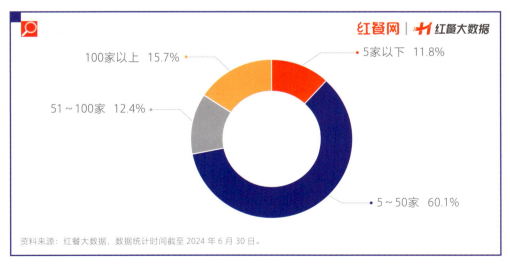

资料来源：红餐大数据，数据统计时间截至 2024 年 6 月 30 日。

图 4-28　2024 年全国饺子馄饨品牌门店数区间占比分布

近年来，一批连锁饺子馄饨品牌稳步发展，扩张态势较好。例如，截至2024年6月，袁记云饺加快扩张步伐，其全国门店数已超过 3,600 家；吉祥馄饨在 2023 年将品牌进行全面升级，将品牌主色调更新为"吉祥红"，品牌定位也调整为"吉祥升级，不止馄饨"，其全国门店数已超过 2,500 家；熊大爷现包饺子积极探索餐饮供应链的数字化转型，其全国门店数已超过 900 家（见表 4-29）。

表 4-29　　2024 年全国部分饺子馄饨品牌发展概况

品牌名称	门店数（家）	门店主要分布区域
袁记云饺	3,600+	广东、浙江、江苏等
吉祥馄饨	2,500+	浙江、上海、河北等
如意馄饨	1,300+	江苏、湖北、浙江等
熊大爷现包饺子	900+	四川、江苏、北京等
喜家德虾仁水饺	800+	山东、黑龙江、辽宁等
袁小饺	790+	广东、湖南、广西
第9味老上海馄饨	600+	广东、广西、江西等
满宝馄饨	430+	辽宁、黑龙江、吉林等
粤饺皇	400+	广东、四川、福建等
里手馄饨	370+	湖南、广西、江西等
清和传家	160+	吉林、辽宁、内蒙古等
大娘水饺	130+	江苏、安徽、辽宁等
东方饺子王	50+	北京、黑龙江、吉林等
小恒水饺	50+	北京、河北、广东等
玉口馄饨	40+	山东、河北、山西等
大清花饺子	40+	河北、辽宁、山东等
船歌鱼水饺青岛菜	30+	山东、北京、福建等
饺鲜说	20+	河南、上海等

资料来源：红餐大数据，数据统计时间截至 2024 年 6 月 30 日。

红餐网｜红餐大数据

饺子馄饨品牌在全国化扩张的进程中，开始注重品类之间的融合，为整个赛道注入了新的活力。不少饺子品牌的产品结构中包含馄饨，同时还有粉面、饭食快餐、小吃等产品；一些馄饨品牌则将馄饨与粉面、小吃、饮品等产品融合在一起。

例如，袁记云饺、熊大爷现包饺子、粤饺皇等饺子品牌会同时售卖馄饨产品。在吉祥馄饨的菜单中，有蛋黄烧卖、葱油饼、锅贴、酸辣粉等特色小吃，以及扬州炒饭等产品。而在第9味老上海馄饨的菜单中，则有炸酱面、排骨面、凤爪等产品。

渠道方面，为了拓展市场，饺子馄饨品牌在堂食、外带、外卖、零售等多渠道发力，形成了"四栖"销售模式。

其中，开设多门店模型、进驻不同线上平台、采用品牌矩阵化运营等方式是饺子馄饨品牌开拓渠道的主要方式。

例如，袁记云饺设立生食外带店和生熟一体店，2023年，其天猫官方旗舰店正式开业；船歌鱼水饺青岛菜也在零售渠道发力，近年来其推出的一船小鲜和小歌饺两个子品牌主攻速冻水饺赛道（见表4-30）。

表 4-30　　2024 年部分饺子馄饨品牌的"四栖"销售模式

品牌名称	销售渠道	具体情况
袁记云饺	堂食、外带、外卖、零售	大多数门店以"线上外卖+线下生食/熟食外带"的模式为主，在此基础上支持"线上下单+线下堂食"；还有的门店设立座位支持堂食。2022年，其线上销售额突破8亿元。2023年9月，其天猫官方旗舰店正式上线
熊大爷现包饺子	堂食、外带、外卖	门店主要分为：全生食外带、生食外带+熟食外卖、生食外带+熟食外卖+堂食三种类型，实现了"堂食+外带+外卖"的售卖模式
船歌鱼水饺青岛菜	堂食、外卖、零售	以海鲜饺子宴闻名，除做好堂食餐厅运营外，还走零售的渠道。2024年6月，在船歌鱼水饺青岛菜京东旗舰店，鱼水饺系列的每个单品累计评价都突破了100万条。其推出的子品牌一船小鲜和小歌饺均聚焦速冻水饺赛道，入驻了线上、线下多个零售平台或渠道
吉祥馄饨	堂食、外卖、零售	入驻天猫、京东等线上销售渠道，推出了馄饨、锅贴、肉包等速冻产品。2023年，其虾仁鲜肉馄饨年销量超9,000万颗
第9味老上海馄饨	堂食、外卖、零售	入驻淘宝等线上销售渠道，售卖馄饨馅料类产品

资料来源：红餐大数据，数据统计时间截至2024年6月30日。

二、饺子：品牌多点开花，馅料创新瞄准小众食材

饺子自古以来就被认为是阖家团圆的象征，在我国有很好的消费基础。近年来饺子赛道热度渐起，一些饺子品牌在产品、门店、模式、供应链等方面发力，共同助力饺子赛道发展。

在产品方面，为了提高点单率和复购率，不少饺子品牌打造了多元化的产品结构。饺子、粉面、小吃、饮品等产品是不少连锁饺子品牌的菜单必备。除此之外，馄饨、饭食快餐、汤品、粥品等产品也被一些品牌纳入菜单中。

例如，袁记云饺同时主推饺子和云吞两大产品，扩充了产品线，其招牌鲜虾蟹籽云吞销量较为可观。喜家德虾仁水饺则推出了 18 ～ 38 元 / 份的鲜蔬锅，丰富了产品结构，吸引了不少消费者到店消费。

饺子馅料创新也成为不少品牌的发力点。2023 年，饺子品牌推陈出新，将小众食材加入饺子馅料，如袁记云饺推出的鲜瑶柱云吞，船歌鱼水饺青岛菜推出的麻辣小龙虾饺子、胶州白菜肥蚝蒸饺、莲藕扇贝水饺等，还有其他品牌推出的黑松露虾肉水饺等。

主打水饺宴的船歌鱼水饺青岛菜还在 2023 年推出了"葡萄酒水饺宴"，饺子与酒的品类融合又得到了进一步加强。

在门店方面，饺子品牌的门店模型可分为三类：连锁档口店、连锁堂食店、单体堂食店（见表 4-31）。近年来兴起的连锁鲜饺品牌主要采用前两种门店模型。例如，袁记云饺和熊大爷现包饺子的档口店门店面积较小，一般不设置堂食就餐区，主营线下外带和线上外卖的业务；其堂食店则有堂食就餐区，支持堂食和外带两种就餐模式。

表 4-31　2024 年饺子品牌的主要门店模型特征

门店模型	主要特征	代表品牌
连锁档口店	作为生食外带、熟食外卖店，主打现包现吃，多选址于社区、街边等点位，门店面积相对小	袁记云饺、熊大爷现包饺子等
连锁堂食店	多为饺子连锁专门店和涵盖饺子产品的其他正餐、快餐类餐厅，设立堂食座位	喜家德虾仁水饺、大娘水饺、船歌鱼水饺青岛菜等
单体堂食店	多为饺子夫妻店、特色饺子店等，一般选址街边，主打现做现煮，产品标准化程度相对低	—

资料来源：公开信息，红餐产业研究院整理。

红餐网｜红餐大数据

在模式方面，一些饺子自助模式也逐渐兴起。饺子自助模式最初出现在北方地区，近年来，南方地区不少城市也新增了一些自助饺子专门店。除此之外，饺子还被自助餐的其他参与者看中，成为一些自助餐厅中粉面、烤肉、比萨等产品的新搭档，饺子的跨界融合在提速。

在供应链方面，近年来，饺子品牌不约而同地加强供应链建设。袁记云饺、熊大爷现包饺子、喜家德虾仁水饺、粤饺皇等品牌在加强供应链体系建设上皆有各自的建树（见表 4-32）。

表 4-32　2024 年全国部分饺子品牌供应链建设情况

品牌名称	发源地	供应链建设情况	门店主要分布区域
袁记云饺	广州	在佛山、苏州等地拥有 4 大现代化工厂，生产全过程采用数字化管控。中央厨房进行集式配送，原料能在生产当天送达门店	广东、浙江、江苏等
熊大爷现包饺子	北京	目前在成都建设公司总部和生产基地。与华鼎冷链合作搭建全国化冷链物流仓配网络，积极探索餐饮供应链的数字化转型	四川、江苏、北京等
喜家德虾仁水饺	鹤岗	成立上海吉真食品有限公司，在每个门店所在的城市自建中央厨房，其馅料可以在调配好的当天送达门店	山东、黑龙江、辽宁等
粤饺皇	广州	2023 年，其食品供应链工厂在广州正式投产，工厂集研发、生产、配送于一体，主要为全国门店提供一体化服务	广东、四川、福建等

资料来源：红餐大数据，数据统计时间截至 2024 年 6 月 30 日。

红餐网｜红餐大数据

通过对产品、模型、渠道、供应链等多个层面的探索，饺子品牌特别是生鲜外带饺子品牌的品牌化运营和扩张步伐在进一步加速。

然而，在"小而美"的现包饺子馆以及速冻饺子市场的"双重夹击"之下，采取现包现煮模式的饺子品牌仍面临一定的挑战。要想取得更大的突破，众多饺子品牌还需要做出更多的探索。

三、馄饨：赛道平稳发展，品牌发力产品、消费场景创新

近年来，馄饨赛道的发展总体较为平稳，也出现了一些新动向，诸多馄饨品牌在产品创新、消费场景创新等维度发力。例如，作为现包馄饨的代表品牌，第9味老上海馄饨在2023年推出了油泼馄饨、皮蛋鲜肉馄饨、蟹黄鲜肉馄饨等新品，还打造了"第9味首届馄饨节"，在产品创新、品牌传播等方面均有亮眼的表现（见表4-33）。

表 4-33　2023 — 2024 年全国部分馄饨品牌产品上新情况

品牌名称	推出的部分新品
吉祥馄饨	蟹黄鲜肉馄饨、泡菜章鱼馄饨、皮蛋鲜肉馄饨、笋尖鲜肉馄饨等
如意馄饨	柠檬蜂蜜柚子茶、鸡汤雪菜肉丝面、夏日爽口凉面、黄花鱼小馄饨、干拌小馄饨、荠菜鲜肉大馄饨、双倍虾仁馄饨等
第9味老上海馄饨	土猪肉西芹水饺、脆皮半边鸡、肉松海苔炸馄饨、酸梅汤、油泼馄饨、油泼面、蟹黄鲜肉馄饨、红烧肥肠面、卤鸡腿、皮蛋鲜肉馄饨等
满宝馄饨	石锅蘑菇浓汤馄饨面、奶香椰蓉饼、茼蒿鲜肉馄饨等
里手馄饨	酸汤鲜肉馄饨等

资料来源：红餐大数据，数据统计时间截至 2024 年 6 月 30 日。

红餐网｜红餐大数据

从馄饨新品的统计来看，馄饨品牌除了对馄饨产品进行多馅料、多口味的探索之外，还会在粉面、小吃、饮品等类型的产品上推陈出新。而相对于饺子产品馅料的推陈出新，馄饨新品的馅料多使用平价食材，名贵食材则使用得相对少。

此外，也有一些馄饨品牌推出了"馄饨＋咖啡"的组合，实现中西融合的搭配；还有一些品牌在馅料上进行花式创新，如在馅料中加入青花椒鱼、绿薄荷等食材。

在消费场景方面，馄饨品牌也做出了诸多尝试，推出了针对不同群体的套餐组合。比如，一些馄饨品牌切入了儿童餐领域，将馄饨宝宝辅食作为卖点；有的品牌还推出了带有馄饨产品的儿童套餐；吉祥馄饨则推出了女性虾仁小馄饨、"男性烤肠＋全家福馄饨"套餐等。

相对饺子赛道，馄饨赛道近年的动向相对少，亟须众多馄饨品牌去做更多的探索。

总体而言，饺子馄饨赛道的消费群体广泛，但是品牌化建设仍需加快。在整个小吃快餐赛道品类融合加速和数智化升级的趋势下，饺子馄饨品牌应该力求创新，不断拓宽运营边界，寻找新的突破口。

CHINA CATERING

第五章 火锅

第一节　大盘：
赛道竞争白热化，细分品类带来新发展空间和机会

近年来，火锅赛道在保持增长势头的同时，竞争也在持续加剧，特别是川渝火锅，竞争尤为激烈，促使各品牌积极探索微创新。而在粤式火锅稳步发展的同时，牛杂煲、粥底火锅等新兴品类也获得发展。与此同时，云贵火锅凭借酸菜牛肉火锅、酸汤火锅等成为赛道亮点，为市场带来新的活力。北派火锅随着铁锅炖等细分品类的走红，在全国的影响力也在扩大。此外，火锅的新兴细分品类展现出的较强发展势能，持续为火锅品类带来发展空间和机会。

经过多年的高速发展，火锅赛道的竞争日益加剧。在此背景之下，一方面品类整体呈现出较强的下沉态势，火锅品牌在不断创新、形成差异化的同时，积极探索其他增长方式。另一方面，细分品类不断被挖掘，而新锐品牌的崛起，也为整个市场带来活力，持续拓宽着火锅赛道的边界。

一、全国门店数超过53万家，2024年市场规模突破6,000亿元

近年来，全国火锅市场整体规模持续上涨。红餐大数据显示，2023年，我国火锅的市场规模达到5,848亿元，约占全国餐饮市场份额的11.5%，预计2024年火锅赛道市场规模有望突破6,000亿元（见图5-1）。截至2024年6月，全国火锅门店总数已经超过53万家。

图 5-1　2018 — 2024 年全国火锅市场规模概况

近年来，我国火锅品类的连锁化率也在不断提升。美团数据显示，全国火锅品类的连锁化率从 2021 年的 20.7%，增长到了 2023 年的 24%。但总体来看，火锅赛道整体的品牌规模化程度仍有提升的空间。红餐大数据显示，截至 2024 年 6 月，门店数在百家以上的火锅品牌数，占全国火锅品牌总数的 5.1%，门店数在 50 家以下的品牌占了 89.3%（见图 5-2）。

图 5-2　2024 年全国火锅品牌门店数区间占比分布

从火锅的细分赛道来看，川渝火锅仍是火锅赛道中门店数最多的细分品类。红餐大数据显示，截至 2024 年 6 月，川渝火锅门店数占火锅品类总门店数的 37.2%，并且目前火锅赛道中的头部品牌，多数为川渝火锅。其次是北派火锅和粤式火锅，门店数占比分别为 12.8% 和 10.3%（见图 5-3）。

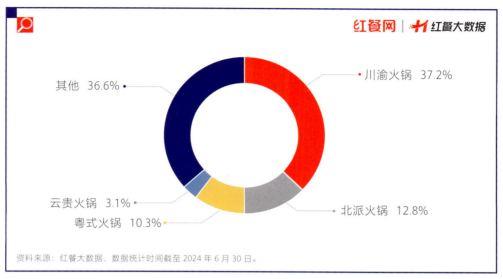

资料来源：红餐大数据，数据统计时间截至 2024 年 6 月 30 日。

图 5-3　2024 年全国火锅细分品类门店数占比分布

与此同时，随着火锅赛道竞争持续加剧，火锅品类整体展现出下沉态势。红餐大数据显示，截至 2024 年 6 月，三线城市的火锅门店数占全国火锅门店总数的 21.6%，占比最高。新一线城市的火锅门店数占比为 21.3%，二线、四线、五线及以下城市的火锅门店数占比，分别为 18.1%、17.9% 和 13.9%（见图 5-4）。相较 2023 年，一线、新一线城市门店数占比均出现一定程度的下滑，二线至五线及以下城市的门店数占比，则有不同程度的上涨。

资料来源：红餐大数据，数据统计时间截至 2024 年 6 月 30 日。

图 5-4　2023 年至 2024 年上半年全国各线级城市火锅门店数占比分布

此外，美团数据显示，2021—2023 年，下沉市场火锅团购订单量的复合增长率均超过 13%，明显高于一线城市。

二、头部品牌积极巩固市场，新锐品牌各有亮点

近年来，各大火锅头部品牌凭借长期积累的品牌力、供应链管理能力，占据着领先优势。它们或不断拓展版图，或进行优化，持续提高市场竞争力。

其中，海底捞在 2021 年开始优化部分门店，持续对产品、营销进行创新等动作，助其迎来业绩新高。其财报数据显示，2023 年，海底捞营收为 414.53 亿元，同比增长 33.6%，净利润为 44.95 亿元，同比增长约 174.6%，均创下了历史新高。小龙坎火锅则通过与各大品牌联名合作，进一步扩大品牌影响力。大龙燚火锅、巴奴毛肚火锅、楠火锅、朱光玉火锅馆、后火锅等品牌则深耕产品，打磨门店模型，实现稳步发展。但也有部分品牌业绩表现不尽如人意，如呷哺呷哺陷入了增收不增利的处境，其旗下子品牌未能如预期为其打开局面。

此外，火锅赛道持续细分，一些小众品类开始崛起，诸多品牌崭露头角。这些火锅细分品类或深度绑定地域文化，或以高价值的有料火锅走俏市场，拓宽了火锅赛道的边界。

比如，川渝火锅赛道中的鲜烧牛肉、渣渣牛肉等细分火锅品类被发掘了出来。红餐大数据显示，截至 2024 年 6 月，牟子胡胖·鲜烧牛肉已拓展出 110 余家门店；粤式火锅中的牛杂煲、粥底火锅等细分品类开始冒头，其中，沙胆彪炭炉牛杂煲门店已超 220 家；贵州火锅中的酸汤牛肉、酸汤鱼、夺夺粉火锅接连走红，其中，黔三一安顺夺夺粉火锅门店已发展出约 70 家门店；北派火锅如东北铁锅炖等品牌也较受关注，孵化出了山河屯铁锅炖等品牌。

但这些细分品类的发展尚处于较初级的阶段，区域化特征较为明显。比如在贵州火锅赛道中，虽然有黔三一安顺夺夺粉火锅、山外面贵州酸汤火锅等连锁品牌在上海、广州等地拓店，但多数品牌仍集中在西南地区；川渝火锅赛道中鲜烧牛肉、渣渣牛肉以及粤式火锅中的牛杂煲、粥底火锅等细分品类均集中在各自的大本营地区，在外地的发展尚待进一步探索。此外，一批主打牛肉火锅的品牌发展势能亦较强，如许府牛、下江腩牛肉火锅等。

三、差异化是火锅下个桥头堡，各品牌积极寻求市场增量

此外，火锅市场整体的发展重心，逐渐从商场向社区转移，以社区化选址、市井化装修、亲民的人均、整体倾向更具烟火气的氛围感，赢得市场青睐。

在质价比大行其道的环境下，消费者对价格更加敏感，火锅的消费价格有向两极延伸的趋势，这进一步拓宽了火锅品类的价格带。其中，中高端品牌以更优的服务、食材立足于赛道，以差异化构建品牌护城河；中低端品牌的人均消费价格则进一步下探。

从人均消费来看，据红餐大数据，截至 2024 年 6 月，人均消费处于 50～90 元的火锅门店数占比为 43.9%，其次是 50 元及以下的区间，占比为 25.3%，90 元以上的区间则占到了 30.8%。与 2023 年相比，人均消费在 90 元以下的区间占比均有上升（见图 5-5）。

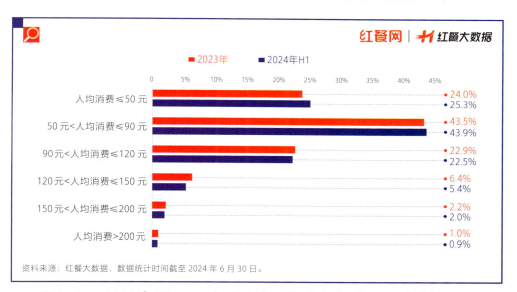

资料来源：红餐大数据，数据统计时间截至 2024 年 6 月 30 日。

图 5-5　2023 年至 2024 年上半年全国火锅门店人均消费价位区间占比分布

从具体品牌来看，海底捞等品牌的人均也在下降。其 2023 年财报显示，海底捞人均消费为 99.1 元，为近 7 年最低水平；湊湊火锅的人均消费也从 2022 年的 150.9 元，降至 2023 年的 142.3 元；

怂重庆火锅厂的人均消费则从 2022 年的 128 元，降至 2023 年的 113 元。

在竞争持续加剧、成本利润承压的背景之下，各品牌正极力探索差异化。

首先是模式差异化。其中，小火锅、自助火锅、涮烤一体等形式的火锅门店，受到市场欢迎。红餐大数据显示，截至2024年6月，小火锅门店数占到火锅总门店数的5.4%，自助火锅则占到1.7%。

同时，多个火锅品牌和其他赛道的餐饮品牌都在布局小火锅。例如，大斌家串串火锅推出了"一人食"小火锅产品，吉野家部分门店推出火锅套餐，老乡鸡推出小火锅产品，盛香亭热卤推出了盛香亭转转热卤等产品。

其次是菜品差异化。一些火锅品牌以新鲜打动消费者，还有一些火锅品牌则围绕甜品、小吃、主食等开发新菜品。

此外，火锅品牌也通过开放加盟、"出海"、拓展供应链等方式寻求市场增量。

一方面，此前直营的品牌开放加盟，让加盟市场持续升温，如海底捞、珮姐重庆火锅等。作为重庆本土火锅品牌，珮姐重庆火锅一直致力于将地道重庆味推向全国。2024年，珮姐重庆火锅在其重庆、浙江、上海、深圳等地的30家直营门店经验下，开放了直营管控下的"特许加盟"，将以前概念上的"加盟商"变成"合伙人"，由珮姐重庆火锅负责实际经营、管理，"城市合伙人"提供如场地、资金等其他方面的优势资源，形成强强联合，更有利于品牌向全国打开新市场。另一方面，火锅品牌加速"出海"步伐，寻找新蓝海，如海底捞、小龙坎火锅、刘一手等（见表5-1）。

表 5-1　　2024 年全国部分火锅品牌"出海"情况

品牌名称	海外门店数（家）	海外门店主要分布国家
海底捞	110+	新加坡、泰国、越南、马来西亚、日本、美国、加拿大、英国等
小龙坎火锅	60+	新西兰、加拿大、新加坡等
刘一手	50+	阿联酋、新加坡、加拿大、美国、西班牙、法国、澳大利亚等
香天下火锅	40+	新加坡、美国、法国、澳大利亚、越南等
小肥羊	30+	日本、新西兰、澳大利亚、新加坡等
大龙燚火锅	20+	新加坡、美国、澳大利亚、加拿大、新西兰等
蜀大侠火锅	20+	日本、澳大利亚、美国、马来西亚等
秦妈老火锅	10+	加拿大、美国、南非、新西兰、澳大利亚、韩国等
谭鸭血老火锅	约 5	美国、日本等
德庄火锅	约 8	美国、澳大利亚、加拿大、新西兰等
珮姐重庆火锅	约 2	澳大利亚、泰国
朱光玉火锅馆	1	美国

资料来源：红餐大数据，数据统计时间截至 2024 年 6 月 30 日。　　红餐网｜红餐大数据

四、供应链重要性愈加凸显，餐企、供应商迎来共创时代

近年来，随着火锅赛道的竞争日趋激烈，供应链也成为火锅品牌比拼的重要板块。火锅品牌越来越重视供应链体系的建设。与此同时，诸多的火锅上游供应商也愈加重视与火锅企业的共创，开发出诸多创新产品。

一方面，一些餐饮品牌不断完善供应链。其中，一部分头部品牌选择自建供应链。比如，海底捞创立蜀海供应链、颐海国际；小龙坎火锅成立了漫味龙厨以及自然馋供应链，分别主营各式火锅底料和火锅食材；德庄火锅自建底料工厂；巴奴毛肚火锅也有自己的中央工厂。

另一方面，一部分餐企则选择与成熟供应商合作，实现了较好的发展。对于供应商来说，由于其所处市场链条位置靠上，上游供应商对市场的敏锐度通常滞后于前端餐企。因此，此前单纯靠供应链企业自己做研发的模式已经不太适用，与餐企合作实现共创，才是多赢的选择。而餐企则需要倚仗上游厂商的研发、生产能力，更快捷、高效地推出受消费者喜爱的新品。因此，上游供应商与火锅品牌之间的关系，也从简单的"供应"走向了"共创"，从锅底、调料、生鲜食材、甜品、饮品等各个方面，展开了更深度的合作。

在这样的趋势下，火锅赛道逐渐形成了以下较为成熟的产品研发链条：火锅品牌洞悉消费者需求——向后端供应

链企业提出需求、思路——后端企业据此完成研发、解决规模化生产——最终实现餐企、供应商、消费者的多赢局面，也让火锅市场呈现出更大的活力。

以专注餐饮调味标准化多年的川海晨洋为例。其经过多年的发展，已经形成了丰富的产品线，可以满足火锅、特色餐饮、中式正餐、烧烤、小吃快餐等诸多餐饮赛道多元化的应用需求。针对火锅赛道的品牌需求，川海晨洋的核心产品焖制火锅底料，采用行业首创焖制工艺，焖罐锁味，能很好地还原老火锅味道，可以为门店解决引客难、复购低、口味不稳定等问题。此外，依托其强大完备的原料数据库，川海晨洋可以针对性地为不同客户定制研发相关的味型，实现柔性定制化生产。比如，马路边边自 2018 年首店开业就与川海晨洋建立合作关系。依托川海晨洋优秀的味型解决方案，马路边边实现了在全国的快速扩张。此外，袁老四老火锅也依靠川海晨洋"稳定""标准化"的产品，顺利开启了全国化的扩张步伐，并顺利将门店扩充至海外。

同时，火锅供应链企业也愈加细分化，不仅有国联水产、美好食品、聚慧餐调、千味央厨这些综合型企业，也有森态牛油、张兵兵火锅牛油、逮虾记、盖世食品、馨田火锅油碟这类专注于某一细分领域的企业，而且还衍生出根据火锅及其他餐企需求，提供覆盖主食、小吃、涮菜、甜品、饮品等各色菜品创新研发、生产的供应链企业，如三旋供应链、三分甜等。

第二节　川渝火锅：
全面进入差异化竞争，重庆火锅品牌掀起风潮

在火锅各细分品类中，川渝火锅仍是市场规模最大、门店最多的品类。这也导致川渝火锅赛道竞争愈加激烈，差异化成为各大火锅品牌追逐的焦点。与此同时，重庆本土火锅品牌凭借市井风、烟火气的特性，引领了新一波的川渝火锅风潮。

一、头部推陈出新，新锐品牌引领新潮流

从品牌层面来看，川渝火锅头部品牌和新锐品牌正走在不同的发展阶段，发展侧重点有着较明显的区别。头部梯队变化不大，一些知名品牌仍占有较大的优势，并以稳扎稳打的策略稳步扩张。新锐品牌采取的策略则截然不同，特别是重庆火锅品牌，其以鲜明的烟火气、市井风特色，加速了重庆火锅在全国的扩张（见表5-2）。

表 5-2　2024 年全国部分川渝火锅品牌发展概况

品牌名称	门店数（家）	人均消费（元）	门店主要分布区域
海底捞	1,300+	105	广东、江苏、浙江等
袁记串串香	720+	61	河北、内蒙古、河南等
小龙坎火锅	610+	95	安徽、山东、广东等
马路边边	540+	71	河北、四川、河南等
楠火锅	500+	110	四川、江苏、北京等
蜀大侠火锅	420+	92	四川、江苏、陕西等
德庄火锅	400+	92	江苏、河南、安徽等
谭鸭血老火锅	360+	101	江苏、湖北、浙江等
味之绝美蛙鱼头	330+	75	四川、云南、江苏等
大斌家串串火锅	310+	74	湖南、江西、广东等
季季红火锅	310+	62	江西

资料来源：红餐大数据，数据统计时间截至 2024 年 6 月 30 日。

红餐网｜红餐大数据

续 表

品牌名称	门店数（家）	人均消费（元）	门店主要分布区域
钢管厂五区小郡肝火锅串串香	280+	76	四川
朝天门	260+	91	浙江、湖北、江苏等
湊湊火锅	240+	139	江苏、广东、上海等
刘一手	240+	98	安徽、江苏、湖北等
朱光玉火锅馆	220+	109	重庆、江苏、安徽等
卤校长老火锅	200+	90	四川、重庆、贵州等
大龙燚火锅	160+	96	广东、广西、安徽等
巴奴毛肚火锅	110+	137	河南、江苏、北京等
哥老官美蛙鱼头	110+	115	江苏、浙江
后火锅	80+	106	重庆、四川、上海等
珮姐重庆火锅	40+	130	浙江、上海、重庆等

资料来源：红餐大数据，数据统计时间截至 2024 年 6 月 30 日。 红餐网｜红餐大数据

火锅头部品牌海底捞在经过"啄木鸟计划""硬骨头计划"的阵痛后，门店恢复扩张，盈利结构也得到优化，改变了此前增收不增利的状态。小龙坎火锅、蜀大侠火锅、大龙燚火锅等品牌则发展稳健，在营销方面推陈出新，不仅推出品牌 TVC、主题曲、创意短视频，还通过与卫龙等各大品牌合作各类联名活动，以及在抖音等社交媒体进行投放、开放团购等方式，保持着品牌的影响力。

其中，小龙坎火锅在 2023 年初与蜀大侠火锅合并，并坚持前端双品牌独立运营、后端资源整合策略，以实现优化供应链、门店降本增效的目的。此后，其母公司的总体在营门店数超越千家，

成为强强联合的代表。在川渝火锅赛道拥挤的背景下，本就各有优势的两个品牌资源进一步整合，让二者的结合获得了"1+1＞2"的效果。

此外，近年来也有不少新锐品牌崛起，特别是多个重庆本土火锅品牌都在加速发展。

比如，珮姐重庆火锅、朱光玉火锅馆、楠火锅、后火锅、萍姐火锅、赵美丽火锅等一众重庆火锅品牌，在近两年发展势头较为迅猛。它们以"正宗重庆味"为核心，强调重庆老火锅锅底的辣度、醇厚口感，充分发挥创新力，打造创新菜品，并迅速在全国打开市场。

再如，创立于 2019 年的后火锅，在 2024 年与重庆啤酒联手推出的 3.0 版店型，以新视觉、新模式、新场景和老味道为核心，强调"重庆味道"，通过模拟重庆火锅夜市的排档感，加上"烧菜"这个抓手，带给消费者全新的体验。目前，后火锅已在上海、重庆、四川等地开出近 100 家门店，其打造的颇具辨识度的 2.0 版"红魔方""小红楼"店型，均成为当地的地标性品牌门店。

此外，楠火锅以"地道口味 + 高颜值甜品"，获得年轻人的青睐，在各大社交媒体频频出圈。推出炒饭摊档、米线摊档的朱光玉火锅馆以及开创了"火锅 + 甜品 + 地道重庆小吃"模式的萍姐火锅等新势力品牌，也在全国快速拓店。

二、差异化打造，仍是川渝火锅的主旋律

川渝麻辣火锅同质化程度相对较高，竞争也较为激烈，越来越多的品牌将目光投向差异化打造，全面开启了川渝麻辣火锅的差异化竞争。

首先是菜品上，强调"鲜"成为众多品牌的一大策略。红餐产业研究院"2024 年餐饮消费大调查"数据显示，火锅消费者在选择火锅店时，最关注的因素是食材的新鲜度，占比达到 76.2%，其次是口味口感和卫生状况，分别占到 60.3% 和 55.5%（见图 5-6）。

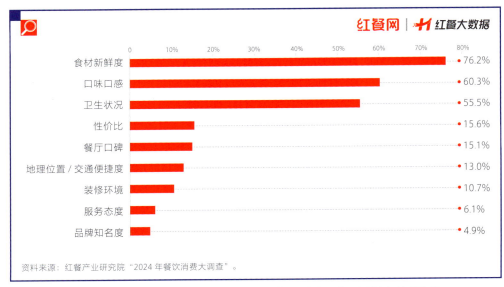

图 5-6 2024 年火锅消费者选择火锅店时关注的因素

在此背景之下，市面上开始出现越来越多主打高品质食材的火锅品牌，并获得不错的发展。例如，珮姐重庆火锅不仅深入全国各原产地考察，选择各地地标级高品质食材，如连续 3 年与金佛山景区合作，采摘景区特供的高山鲜笋每日直送门店，还以总部统筹的策略，采取本地市场鲜送的方式，保证门店菜品的新鲜。

晓秧锅鲜货火锅、杨光会鲜货火锅等品牌主打新鲜的菜品，以汤底现熬、蔬菜现采的方式来提升消费者的体验感。同时，其他品牌也开始增加各种鲜货、现切菜品的比重。楠火锅、北步园老火锅、五里关火锅等品牌都借鉴潮汕牛肉火锅的做法增设了明档，不

仅肉类鲜切，甜品、主食都以现场现制的方式呈现。

其次，菜品创新仍是川渝火锅差异化的最大撒手锏。诸多品牌多选择与供应链企业合作，将快餐、川菜、茶饮、甜品等其他品类的爆款产品改良后加入菜单中以丰富产品线，持续给予消费者新鲜感。比如，后火锅以"烧菜"为火锅之外的第二标签，定位在"烧菜 + 火锅"，搭配"只烧三道菜，道道是头牌"的 slogan，辅以肥肠炒饭、葱香土豆酥酥卷、芥末鸡脚筋等诸多创新菜品，以及青花椒等创新口味锅底，成功在消费者心目中留下与其他火锅品牌不同的记忆点，快速拓展市场（见表 5-3）。

表 5-3　2024 年全国部分火锅品牌创新菜品

品牌名称	主食	甜品 / 饮品	小吃	涮菜
后火锅	肥肠炒饭	仙仙蜜桃气泡水、茉莉青提荔枝饮	水果酸奶粽子	口蘑虾滑、翡翠椒麻松板肉
楠火锅	手工苕皮	杨枝甘露雪山冰、杨梅桶气	伏特加醉虾	马爹利鸭肠、黑莓桑葚黄喉
朱光玉火锅馆	乱劈财炒饭	魔法黄油啤酒、雪顶咸蛋黄栗子冰	手摇掌中宝	霸王皮带牛肉、黑椒大盘鸡、人间富贵花
萍姐火锅	溏心蛋炒饭	芭乐冰柠茶、香茅冰柠茶	手工三角粑	竹荪虾滑、现切五花趾
北步园老火锅	熝斗糕、烧白包	杧果奇缘、竹筒抹茶宝藏茶	春茶煎酥肉	春茶嫩牛肉、永川秀芽虾滑
渝味响火锅	手工小饺子	黑芝麻米浆、拉丝凉糕、厚切炒酸奶	现炸黑金酥肉、精品格子筋、油炸猪皮	马蹄丸子、青椒酿肉
伍里鹏火锅	—	凉瓜柠檬茶	烧椒皮蛋丸子	番茄嫩肉片、沙漠骆驼肉
隐江南	梅干菜鳄鱼炒饭	—	豪辣鳄鱼皮	无椒不鳄、鳄·鱼有点滑
小龙坎火锅	黑金苕皮	醉丹荔·荔荔小啤汽、咖啡冰粉	包浆豆腐	甜龙笋、椒麻脆舌
赵美丽火锅	—	香菜柠檬茶、苦瓜柠檬茶、菠萝麻薯挖挖冰	脆皮五花肉、一整只炸牛蛙、咸蛋黄芋泥球	薄荷虾滑、现包肉燕皮鱼饺

资料来源：公开信息，红餐品牌研究院整理。

红餐网 | 红餐大数据

　　一些火锅品牌在锅底上也做了诸多的探索。比如，珮姐重庆火锅的锅底坚持使用 0 添加天然原材料、自然发酵 240 小时、9 小时焖煨入味的技艺，其锅底荣获沙利文机构认证的"鱼子酱般红油锅底首创者"的称号，其炒料技艺荣获"渝中区非物质文化遗产"认证，其品牌荣获"重庆老字号"荣誉。大龙燚火锅推出了黑松露番茄锅底，楠火锅推出了啤酒 × 红酒双拼酒精锅底、乌鸡 × 墨鱼美式锅底、酸笋臭豆腐锅底等一众创新锅底。

　　在甜品、饮品、主食等方面，火锅品牌也都进一步从颜值、性价比、选择多样化、麻辣火锅适配度等方面进行微创新，以提供消费者新鲜感。

再者，新模式、新场景、新营销的探索、打造，也是川渝火锅在竞争中打造差异化的重要方式。例如，小龙坎火锅已形成了自己的一套传播策略，通过与其他行业佼佼者跨界合作的方式，以持续吸引消费者的关注。此前，小龙坎火锅和游戏《第五人格》合作，后来又和元气森林合作。2024 年，小龙坎火锅又与抖音合作发放火锅基金，与故宫观唐文化发展有限公司合作推出限量周边等。

三、地区小众、特色品类被持续挖掘，有料火锅持续走俏

为了实现差异化发展，更多餐饮人将目光放到川渝地区与麻辣火锅味型相近，但尚未被发掘，或尚未形成规模的细分品类中。比如近年来，有料火锅就受到市场青睐。美蛙鱼头火锅、跷脚牛肉火锅等逐步被挖掘，出现了哥老官重庆美蛙鱼头、盏膳口福跷脚牛肉火锅等连锁品牌；肥肠鸡、烧鸡公等细分品类中也有石灰石烧鸡公、晓彭肥肠鸡等连锁品牌冒头（见表 5-4）。

表 5-4　2024 年全国部分川渝有料火锅品牌发展概况

品牌名称	门店数（家）	人均消费（元）	门店主要分布区域
石灰石烧鸡公	180+	73	浙江、四川、江苏等
老哥门肥肠鱼	150+	62	重庆、四川、福建等
哥老官重庆美蛙鱼头	110+	115	江苏、浙江等
牟子胡胖·鲜烧牛肉	110+	30	四川、重庆、江西等
犟山城烧鸡公	80+	60	浙江、江苏等
晓彭肥肠鸡	30+	70	重庆、四川、云南等
盏膳口福晓脚牛肉火锅	20+	164	四川、重庆、湖北等

资料来源：红餐大数据，数据统计时间截至 2024 年 6 月 30 日。

红餐网｜红餐大数据

2023 年以来，鲜烧牛肉、渣渣牛肉等有料火锅，成为关注较高的川渝火锅细分品类。鲜烧牛肉、渣渣牛肉等从乐山等二线、三线城市扩散到成都、重庆等新一线城市，并有借势向一线城市进军的势头。其中，牟子胡胖·鲜烧牛肉等品牌已初具规模。

头部品牌竞争力稳中有升，新兴品类、新锐品牌势能初显，川渝火锅仍延续着强劲势头。

第三节　粤式火锅：
老品类持续发力，新品类势头渐强

在粤式火锅赛道中，已经形成了潮汕牛肉火锅、椰子鸡火锅、猪肚鸡火锅等细分赛道。这些细分赛道近年来稳步发展，孕育出了一批初具规模的连锁品牌，如捞王锅物料理、八合里牛肉火锅、左庭右院鲜牛肉火锅等品牌的门店数都已超过百家，且各大品牌门店数近年皆稳中有升（见表5-5）。

表 5-5　2024 年全国部分粤式火锅品牌发展概况

品牌名称	门店数（家）	细分品类	门店主要分布区域
廣順興	590+	猪肚鸡火锅	河南、河北、山东等
潮正和牛肉火锅	220+	潮汕牛肉火锅	广东、山东、湖南等
沙胆彪炭炉牛杂煲	210+	牛杂煲火锅	江苏、四川、安徽等
淼鑫猪肚鸡	210+	猪肚鸡火锅	广东
八合里牛肉火锅	190+	潮汕牛肉火锅	广东、福建、上海等
捞王锅物料理	140+	猪肚鸡火锅	江苏、浙江、上海等
左庭右院鲜牛肉火锅	130+	潮汕牛肉火锅	江苏、上海等
陈记顺和	80+	潮汕牛肉火锅	广东、江苏
阿润传统打边炉	70+	牛杂煲火锅	上海、河南、江苏等
同仁四季椰子鸡	70+	椰子鸡火锅	广东、江苏等
四季椰林椰子鸡	50+	椰子鸡火锅	广东
海银海记潮汕牛肉火锅	50+	潮汕牛肉火锅	广东、云南等
三个椰子	50+	椰子鸡火锅	广西、云南等
潮发潮汕牛肉店	50+	潮汕牛肉火锅	广东
福合埕牛肉火锅	40+	潮汕牛肉火锅	广东、福建
润园四季椰子鸡	20+	椰子鸡火锅	广东
探窝超级椰子鸡	20+	椰子鸡/猪肚鸡火锅	广东
椰妹·椰子鸡火锅	20+	椰子鸡火锅	广东、广西等
煲大王猪肚鸡	10+	猪肚鸡/椰子鸡火锅	湖南

资料来源：红餐大数据，数据统计时间截至 2024 年 6 月 30 日。

红餐网 | 红餐大数据

在门店的区域分布上，据红餐大数据，截至 2024 年 6 月，粤式火锅主要分布在华南、华东地区，两个区域的门店数分别占到全国粤式火锅门店数的 48.2% 和 22.5%，占比之和达到 70.7%，其他区域的占比则均在 10% 以下（见图 5-7）。

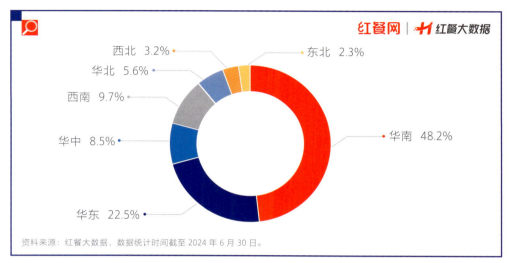

图 5-7　2024 年全国各区域粤式火锅门店数占比分布

在线级城市分布上，22.1% 的粤式火锅门店分布在新一线城市，其次为三线、二线城市，占比分别为 19.2% 和 18.9%（见图 5-8）。总体来看，粤式火锅在各线级城市的分布较为均匀。

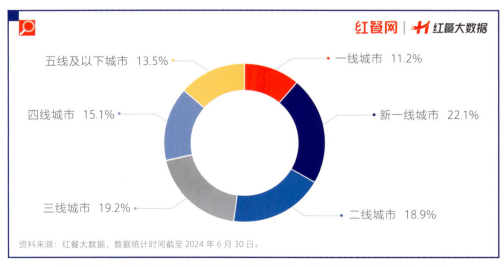

图 5-8　2024 年全国各线级城市粤式火锅门店数占比分布

一、潮汕牛肉火锅：加速进化，引领火锅"新鲜"潮流

潮汕牛肉火锅作为曾经的爆红赛道，也是目前粤式火锅中影响力较大的细分品类。近年来，各大潮汕牛肉火锅品牌通过不断夯实供应链体系、突出食材新鲜、清汤鲜味突出的特点，加速进化。

首先在供应链建设上，潮汕牛肉火锅品牌不断完善。对潮汕牛肉火锅来说，鲜切牛肉是其最大的特点和卖点，新鲜牛肉则对供应链提出了极高的要求，此前这也是制约潮汕牛肉火锅品牌向外发展的最大障碍。而随着品类、品牌的进一步探索，这一障碍逐渐找到了破解的方法。

不仅上游生鲜供应商加强了新鲜牛肉的供应能力，头部品牌也积极搭建自己的供应链体系。比如，八合里牛肉火锅就直接在贵州、内蒙古、宁夏等优质肉牛养殖地，投资建立了自己的天然养殖基地。陈记顺和牛肉火锅则通过自建仓储物流、冷链供应系统，进一步夯实竞争壁垒。

其次，品牌的 IP 化、规模化意识更强。各潮汕牛肉火锅品牌通过菜品创新、品牌 IP 化、开拓新渠道等多种方式来实现突破，门店拓展也较为迅速。八合里牛肉火锅、左庭右院鲜牛肉火锅等已开出上百家门店，潮发潮汕牛肉店、陈记顺和牛肉火锅等也开出了数十家门店。

此外，不少潮汕牛肉品牌也在积极拓展产品结构，以丰富门店的产品，扩大受众人群。比如，潮正和牛肉火锅、福合埕牛肉火锅等品牌，在潮汕牛肉火锅的基础上，加入了牛杂锅、番茄锅等其他清淡口味火锅，以及潮州粿类等产品。

随着潮汕牛肉火锅的影响力不断提升，以及消费者对新鲜食材的需求日益增加，原本流行于潮汕牛肉火锅的吊龙、三花趾、嫩肉、五花趾等鲜切牛肉菜品，开始出现在各类火锅中，鲜切的形式在川渝火锅、云贵火锅等其他火锅品类，甚至在自助餐、烧烤等各种餐饮场景中被广泛运用。

二、椰子鸡／猪肚鸡：品牌积极融合创新，尝试双品类模式

椰子鸡火锅以其养生、清淡的特性，普及度越来越高，市场规模持续走高，全国多个地区的主流商圈几乎都能看到它的身影。但其集中度相对较低，连锁化程度较高的品牌，大多聚焦在广东省内发展，门店主要分布在广东省内及周边地区，如润园四季椰子鸡火锅、四季椰林椰子鸡等品牌。

经红餐产业研究院观察，在椰子鸡火锅品类的发展过程中，品牌逐渐探索出了两种发展路径。一种是稳扎稳打的区域性品牌，拓店速度不快，以稳当发展为特征，在当地有着较大影响力。

比如，成立于2009年的润园四季椰子鸡火锅，10余年来扎根深圳市场，没有快速扩张或将门店铺向全国。红餐大数据显示，截至2024年6月，润园四季椰子鸡火锅的门店均位于深圳。此外，探窝超级椰子鸡、四季椰林椰子鸡的门店也都集中在广东；重庆的鼎凰花胶鸡·椰子鸡火锅，也成为当地椰子鸡火锅品类的人气品牌。

另一种则走全国拓展的路线，如椰妹·椰子鸡火锅，其门店不仅覆盖两广地区，还拓展到了成都、重庆等城市；三个椰子则以广西为大本营，向云南、四川、安徽、贵州等省份拓展。

为了进一步扩大影响力，椰子鸡火锅品牌不断试图打造差异化。比如，椰妹·椰子鸡火锅、三个椰子等品牌，都在门店"现砍"椰子，以原生态、新鲜的特性俘获消费者。而同仁四季椰子鸡则成为首个在椰子鸡火锅品类中24小时营业的品牌。

粤式火锅的另一大细分品类猪肚鸡火锅，也在稳步发展，受众不断增多，但和椰子鸡火锅类似，其门店、品牌分布也相对区域化。

捞王锅物料理作为猪肚鸡品类的头部，门店主要覆盖江苏、浙江、上海等华东地区。廣顺興则在河南、河北、山东等地，以猪肚鸡打边炉为特色，搭配烧腊、煲仔饭等粤菜经典产品，成为区域头部品牌。淼鑫猪肚鸡、淼福猪肚鸡等品牌主要在广东省内拓展，但在当地有着不错的影响力。

此外，在单一品类影响力、受众有限的情况下，不少椰子鸡火锅和猪肚鸡火锅品牌选择了双品类主打的模式。对于椰子鸡和猪肚鸡品牌来说，选择同时经营口味相近、部分食材相同的细分火锅品类，不仅扩大了受众、提高坪效，也提高了食材使用率、降低成本，从而提升整体经营效益。探窝超级椰子鸡、煲大王猪肚鸡、鼎凰花胶鸡·椰子鸡火锅等品牌均属于双品类主打模式。

其中，椰椰榴椰子鸡·糟粕醋火锅将近两年火热的海南糟粕醋火锅与椰子鸡搭配推出。鼎凰花胶鸡·椰子鸡火锅则选用了同种食材的花胶鸡，主打花胶鸡＋椰子鸡，打造清淡、养生的特点。创立于湖南长沙的猪肚鸡品牌煲大王猪肚鸡则抓住长沙消费者对于清淡养生的饮食需求，以"不油腻"为核心价值，强势切入猪肚鸡火锅赛道，并以滋补猪肚鸡、清淡养生椰子鸡两种产品互为补

充，成为湖南的"猪肚鸡＋椰子鸡"标杆品牌。红餐产业研究院了解到，煲大王猪肚鸡最初以猪肚鸡著称，在经营的过程中，其团队发现很多消费者认为秋冬才比较适合吃猪肚鸡火锅。为了打造差异化和吸引更多的消费者，煲大王猪肚鸡将拳头产品升级为"猪肚鸡＋椰子鸡"双主打的组合，打破了季节限制。而除了单一的猪肚鸡火锅以及椰子鸡火锅之外，煲大王猪肚鸡还推出了两者的双拼锅，打造出了猪肚鸡火锅界中别具特色的"鸳鸯锅"，为消费者提供了多样化的就餐选择。

除了已有一定市场基础的椰子鸡火锅和猪肚鸡火锅，近年牛杂煲火锅、粥底火锅等细分品类也受到一定的关注。这些火锅多以打边炉、砂锅火锅的形式出现，打破了大众印象中粤式火锅清淡的口味标签。

比如牛杂煲火锅，将广东大街小巷都可见的牛杂、牛腩小摊升级为砂锅火锅。近两年，沙胆彪炭炉牛杂煲、牛小灶牛杂煲等品牌初具规模（见表5-6）。

表 5-6　2024 年全国部分牛杂煲火锅品牌发展概况

品牌名称	门店数（家）	人均消费（元）	门店主要分布区域
沙胆彪炭炉牛杂煲	210+	82	江苏、四川、安徽等
阿润传统打边炉	70+	85	上海、河南、江苏等
牛小灶牛杂煲	40+	76	广东

资料来源：红餐大数据，数据统计时间截至 2024 年 6 月 30 日。

红餐网 | H 红餐大数据

粥底火锅、港式火锅也获得一定的市场关注，特别是粥底火锅，受到不少消费者的青睐。其中，强叔现切猪杂粥已有百余家门店，太艮堡毋米粥、大良海记粥底火锅则经营多年，有着稳定的消费者受众。

这些细分品类在潮汕牛肉火锅、椰子鸡火锅等清淡火锅之外，增添了粤式火锅的口味味型，拓展了品类影响力，成为火锅赛道中一股不容忽视的力量。

第四节　云贵火锅、北派火锅：
势头渐强，在消费者心里打下标签

近年来，云贵火锅和北派火锅在旅游风潮、社媒传播等因素的加持下，被更多地挖掘，不少品牌开始冒头。

一、贵州火锅：以特色口味为扬帆蓄力，热度不断攀升

从地摊火锅到酸汤牛肉火锅，再到夺夺粉火锅，贵州火锅在近两年成为火锅赛道的热门细分品类。

此前，发源于贵州的餐饮品牌，标准化、连锁化程度相对较低。在贵州省内，门店规模达到两位数的贵州连锁餐饮品牌也不算多，特别是中式正餐和火锅赛道，品牌的连锁化程度偏低。但近些年，贵州酸汤火锅的风潮渐起，加上贵州旅游热的助力，贵州酸汤火锅关注度持续走高。截至 2024 年 6 月，"贵州酸汤"相关话题在抖音平台上的曝光量超过 4.5 亿次，小红书平台上与"酸汤"相关的笔记更是达 76 万多篇。

在此背景之下，贵州火锅品牌受到了较多的关注，一些品牌不断扩大规模。

比如，成立于 2009 年的贵州本地品牌老凯俚酸汤鱼，以酸汤鱼为核心，搭配贵州特色菜品、小吃，并从装修、服务等方面突出民族特色。贵厨酸汤牛肉立足贵州，打磨菜品、门店模型，已在贵州省内开出 10 余家门店（见表 5-7）。

表 5-7　2024 年全国部分贵州火锅品牌发展概况

品牌名称	门店数（家）	人均消费（元）	门店主要分布区域
钱摊摊安顺夺夺粉火锅	110+	50	重庆、四川等
黔三一夺夺粉酸汤火锅	70+	60	四川、重庆、云南等
王奋斗贵州酸汤牛肉火锅	40+	93	上海、江苏、浙江等
黔夺夺贵州酸汤火锅	30+	71	四川、云南等
老凯俚酸汤鱼	10+	110	贵州
贵厨酸汤牛肉	10+	66	贵州
牛滋味老凯里酸汤牛肉	约 7	66	贵州
新大新豆米火锅	约 7	88	贵州
毛辣果虾酸牛肉火锅	约 3	62	贵州
山外面·贵州酸汤火锅	约 3	81	广东

资料来源：红餐大数据，数据统计时间截至 2024 年 6 月 30 日。

红餐网｜红餐大数据

此外，贵州省外的地区也有一批主打酸汤火锅的品牌出现，如上海有已开出了 40 余家门店的王奋斗贵州酸汤牛肉火锅，九毛九集团今年也新推出了子品牌山外面·贵州酸汤火锅，掀起了地区性的贵州酸汤火锅热潮。而海底捞、马路边边等火锅品牌，也推出了贵州酸汤口味的锅底。

近一年在西南地区爆火的夺夺粉火锅，也发展出黔三一夺夺粉酸汤火锅、钱摊摊安顺夺夺粉火锅、黔夺夺贵州酸汤火锅等多个品牌。这些品牌在短期内迅速崛起，并以西南地区为大本营逐步向外扩张。

贵州酸汤火锅的火爆，也带动了酸汤相关调味料的研发。餐饮上游的不少调味料企业、食材企业积极研制并推出了相关的酸汤底料产品。例如，仟味高汤推出了益生菌发酵红酸汤、美鑫餐调推出了贵州木姜子酸汤、诺高美推出了贵州酸汤烤鱼料、海天味业推出了云贵酸汤风味火锅底料等。

其中，以高汤起家，20 余年始终坚持真材实料熬好汤，深耕市场的仟味高汤，始终走在汤底创新的前沿。针对"酸汤火锅的发酵会产生异味，不具备大众意义上的口味普适性"的痛点，仟味高汤联合龍歌自助小火锅，研发了一款适合大众口味的贵州红酸汤锅底，可以还原贵州酸汤灵魂，同时去除发酵异味。据了解，这款汤底，是以毛辣果为主食材，使用独家的益生菌发酵工艺，相较于普通红酸汤，果味更清新更醇正，能够激发食材层层滋味，回味更丰富；在糟辣椒方面，仟味高汤以古法发酵，使糟辣的鲜香唤醒味蕾，外观色泽鲜红，既辣又酸，可以赋予食材丰富鲜味；在祛除异味方面，仟味高汤采用"五重精细筛选过滤工艺"，将发酵产生的异味祛除得较为干净，适合全国各地域的消费者食用。

此外，贵州火锅赛道亦有一些主打豆米火锅、辣子鸡火锅、豆花渫鱼等特色火锅的品牌出现，如新大新豆米火锅。而臭酸、虾酸、牛瘪等带有特殊味道的火锅品类中，也有毛辣果虾酸牛肉火锅等品牌，在贵州省内享有较高的人气。

这些品类在社媒平台激起了部分消费者的猎奇心，进一步加速了贵州火锅知名度的提升，在消费者心目中埋下了"贵州火锅"的心理锚点，为未来贵州火锅向全国扩张打下了基础。

二、云南火锅：逐步解决供应链难题，酸菜火锅出圈

菌菇火锅依然是云南火锅的中坚力量，其他细分品类如酸菜牛肉火锅，则为云南火锅的省外拓展提供了强劲动力。菌菇火锅一直以来多以菌菇、鲜味吸引消费者，但由于菌菇采摘、保鲜时长的限制，想真正做到以多样化菌菇为主的火锅，非常考验品牌的供应链能力，所以菌菇火锅门店仍主要分布在云南当地，云南省外的门店较少（见表5-8）。

比如成立于 2017 年的菌彩野生菌火锅，目前在全国开出了约 20 家门店，基本位于云南当地，门店以云南雨林场景为特色，依托汽锅形式，主打野生菌这一食材。为把控野生菌品质，菌彩野生菌火锅选择闭环采购，并利用冷链技术来保持菌子水分，从采摘地运至各门店。

这两年，随着"酸"味火锅受到市场青睐，傣味酸汤、酸菜牛肉火锅、酸汤猪脚火锅、腊排骨等品类，也随着社交媒体的传播，受到了一些关注。同样主打酸味，但与贵州酸汤不同的是，云南酸菜牛肉火锅是在辣味锅底中，加入酸萝卜丝与酸菜，形成独特的酸辣风味。2023 年以来，多个云南酸菜火锅品牌在上海餐饮市场冒头，此后，北京、成都、武汉、长沙、深圳等多个城市也都冒出了一批云南酸菜牛肉火锅门店。比如，滇牛云南酸菜牛肉火锅 2023 年 7 月才在上海开出首店，截至 2024 年 6 月，其全国门店数已突破 60 家。一些原本经营云南烧烤、云南菜的品牌，也开始向酸菜牛肉火锅转型，或是增设酸菜牛肉火锅产品。

比如南京的"麒麟风·云南烧烤"，在其名称加上了"酸菜牛肉火锅"的后缀，菜单上也增加了相应套餐；合肥主打小锅米线的"小薄荷云南风味小馆"，已改名为"小薄荷云南酸菜牛肉火锅"。

表 5-8 　2024 年全国部分云南火锅品牌发展概况

品牌名称	门店数（家）	门店主要分布区域
傣妹火锅	60+	上海、江苏、安徽等
滇牛云南酸菜牛肉火锅	60+	上海、浙江、江苏等
邱记老坛酸菜牛肉	30+	云南
菌彩野生菌火锅	20+	云南、四川、河南
芸山季·云南野山菌火锅	10+	广东
金三罐寻甸老坛酸菜牛肉	10+	云南
爱尚菌·野生菌火锅	约 9	云南

资料来源：红餐大数据，数据统计时间截至 2024 年 6 月 30 日。

红餐网｜红餐大数据

在云贵火锅热度持续攀升之时，以涮羊肉、铜锅火锅、清汤火锅为主的北派火锅市场热度犹在。近年来，东来顺通过积极试水自助模式，不断丰富消费者的就餐场景，给予消费者新鲜感。老牌北派火锅小肥羊主营地区有转向西北的趋势，目前其门店最多的省份为陕西，其次为甘肃，两省门店数占到全国总门店数的近四成。

除了铜锅涮肉的方式，北派火锅的共同点还包括主要以牛羊肉为食材。如门店分布在浙江、江苏、山东、北京等地的 313 羊庄，其全国门店数已超过 400 家；创立于湖南但门店开到浙江、江西等地的洞氮胡记羊肉馆，目前在全国已经开出 360 余家门店（见表 5-9）。它们均是以牛羊肉清汤锅为主打，配以黄焖、铁锅炖等形式的北派火锅。

此外，东北铁锅炖、酸菜白肉火锅、羊蝎子等原本小众的北派火锅，也在近年冒头。

表 5-9 　2024 年全国部分北派火锅品牌发展概况

品牌名称	门店数（家）	人均消费（元）	门店主要分布区域
313 羊庄	460+	99	江苏、浙江、山东等
洞氮胡记羊肉馆	360+	72	湖南、浙江、江西等
老诚一锅	150+	94	北京、河北、山西等
东来顺	130+	111	北京、河北、山东等
小肥羊	120+	87	陕西、甘肃等
额尔敦传统涮	90+	117	内蒙古、河南、辽宁等
九府羊鲜羊火锅	70+	89	山东、河北、浙江等
蝎王府羊蝎子	50+	101	北京、陕西等
羊老三羊蝎子北派炭火锅	20+	97	浙江

资料来源：红餐大数据，数据统计时间截至 2024 年 6 月 30 日。

红餐网｜红餐大数据

第五节　其他特色火锅：
小众品类、地域特色火锅冒头，有百花齐放之势

除了原有的火锅细分大类，近些年，随着短视频、自媒体的发展、传播，视频博主、纪录片、旅游等也带火了不少地方特色火锅。

比如海南的糟粕醋火锅、内蒙古冰煮羊火锅等，原本为文昌市和贝加尔湖附近延传下来的小众吃法，因网友旅游被挖掘后，门店出现在了北京、广州等一线城市，原产地及周边城市也开出不少门店。其中，太琼糟粕醋·海南酸汤火锅、琼州糟粕醋·海南酸汤火锅等品牌崭露头角。

铁锅炖也随着2023年末东北旅游的火热，成为火锅的热点品类。而姥家大锅台、山河屯铁锅炖等品牌也被更多的消费者所熟知。

但从全国范围来看，铁锅炖品类整体发展相对混乱，不少铁锅炖与其他东北菜混杂在一起，品牌也缺乏鲜明定位，多给人以东北菜馆的心理定位，品牌力稍显欠缺。不过这也给市场留下较多机会。

另外，鱼、虾、蛙等水产食材，在有料火锅中仍有强大竞争力，并以汤锅、干锅等形式呈现，豆花鱼、麻椒鱼、木桶鱼等细分品类被更多人看到。小小河边鱼、虾吃虾涮、七欣天等品牌也保持了稳定的发展态势（见表5-10）。

表 5-10　2024 年全国关注度较高的小众火锅品牌发展概况

细分品类	代表品牌	门店数（家）	门店主要分布区域
鱼火锅	匠岳·王宝器麻椒鱼	180+	四川、陕西、云南等
	小小河边鱼	180+	江苏、河南等
	李二鲜鱼火锅	170+	山东、湖北、陕西等
	新辣道鱼火锅	40+	北京、内蒙古、河北等
虾蟹火锅	虾吃虾涮	440+	河北、四川、山东等
	七欣天	350+	江苏、浙江、上海等
海南糟粕醋火锅	太琼糟粕醋·海南酸汤火锅	10+	海南
	琼州糟粕醋·海南酸汤火锅	10+	海南
	濠七·糟粕醋火锅	10+	北京、上海
铁锅炖	山河屯铁锅炖	230+	黑龙江、北京、辽宁等
鲜烧牛肉	牟子胡胖·鲜烧牛肉	110+	四川、重庆、江西等
	牛五弟鲜烧牛肉	90+	四川、重庆等
粥底火锅	强叔现切猪杂粥	80+	广东、福建等
	大良海记粥底火锅	10+	广东
生蚝火锅	新佳濠横琴生蚝火锅	约 9	广东
	濠轩阁特色生蚝火锅	约 7	广东

资料来源：红餐大数据，数据统计时间截至 2024 年 6 月 30 日。

红餐网｜红餐大数据

如今，各地区特色火锅品类仍在不断被发掘，呈现出百花齐放的势头，火锅赛道的边界因这些新崛起品类的发展而不断拓宽。

近年来，川渝火锅、潮汕牛肉火锅等细分品类仍占据市场主导，各大头部品牌都在顺应市场潮流，以各种微创新形成差异化，让火锅赛道形成小的、快速的风潮更迭。显然，创新依然是火锅品牌的机会所在。与此同时，新近崛起的细分品类正快速进入市场，部分品类已具备一定的发展基础。未来，火锅赛道竞争将进一步加剧，火锅赛道的参与者需要做出更多探索，方能更好地立足。

第六章 饮品

第一节 茶饮：
进入健康原叶鲜奶新阶段，品牌放加盟、"出海"谋发展

茶饮赛道因发展较为迅猛、入局者众多、创新意识较强而备受瞩目。近年来，茶饮品牌展开多维竞争，品牌"出海"、产品升级愈演愈烈，这个赛道迎来了新的发展局面。

一、赛道持续扩容，步入"健康原叶鲜奶阶段"

在品牌内卷加剧、消费升级、资本加速进场等因素的驱动下，火热的茶饮赛道在 2023 年再次扩容，市场规模进一步提升。据红餐大数据，预计 2024 年我国茶饮市场规模达到 1,757 亿元，同比增长 8.2%（见图 6-1）。

单位：亿元　　■ 市场规模　　●— 同比变化

资料来源：红餐大数据。

图 6-1　2019 — 2024 年全国茶饮市场规模概况

茶饮赛道的新一轮增长，也伴随着门店规模的提升。红餐大数据显示，截至2024年6月，全国茶饮门店总数达到65.4万家，相较2023年底，全国茶饮门店总数增长了3.3%。

而经过这些年的多次迭代升级发展，如今，茶饮这条千亿元规模的赛道，已经悄然步入了4.0的新发展阶段，即"健康原叶鲜奶阶段"（见表6-1）。

表 6-1 我国茶饮品类发展历程一览

发展阶段	1.0 "粉末调制阶段"	2.0 "街头阶段"	3.0 "新式茶饮阶段"	4.0 "健康原叶鲜奶阶段"
产品	以奶精勾兑的珍珠奶茶	牛奶和茶叶冲泡的奶茶，部分品牌开始推出果茶、气泡茶	产品种类丰富，包括鲜果鲜奶制成的果茶以及乳茶、纯茶类等产品	强调真奶、真茶，产品更加细分，推出轻乳茶、酪乳茶、植物基底乳等产品
品牌化程度	茶饮品牌以加盟模式为主，门店运营总体较为粗放	品牌开始公司化运作，管理体系趋向成熟	品牌注重IP打造，产品研发能力、品牌知名度、门店标准化复制能力等大幅提高	品牌通过放加盟、"出海"等方式进一步攻占市场，同时提升资本化运作水平
门店特征	多为街边店	以街边店为主，部分品牌开始进入购物中心、商场	门店更多选址于商场、写字楼附近	小店模式再次受到青睐，品牌加强小程序等平台的私域流量维护

资料来源：公开信息，红餐产业研究院整理。

红餐网 | 红餐大数据

在当前的4.0阶段，茶饮品牌强调"真奶、真茶"，并且掀起了一场奶基底升级的新"风暴"，更多的品牌加入奶基底焕新、配料公开、原料溯源的行列当中。从1.0阶段发展到当前的4.0阶段，茶饮品牌注重真茶、鲜奶，茶饮赛道的精细化程度和品质化水平也得到了提升。

伴随着茶饮赛道进入新的发展时期，抓住了产品风向的茶饮品牌也取得了不错的发展。例如，奈雪的茶、茶百道等品牌的营收数据表现亮眼。而这些头部品牌能持续提升盈利能力，与其背后的供应链体系搭建、规模化扩张、产品竞争力提升等多种因素相关。

整体来看，当前的茶饮赛道，千店体量的品牌正在角逐万店规模，中腰部品牌的门店数也有所提升，整体规模化程度得到快速提升。据红餐大数据，截至2024年6月，门店数在6～50家的茶饮品牌占比最高，达到42.3%，同时有5.3%的茶饮品牌门店数突破了500家，茶饮品牌的连锁化水平正在快速提升。

茶饮赛道竞争激烈，各大品牌以规模化为导向，持续提升门店数量。蜜雪冰城、古茗茶饮、茶百道、沪上阿姨、书亦烧仙草、甜啦啦鲜果茶、益禾堂等品牌的门店数居于前列（见表 6-2）。

表 6-2　2024 年全国部分茶饮品牌发展概况

品牌名称	门店数（家）	人均消费（元）	主要分布区域
蜜雪冰城	30,600+	7	河南、山东、广东等
古茗茶饮	9,400+	16	浙江、福建、广东等
茶百道	8,500+	16	浙江、江苏、四川等
沪上阿姨	8,400+	15	山东、安徽、江苏等
书亦烧仙草	6,300+	14	湖南、四川、河南等
甜啦啦鲜果茶	5,600+	10	安徽、河南、河北等
益禾堂	5,300+	10	广东、广西、福建等
霸王茶姬	4,500+	19	云南、浙江、江苏等
CoCo 都可	4,100+	15	江苏、广东、上海等
喜茶	3,800+	19	广东、江苏、浙江等
1 點點	3,000+	15	江苏、浙江、广东等
快乐番薯	1,900+	12	福建、广东、江西等
奈雪的茶	1,900+	22	广东、江苏、湖北等
悸动烧仙草	1,800+	17	江苏、上海、浙江等
茉酸奶	1,500+	27	江苏、浙江、上海等
柠季手打柠檬茶	1,500+	16	湖南、湖北、浙江等
LINLEE 林里手打柠檬茶	1,500+	18	广东、浙江、上海等
吾饮良品	1,400+	12	湖北、黑龙江、新疆等
7 分甜	1,100+	18	江苏、上海等
茶话弄	960+	16	陕西、浙江等
一只酸奶牛	880+	16	四川、重庆、陕西等
新时沏	710+	15	浙江、福建等
茶救星球·蔬果茶	640+	15	广东、四川等
茶颜悦色	620+	18	湖南、湖北等
ARTEASG	540+	19	广东、江西、湖南等
茉莉奶白	530+	18	广东、江苏等
乐乐茶	490+	22	上海、江苏、浙江等
茶理宜世	480+	19	广东、浙江等
百分茶	430+	19	江苏、浙江等
桂桂茶	370+	16	上海、江苏等
椰不二	230+	25	江苏、浙江、山西等
丘大叔柠檬茶	160+	19	广东
快乐柠檬	140+	18	上海、北京等
阿嬷手作	30+	29	广东、广西等

资料来源：红餐大数据，数据统计时间截至 2024 年 6 月 30 日。

红餐网｜红餐大数据

其中，蜜雪冰城和古茗茶饮是茶饮品牌在下沉市场的代表。得益于扩张策略、供应链体系和加盟体系的支撑，这两个品牌的门店规模近年来一直位居前列。还有一些品牌的拓店成绩也很亮眼，据红餐大数据，截至 2024 年 6 月，古

茗茶饮、茶百道、沪上阿姨等品牌的门店数接近 10,000 家，争相抢夺"万店入场券"；喜茶、奈雪的茶等品牌的门店数也在千店级别，ARTEASG 等品牌则稳步拓店。

二、新中式茶饮品牌受资本青睐，茶饮品牌 IPO 大潮来袭

热度连年高涨、创新迭代速度快的茶饮赛道，近年来也获得了资本市场的关注。一方面，茶饮品牌融资事件数高

企；另一方面，品牌的 IPO 热情也不断走高。

1. 融资：天使轮融资事件数占比近五成，新中式茶饮成资本"宠儿"

在融资方面，据红餐大数据，2023 年茶饮赛道共披露了 43 起融资事件（不完全统计），较 2022 年增长了 59.3%。而在披露的融资总金额上，2023 年茶饮赛道整体的"吸金"能力则有所下滑。

据红餐大数据，2023 年茶饮赛道披露的融资总金额超过 23 亿元（不完全统计），该金额较 2022 年下滑了 59.3%（见表 6-3）。

表 6-3　2020 年至 2024 年上半年全国茶饮相关领域融资概况

	2020 年	2021 年	2022 年	2023 年	2024 年 H1
披露融资事件数（起）	16	30	27	43	7
披露融资总金额（元）	超 17 亿	超 125 亿	超 45 亿	超 23 亿	超 2 亿

资料来源：红餐大数据、企查查，数据统计时间截至 2024 年 6 月 30 日。

红餐网 ｜ 红餐大数据

这主要是由于 2023 年有较多起茶饮融资事件未透露融资金额，而在已披露的融资品牌中，有较多新锐品牌，并且它们的融资多属于早期的天使轮阶段，单笔融资金额相对小。据红餐大数据，2023 年茶饮赛道披露的融资事件中，有 20 起发生在天使轮融资阶段，还有 13 起发生在 A 轮融资阶段，少见 B 轮及 C 轮融资阶段的融资事件（见图 6-2）。

| 种子轮 | 天使轮 | A 轮 | B 轮 | 其他 |
| 1 | 20 | 13 | 1 | 8 |

注：天使轮阶段包括天使轮至 A 轮之前的融资轮次，A 轮阶段包括 A 轮至 B 轮之前的融资轮次，B 轮阶段包括 B 轮至 C 轮之前的融资轮次，其他包括战略融资、并购、定向增发以及未披露等融资情况。

资料来源：红餐大数据、企查查，数据统计时间截至 2024 年 6 月 30 日。

图 6-2　2023 年全国茶饮赛道各轮次融资事件数占比分布

具体到融资金额来看，据红餐大数据，2023 年茶饮赛道披露的融资事件中，有 19 起事件的融资金额在千万元级别，还有 10 起事件的融资金额未披露。亿元级别及以上的融资事件数占比不到 15%。例如，茶百道 2023 年 6 月获得融资金额为 10 亿元的战略融资，一只酸奶牛在 2023 年 12 月拿到了 1.49 亿元的股权融资。

进入 2024 年以来，茶饮品牌融资节奏有所放缓。截至 2024 年 6 月，茶饮赛道共披露了 7 起融资事件数。

总的来看，近两年有较多定位新中式茶饮的品牌被资本关注，接连获得融资，如主打国风茶饮的茶舞、以荔枝为主打产品的唐饮等。据红餐产业研究院整理，2023 年，新中式茶饮融资事件数在茶饮赛道总融资事件数中的占比亦显著上升，从 2022 年的 3.6% 攀升至 2023 年的 51.6%。

此外，近年来，椰饮、现制酸奶等细分赛道也较受资本青睐。如椰饮赛道的好运椰、椰百年等，现制酸奶赛道的茉酸奶、一只酸奶牛、王子森林等品牌，它们均凭借独特的细分赛道定位和创新的产品赢得了资本青睐。

2. 上市：品牌规模化扩张意愿推动 IPO 热潮来袭

近年来，茶饮品牌纷纷向着 IPO 进击。经红餐产业研究院统计，截至 2024 年 6 月，2023 年至 2024 年上半年合计有 4 个茶饮品牌正式向 IPO 发起冲击，分别为蜜雪冰城、古茗茶饮、沪上阿姨、

茶百道（见表 6-4）。其中，茶百道已经率先在港股上市。除此之外，霸王茶姬、甜啦啦鲜果茶、新时沏等品牌也被媒体曝出有上市计划。

表 6-4　2023 年至 2024 年上半年茶饮品牌 IPO 动向

品牌名称	IPO 最新动向	状态
蜜雪冰城	2024 年 1 月 2 日，向港交所递交招股书	正在 IPO
古茗茶饮	2024 年 1 月 2 日，向港交所递交招股书	正在 IPO
沪上阿姨	2024 年 2 月 14 日，向港交所递交上市申请	正在 IPO
茶百道	2024 年 4 月 23 日，茶百道正式在港交所主板挂牌上市	已经上市

资料来源：红餐大数据，数据统计时间截至 2024 年 6 月 30 日。

红餐网｜红餐大数据

这股"IPO 潮"的背后，反映的是茶饮市场竞争的日益加剧以及品牌对于快速扩张的迫切需求。

三、新中式茶馆成为新宠，现制酸奶另辟蹊径

茶饮赛道参与者众多，近年来逐步细分出了柠檬茶、现制酸奶、椰饮、茶馆、米乳茶等多个赛道，并且，每个细分赛道都各具特色，发展势头较好。

1. 茶馆：赛道进一步细分，"新中式"茶馆悄然立足

随着消费者对品质生活和文化体验的追求，新中式茶馆近年来发展迅速。新中式茶馆不仅注重茶叶的品质与多样性，还在门店融入了高格调装修、茶艺表演等元素，打造出独特的文化氛围。

新中式茶馆赛道聚集了较多区域品牌，如北京的煮葉 TEASURE、深圳的 tea'stone、上海的隐溪茶馆和开吉茶馆、

成都的沏茶师和李山山茶事等，它们追求空间和文化体验，产品相对聚焦。

不少茶饮品牌也开设了新中式茶馆子品牌，以提供丰富和深入的茶文化体验。例如，茶颜悦色推出了小神闲茶馆，喜茶、奈雪的茶也紧随其后推出了各自的茶馆品牌（见表 6-5）。

表 6-5　2023 年至 2024 年上半年茶饮品牌开茶馆情况

品牌名称	茶馆品牌	品牌动态
奈雪的茶	奈雪茶院	2023 年 10 月，在深圳推出奈雪茶院首店，主打新中式茶馆，营造慢步调消费的零售第三空间
喜茶	喜茶茶坊	2023 年 11 月，喜茶茶坊在广州开业，定位新中式茶馆，主推鲜萃茗奶茶
		2024 年 5 月，在北京开出"喜茶·茶坊 BLACK"，门店以黑金色调为主，菜单也有所焕新

资料来源：红餐大数据，数据统计时间截至 2024 年 6 月 30 日。

红餐网 | 红餐大数据

与北京的老舍茶馆、成都的鹤鸣茶社等老茶馆相比，上述茶馆品牌都突出一个"新"字，营造出了浓厚的"新中式"气质。小神闲茶馆、奈雪茶院、喜茶茶坊等新式茶馆重视传统与时尚的融合，有的将园林庭院搬到现代建筑中，产品主打纯茶、鲜奶茶等，还有的推出零售外带产品，致力于推广东方茶韵。

2. 现制酸奶：抓住健康风潮，主攻高端价格带

现制酸奶在健康风潮以及资本的助推下，近年快速出圈，成为茶饮中一个热门的细分赛道。

在该赛道内，Blueglass、茉酸奶、K22·酸奶草莓等是现制酸奶品牌的代表品牌。整体来看，现制酸奶品牌的规模化程度不高，门店数在千家以上的品牌凤毛麟角（见表 6-6）。

表 6-6　2024 年全国部分现制酸奶品牌发展概况			
品牌名称	门店数（家）	人均消费（元）	主要分布区域
茉酸奶	1,500+	27	江苏、浙江、上海等
一只酸奶牛	900+	16	四川、重庆、陕西等
牧场能量	760+	14	河北、山东、内蒙古等
满米酸奶	400+	20	河南、山东、河北等
喜识冰糖葫芦炒酸奶	400+	18	河北、广东等
Blueglass	170+	42	上海、北京、广东等
K22·酸奶草莓	80+	19	上海、江苏等
兰熊鲜奶	70+	20	北京等
Sälud 欧洲冻酸奶	50+	30	北京、浙江等
王子森林·现酿酸奶	20+	17	上海等

资料来源：红餐大数据，数据统计时间截至 2024 年 6 月 30 日。

红餐网｜红餐大数据

据红餐大数据，截至 2024 年 6 月，现制酸奶门店的人均消费主要集中在 10 ～ 15 元、25 ～ 40 元这两个价格带。在消费者日益追求健康的消费趋势助力下，现制酸奶成功地切入了现制饮品赛道的高端价格带，并俘获了一批忠实的消费者。

为了加速扩张，茉酸奶、一只酸奶牛、王子森林·现酿酸奶等品牌钟情小店模式。在上新时，现制酸奶品牌较多地使用水果类食材，如牛油果等。地域特色食材，如云南玫瑰、云南树番茄等也被挖掘出来。为了塑造品牌的高价值感，茉酸奶、Blueglass、酸奶罐罐等品牌围绕氛围感、价值感、新奇感发力，在产品颜值、营养成分、品牌营销等方面更加贴近年轻消费者的喜好。

茶饮品牌也看中了现制酸奶的市场，纷纷推出酸奶产品，如喜茶、奈雪的茶、古茗茶饮、茶百道、书亦烧仙草、沪上阿姨、蜜雪冰城等。

四、以规模化为导向，茶饮品牌开启“大航海远征”

近年来，规模化扩张成为众多茶饮品牌的重要战略目标。它们通过积极拓店、开放加盟以及“出海”等方式，力求在市场中占据更大份额。

1. 拓店与加盟：聚焦小店模式，抢占加盟商

茶饮品牌在国内的规模化扩张，旨在打破地域限制，占据更广阔的市场，进一步提升品牌影响力。为此，它们积极采取全国化战略，通过开设新店、拓展加盟渠道、布局下沉市场等方式，扩大市场份额。

当前，古茗茶饮、沪上阿姨、书亦烧仙草、茶百道等品牌都在冲刺万店。

为了加快拓店速度，不少品牌在加盟方面着重发力。2023 年至 2024 年上半年，奈雪的茶、乐乐茶、桂桂茶等品牌首次开放加盟，古茗茶饮、书亦烧仙草、沪上阿姨、喜茶、茶百道等品牌则调整了加盟政策和范围，进一步为全国化扩张加大马力（见表 6-7）。

表 6-7　2023 年至 2024 年上半年全国部分茶饮品牌的加盟动向

品牌名称	加盟动向
古茗茶饮	2023 年 2 月，新开放了山东、广西、贵州、安徽四大省份的加盟，正式向北方扩张
	2024 年 3 月，实行首年"0 加盟费"政策
乐乐茶	2023 年 4 月，宣布对外开放加盟业务
	2023 年 11 月，加盟 2.0 模式启动，主打小面积、轻投资
	2024 年 3 月，更新加盟新战略，提供加盟补贴
桂桂茶	2023 年 6 月，正式开放全国加盟
奈雪的茶	2023 年 7 月，正式推出"合伙人计划"，进入"直营 + 加盟"双轮驱动新阶段
	2024 年 2 月，公布了加盟新政策，下调了单店投资预算
沪上阿姨	2023 年 9 月，轻享店型开放加盟，首批开放城市为潍坊、临沂、宿州、廊坊
茶猫	2023 年 11 月，库迪咖啡宣布在 2023 年 12 月 31 日前，库迪咖啡的联营商可以加盟其旗下茶饮品牌茶猫
	2024 年 1 月，茶猫全面开放加盟
喜茶	2024 年 1 月，公布 2024 年加盟大礼包，提供加盟补贴
书亦烧仙草	2024 年 2 月，推出了"0 品牌费""0 合作费""0 服务费"的加盟新政策
茶百道	2024 年 2 月，开始实施签约减免、点位减免、物料返点等优惠措施
茶瀑布	2024 年 3 月，沪上阿姨的新品牌茶瀑布正式对外发布。据内部人员透露，该品牌除北京、上海外，全国其他区域都开放了加盟

资料来源：公开信息，红餐产业研究院整理，数据统计时间截至 2024 年 6 月 30 日。　红餐网｜红餐大数据

据红餐产业研究院观察，更新了加盟政策的茶饮品牌，主要聚焦"加盟补贴""小店模式"等关键词展开动作，这体现出茶饮品牌对加快扩张步伐的迫切需求、对专业加盟商的筛选、对消费市场的深刻洞察。

例如，喜茶在 2022 年底正式开放加盟，往下沉市场加速扩张，此举拉动了茶饮赛道开启加盟新篇章的序幕。作为"茶饮第一股"的奈雪的茶，在 2023 年 7 月正式开放了加盟。通过"直营 + 加盟"的双轮驱动，奈雪的茶得以进一步渗透市场、扩大市占率，2024 年其下调单店投资预算，目前其全国门店数超过 1,900 家。

书亦烧仙草推出了"0 品牌费""0 合作费""0 服务费"的加盟新政策，喜茶、古茗茶饮、茶百道等品牌也为加盟商提供了加盟补贴。

总体来看，在点位资源、管理能力、综合实力等方面都有着突出表现的大加盟商和专业加盟商更受茶饮品牌青睐。

2. "出海"：加速全球化战略，茶饮开启"大航海远征"

近些年，茶饮品牌纷纷"扬帆出海"，旨在将中国传统茶文化推向世界舞台，并寻求更广阔的商业机遇。2023 年至 2024 年上半年，茶百道、沪上阿姨、7 分甜、甜啦啦鲜果茶等品牌首次"出海"开店，奈雪的茶、喜茶、霸王茶姬则成功在海外市场站稳脚跟并积极拓店（见表 6-8）。

表 6-8　2023 年至 2024 年上半年全国部分茶饮品牌海外拓店动向

品牌名称	"出海"动向
茉酸奶	2023 年 9 月，海外首店落地阿联酋
茶珥宜世	2023 年 12 月，海外首店落地西班牙，随后，澳大利亚等地的新店陆续开业
甜啦啦鲜果茶	2023 年 10 月，海外首店落地印度尼西亚
7 分甜	2024 年 1 月，海外首店落地加拿大
茶百道	2024 年 1 月，海外首店落地韩国
沪上阿姨	2024 年 2 月，海外首店落地马来西亚
奈雪的茶	在泰国等地的新店开业
喜茶	在美国、澳大利亚、英国、韩国等地的新店开业
霸王茶姬	在马来西亚等地的新店开业
蜜雪冰城	在澳大利亚、日本等地的新店开业
书亦烧仙草	在印度尼西亚等地的新店开业
CoCo 都可	在西班牙、荷兰、瑞典等地的新店开业
1 點點	在美国、新加坡等地的新店开业
英歌魂	在加拿大等地的新店开业，计划在东南亚拓店
TANING 挞柠柠檬茶	在英国、沙特阿拉伯、澳大利亚、马来西亚、新加坡、加拿大、美国等地的新店开业

资料来源：公开信息，红餐产业研究院整理，数据统计时间截至 2024 年 6 月 30 日。

红餐网｜红餐大数据

在全球化战略布局和施行的过程中，一些茶饮品牌不仅在海外重点城市开设门店，而且积极调整产品策略、推出定制化店型。例如，喜茶在美国纽约的门店针对当地消费者的喜好，推出了 3 大类产品，分别为水果茶、牛乳茶及茗茶系列。霸王茶姬在马来西亚的新店推出了全球首家"Drive-Thru"门店，拓宽"车进车出"的茶饮消费场景。

从"出海"目的地来看，东南亚市场深受茶饮品牌喜爱。考虑到地理位置近、茶饮需求量大、消费者饮食偏好相近等因素，蜜雪冰城、霸王茶姬、沪上阿姨、书亦烧仙草等品牌均扎根东南亚市场，寻求市场增量。

海外扩张不仅丰富了国际消费者的饮品选择，也为我国茶饮品牌拥抱蓝海市场、走向长远发展注入了新动力。同时，茶饮品牌也应注意，品牌的"大航海"靠的是自身硬实力的支撑，需要将东方茶文化进行良好的输出，才能拿到"远航"的硬核认证。

五、品牌掀起奶底升级浪潮，"配料表透明化"在望

近年来，随着茶饮品类在产品方面的竞争日益激烈，茶饮品牌纷纷通过升级奶基底和茶叶原料等方式推出新品，进而推动了整个赛道的革新与升级。

1. 产品上新：水果茶长红，轻乳茶"杀"出新路

红餐产业研究院"2024年餐饮消费大调查"结果显示，有33.3%的茶饮消费者对茶饮产品的消费频率在每周1～2杯，19.2%的茶饮消费者每周2～3杯。在茶饮消费者最关注的茶饮新品因素中，42.7%的茶饮消费者关注茶饮新品的营养和健康性。在消费者需求和偏好的驱动下，茶饮品牌围绕清爽度高、健康指数也较高的产品进行上新和迭代。

在上新元素方面，茶饮品牌主要选取水果、蔬菜、花卉、谷物等作为茶饮产品的原料之一。其中柠檬、青提、葡萄、草莓、椰子、车厘子、芋圆、桂花、茉莉花、栀子花等是茶饮新品的热门元素。

在新品类别方面，茶饮品牌上新产品主要为水果茶、传统奶茶、轻乳茶、纯茶、酸奶、咖饮等。据红餐产业研究院整理，截至2024年6月，近1年时间内，样本茶饮品牌的新品中，水果茶、传统奶茶、轻乳茶的上新数量占比较高，分别为28.7%、23.7%、12.2%。轻乳茶作为茶饮产品中的"后起之秀"，凭借清爽却又回味绵长的口感、低脂又健康的属性夺得消费者喜爱。

对于茶饮品牌来说，其每个月的上新速度已经相对稳定，茶饮新品不再只追求上新频次，而是向着更长的售卖周期进发。上新周期更长、售卖时间更久、生命力和影响力更持久的"长销品"才能成为茶饮品牌的"金字招牌"。

2. 奶底升级："真"奶成为茶饮品牌的"炼金石"

近年来，强调真奶、轻负担的轻乳茶概念大火，轻乳茶、鲜奶茶等产品一跃成为消费者的"时尚单品"。红餐产业研究院"2024年餐饮消费大调查"结果显示，有42.7%的茶饮消费者经常消费鲜奶茶/轻乳茶类产品，该占比仅次于果茶类（见图6-3）。

图 6-3　2024 年茶饮消费者的茶饮种类消费偏好情况

当前，不仅鲜奶茶/轻乳茶类产品成为"新晋流量"，市场上还出现了生酪奶茶、米乳茶、黄油奶茶等新面孔。据红餐产业研究院整理，在当前的 4.0"健康原叶鲜奶阶段"，轻乳茶、厚乳茶、牛乳茶、生酪奶茶、黄油奶茶、植物基底乳等产品正在攻占茶饮市场，成为新的"当家产品"（见表 6-9）。

表 6-9　茶饮品类 4.0"健康原叶鲜奶阶段"的主要品种

品种	主要特征	部分茶饮品牌的代表产品
轻乳茶	多使用香气足、茶感轻的茶叶，奶味较轻，突出茶香，口感轻盈	伯牙绝弦（霸王茶姬 CHAGEE）、幽兰拿铁（茶颜悦色）、云雾栀子青（古茗茶饮）、七窨茉莉鲜奶茶（茶百道）等
厚乳茶	脂肪含量较高，与轻乳茶相比，奶香更浓，口感更醇厚	滇红青稞厚乳茶（煮叶）等
燕麦奶	采用"燕麦奶＋茶"的搭配，麦香浓郁，适合秋冬饮用	竹生空野（百分茶）、兰香龙眼燕麦冰（桂桂茶）等
牛乳茶	采用"水牛产的奶＋茶"的搭配，天然清甜，入口丝滑，营养价值高	小奶茉（喜茶）、龙井知春轻乳茶（奈雪的茶）、黑糖陨石牛乳（茶百道）等
生酪奶茶	采用"生酪乳＋茶"的搭配，咸鲜味浓郁，口感顺滑	柠檬生打酪奶茶（丘大叔柠檬茶）等
黄油奶茶	采用"黄油乳＋茶"的搭配，味道微咸，口感浓郁	白脱锡兰茶拿铁（乐乐茶）、不识庐山真面目（茶颜悦色）等
其他植物基底乳	采用"植物＋鲜奶＋茶"的搭配，椰乳、米乳、马蹄乳等	仙草玉龙井（悸动烧仙草）、少年生椰（茶颜悦色）等

资料来源：公开信息，数据统计时间截至 2024 年 6 月 30 日。

其中，霸王茶姬的伯牙绝弦、古茗茶饮的云雾栀子青、喜茶的天青雨、百分茶的竹生空野等都是受到消费者喜爱的爆款产品。

近年来，在消费者健康需求的驱动下，奶基底升级成为茶饮赛道的一大看点。不少茶饮品牌宣布与植脂末"割席"，强调使用的是"0植脂末""0奶精""0反式脂肪酸"的真奶（见图6-4）。

霸王茶姬
2023年7月，宣布升级产品基底，官宣"冰勃朗非氢化基底乳"，主打0奶精、0植脂末、0氢化植物油

茉酸奶
2023年8月，所有酸奶奶昔产品升级使用无植脂末、无氢化工艺、无人造反式脂肪酸的奶基底

喜茶
2023年9月，推出新茶饮专用真牛乳，标榜不含植脂末和任何添加剂

ARTEASG啊T
2023年9月，推出全新有机奶，实现0植脂末、0奶精、0反式脂肪酸

益禾堂
2023年9月，上新的中国红轻乳茶系列打出"0植脂末、0茶粉、0反式脂肪酸"的标签

茶百道
2023年9月，宣布在原料、做法、风味等方面"降糖"

书亦烧仙草
2023年11月，宣布全系饮品配方升级，承诺做到0植脂末、0氢化植物油、0反式脂肪酸

茉酸奶
2024年1月，宣布会陆续将门店的草原牧场酸奶升级为有机酸奶

沪上阿姨
2024年1月，宣布原料升级，其4.0g原生乳蛋白牛奶在全国上线

沪上阿姨
2024年4月，宣布在原料和风味上降糖、降热量

资料来源：公开信息，红餐产业研究院整理，数据统计时间截至2024年6月30日。

图6-4 2023年至2024年上半年全国部分茶饮品牌奶基底升级情况

3. 原料公开："卷"向原料，"配料表透明"化引起关注

除了对奶基底进行升级之外，茶饮品牌公开配料表也成为茶饮赛道的一大亮点。对原料的溯源动作体现出了茶饮品牌的供应链建设日益完善和系统化。这也推动了茶饮赛道走向透明化和专业化。

其中，喜茶、霸王茶姬、茉酸奶等品牌的原料公开动作引起了诸多的关注（见表6-10）。喜茶的原料溯源动作带动茶饮赛道走向透明化，霸王茶姬在热量和营养成分方面为消费者展示产品"身份证"，茉酸奶则成为现制酸奶细分赛道中公开原料配比的"先行者"。

表 6-10　2023 年至 2024 年上半年全国部分茶饮品牌原料公开情况

品牌名称	具体动向
霸王茶姬	2023 年 8 月，公布产品的热量和营养成分，在点单页上线"低负担控糖专区"
	2023 年 9 月，上线"热量计算器"的 1.0 和 2.0 版本，呈现热量值和营养信息，并增加产品身份证、检测报告等功能
	2024 年 3 月，上线首个"营养选择"标识，成为全国首个使用营养分级的茶饮品牌
喜茶	2023 年 10 月，联合发起《新茶饮配方透明化、产品健康化倡议》，在产品页公开配方原料、营养成分和真品质原料溯源信息
奈雪的茶	2023 年 12 月，推出"奈雪八香"产品，并配备产品卡片，标注主要原料、香气调性等
茉酸奶	2024 年 5 月，首度公开产品配方，展示一杯酸奶奶昔中的原料配比
Blueglass	在杯身公开营养成分，如能量、蛋白质、脂肪、微量元素等
阿嬷手作	在饮品杯身印有产品的主要成分

资料来源：公开信息，数据统计时间截至 2024 年 6 月 30 日。

红餐网 | 红餐大数据

在"配料表透明"的同时，"营养分级"的概念也被提了出来。上海试点"营养分级"，对饮料进行 A 到 D 的综合分级，霸王茶姬、喜茶等茶饮品牌参与试点。通过原料公开和营养分级，茶饮品牌更好地传播了品牌优势和控糖理念，消费者的"营养选择权"也得到了强化。这意味着茶饮赛道进一步走向了规范化和健康化。

4. 茶底升级：强调“真”品质，“真”茶逐步走向赛道 C 位

在奶基底升级和原料公开的同时，强调真茶也是茶饮品牌在做的动作。例如，喜茶在 2023 年底发布的《喜茶真茶标准》，重申了拒绝使用香精茶和速溶茶粉的“真”品质原则。

从茶底升级的主要表现来看，可分为深挖优质茶叶原叶、回归纯正茶香和提升茶叶价值三类（见图 6-5）。茶饮品牌使用碧螺春、龙井茶等优质茶叶，在产品中搭配水果、鲜花等元素提香，同时精进加工工艺，打造出茶香回味的纯茶和鲜奶茶产品。例如，古茗茶饮的龙井奶茶、奈雪的茶的武夷山大红袍冷萃、柠季手打柠檬茶的龙吟绿云碧螺春等。

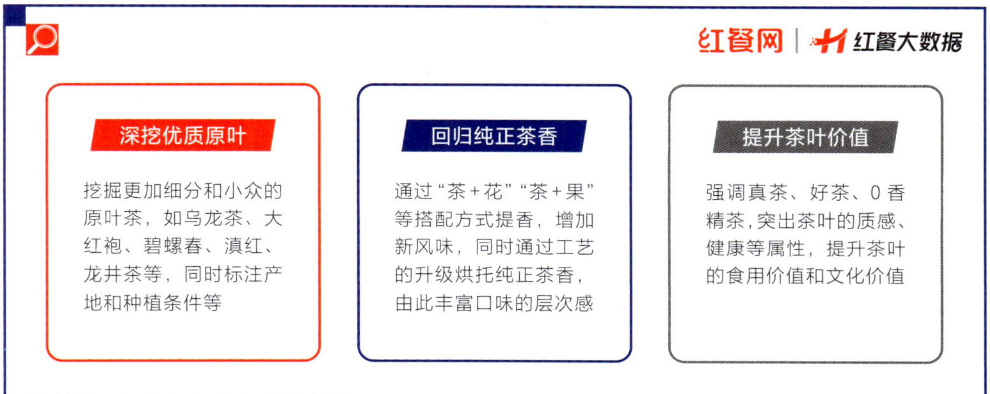

资料来源：公开信息，红餐产业研究院整理。

图 6-5　2024 年茶饮品牌茶底升级的主要表现

而茶叶在茶饮中的地位逐渐突出，这与茶叶价格波动较小、消费者对茶底需求升级、茶文化自信心增强等因素有关。与水果相比，茶叶和牛奶的价格变化幅度不大；与水果、牛奶相比，茶叶在原料储存、运输过程、加工制作中的成本和操作难度相对低。

在这样的产品升级趋势下，茶饮赛道的产品正在完成新一轮的升级迭代：强化健康属性、价值感强的奶底和茶底原料有望更受消费者欢迎。

六、茶饮供应商走向台前，头部品牌构筑供应链"护城河"

随着茶饮品牌日益重视产品的研发和创新，茶饮的供应链得到进一步完善和稳定，众多的茶饮供应商也得以走向台前。在这个过程中，一部分茶饮品牌通过自建供应链夯实自身的后端实力，而茶饮供应商则为了更好地满足茶饮品牌的要求，也加快了产品研发的步伐。

1. 茶饮品牌"冲"向上游，自建供应链

在茶饮赛道竞争激烈的背景下，不少茶饮品牌深入上游，开始自建供应链，在自主采购、自主生产原料、自建基地等方面发力。2023 年至 2024 年上半年，茶饮品牌在供应链方面的新动向主要表现在三个方面：

第一，建立原料生产和加工基地。例如，古茗茶饮、益禾堂、茶颜悦色近年来都有新工厂或园区建立的消息，除了传统的机器生产加工方式外，数智化技术和系统的应用也是各大品牌关注的方向。

第二，夯实物流配送根基。例如，蜜雪冰城成立的送冰冰供应链公司，本质上是其孵化出来的物流运输品牌，除了为蜜雪冰城服务外，还能承接其他品牌的业务，从而完善自身冷链网络，为行业持续赋能。

第三，借助资本的力量为供应链建设"输血"。例如，茶百道、蜜雪冰城和古茗茶饮，它们募资上市的目的不约而同指向了强化供应链建设，以及提升数字化和智能化的"造血"能力。

此外，霸王茶姬与茶百道的强强联手为各方津津乐道，它们合作成立的四川容尚佳合科技公司有望为茶饮品牌的供应链共享模式提供思路。

2. 茶饮供应商实力突出，走向台前

在茶饮供应链中，本报告主要关注乳品、果汁小料、茶叶、包装耗材这四大类的供应企业和供应情况。

其一，一批实力茶饮乳品供应商涌现。茶饮品牌纷纷推出轻乳茶、水牛乳、鲜奶茶等轻负担产品，为了更好地满足茶饮品牌的产品创新需求，诸多茶饮上游的核心供应链企业定制研发创新乳品。例如晨非食品、OATLY 噢麦力、塞尚乳业、菲诺、安佳专业乳品等企业提

供牛乳、奶油、酸奶、植物基奶底等多类型产品。

其中，晨非食品的生萃厚牛乳、醇萃厚牛乳，OATLY噢麦力的咖啡大师燕麦奶，塞尚乳业的塞尚冰博克、芝遇厚乳等产品频频出圈，它们被众多茶饮和咖饮品牌应用，成为火爆市场的明星产品。

其二，在果汁小料领域，德馨食品、田野股份、鲜活饮品、领航食品、奕方股份等实力供应商纷纷冒头。它们为茶饮品牌提供原料果汁、速冻果蔬、鲜果、布丁、啵啵等产品，主要服务于餐饮下游的茶饮、咖饮企业。

其三，茶叶领域的供应商则有骏茶家、帮利茶叶、速品食品等。例如，骏茶家深耕茶叶赛道多年，与喜茶、奈雪的茶、茶百道等众多茶饮连锁品牌均建立了合作关系。

此外，在包装耗材领域，恒鑫生活、家联科技、富岭股份、南王科技等企业都有着不错的实力。它们为包括茶饮品牌在内的餐饮品牌提供纸杯、餐具、外包装等包装耗材，是餐饮产业链背后的隐形动力"引擎"。

在茶饮赛道竞争愈演愈烈的当下，供应链体系建设成为茶饮品牌降本增效、赋能扩张的可行之策。与此同时，茶饮原料供应体系持续往专业化、标准化、规模化等方向发展，也是茶饮品牌和上游供应企业相互促成的结果。

七、品牌重视营销传播，联名营销成为"破局之剑"

为了更好地在茶饮赛道中突围而出，茶饮品牌除了需要具备优秀的产品和供应链基因，还需要在传播方面进一步强化品牌力，扩大影响力。近年来，诸多的茶饮品牌在传播方面的表现较为突出。

纵观国内主流的媒体平台，目前茶饮品类的短视频渗透率较高。其中，茶饮品类在抖音平台的渗透率已经高达99.3%。而其在小红书平台的渗透率也较高，达到91.5%（见图6-6）。这得益于茶饮产品优秀的吸睛能力和品牌强大的运营能力。

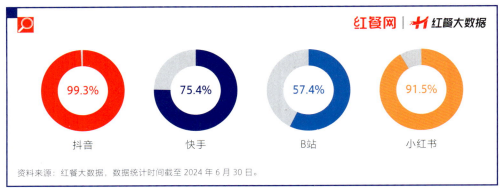

图 6-6　2024 年茶饮品类在短视频平台的渗透情况

从传播手段来看，茶饮品牌在联名和造节方面的活动较为频繁，并且很多活动都取得了不错的市场反响。红餐产业研究院"2024 年餐饮消费大调查"结果显示，消费者对造节和联名这两个营销方式最为喜爱，占比分别达到了 46.0%、36.3%。这意味着打破了茶饮品类边界感、借助知名品牌和 IP 进行共创联动的营销方式更容易获得消费者芳心。

在联名方面，据红餐产业研究院不完全统计，2023 年全年 13 个样本茶饮品牌的联名营销事件总次数达到 220 余次，联名频次和热度较 2022 年有明显的增长。从联名对象的角度看，与 IP 联名时，茶饮品牌更为偏爱的联名对象类型为动漫 / 动画 IP、人物 IP，两者占比分别为 36.1%、18.8%。

茶饮品牌积极投身联名，背后折射出了品牌加速销量增长、借助跨界营销提升品牌影响力的迫切希望。选择联名

这一方式，是品牌交换品牌资产，通过"1+1 > 2"的方式提升品牌势能的热门手段。不过，茶饮品牌联名应考虑到品牌与品牌 /IP 之间的深度连接，推出有意义、有价值、有文化内涵的联名产品，才能取得消费者的认可，从而更好地为茶饮品牌赋能。

此外，茶饮品牌对造节也颇为热衷。近年来，奈雪的茶、蜜雪冰城、柠季手打柠檬茶、ARTEASG、桂桂茶、7 分甜等茶饮品牌都推出了品牌专属的"节日"，很好地维持了粉丝黏性。

近年来，为了争夺市场份额，茶饮品牌纷纷加速规模化扩张，在规模、产品、传播、供应链等方面展开了角逐。面对更加白热化的市场竞争，茶饮品牌需要构筑更加坚固的产品壁垒，建立完善的供应链体系，以应对更大的挑战，实现更多的创新。

第二节

咖饮：
加盟模式助力品牌扩张，产品小众搭配"卷"出新高度

2024 年，在市场培育卓有成效、赛道保持较高水平扩容、下游消费市场潜力大等因素的推动下，咖饮赛道迎来了高速发展期。在此背景之下，咖饮品牌快速扩张，同时加快了产品创新的步伐……凭借较高的活力和创造力，咖饮赛道成为餐饮行业备受瞩目的"黄金赛道"。

一、市场规模快速扩容，资本市场持续关注咖饮赛道

纵观近两年的咖饮赛道，市场规模保持增长态势，品牌融资热度较高，跨界选手积极入局，显示出该赛道不错的发展活力。

1. 咖饮市场规模有望超 1,100 亿元，新老玩家角逐

随着咖饮品牌不断推动本土化改良并深化市场培育，咖饮赛道发展势头较强，我国的咖饮市场规模实现稳步增长。据红餐大数据，2023 年我国咖饮市场规模为 1,020 亿元，同比增长 35.6%，预计 2024 年将达到 1,177 亿元（见图 6-7）。

图 6-7　2020 — 2024 年全国咖饮市场规模概况

赛道扩容的同时，咖饮品类的规模化程度也在稳步提升。红餐大数据显示，截至 2024 年 6 月，全国咖饮门店总数超过 23 万家，相较 2023 年底，咖饮门店总数增长了 12.7%。

虽然全国咖饮门店数众多，但是当前咖饮品类的连锁化程度相对较低，整体的连锁经营潜力有待进一步挖掘。据红餐大数据，截至 2024 年 6 月，46.1% 的品牌门店数在 6～50 家，占比最高；其次有 41.8% 的品牌门店数在 5 家及以下；门店数在 500 家以上的品牌数占比仅为 1.3%（见图 6-8）。

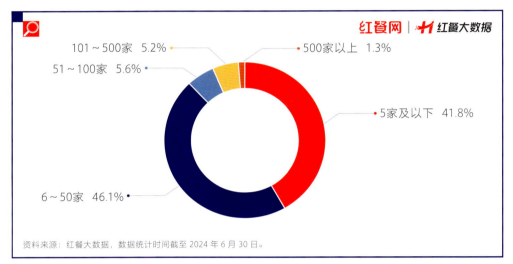

资料来源：红餐大数据，数据统计时间截至 2024 年 6 月 30 日。

图 6-8　2024 年全国咖饮品牌门店数区间占比分布

从门店分布来看，广东、浙江、江苏、上海、四川成为咖饮门店数靠前的省级行政区。据红餐大数据，截至 2024 年 6 月，其门店数占比分别为 11.7%、10.2%、9.7%、8.2%、5.4%。

2024 年，咖饮赛道新老玩家角逐，一批连锁咖饮品牌快速扩张。瑞幸咖啡和库迪咖啡便是其中较为突出的代表。截至 2024 年 6 月，瑞幸咖啡门店数接近 2 万家，库迪咖啡在创立两年之内门店数量便已经突破 6,900 家（见表 6-11）。此外，其他咖饮品牌拓店速度也较快，如星巴克、NOWWA 挪瓦咖啡、幸运咖、Manner Coffee、Tims 天好咖啡等。

表 6-11 2024 年全国部分咖饮品牌发展概况

品牌名称	门店数（家）	人均消费（元）	门店主要分布区域
瑞幸咖啡	19,000+	19	广东、浙江、江苏等
星巴克	7,900+	39	上海、广东、浙江等
库迪咖啡	6,900+	10	浙江、广东、江苏等
麦咖啡	3,300+	22	北京、上海、广东等
幸运咖	2,700+	10	河南、山东、河北等
Manner Coffee	1,200+	22	上海、广东、北京等
NOWWA 挪瓦咖啡	1,100+	18	江苏、浙江、广东等
Tims 天好咖啡	850+	27	上海、北京、江苏等
M Stand	530+	39	上海、广东等
COSTA COFFEE	410+	38	上海、北京等
太平洋咖啡	230+	36	广东、陕西等
Peet's Coffee 皮爷咖啡	230+	43	上海、北京等
本来不该有	210+	18	广东、福建等
肯悦咖啡 KCOFFEE	200+	19	安徽、浙江、河南等
LAVAZZA 拉瓦萨咖啡	120+	32	上海、北京等
% Arabica	100+	45	上海、北京等
代数学家	90+	27	江苏、浙江等
鸳央咖啡	90+	21	湖南
缇里咖啡	90+	16	广东、江苏等
Seesaw Coffee	80+	34	上海、北京等
store by .jpg	80+	26	广东

资料来源：红餐大数据，数据统计时间截至 2024 年 6 月 30 日。

红餐网｜红餐大数据

与此同时，咖饮的人均消费价格也逐步亲民化。据红餐大数据，截至 2024 年 6 月，有 48.2% 的咖饮门店人均消费集中在 10 ~ 20 元，人均消费在 40 元以上的咖饮门店占比不足 6%。近年来，众多咖饮品牌推出了优惠活动，咖啡的价格向着 9.9 元 / 杯、8.8 元 / 杯甚至 5 元 / 杯的价格下探。与 2023 年相比，2024 年咖饮门店人均消费在 10 元以下、10 ~ 20 元的占比分别提高了 0.1 个百分点、0.2 个百分点（见图 6-9）。

图 6-9   2024 年全国咖饮门店人均消费价位占比分布

具体来看，人均消费区间在 30 元以上的咖饮品牌多为精品咖饮品牌。精品咖饮品牌可分为连锁精品咖饮品牌和独立咖啡馆。前者有 Peet's Coffee 皮爷咖啡、蓝瓶咖啡、M Stand、LAVAZZA 拉瓦萨咖啡等代表品牌，后者的知名品牌有北京铁手咖啡制造总局、上海的看得到风景的人民咖啡馆等。

在市场竞争加剧、消费者口味变化等多重因素的影响下，部分精品咖饮品牌受到冲击，面临客群流失甚至闭店等难题。例如 Seesaw Coffee 等品牌对一些门店进行了关店调整，一些独立的咖啡馆则直接宣布倒闭。除了大众连锁咖饮品牌的冲击等因素之外，精品咖饮品牌本身过于强调品牌价值，精品的概念未在市场普及等也是重要原因。

但总体来看，在全国广泛分布且数量可观的精品咖饮品牌仍具备独特竞争力。例如这些品牌产品品质讲究、品牌格调突出，可以吸引稳定且有鉴赏力的精准客群。因此，精品咖饮品牌未来仍将占据一定的市场份额。

2.跨界选手布局咖饮赛道，寻找"掘金"机遇

咖饮赛道不仅吸引了投资机构的关注，还为不少茶饮品牌提供了产品创新的思路。据红餐产业研究院不完全统计，2023 年至 2024 年上半年，奈雪的茶、喜茶、古茗茶饮、益禾堂、CoCo 都可、柠季手打柠檬茶、ARTEASG、乐乐茶等

多个茶饮品牌均有推出咖饮产品。

与此同时，跨界选手布局咖饮赛道也成为热门趋势。2023年至2024年上半年，沪上阿姨、喜茶、茶百道、老乡鸡等餐饮品牌均孵化出了各自的咖饮品牌，来伊份、盼盼食品、迪奥等非餐饮企业也开出了咖饮门店。此外，肯德基旗下的咖饮品牌肯悦咖啡

KCOFFEE采用轻运营模式，加速拓店进程，取得了不错的成效。

咖饮赛道吸引了众多跨界选手的入局，既体现了咖饮市场较高的增长潜力和竞争优势，也表明了这些跨界企业寻求差异化创新和延伸品牌内涵的追求。这也能够有效地拓展咖饮的消费群体，进一步扩大咖饮赛道的市场规模。

二、"卷"向加盟，品牌加速全国化扩张

近年来，咖饮赛道的规模化扩张升级，"万店品牌"得以诞生，"千店目标"也驱使较多品牌不断提高连锁化水平。

为了实现快速拓店的目标，咖饮品牌在全国加盟、对外"出海"、走向下沉等方面发力角逐。

1. 拓店节奏加快，下沉市场成为热门"掘金地"

为了抢占消费者心智，加强市场培育，咖饮品牌通过全国扩张的形式占据市场。当前，瑞幸咖啡仍是唯一一家破万店的咖饮品牌，库迪咖啡和星巴克距离万店目标还有一段距离。库迪咖啡在加快扩张的同时强调全球万店的目标，星巴克的扩张策略则相对保守。

位于中腰部的咖饮品牌亦采取稳步扩张的策略。例如，当前门店数已在千家之上的麦咖啡、Manner Coffee和NOWWA挪瓦咖啡，2024年均设定了快速新增门店的目标。而当前门店数不

足500家的COSTA COFFEE、LAVAZZA拉瓦萨咖啡和比星咖啡，则设定了未来几年时间内冲击千店的目标。

在拓店过程中，不少咖饮品牌将目光转向了下沉市场。据红餐大数据，截至2024年6月，新一线城市的咖饮门店数最多，占比为28.1%；其次为二线、一线城市，占比分别为20.7%、19.3%。与2023年相比，2024年咖饮门店在五线及以下城市的占比提高了0.6个百分点（见图6-10）。瑞幸咖啡、星巴克、幸运咖、库迪咖啡、NOWWA

挪瓦咖啡等品牌都有下沉扩张的举措。例如，库迪咖啡发起的"百城千店"促销活动，至今已经覆盖了上百个地县级城市；NOWWA挪瓦咖啡的"早鸟计划"，补贴下沉市场的咖饮创业者。

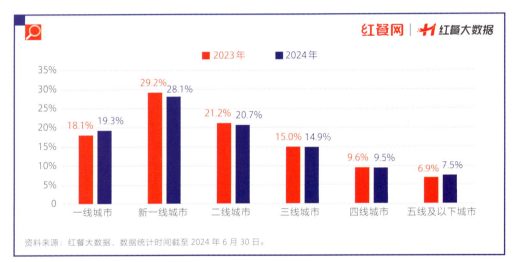

图 6-10　2023 年和 2024 年全国各线级城市咖饮门店数占比分布

连锁咖饮品牌锁定下沉市场，一方面是由于一线和二线城市的消费市场竞争激烈，另一方面是看中了下沉市场的消费潜力。据美团数据，2024 年县城咖啡的消费群体以女性为主，从消费群体的年龄来看，26 ～ 30 岁、31 ～ 40 岁的消费者占比分别为 25.7%、16.8%。这些年龄段的消费者，其社会身份包含大学生、职场新秀与职场骨干等，他们的工作节奏快，对生活有一定的品质追求且具备相应的消费力，这些特征与咖饮瞄准的消费群体特质不谋而合。

2. 品牌创新加盟模式，探索"出海"新市场

为了快速地走向全国，咖饮品牌纷纷采取加盟扩张的模式。近年来，Seesaw Coffee、代数学家等咖饮品牌正式放开加盟；瑞幸咖啡、库迪咖啡、Tims 天好咖啡等品牌在加盟方面或放开单店加盟，或提供相应补贴，旨在吸引更多优质的加盟商（见表 6-12）。

表 6-12　2023 年至 2024 年上半年全国部分咖饮品牌的加盟动向

类型	品牌名称	加盟动向
正式开放加盟	Seesaw Coffee	2024 年 3 月，正式开放加盟。瞄准华东的一线和新一线城市，门店模型聚焦店中店、特许经营店、合作店等
	Peekoo Coffee	2023 年 3 月，开放联营模式
	代数学家	2023 年 6 月，开放加盟业务
		2023 年 9 月，正式开放合作加盟。重点面向苏浙沪地区、一线及新一线城市，门店模型分为 BOX 店、标准店和旗舰店
	四叶咖	2023 年 6 月，宣布全面开放加盟。在云南本土采取加盟补贴模式，在省外采取 0 代理费的代理模式
有加盟新动作	瑞幸咖啡	2023 年 1 月，开启"2023 年度首轮新零售合作伙伴招募计划"
		2023 年 5 月，开启"带店加盟"模式
		2024 年 1 月，开放"定向点位加盟"模式
	库迪咖啡	2023 年 3 月，向联营商许诺：不收取任何加盟费
		2023 年 4 月，推出"二店政策"，针对有两家门店以上的联营商，补贴从每杯 9.5 元提高到 10 元；宣布门店补贴政策延长至 2026 年底
	Tims 天好咖啡	2023 年 9 月，开启"单店加盟"模式。门店模型聚焦"Tims Go"小店模型
		2024 年 1 月，加盟首店在浙江嘉兴正式开业
	NOWWA 挪瓦咖啡	2023 年 10 月，宣布对新签门店免除 5 万元的加盟费
		2024 年 1 月，宣布 2024 年将加大开店补贴力度

资料来源：公开信息，红餐产业研究院整理，数据统计时间截至 2024 年 6 月 30 日。

红餐网｜红餐大数据

作为精品咖饮连锁品牌的 Seesaw Coffee，在 2024 年 3 月正式官宣加盟政策，并且将门店开到机场、酒店，以谋求增长。大本营位于华东的代数学家，

其开放的加盟区域主要集中在苏浙沪地区，同时也为长沙、武汉等城市提供了合作机会。

对于更新了加盟政策的咖饮品牌来说，它们发力的重点在于对加盟商的筛选更加精准、加盟门店的模型聚焦在小店模型。例如，瑞幸咖啡开放的"定向点位加盟"模式，针对工作、学习、休闲、医疗、交通枢纽、景区等特殊场景精准筛选具备点位优势的优质加盟商。Tims

天好咖啡开启的"单店加盟"模式，需要对合伙人进行严格的筛选，并且推行的是灵活的小店模型。

相较于茶饮赛道，咖饮赛道的"出海"热情似乎相对克制。据红餐产业研究院不完全统计，在过去的一年半时间内，仅有瑞幸咖啡、库迪咖啡、熊爪咖啡等品牌在海外开出了首店（见表6-13）。

表 6-13　2023 年至 2024 年上半年全国部分咖饮品牌的"出海"动向

品牌名称	"出海"首站和时间	拓店动向
熊爪咖啡	2023 年 2 月，海外首店落地新加坡	—
瑞幸咖啡	2023 年 3 月，海外首店落地新加坡	在新加坡继续拓店
库迪咖啡	2023 年 8 月，海外首店落地韩国	在韩国、印度尼西亚、日本、加拿大、泰国、越南、马来西亚、菲律宾、新加坡等国家继续开店
比星咖啡	2024 年 6 月，海外首店落地意大利	—

资料来源：公开信息，红餐产业研究院整理，数据统计时间截至 2024 年 6 月 30 日。

红餐网｜红餐大数据

当前，国内咖饮品牌"出海"处于"试水"阶段，其中，瑞幸咖啡和库迪咖啡在国外扩张的策略并不相同。瑞幸咖啡的东南亚首站瞄准新加坡，暂未透露在其他国家和地区的新计划，或期望通过聚焦一地的运营，找到适合其在海外扩张的商业模式。库迪咖啡则在东亚、东南亚、北美等地均有门店开出。

3. 咖饮品牌贴身肉搏，造就年度精彩"商战"

在整个咖饮赛道的规模化角逐中，咖饮品牌采取的各种举措也显现出了它们在产品定价、门店加盟、供应链等策略方面的差异。下面，将以瑞幸咖啡和库迪咖啡为例来展开剖析它们正在多个层面"贴身肉搏",以获得快速发展的先机。

在产品定价层面,近年,瑞幸咖啡的"9.9 元狂欢"以及库迪咖啡"8.8 元大促"活动,拉开了两个品牌正面竞争的序幕。与此同时,很多咖饮品牌也推出了优惠活动,使得消费者能够以较为优惠的价格买到咖饮产品。

在加盟方面,咖饮品牌推行的策略也不尽相同。瑞幸咖啡采用直营与加盟模式相结合的方式,先在一线和二线城市铺开门店,再走"城市包围农村"的路线。由于已经具备较大的门店规模,所以瑞幸咖啡对加盟城市和加盟商都有着一定的筛选标准。而作为 2022 年成立的品牌,库迪咖啡采用了区别于传统加盟模式的"全联营模式",为的是短时间内达到快速开店的目标。为了快速地抢先争取加盟商,库迪咖啡对于加盟商的补贴力度相对较大。但库迪咖啡的盈利空间也因此被压缩,回本周期恐相对较长。

随着门店的爆发式增长,双方在供应链方面的角逐也正在进行。瑞幸咖啡在上游已经实现了咖啡豆产地直采,其原材料供应链条相对稳定,并且构筑了数智化供应链管理系统为其赋能。在产品研发环节,瑞幸咖啡也建立了数字化产品研发机制,相对完善的研发和反馈流程助力其产出了不少市场爆品。而后发力的库迪咖啡为了补齐原料供应不足的供应链短板,在 2023 年开始投资建设供应链基地和成立供应链公司,聚焦咖啡、烘焙及其他配套供应链项目。

三、产品创新屡出奇招,"咖饮 +"拓宽品类边界

咖饮赛道的产品竞争相当激烈,不仅"卷"向产品的怪诞搭配,而且打破品类边界。近年来,咖饮品牌的产品创新灵感不断迸发,不仅对咖饮的种类和搭配进行了多样化创新,还向简餐、小吃等品类寻求新的融合,拓宽了消费场景,将咖饮带向了更广阔的空间。

1. 咖饮品牌上新多元化产品,拿铁数量最多

红餐产业研究院"2024 年餐饮消费大调查"结果显示,有 27.6% 的咖饮消费者对咖饮的消费频率在每周 3 ~ 4 杯,每天 1 杯的咖饮消费者也占较大比

重，为 19.5%。

咖饮的消费频率较高，消费者较为关注产品方面的特性和品质的稳定性，这对品牌的产品创新提出了较高的要求。关于"您最关注咖饮新品的哪些因素"的调研结果显示，分别有 35.8%、30.9%、24.1% 的咖饮消费者关注咖饮新品的外观出品、卫生、小料 / 口味的个性化等因素（见图 6-11）。

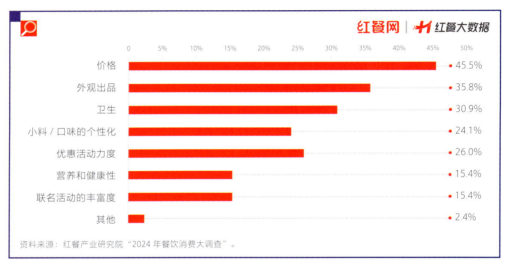

图 6-11　2024 年全国咖饮消费者对咖饮新品的关注因素

通过咖饮消费者的咖饮新品关注偏好可以看出，咖饮赛道竞争激烈，具备差异化的产品才能赢得先机。因此，近年来，咖饮品牌在上新方面创意频出。

在上新元素方面，咖饮品牌主要选取水果、花卉、茶叶、奶油、奶酪、养生食材等作为咖饮产品的原料之一。其中，柠檬、椰子、橙子、茉莉、桂花、燕麦、巧克力、芝士、奶酪、红枣、枸杞等是咖饮新品的热门元素。例如，瑞幸咖啡的褚橙拿铁、Seesaw Coffee 的香柠生椰美式、幸运咖的枸杞美式等。

在新品类别方面，咖饮品牌上新产品主要为拿铁、非咖啡饮品、美式 / 意式浓缩、酒咖 / 酒饮、冷萃咖啡等。据红餐产业研究院整理，截至 2024 年 6 月，近一年时间内，样本咖饮品牌的新品中，拿铁、非咖啡饮品、美式 / 意式浓缩的上新数量占比较高，分别为 45.5%、23.2%、13.6%。

可以看出，拿铁是咖饮品牌上新时着重推出的产品。国内的拿铁已经分化出奶咖、茶咖、果咖等细分产品，偏甜口和奶香味，咖饮品牌在上新时也侧重于上新这类本土化的产品。例如，瑞幸咖啡的兰韵铁观音拿铁、桂花龙井拿铁，Manner Coffee 的焦糖可可拿铁、坚果曲奇拿铁等。

2. 口味本土化进程加快，小众搭配灵感频发

在奶咖、茶咖、果咖等概念风靡咖饮赛道的同时，酒咖产品也开始冒头。红餐产业研究院"2024 年餐饮消费大调查"结果显示，咖饮消费者最经常消费的咖饮产品为奶咖类、经典咖啡类、茶咖类，占比分别为 47.2%、46.4%、28.0%。除此之外，果咖类产品有较高比重，酒咖类产品也有着一定的占比（见图 6-12）。

资料来源：红餐产业研究院"2024 年餐饮消费大调查"。

图 6-12　2024 年全国咖饮消费者的种类消费偏好情况

红餐产业研究院观察发现，当前的咖饮产品种类已经较为丰富，奶咖、茶咖、果咖、酒咖等产品或融入了国内口味偏好，或带有东方茶叶等元素，均有着浓厚的本土化特征（见表 6-14）。这些本土化产品不仅占据了较大的咖饮消费市场，而且为咖饮产品的创新提供了源源不断的灵感。

除了风味本土化，打造养生风格、配料新奇化也是咖饮品牌进行口味创新的新思路。有的品牌定位新中式咖饮，例如鸳央咖啡、喜鹊咖等，还有一些品牌推出具有养生元素的咖饮产品。

分类	特征	代表品牌及产品
风味本土化	在奶咖、茶咖、果咖、酒咖等本土化产品的基础上，加入花卉、谷物等元素，同时细分出燕麦、奶酪、黄油、椰乳、米乳等基底产品	瑞幸咖啡的碧螺知春拿铁、星巴克的堇山云瑰澳白（peets）、库迪的米乳拿铁、Manner Coffee 的冰葡美式等
打造养生风格	加入传统中式或古典滋补养生食材，如阿胶、枸杞、人参、罗汉果、藏红花、陈皮、龟苓膏、春梨膏、蜂王浆等	库迪咖啡的桂圆红枣阿胶小铁、蓝瓶咖啡的藏红花香草拿铁、幸运咖的人参咖啡系列等
配料新奇化	加入新奇配料或者地域特色食材，如凉味剂、冬阴功、凉茶、沙棘、花椒、香菜、番茄鸡蛋、豆腐脑、臭豆腐、陈醋、牛肉丸等，组合成意想不到的搭配	瑞幸咖啡的冰吸生椰拿铁、M Stand 的冬阴功气泡美式等

表 6-14　近年全国部分咖饮品牌口味创新的主要特征

资料来源：公开信息，红餐产业研究院整理。

此外，咖饮品牌对于咖饮配料新奇化的探索也在持续进行中。连锁咖饮品牌如瑞幸咖啡、M Stand 等推出了带有凉味剂、冬阴功等特殊配料的新品，地域咖饮品牌的创意则更为大胆，推出了凉茶咖啡、花椒咖啡、沙棘咖啡、奶皮子咖啡等冲击感较强的产品。

3. 品类融合加深，消费场景进一步拓宽

在咖饮赛道，"咖啡 + 贝果""咖啡 + 蛋糕"等组合已经较为常见。为了打造更加本土化的组合，咖饮品牌将咖啡与简餐、小吃、酒饮等进行融合，在咖饮店内推出了相应的中式简餐、特色小吃、酒饮等产品，拓宽了产品线，也提高了品牌的曝光度（见表 6-15）。

表 6-15　近年咖饮品牌品类融合的主要表现

主要表现	案例
咖饮＋烘焙甜点	"咖啡＋贝果"的模式已经较为常见，瑞幸咖啡、星巴克、NOWWA 挪瓦咖啡等多个品牌采用此模式
	Tims 天好咖啡推出"咖啡＋暖食"的模式，产品有农夫卷、芝士培根碱水棍等
	M Stand 有奶油话梅千层蛋糕、青椰千层等
咖饮＋简餐	eueu cafe 有牛肉芝士焗饭等
咖饮＋特色小吃	M Stand 的配餐有油条、可颂等中式小吃
	COWCOW 其其·牛杂咖啡公司的配餐有纯牛杂、萝卜牛杂等
咖饮＋酒饮	一些咖啡馆采用日咖夜酒模式，即白天卖咖饮，晚上卖酒饮。如广州的 SHAPELESS 无形·日咖夜酒等

资料来源：公开信息，红餐产业研究院整理，数据统计时间截至 2024 年 6 月 30 日。　红餐网｜红餐大数据

通过增加其他品类的产品，"咖啡＋"产品矩阵日益丰富，可满足消费者早餐、午餐、下午茶等消费时段的需求，也进一步推进了咖饮的本土化进程。

此外，咖饮赛道的场景创新也正当时。一些咖饮品牌将门店开进便利店、机场、医院、寺庙、报刊亭、景区等特殊点位，健身房、麻将馆等休闲娱乐消费场馆中也开出了咖啡馆，如 Seesaw Coffee 的机场店、肯悦咖啡 KCOFFEE 的报刊亭店、蓝瓶咖啡的咖啡车驿站，以及北京的 adj. 鲸禧咖啡、郑州的麻舍玩咖 等。"咖啡＋生活""咖啡＋文娱"的新模式正在打破咖饮的传统消费边界，业态融合的加深也有望促进咖饮赛道实现新的飞跃。

四、云南本土咖啡豆崛起，品牌的供应链建设正当时

咖饮赛道爆款产品频出、新品上新节奏加快，与其背后供应链的逐步成熟有关。一方面，咖啡豆产业链的本土化进程加速，云南产地为咖饮品牌输送了具备竞争力且供应稳定的本土咖啡豆；另一方面，乳品、果汁小料等方面的供应链企业为咖饮品牌提供定制化原料，满足了下游柔性定制的需求。

云南省农业农村厅数据显示，2023 年云南咖啡豆的种植面积和产量均占据了全国总种植面积和产量的 98% 以上。通过品种和种植环境改良等手段，云南不仅提高了咖啡豆的单产，还有效提升了咖啡豆的精品率。

云南咖啡豆具备直接连接生产端和

消费端的优势，国内增长的咖饮消费市场为云南咖啡豆提供了广阔的发展空间，云南咖啡豆与下游消费市场之间已经形成了相互影响、相互促进的关系。近年来，星巴克、瑞幸咖啡、肯悦咖啡KCOFFEE、蓝瓶咖啡、Manner Coffee、Seesaw Coffee、M Stand、NOWWA 挪瓦咖啡、幸运咖等咖饮品牌均有使用云南咖啡豆，缇里咖啡等区域品牌也从云南咖啡庄园进行源头直采。

在咖饮的乳品、果汁小料等方面，晨非食品、OATLY 噢麦力、塞尚乳业、德馨食品、鲜活饮品等是其中的代表供应商。这些上游供应商与瑞幸咖啡、星巴克、Tims 天好咖啡、COSTA COFFEE、M Stand、库迪咖啡、Manner Coffee 等品牌展开合作，并提供创新定制化的原料产品。例如，瑞幸咖啡的爆品酱香拿铁，采用的就是塞尚乳业生产的厚乳。

除了与上游的供应链企业合作，咖饮品牌自身在供应链建设上也投入了不少心思。在咖饮赛道激烈的竞争局面下，供应链成为咖饮品牌竞争的焦点。星巴克、瑞幸咖啡、库迪咖啡、幸运咖、NOWWA 挪瓦咖啡、Manner Coffee 等咖饮品牌均在自建供应链方面有所布局，建设烘焙工厂是它们一致的动作。

例如，星巴克的中国咖啡创新产业园于 2023 年 9 月正式在江苏昆山落成

投产，其在中国市场率先实现了"从生豆到咖啡"垂直产业链的规模化整合，进一步加快供应链的本土化进程。近年来，瑞幸咖啡陆续建设了烘焙基地、投产了鲜果处理加工厂、成立了食品公司和供应链管理公司。其鲜果处理加工厂位于云南保山，有利于保持上游的鲜果采收、生豆处理等环节的高品质标准；其供应链管理公司位于福建厦门，经营范围含供应链管理服务、食品进出口等，或能在品牌供应链管理和产品出口方面发挥一定的作用。

总的来看，咖饮赛道近年来取得了飞速发展，吸引了资本市场和其他赛道选手的火热关注。随着赛道竞争提速，预计近两年咖饮品牌规模化扩张的态势仍会延续，咖饮赛道的"贴身肉搏"还将继续加剧。要想更好地立足，咖饮品牌需要在洪流中找准定位，稳住创新步伐，从而在咖饮赛道中取得独树一帜的竞争力。

CHINA
CATERING

第七章 | 烧烤

第一节

烤串：

模式多元、供应链迭代，烤串变革图景初现

随着地方美食游走红，地方特色烤串热度飙升。同时，烤串品牌经营模式创新不断，上游供应商积极推动烤串供应链变革，烤串品类迎来了新的发展机遇。

一、地方美食游为烤串添"一把火"，细分赛道发展正"燃"

2024 年，淄博烧烤再度翻红，东北烧烤在"哈尔滨旅游热"下屡屡出圈，在"餐饮 + 文旅"热潮的带动之下，烤串赛道成为餐饮市场上的一大关注焦点。红餐大数据显示，截至 2024 年 6 月，全国烤串门店数达到 33.6 万家。

1. 情绪价值与烟火气突出，华东、东北、西南地区"烤串味"浓

烤串赛道中存在大量的街边摊、独立单体店，赛道整体规模化程度相对较低。红餐大数据显示，截至 2024 年 6 月，77.8% 的烤串品牌门店数在 50 家以下，门店数超过 100 家的烤串品牌占比仅为 9.3%（见图 7-1）。

资料来源：红餐大数据，数据统计时间截至 2024 年 6 月 30 日。

图 7-1　2024 年全国烤串品牌门店数区间占比分布

从区域分布来看，华东地区的烤串门店数占比最多，达到了 29.8%。其次是东北地区和西南地区，门店数占比分别为 13.8% 和 13.6%（见图 7-2），这或与这些区域烤串消费群体庞大且稳定，孕育出了一大批烤串门店有关。

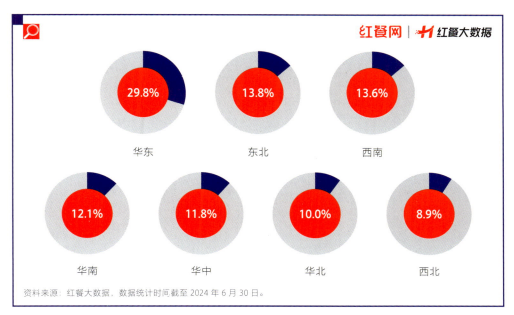

图 7-2　2024 年全国各区域烤串门店数占比分布

从具体的品牌来看，经过多年的发展，我国烤串赛道涌现了诸多的连锁品牌。例如，木屋烧烤注重烧烤与啤酒的结合，打造出具有市井气息的城市烧烤场景。红餐大数据显示，截至 2024 年 6 月，木屋烧烤已开出 260 余家门店，覆盖广东、北京、上海等地区（见表 7-1）。2024 年 4 月，其还在中国香港开出首店，进一步拓展版图。而大圣烧烤、东方一串等品牌定位社区烧烤，很久以前羊肉串、聚点串吧深挖社交属性场景，均有着亮眼的表现。

表 7-1　2024 年全国部分烤串品牌发展概况

品牌名称	门店数（家）	门店主要分布区域
串意十足	520+	广东、上海、浙江等
木屋烧烤	260+	广东、北京、上海等
东方一串	200+	上海、江苏、浙江等
郭靖烤全羊	110+	天津、浙江、北京等
大圣烧烤	100+	湖北、重庆、湖南等
很久以前羊肉串	100+	上海、北京、浙江等
破店肥哈·东北烧烤	90+	广东、河北、江苏等
北丐先生	80+	辽宁、黑龙江、上海等
绿地三只羊羊肉串	60+	江苏、安徽等
丰茂烤串	60+	吉林、北京、上海等
老金烧烤	50+	山东、河南等
聚点串吧	40+	北京、辽宁等
九村烤脑花	40+	重庆、广东等
李不管把把烧	40+	四川、安徽、山东等
客串出品	30+	湖南、浙江、山西等
何师烧烤	30+	四川
申记串道	30+	辽宁、山东
塘屋烧烤	20+	云南
乐趣小炉子烧烤	20+	北京、天津、浙江
冰城串吧	10+	北京、天津、河南等
刘牌牌小炉子烧烤	10+	辽宁、天津、陕西等
花和尚·湘西小串烧烤	10+	广州
金玲珑串道	10+	福建
Let's WeKao 瓦烤	10+	四川、青海
楼兰秘烤	10+	新疆、福建等
德四家·云南傣味烧烤品牌	10+	云南
阿拉提羊肉串	约 9	江苏、浙江、江西等
烧蠔帮·湛江生蚝	约 9	广东

资料来源：红餐大数据，数据统计时间截至 2024 年 6 月 30 日。

2. 地域烤串热度高，东北烧烤、西南烧烤、新疆烧烤表现较为突出

近年来，烤串品类持续细分，出现了东北派、西南派、西北派、华中派、华东派等烧烤派别（见表 7-2）。一些具有地域特色的烤串品牌陆续跑出，并持续拓展版图。特别是，地方美食游的盛行更为烤串赛道的细分添了"一把火"。

其中，讲究飒爽吃肉、烤串配酒的东北烤串，已跑出了一批规模化程度较高的品牌。比如，破店肥哈·东北烧烤在门店打造大合唱、游戏等环节，以好玩有趣的定位受到年轻人热捧，现已开出 90 余家门店；丰茂烤串则以特色的延边烤串为主打，聚焦大店模式，现已开出 60 余家门店。

表 7-2　2024 年全国部分烤串派别发展概况

派系	代表流派	代表品牌
东北派	东北烧烤	串意十足、破店肥哈·东北烧烤、丰茂烤串、北丐先生、申记串道、乐趣小炉子烧烤、冰城串吧等
西北派	新疆烧烤	郭靖烤全羊、阿拉提羊肉串、楼兰秘烤
西南派	四川烧烤	李不管把把烧、何师烧烤、Let's WeKao 瓦烤等
	云南烧烤	塘屋烧烤、德四家·云南傣味烧烤品牌等
华南派	广东烧烤	烧蚝帮·湛江生蚝、风筒辉、老王美食等
华中派	湖南烧烤	客串出品、洞氮胖哥烧烤、花和尚·湘西小串烧烤等
华东派	徐州烧烤	绿地三只羊羊肉串、69 号羊羊串、一家人烧烤等
	济南烧烤	老金烧烤、金忠烧烤等
	淄博烧烤	第一烤场、牧羊村烧烤等
华北派	唐山烧烤	黄二烧烤、圣炙烤宴

资料来源：公开信息，红餐产业研究院整理。

红餐网｜红餐大数据

此外，东北烧烤品牌如北丐先生、申记串道、乐趣小炉子烧烤、冰城串吧等均以差异化的品牌定位，在所在地区获得了较高的关注度。近年来，破店肥哈·东北烧烤、北丐先生等东北烤串品牌不断"南下"，在南方城市拓店，品牌知名度在全国范围内持续上升。

而在西北地区，新疆烧烤以一道烤羊肉串风靡全国烧烤摊。其代表品牌阿拉提羊肉串就以烤羊肉串作为大单品，专门成立"阿拉提羊肉串研究院"，为顾客提供高标准化、高质量的羊肉串；楼兰秘烤再现古楼兰的建筑风貌和市井风貌，主打烤全羊、烤羊排，并提供多种新疆特色菜品，吸引了众多消费者前往打卡消费。

在西南地区，主打小串、干香麻辣的四川烧烤自成一体，出现了宜宾烧烤、西昌烧烤、乐山烧烤、石棉烧烤等细分赛道。目前，四川烧烤赛道涌现出李不管把把烧、何师烧烤、Let's WeKao 瓦烤等品牌。其中，李不管把把烧聚焦夜宵场景，打出"全牛"烧烤概念，以江湖气十足的氛围获得消费者青睐。云南烧烤则以特色的香料和蘸水、精细化的选材在烧烤地图中占据了重要地位，代表品牌如塘屋烧烤，其汇集建水、个旧、昭通等云南各地特色烤串，被称为"云南传统烧烤超市"。

在广东地区，湛江烧烤和广式烧烤的知名度较高。湛江烧烤以烤海鲜、湿辣牛肉闻名，代表品牌如烧蚝帮·湛江生蚝已开出了近 10 家门店。以广州为大本营的广式烧烤则注重突出食材的新鲜，味道较为清淡，如老王美食、风筒辉以每日现购、食材现制的方式把烧烤做出

了"广东特色"，获得了较好的消费者口碑。

近年来，随着地方烧烤在社交媒体上的传播度越来越广，湖南烧烤、徐州烧烤、山东的淄博烧烤和济南烧烤等特色十足的烤串细分赛道也得以出圈。一些实力较强的品牌亦随之获得较高关注度。比如，来自湖南长沙的客串出品聚焦湖南烧烤赛道，通过融合"露营风"，将露营与烧烤结合，以轻松惬意的氛围受到年轻消费者的喜爱。此外，客串出品更引入智能烧烤机，以减少人员成本，同时保障出餐口味不打折，一举解决了烧烤行业"出品难统一、师傅流动性大"两大难题，现已在全国开出 30 余家门店。绿地三只羊羊肉串自建中央工厂，把"万物皆可烤"的徐州烧烤标准化，现已开出超 60 家门店，已进驻全国 20 余个城市。

除了上述中式烤串之外，舶来的烤串如日式烧鸟、泰式烧烤凭借着异国情

调受到消费者的欢迎。其中，日式烧鸟对烤串作出了精致化、高端化的改造，人均消费价格相对较高，代表品牌有鸟禾、白金酉玉、鸟沢 TORISAWĀ。泰式烧烤常以菜品的形式出现在泰国菜餐厅中，亦有部分品牌如碌碌发·东南亚风味烧烤档以泰式烧烤为主打，突出了品牌的差异化特色。

而随着"露营+烧烤"等场景受到关注，生鲜超市、食材供应商、预制菜企业等跨界选手亦陆续布局烧烤业务，推出零售的烤串产品、露营烧烤套装，进一步推动了烤串赛道的发展。

二、新老品牌探索新经营模式，供应链成助力

在市场热度的推动下，烤串从业者纷纷探索起变革之道，从品牌定位、经营模式、产品研发、供应链建设上推陈出新，打造出一派新的发展图景。

1. 新锐品牌探索"烤串自助"，小吃品牌提供"去堂食化"的想象

近年来，一批烤串品牌开始探索烤串自助化的新模式。以乐趣小炉子烧烤、刘牌牌小炉子烧烤为代表的一系列小炉子烧烤品牌把烤串与自助模式结合，在门店以玻璃冰柜自选区展示烤串产品，倡导消费者自选产品、自助烤串。部分烤串品牌更力推"烤串分时段打折"的玩法，以高性价比吸引消费者。这种模式有助于降低品牌的人力成本，并满足了消费者 DIY 的体验需求，更能以新奇感进一步扩大品牌的影响力。

此外，餐饮市场上还出现了于飞成卷饼、伍学长羊肉串夹烧饼等主打即买即吃的"卷饼夹炸串/烤串"的小吃品牌，其特有的模式值得烤串品牌借鉴学习。这类品牌，以有滋味的烧烤炸串吸引消费者进门，同时以单手可拿的卷饼小吃满足消费者边走边吃的需求。上述品牌不设堂食，仅供外带、外卖，门店模型较轻，适合快速复制扩张。红餐大数据显示，截至 2024 年 6 月，创立于 2022 年的伍学长羊肉串夹烧饼在全国已开出了超 310 家门店，创立于 2017 年的于飞成卷饼则开出了超 140 家门店。这类品牌的出现，为烤串品类提供了一种"去堂食化""小吃化"的可能性。

2. 品质化与市井化并行，烤串品类趋向"两极化"发展

品质化与高性价比并行，是烤串品类另一值得关注的发展动向。品质化方面，一批烤串品牌采取食材升级、食材溯源、环境升级等方式，与街边摊、大排档明显区分开。例如，丰茂烤串定位正餐级别的烤串，选定优质的熊猫羊为主打食材，推出羊肉串、小炒羊肉、羊肉零售礼盒等产品，并专门打造出包厢，提供具有品质感、高级感的烤串体验；破店肥哈·东北烧烤在门店特设驻场歌手，力推"唱吃、唱享、唱聚"的聚会形式，并打造出工厂风的门店环境，提供极具情绪价值的烤串体验。

性价比方面，一些烤串品牌选择为消费者提供更具性价比的产品和服务。例如，北丐先生聚焦"烤串＋馄饨"，以主食满足饱腹需求，人均消费价格在60元左右；深耕外卖渠道的串意十足则打造出了售价30元左右的一人食套餐，凭借高性价比快速拓展。

3. 烤串供应链升级进行时，产业上下游不断迭代

此前，在很长的一段时间里，烤串赛道一直面临着穿串标准化程度低、手工穿串效率不高等难题。

但近年来，随着餐饮智能化设备的不断普及，烤串赛道的供应链建设得到持续优化。

特别是随着烤串赛道品牌化、连锁化程度提升，加之中式米饭快餐、粉面、中式正餐、火锅等赛道的品牌热衷于以烤串拓展菜品，诸多餐饮品牌对于烤串半成品的需求不断升高。利思客、锦全食品、阿拉提烧烤供应链、客串一把烧烤供应链中心等一批专注于烤串供应链的供应商迎来了发展机遇，推出了许多高质量、高标准化的烤串半成品，进一步加速了烤串赛道的标准化进程。

例如，利思客通过速冻技术把产品的中心温度冻结至 -18℃以下，以保证烤串半成品的锁水锁鲜；锦全食品则通过市场调研，深入追踪连锁餐企的需求，全面升级烤串的外观、口感和肉质，推出钢签系列产品，做到产品可内外加热，终端可回收。客串出品旗下的客串一把烧烤供应链中心专注于牛肉串的研发与生产，形成从牧场养殖到供应链生产，再到产品创新研发的完整闭环。依托客串一把供应链，客串出品不仅确保了牛肉串的品质和口感，还成功打造出多样化的"牛肉串108将"系列产品，将全国各地的风味融入其中，满足了消费者对丰富口感的追求（见表7-3）。

表 7-3　2024 年全国部分烤串供应商发展概况

企业简称	成立年份（年）	特色	合作企业／品牌
利思客	2020	烤串品牌冰城串吧旗下的供应链公司，产品采用手工穿制，采用 -40℃的双螺旋速冻技术实现产品的锁水锁鲜	西贝、锅圈食汇、冰城串吧、盒马鲜生、麦德龙等
锦全食品	2015	主打鲜肉串，产品涉及牛、羊、猪、鸡、鸭、海鲜等品类	陈香贵兰州牛肉面、蜀海供应链、永辉、大润发等
阿拉提烧烤供应链	2012	以羊肉串为核心产品，打造出不同签型、克重、口味和调理方式的产品	喜姐炸串、和府捞面、谭鸭血、夸父炸串、有家酸菜鱼等
客串一把烧烤供应链中心	2021	烤串品牌客串出品旗下的供应链公司，以牛肉串为主打产品，拥有数家中央工厂	文和友龙虾馆、温莎 ktv、和府捞面等
山东串姐食品	2014	专注于鸡、牛、羊精挑细选部位的肉串生产，拥有羊肉串、小串牛肉，牛板筋、毛肚、鸡架等多款明星产品	喜家德虾仁水饺、济南老金烧烤等

资料来源：公开信息，红餐产业研究院整理。

红餐网｜红餐大数据

调味料方面，随着复合调味料市场的发展趋向成熟，关于烤串的调味料层出不穷。聚慧餐调、翠宏食品、草原红太阳等供应链企业针对 B 端餐企开发出烧烤调味料，部分供应链企业更针对当下的热点推出如淄博烧烤调味料等产品。随着烤串产品和烧烤调味品的供应进一步成熟，烤串供应链得到了升级迭代，烤串产业上下游得以更加紧密地连接，烤串赛道也得以持续发展与创新。

总体而言，烤串赛道正在经历品类分化、模式变革、供应链迭代等变化。展望未来，烤串赛道将持续繁荣，从业者需要紧跟市场变化，从中挖掘更多商机。

第二节

烤肉：
品类进入发展中兴期，地方派系烤肉崛起

近年来，烤肉品类热度不减。2023年全国烤肉门店数和相关企业存量保持增长态势，吸引了呷哺呷哺、海底捞等诸多跨界者入局。与此同时，烤肉品类细分化持续进行，齐齐哈尔烤肉、延边烤肉等地方特色烤肉崛起。此外，烤肉下沉市场潜力爆发，"纯外卖"模式在烤肉赛道兴起……

一、烤肉品类入局者众，全国烤肉门店数超过 16.4 万家

随着人们生活水平的提高和饮食文化的多元化，烤肉作为一种备受欢迎的美食持续展现出强大的市场潜力。从家庭聚餐到高档餐厅，烤肉以其独特的口感和丰富的风味，满足了消费者对于美味与健康的双重追求。因此，烤肉得以逐步发展成为一条日益壮大的餐饮赛道。

近年来，烤肉品类的市场容量在不断增长。据红餐大数据，截至 2024 年 6 月，全国烤肉门店数超过 16.4 万家，同比增长了 2.4%。企查查数据显示，2023 年全国烤肉相关企业的存量达到了 11.4 万家。

在此背景之下，许多烤肉品牌得以快速崛起。据红餐大数据，截至 2024 年 6 月，九田家黑牛烤肉料理全国门店数超过 820 家，是当前烤肉品类门店数最多的品牌。其次，小猪查理川式市井烤肉全国门店数超过 530 家，近年来借助数字化管理以及供应链建设加速快跑，2023 年至 2024 上半年新开门店超过 270 家。

随着下沉市场消费潜力的逐步释放，刘炭长牛烧大块烤肉、北木南烤肉和酒等主攻下沉市场的品牌也展现出较为强劲的发展势头。截至 2024 年 6 月，二者的全国门店数均超过 370 家（见表 7-4）。而西塔老太太泥炉烤肉则专注于中高端烤肉市场，其拓店速度亦较快，2023 年至 2024 年上半年新开门店数 330 余家。

表 7-4　　2024 年全国部分烤肉品牌发展概况

品牌名称	门店数（家）	人均消费（元）	门店主要分布区域
九田家黑牛烤肉料理	820+	101	内蒙古、河北、江苏等
小猪查理川式市井烤肉	530+	71	山东、河南、河北等
刘炭长牛烧大块烤肉	490+	53	黑龙江、辽宁、河北等
酒拾烤肉	450+	70	湖南、江西、湖北等
西塔老太太泥炉烤肉	430+	132	上海、江苏、浙江等
北木南烤肉和酒	370+	60	山东、山西、河南等
韩宫宴炭火烤肉	340+	93	江苏、浙江、安徽等
安又胖烤肉	290+	83	辽宁、山东、吉林等
柒酒烤肉	140+	58	湖南、湖北、广西等
奎梨	130+	92	江苏、安徽、浙江等
新石器烤肉	80+	85	江苏、浙江、上海
姜虎东白丁烤肉	60+	126	广东、福建、北京等
姜胖胖首尔自助烤肉	50+	76	四川、重庆、北京等
权金城	30+	94	河北、北京
金妈家烤肉	30+	90	重庆
御牛道烤肉料理	30+	165	浙江
炉小哥烤肉	30+	87	河南
蚂蚁洞·首尔烤肉	30+	110	广东、上海
汉拿山烤肉	20+	108	北京、广东
猫抓烤肉	20+	102	重庆、江苏、广东
小核桃烤肉馆	20+	114	辽宁
一品诚记烤肉	20+	95	辽宁
集牧自助烤肉营地	20+	76	四川

资料来源：红餐大数据，数据统计时间截至 2024 年 6 月 30 日。

与此同时，近年崛起的中式烤肉品牌酒拾烤肉、柒酒烤肉等均在积极推进品牌"年轻化"战略。为了吸引年轻消费者，它们在多个平台上策划与年轻人兴趣相关的话题，利用热点传播的方式提升影响力，并通过跨界联名拉近与年轻消费群体的距离。

然而，在部分烤肉品牌加速快跑的同时，一些品牌的发展却相对缓慢。比如，老牌韩式烤肉品牌汉拿山烤肉、权金城等，相较上年其门店数均有不同程度的收缩。

不难看出，当下烤肉品类的竞争格局尚未定型。烤肉品牌需保持敏锐洞察力，调整发展战略，以适应市场变化和抓住机遇。

二、地方特色烤肉崛起，烤肉产品融合化趋势明显

近年，随着消费者需求不断变化，一些地方特色烤肉赛道得以崛起，挖掘地方特色烤肉成为各烤肉品牌重做品类的重要策略。其中，齐齐哈尔烤肉、延边烤肉、沈阳的泥炉烤肉、内蒙古的铁帽烤肉、云南的傣味烤肉等细分赛道的热度不断上升（见图7-3）。

图 7-3 2024 年全国部分地域烤肉派系发展概况

此外，齐齐哈尔、淄博、延吉、哈尔滨等多个城市相继成为旅游热点，引发了一股特色美食打卡潮。主打齐齐哈尔烤肉、延边烤肉等特色美食的品牌，均在小红书等社交媒体平台上受到众多消费者的关注。截至 2024 年 1 月，齐齐哈尔烤肉在小红书平台上的相关话题浏览量超过 7,300 万次，齐齐哈尔更是在 2022 年被世界中餐业联合会授予"国际烤肉美食之都"的称号。

值得注意的是，这些地方特色烤肉品牌的连锁化、规模化程度相对较低，尚需更多的探索。

在烤肉品类进一步细分的同时，烤肉的产品却在进一步融合创新。品牌不再局限于传统的烤肉方式，而是积极探索自身产品与其他地域特色、品类、食材搭配之间的融合，为消费者提供新奇、多样化的味觉体验（见表 7-5）。

其中，地域融合主要表现为融合地域小吃、地域特色口味或者烤制方式，如主打韩式烤肉的安又胖烤肉在其招牌产品妈妈的辣年糕条中，用口感更加香滑软糯的宁波水磨年糕来代替韩国年糕，受到一些消费者的喜爱。品类融合则主要表现为借鉴或者引入西餐、日式料理、烧烤的食材或者产品。搭配融合主要指烤肉品牌注重融合小众食材和菜品。如延炭乳酸菌烤肉店主打"健康烤肉"，将烤肉与乳酸菌相结合，推出多款含乳酸菌的烤肉产品。

表 7-5　2024 年烤肉部分产品融合方式盘点

方式	说明	具体表现
地域融合	增加地域风味小吃、推出地域特色口味、采用地域烤肉的烤制方法	地域小吃：炸打糕、奶皮子、乳扇、包浆豆腐、青苔、越南春卷、宁波水磨年糕等 特色口味：麻酱＋白糖、云南蘸水、山葵末等 烤制方式：铁盘、泥炉、水煎肉、纸上烤肉等
品类融合	借鉴或引入其他餐饮品类的食材	借鉴西餐：引入鹅肝、干式熟成牛肉、按部位切分的牛肉等食材 借鉴日式料理：推出烤鳗鱼、烧鸟等产品 借鉴烧烤：推出烧烤常见食材，比如肉串、韭菜、生蚝、扇贝等
搭配融合	挖掘小众食材和菜品，探索不同食材之间的组合搭配	创新食材搭配：荔枝、杧果、菠萝、青提等水果与猪肉、牛肉等肉类搭配 小众菜品：乳酸菌排骨肉、乳酸菌辣酱蟹、芝士口蘑、蜗牛烤肠、芝士肥肠等

资料来源：公开信息，红餐产业研究院整理。

红餐网｜红餐大数据

事实上，菜品丰富、食材或菜品新奇，已逐渐成为消费者选择烤肉门店时的重要决策因素。红餐产业研究院"2024 年餐饮消费大调查"数据显示，分别有 50.7% 和 36.8% 的烤肉消费者认

为菜品丰富多样、有新奇小众的食材或菜品的烤肉门店更具吸引力。可见，产品的多样性和差异化是烤肉品牌赢得消费者青睐的关键因素。

三、下沉市场持续爆发潜力，烤肉自助再度兴起

近年来，烤肉品类在下沉市场展现出较大的发展潜力。红餐大数据显示，尽管目前新一线城市的烤肉门店数最多，但是四线城市和五线及以下城市的

烤肉门店数占比均在 15% 左右。三线及以下城市的烤肉门店数占比超过五成（见图 7-4）。

资料来源：红餐大数据，数据统计时间截至 2024 年 6 月 30 日。

图 7-4　2024 年全国各线级城市烤肉门店数占比分布

目前，一批主攻下沉市场的烤肉品牌发展势头较快，如小猪查理川式市井烤肉、酒拾烤肉、刘炭长牛烧大块烤肉、北木南烤肉和酒、奎梨、梁山烤肉等。其中，刘炭长牛烧大块烤肉、北木南烤肉和酒、梁山烤肉均有超过八成的门店位于三线及以下城市。

除此以外，一批烤肉自助品牌亦在下沉市场冒头，并开出了多家门店。比如，成都的姜胖胖首尔自助烤肉、集牧自助烤肉营地以及大连的一品诚记烤肉等，截至 2024 年 6 月，它们的门店数均为数十家。

除了性价比之外，口味的普适性、产品的高质量以及立体的品牌形象对下沉市场的消费者来说同样重要。因此，

烤肉品牌要在下沉市场立足，需要在价格、产品和品牌定位上持续打磨。

四、差异化场景受青睐，"纯外卖"烤肉品牌借势崛起

近年来，烤肉消费者对烤肉品牌的场景创新也较为关注。据红餐产业研究院"2024年餐饮消费大调查"，62.4%的烤肉消费者愿意去门店装潢设计有创意、有主题或有概念的烤肉门店消费。

这些消费者认为，有创意的场景设计能够创造独特的、沉浸式的用餐体验，同时可以满足他们追求新鲜感和拍照打卡的社交需求（见图7-5）。

图 7-5　2024 年烤肉消费者选择去烤肉门店就餐的原因

基于此，打造独特的就餐场景成为当下不少烤肉品牌差异化突围的战略。它们通过营造个性化的用餐环境和氛围来吸引消费者，使其在用餐过程中获得更为丰富的体验。比如，柒酒烤肉在场景上主打国潮风，以中国红为主色调，辅以表现长沙地标、门店文化的插画，

将传统文化和现代潮流相结合，营造出了国潮氛围感。

而蚂蚁洞·首尔烤肉采用"一店一概念"的模式，每家门店以不同的场景设计，打造出不同的沉浸式烤肉体验。据了解，目前其在上海、深圳、广州等地分别开出以工厂、市集、电影院、大

排档、营地等为主题的门店。

除了从门店装潢设计上打造差异化场景以外，有的品牌借助选址打造特色场景。比如，重庆的低音黄瓜·菜场烤肉和中山的泛石烤肉相继尝试"菜市场＋烤肉"的模式，把门店开进菜市场，受到一定的关注。

菜市场场景在消费者的认知中具有接地气、性价比高等特征，可满足当下消费者对于新奇有趣和性价比的餐饮消费需求。但整体上看，目前消费者对于

在菜市场堂食的行为模式较陌生，"菜市场＋餐饮"的模式还有待继续探索。

与此同时，烤肉外卖的消费体验正在逐步提升。部分烤肉品牌为了更好地还原烤肉到店消费的体验，在包装、烤炉等方面做了升级。比如，酒拾烤肉、金妈家烤肉、九田家黑牛烤肉料理等品牌近年相继推出了烤肉外卖业务，其外卖套餐里除了提供食材以外，还配备了烤具（见表7-6）。

表 7-6　烤肉外卖发展历程

发展历程	特点
1.0 时代	商家将肉烤熟后再打包配送给消费者
2.0 时代	烤肉外卖以出售食材为主，设置多种套餐，并赠送烤炉
3.0 时代	烤肉外卖模式和消费体验逐步轻量化，"一人食烤肉便当"出现
4.0 时代	注重烤肉外卖品质和性价比，烤肉商家通过升级包装、升级烤炉来还原到店消费体验

资料来源：公开信息，红餐产业研究院整理。

红餐网 | 红餐大数据

此外，一些主打"纯外卖"模式的烤肉品牌开始出现。其中，部分烤肉品牌借助线上流量，切入烤肉外卖赛道，近年来发展较快。如大桔家川派烤肉、小牛家东北烤肉等烤肉外卖品牌聚焦抖音、美团等线上平台售卖烤肉套餐等产品，销量较为可观。如大桔家川派烤肉，截至2024年6月，其多个店铺在抖音平台上售出的烤肉外卖产品均超过100万单。

回顾近年烤肉品类的发展变化，不难看出赛道整体仍然保持着发展活力，烤肉品类的多元化发展趋势渐显。然而，烤肉品类也面临着一系列的挑战，包括同质化程度相对高、强社交属性限制翻台率等。因此，在未来的发展中，烤肉品牌需要多维度持续深耕赛道，以取得更大的突破。

CHINA
CATERING

第八章　烘焙甜点

面包烘焙：
产品趋向"轻、小"，线上渠道助品牌跑出"加速度"

面包烘焙有着携带方便、消费场景多元的特性，能够满足消费者即时食用的需求。近年来，随着从业者不断提升标准化生产水平，同时拓展经营方式和销售渠道，面包烘焙赛道出现了不少新动向。

一、赛道"内卷"加剧，商超、新零售玩家加速抢滩

随着我国消费者对面包烘焙产品的需求增长，面包烘焙赛道保持平稳发展态势。红餐大数据显示，我国面包烘焙市场规模在 2023 年达到 1,130 亿元，同比增长 8.1%，预计 2024 年将达到 1,193 亿元（见图 8-1）。

图 8-1　2019 — 2024 年全国面包烘焙市场规模概况

在面包烘焙市场规模扩张的同时，赛道内卷亦在加剧。在激烈的市场竞争之下，实力薄弱的品牌逐渐被淘汰。比如，老牌烘焙品牌克莉丝汀、中式烘焙品牌虎头局渣打饼行、高端烘焙品牌昂司蛋糕、LENÔTRE 雷诺特法式西点等均在 2023 年关闭所有门店；互联网蛋糕品牌熊猫不走由于公司资金链断裂，于 2024 年全国门店停业……

企查查数据显示，2023 年全国面包烘焙相关企业的注销、吊销量达到 1.41 万家，相比 2022 年增长了 88.0%。

然而，亦有不少面包烘焙品牌在市场中稳健发展。如在西式烘焙赛道中，好利来发力品牌年轻化策略，85 度 C 聚焦"烘焙 + 水吧"模式，幸福西饼关注线上线下渠道资源的整合。通过不断深耕赛道，截至 2024 年 6 月，上述品牌门店总数均超过 800 家门店，进驻超 50 个城市，成为面包烘焙品类中的大连锁品牌（见表 8-1）。

表 8-1　2024 年全国部分面包烘焙品牌发展概况

品牌名称	门店数（家）	进驻城市数（个）	门店主要分布区域
幸福西饼	1000+	230+	广东、湖北等
好利来	960+	50+	四川、辽宁、天津等
85 度 C	830+	60+	中国台湾、福建、江苏等
GANSO 元祖食品	760+	90+	江苏、四川、浙江等
安德鲁森	630+	约 9	四川、福建
广隆蛋挞王	610+	30+	广东、广西、湖北等
南洋大师傅	570+	170+	浙江、河北、湖南等
泸溪河	460+	40+	江苏、上海、广西等
爸爸糖手工吐司	430+	120+	江苏、北京、山东等
仟吉	410+	10+	湖北、河南、湖南等
巴黎贝甜	340+	60+	上海、北京、江苏等
美心西饼	300+	10+	中国香港、广东等
资溪面包	300+	60+	浙江、江西、江苏等
可斯贝莉现烤面包	250+	10+	福建、广东、浙江等
采蝶轩	240+	20+	广东
詹记桃酥	210+	20+	安徽、北京、湖北等
面包新语	190+	20+	广东、江苏、四川等
鲍师傅糕点	180+	60+	广东、江苏、北京等
KUMO KUMO	100+	40+	上海、广东、浙江等
桂顺斋	90+	约 8	天津、河北等
老鼎丰	80+	约 9	黑龙江、北京
山河饼局	50+	30+	辽宁、河南、山西等
青桔和木鱼	50+	30+	辽宁、河南、山西等
桃禧满满	20+	10+	湖北、湖南等
鹤所	约 7	1	北京

资料来源：红餐大数据，数据统计时间截至 2024 年 6 月 30 日。

红餐网｜红餐大数据

在中式烘焙赛道中，鲍师傅糕点和泸溪河主打手工现制、中点西做，颇受消费者的青睐，更吸引一些消费者进行"异地代购""跨城购买"，是中式烘焙赛道中知名度较高的品牌。红餐大数据显示，截至 2024 年 6 月，泸溪河已开出了 460 余家门店，鲍师傅糕点则开出了 180 余家门店。而聚焦传统中式糕点的天津老字号桂顺斋则通过推出时令糕点和礼盒、发展线上渠道等方式，成功实现品牌迭代，焕发出老字号的新活力，目前已开出了 90 余家门店。

与此同时，聚焦平价面包的可斯贝莉现烤面包、主打零蔗糖烘焙的鹤所、关注低糖和益生菌的桃禧满满等品牌亦有着不错的发展。其中，可斯贝莉现烤面包更在 2020—2023 年间开出了 250 余家新店，颇具发展潜力。

此外，一些玩家则选择探索"小而美"的发展路径。例如，部分烘焙工作室、独立烘焙店注重彰显个性，或主打蛋糕定制服务，或聚焦手作、现制烘焙，或推出健康、低脂的烘焙产品。这些门店以区域性发展为主，门店以单店居多，但有着黏性较高的消费客群。

还有一些面包烘焙品牌坚持走高端精品的路线，一些专注做生吐司、贝果、手作瑞士卷等的专门店时有涌现。不过，

目前高端烘焙市场波动较大，很多定位高端烘焙的品牌在经历一段时间的高热度后，有的热度下降，有的产品创新乏力，有的陷入经营困境……显然，高端烘焙品牌要想从"网红"走向长红，还需要在产品和经营模式上深入探索，才能适应市场的变化需求。

除上述面包烘焙专门店之外，该赛道中还有不少跨界玩家。比如商超、新零售平台、便利店抢滩面包烘焙赛道，盒马鲜生、山姆、美团小象超市等均设有自营的烘焙品牌。其中，盒马鲜生更于 2023 年携手吐司品牌爸爸糖手工吐司，投资建设了覆盖全产业链路的烘焙工厂"糖盒"，大力布局烘焙赛道。咖饮、茶饮、茶馆等餐饮赛道的品牌亦密集跨界布局，如奈雪的茶、星巴克、库迪咖啡、Tims 天好咖啡、NOWWA 挪瓦咖啡等品牌，都在烘焙产品的销售上有着亮眼的表现。

这些新玩家的崛起，与冷冻烘焙的广泛应用有着密切关系。据了解，冷冻烘焙产品的保存期可达 6～9 个月。这些冷冻烘焙产品烹饪操作简单，大多仅需要解冻或简单烘烤后即可食用，对于烘焙师的要求较低。借力冷冻烘焙，赛道的入局者能够更快捷地生产出烘焙产品，并维持较快的上新速度。

二、产品创新侧重时令、节日，线上渠道助力品牌跑出"加速度"

近年来，在入局玩家增多的情况下，面包烘焙品牌为了加快占领市场各出奇招。

产品上，品牌开始在价格、品种、上新速度方面发力。首先是抓住消费更趋理性的趋势"卷低价"。比如，一批"2元面包店"在全国冒头。这类门店主打2～3元的面包单品，品种通常有10余款，并打出"现烤现卖，限量供应"的口号，以薄利多销的方式维持经营。

其次是"卷创新"，新品种不断涌现。整体来看，面包烘焙产品趋向于做小、做轻、追求健康，一众品牌力推蛋挞、贝果、吐司、铜锣烧、恰巴塔等单品（见图8-2）。同时，不同的细分赛道有着不同的新品策略。例如，中式烘焙品牌着重结合时令要素，以当季食材打造富有创意的中式糕点。比如泸溪河推出了龙井系列、草莓系列糕点，鲍师傅糕点则推出了芋泥系列新品。

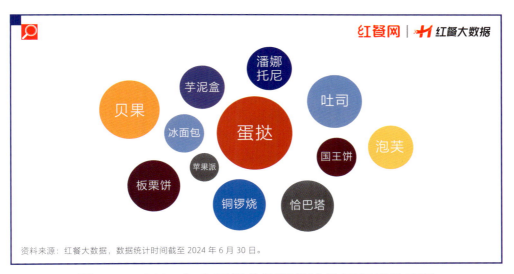

资料来源：红餐大数据，数据统计时间截至2024年6月30日。

图 8-2　2024 年全国部分值得关注的面包烘焙产品

西式烘焙品牌则深挖西方的节日面包，在节日时段限时供应，如一些品牌推出了法国主显节期间要吃的国王饼、意大利圣诞节期间要吃的潘娜托尼等产品，吸引了一些消费者的关注。此外，部分面包烘焙店还从产品组合的思路出发，以"鲜奶＋现烤面包"的组合为消费者提供快捷的早餐。在这类门店中，消费者能够通过自助打奶机现打鲜奶，切实地感受到产品的新鲜。

销售渠道上，面包烘焙从业者不拘泥于线下门店的单一渠道，开始发力线上渠道。红餐产业研究院统计发现，西式烘焙品牌如 85 度 C、美心西饼，以及中式烘焙品牌如鲍师傅糕点、泸溪河等，均进驻了各大电商平台（见表 8-2）。比如，聚焦传统中式点心的稻香村、桂顺斋、老鼎丰等，都通过线上销售节庆点心礼盒，找到了自身的新增长点。此外，好利来除了积极搭建电商渠道，还巧妙地打造了"老板罗成"这一 IP，在抖音、小红书等社交媒体平台上积极互动，吸纳了大批粉丝。这一策略成功地将粉丝热情转化为购买力，有效反哺了品牌自身。

表 8-2　全国部分面包烘焙品牌布局电商渠道情况

品牌名称	表现
好利来	在官网、天猫、抖音、京东等平台上设有线上销售服务。其爆款产品半熟芝士在天猫的销量较高
幸福西饼	在天猫、抖音、京东等平台提供蛋糕司城销售服务，并提供比萨、自烤面包等冷冻烘焙产品的线上销售服务
鲍师傅糕点	于 2023 年进军电商渠道，截至 2024 年 6 月，其天猫旗舰店粉丝数近 36 万人
泸溪河	已进驻天猫、京东、拼多多、抖音等平台。截至 2024 年 6 月，其爆款产品桃酥、绿豆糕等产品在天猫的销量较高
老鼎丰	已进驻天猫、京东、拼多多、抖音等平台
桂顺斋	已进驻天猫、京东、拼多多、抖音等平台
美心西饼	已进驻天猫、京东、抖音等平台，截至 2024 年 6 月，其天猫旗舰店粉丝数超 122 万人
85 度 C	已进驻天猫、京东、抖音等平台
GANSO 元祖食品	已进驻天猫、京东、抖音等平台，提供蛋糕同城配送服务，并提供青团、小蛋糕等长保产品线上销售服务

资料来源：公开信息，红餐产业研究院整理。

红餐网｜红餐大数据

发展至今，线上渠道已成为面包烘焙的重要销售渠道之一。红餐产业研究院"2024 年餐饮消费大调查"显示，在选择销售渠道之时，超过 15% 的面包烘焙消费者选择了线上渠道，包括线上电商、直播间、短视频等平台（见图 8-3）。

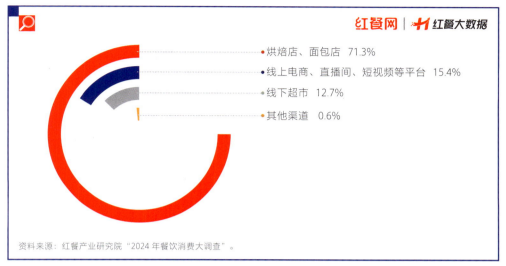

烘焙店、面包店 71.3%

线上电商、直播间、短视频等平台 15.4%

线下超市 12.7%

其他渠道 0.6%

资料来源：红餐产业研究院"2024 年餐饮消费大调查"。

图 8-3　2024 年面包烘焙消费者购买面包烘焙的渠道分布

在消费场景上，为了更好地发挥线下门店的体验优势，一些面包烘焙品牌注重凸显其社交属性，将生日、下午茶等消费场景与品牌紧密绑定。比如，85 度.C 在门店中推出低至 15 元起的"轻奢下午茶"，套餐中包括饮品和切片蛋糕，凭借着高性价比吸引了周边社区的居民。聚焦法式烘焙的巴黎贝甜针对下午茶场景，推出一系列高颜值的甜品，并为 B 端客户提供商务茶歇定制服务。好利来则针对当下的"萌宠经济"，推出宠物烘焙品牌 Holiland Pet，提供宠物生日蛋糕及人宠服务体验。

在营销方式上，一些面包烘焙从业者开始联动起来共创"市集"，通过聚合数十家面包烘焙店来举办面包节。这些面包烘焙店会把自研的特色产品带到面包节现场，为消费者提供现场面包品鉴。面包节通常设有烘焙主理人的讲座环节，能够进一步加深参与者对于面包烘焙文化的了解，深化市场教育。

据统计，近年来，上海、深圳、广州、杭州、福州、成都、南京等城市都相继举办了大型的面包节。比如，2024 年 3 月在上海举办的外滩漫步面包节中，不少面包店出现了人气火爆的情景，部分面包店的产品更在短短 3 小时内便销售一空。

总体而言，面包烘焙赛道入局者多元，新玩法、新组合时有涌现。尤其是在冷冻烘焙的推动之下，面包烘焙赛道的成长速度不断加快。但大部分品牌仍面临着供应链搭建变量多、产品更新相对较慢、消费黏性不足等难题，未来仍有待从业者逐一攻破难关。

第二节　甜品甜点：
赛道焕发新生机，新中式糖水受关注

随着甜品与其他品类的融合逐步加深，甜品甜点赛道已经进入了精细化运营的阶段。在当前阶段，甜品甜点品牌不断强化产品和模式创新，同时优化供应链建设，孵化出了新中式糖水等"新物种"。

一、进入多维竞争阶段，甜品甜点门店总数超 16 万家

甜品甜点赛道的产品种类丰富，可分为中式甜品甜点和非中式甜品甜点两个大类。中式甜品甜点聚焦于碗装甜品和甜食点心，分化出了中国香港、两广、中国台湾、江浙、新疆等多地的特色甜品甜点，如杨枝甘露、双皮奶、冰粉等。非中式甜品甜点则包含了马卡龙、提拉米苏、泡芙、舒芙蕾、麻薯等多种产品。

由于甜品甜点适配佐餐场景、种类多样，能够满足消费者的情绪价值需求，这条赛道吸引了不少玩家入局。红餐大数据显示，截至 2024 年 6 月，我国甜品甜点的门店总数超过 16 万家。

虽然甜品甜点的门店数量较多，但品牌规模化程度相对较低。据红餐大数据，截至 2024 年 6 月，接近九成的甜品甜点品牌门店数在 3 家以下，门店数超过 25 家的品牌占比仅为 2.4%（见图8-4）。

11～25家　3.2%
3～10家　5.3%
26～50家　1.8%
50家以上　0.6%
3家以下　89.1%

资料来源：红餐大数据，数据统计时间截至 2024 年 6 月 30 日。

图 8-4　2024 年全国甜品甜点品牌门店数区间占比分布

这或是由于全国大部分的甜品甜点品牌以区域发展为主，体量较小，同时受冷链运输、保存和鲜味等限制，甜品甜点赛道的品牌规模化程度整体相对低。在甜品甜点赛道中，目前仅有 DQ 冰雪皇后、波比艾斯、鲜芋仙等少数品牌的门店数在 500 家以上（见表 8-3）。

表 8-3 2024 年全国部分甜品甜点品牌发展概况

品牌名称	门店数（家）	人均消费（元）	门店主要分布区域
DQ 冰雪皇后	1,500+	26	江苏、浙江、北京等
波比艾斯	580+	14	湖南、江西、广东等
鲜芋仙	530+	28	江苏、浙江、北京等
溪边姑娘	490+	15	辽宁、河北、四川等
满米酸奶	400+	30	河南、山东、河北等
喜识·冰糖葫芦·炒酸奶	400+	17	河北、广东、四川等
哈根达斯	390+	70	上海、广东、北京等
冰冰酱绵绵冰	330+	20	河北、山东、天津等
合德记顺德双皮奶	300+	20	广东、湖南、浙江等
榴芒一族	270+	15	四川、贵州、广东等
安姬酸奶·DIY 水果捞	250+	21	河北、吉林等
赵记传承	250+	21	广东、广西等
烤梨先生	230+	16	安徽、浙江、湖北等
满记甜品	200+	38	上海、北京、广东等
豆花妈妈	190+	11	湖南、湖北等
简鹿糖水铺	180+	15	广东、湖南、云南等
莓日肆季糖水	160+	7	四川、江苏等
五条人糖水铺	100+	25	广东、江苏、福建等
GODIVA 歌帝梵	80+	60	上海、中国香港等
杨小贤	80+	25	广西、福建、广东等
fufuland·生乳舒芙蕾	50+	25	江苏、浙江等
ZAKUZAKU	30+	37	上海、江苏等
Gram 舒芙蕾	10+	32	上海、江苏、浙江等
彬妈糖水	约 7	28	广东
RUXU 入续鸳鸯糖水铺	约 6	28	广东

资料来源：红餐大数据，数据统计时间截至 2024 年 6 月 30 日。

红餐网｜红餐大数据

在人均消费方面，据红餐大数据，截至 2024 年 6 月，33.9% 的甜品甜点门店人均消费在 10 ～ 20 元，28.5% 的甜品甜点门店人均消费在 20 ～ 30 元（见图 8-5）。此外，80 元及以上的价格带也有一些品牌在深耕，例如 Venchi 闻绮等。

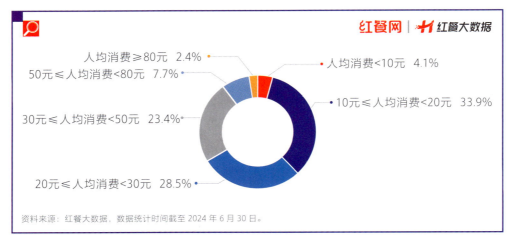

图 8-5　　2024 年全国甜品甜点门店人均消费价位占比分布

二、品牌积极谋变，新中式糖水赛道进一步细分

为了进一步实现规模化发展和差异化竞争，甜品甜点品牌积极谋变，一些品牌开拓海外市场，一些品牌开放加盟以加速扩张，还有的品牌紧跟新中式热潮开出了特色鲜明的新中式糖水铺。

鲜芋仙、溪边姑娘、简鹿糖水铺等品牌在"出海"方面发力，还有一些品牌加速了国内市场的布局。例如 2023 年，满记甜品等品牌开放了加盟。此外，满记甜品还在堂食、外卖、外带的渠道之外，积极开拓新零售渠道，在山姆、盒马鲜生等平台推出了零售产品。截至 2024 年 6 月，其全国门店数超过 200 家。

同时，其他赛道的品牌也组团跨界入局甜品甜点赛道，它们或推出甜品甜点产品，或跨界投资甜品甜点品牌。例

如，楠火锅、珮姐重庆火锅、赵美丽火锅、朱光玉火锅馆等多个火锅品牌将甜品作为"流量密码"，这些品牌或以低价甜品引流，或创新甜品形态，均取得了很好的反响。此外，甜品甜点赛道也吸引了其他品牌的跨界入局，如茶理宜世开出了子品牌 RUXU 入续鸳鸯糖水铺。

2023 年，国潮风刮到了甜品赛道，北京、上海、重庆、广东、山东、福建、浙江、湖南等省、直辖市出现了诸多新中式糖水铺的身影。

基于门店装修设计较为讲究、布景国风化、食材选择讲究、产品为手工现做、性价比高、产品丰富等特征，新中式糖水铺受到了诸多消费者的喜爱。

例如，RUXU 入续鸳鸯糖水铺在广

州的首店便以新中式美学为基调，打造了淡雅休闲的体验空间，吸引了众多消费者的关注。截至2023年6月，RUXU入续鸳鸯糖水铺的全国门店数约为6家，主要集中在广东地区。

随着RUXU入续鸳鸯糖水铺、彬妈糖水等品牌的出现，新中式糖水赛道也逐渐分化出了养生类、烤梨类、豆花类等细分赛道（见表8-4）。

与此同时，随着甜品甜点赛道的竞争加剧，一些甜品甜点老牌玩家和高端甜品甜点品牌则面临发展困境。许留山、LADY M、COVA、LeTAO、KNOTKNOT珞珞等老牌玩家和高端甜品甜点品牌，出于产品创新停滞、品牌定位不契合市场、客群流失等原因陷入闭店风波。例如，作为曾经风靡一时的老牌港式甜品品牌许留山，近年来陷入了"闭店潮"，逐步退出了消费者视野。这些甜品甜点品牌的没落，为整个甜品甜点赛道敲响了警钟，品牌要想取得长远发展，需要着眼于当下的消费市场，跟进时代消费潮流。

表 8-4　　2024 年全国部分新中式糖水品牌发展概况

品牌名称	发源地	人均消费（元）	代表产品
RUXU 入续鸳鸯糖水铺	广州	28	娟姗奶大满贯、酒酿米麻薯凤凰奶等
彬妈糖水	广州	28	鲜奶桃胶莲子、冰糖竹笙无花果等

资料来源：红餐大数据，数据统计时间截至 2024 年 6 月 30 日。

整体而言，甜品甜点赛道正在焕发新生机，但同时亦存在地域和口味的局限性、消费场景受限、消费者具有健康顾虑等挑战。随着甜品甜点品牌在产品创新、供应链建设、渠道拓展等方面的进一步探索，这些挑战或有望被逐步攻克。

CHINA
CATERING

第九章　特色品类

第一节　小龙虾：
品牌勉力创新，零售板块开拓出新场景、新市场

近些年，作为"夜宵顶流"的小龙虾赛道虽然发展出现波动，但总体而言热度依旧较高。一些餐饮品牌通过速冻、预制等技术手段创新，以及多元化经营模式的探索，试图打破小龙虾食材的季节限制，实现全年的稳定经营。同时，小龙虾预制菜、半成品等零售板块的发展也取得较大突破，为小龙虾品类拓展出了新的消费场景及新的消费市场。

一、小龙虾餐饮板块格局初定，电商渠道成亮点

经历过前些年的震荡，小龙虾赛道品牌格局逐渐稳定，且在创新、突破的过程中，摸索出"线下+线上"并行发展的模式，展现出一定的发展潜力。

1. 市场整体规模发展较为稳定，养殖规模持续扩大

小龙虾赛道的总产值，在近两年依然总体呈现上涨趋势。2022年，全国小龙虾产业总产值超过4,500亿元（见图9-1）。

图 9-1　2019 — 2022 年全国小龙虾总产值概况

同时，上游小龙虾养殖产业继续扩大，养殖面积、产量都持续上涨。2023年，小龙虾养殖面积达到 2,950 万亩，产量首次突破 300 万吨，达到 316.10 万吨（见图 9-2）。

资料来源：《中国小龙虾产业发展报告系列》，红餐产业研究院整理。

图 9-2   2019 — 2023 年小龙虾养殖概况

近年来，虽然小龙虾的市场规模和产量都有所增加，但是餐饮行业的小龙虾入局者近年却有所减少。企查查数据显示，小龙虾相关企业的注册量从 2019 年起便开始逐年下降，2023 年小龙虾相关企业的注册量仅为 1,663 家。而小龙虾相关企业的注销、吊销量仍保持在每年 1,400 家上下浮动，2023 年达到 1,690 家，超过了当年的注册量（见图 9-3）。

注：统计的为餐饮业中企业名称、品牌产品、经营范围内含"小龙虾"的企业数量。
资料来源：企查查，红餐产业研究院整理，数据统计时间截至 2024 年 5 月 31 日。

图 9-3   2019 — 2024 年全国小龙虾相关企业注册量，注销、吊销量和存量情况

2. 品牌追寻多元化，区域实力品牌冒头

从餐饮行业的小龙虾品类的竞争格局来看，小龙虾品牌竞争格局发生了一定变化，部分品牌势能下降。但肥肥虾庄、松哥油焖大虾等品牌通过增加特色菜品、与文旅结合等手段，探索多元化发展，持续在市场扩散影响力。

从全国小龙虾市场、品牌的发展情况来看，有知名度的小龙虾专营品牌大多仍是创立多年的品牌，几乎没有 2018 年后成立的品牌，且呈现出较明显的区域发展趋势，多个区域均有着一些实力品牌（见表 9-1）。

表 9-1　2024 年全国部分小龙虾品牌发展概况

品牌名称	门店数（家）	创立时间（年）	人均消费（元）	门店主要分布区域
海盗虾饭	160+	2015	37	北京、上海
肥肥虾庄	40+	2008	133	湖北
松哥油焖大虾	40+	2015	111	广东
靓靓蒸虾	30+	2008	128	湖北
红盔甲	20+	2015	206	上海、江苏
龙巢盱眙龙虾	20+	2007	128	广东
沪小胖·上海小龙虾	10+	2003	197	上海、江苏
巴厘龙虾	10+	2007	120	湖北
靓虾二哥	10+	2017	125	湖南
一棠龙虾·王牌虾球	10+	2013	125	湖北
聚味瞿记·龙虾堂	10+	2013	152	湖南
霸王虾	10+	2013	123	四川
老甘家小龙虾	约 9	2015	110	重庆、浙江
胡大饭馆	约 4	1999	150	北京
天宝兄弟·湘菜龙虾馆	约 4	2016	176	湖南、广东
文和友龙虾馆	约 3	2012	83	湖南、广东

资料来源：红餐大数据，数据统计时间截至 2024 年 6 月 30 日。

红餐网 | 红餐大数据

比如，胡大饭馆仍主营北京市场，成都有霸王虾、豪虾传等品牌，肥肥虾庄、靓靓蒸虾等品牌以湖北市场为主，松哥油焖大虾的影响力仍主要在广东扩散，湖南有文和友龙虾馆、聚味瞿记·龙虾堂、天宝兄弟·湘菜龙虾馆等品牌，上海则有红盔甲、沪小胖·上海小龙虾等。其中一些品牌也开始走出当地市场，拓展到其他城市，如红盔甲、天宝兄弟·湘菜龙虾馆、沪小胖·上海小龙虾等。

从分布区域上看，华中地区仍拥有最多的门店，占到全国总门店数的 38.0%，其次是西南地区和华东地区，占比分别为 16.3% 和 16.2%（见图9-4）。

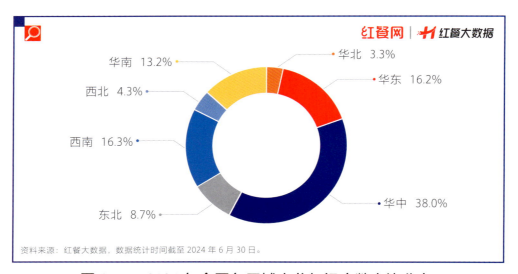

资料来源：红餐大数据，数据统计时间截至 2024 年 6 月 30 日。

图 9-4　2024 年全国各区域小龙虾门店数占比分布

总体来看，在专营小龙虾的品牌入局者较少的背景下，赛道新兴的实力品牌也较少，短期内小龙虾品牌格局已成，但部分区域品牌在区域内仍有一定的发展潜力和机会。

3. 小龙虾食材应用场景进一步丰富，走向更大市场

与小龙虾品牌发展势能走低相对的，是小龙虾食材应用场景的进一步丰富。

从宵夜走红至今，小龙虾已经从一种热门品类，逐渐演变为一种受消费者青睐的重要餐饮食材，出现在更多的餐饮品类中，各种中餐馆、快餐店、火锅店、

烧烤店等纷纷将小龙虾加入菜单。例如，肯德基、必胜客等知名餐饮品牌推出了小龙虾汉堡、小龙虾披萨、虾尾捞面等诸多小龙虾的创新产品。此外，三全食品、白象食品等食品企业也推出了相关的小龙虾产品（见表9-2）。

表 9-2　　2024 年全国部分企业推出的小龙虾相关产品情况

品牌企业名称	代表产品
肯德基	小龙虾汉堡
必胜客	小龙虾比萨
三全食品、百饺园	小龙虾饺子
白象食品、克朋集团	麻辣小龙虾拌面
绝味鸭脖、周黑鸭	小龙虾尾
海底捞	小龙虾尾

资料来源：公开信息，红餐产业研究院整理。

红餐网｜红餐大数据

在这样的趋势下，小龙虾也逐渐成为餐饮行业的一种重要食材，以及一道爆款、引流的菜品。特别是为突破小龙虾的季节限制，无论餐企还是后端生产商，都不断在速冻、预制等技术方面创新，推动了小龙虾预制菜、零售产品的发展，促使小龙虾成为近些年各大电商平台销售的大热单品，进一步推动了小龙虾的普及。

二、小龙虾产品多元化，零售促增长，消费场景正"一分为二"

小龙虾品类在崛起之时，品牌倾向于主打单一的小龙虾产品。近年来，为了探索更多的可能性以及寻求进一步的增长，小龙虾的就餐场景逐渐分化为餐饮和零售两大板块。

1. 餐饮：多元化发展，主打强社交属性场景

在餐饮板块，以主营小龙虾及带小龙虾产品的餐饮门店为主。

首先是小龙虾的专营餐饮品牌，通过不断创新小龙虾相关菜品，或是推出

更多元化的经营模式，打破小龙虾生长的周期性限制，保持消费者热情，稳固市场地位，寻得发展空间。

比如肥肥虾庄，在经典产品油焖大虾的基础上，根据当前 18 ～ 35 岁餐饮消费主力人群的喜好、口味差异搭配，创新研发出蒸虾、蒜蓉小龙虾，形成三大主打产品，还搭配了美蛙肥肠锅等菜品，以及热干面、香煎武昌鱼等武汉特色菜品。

肥肥虾庄还抓住年轻人越来越热爱传统文化的特点，放大城市 IP 文化，在大本营武汉与黄鹤楼携手，打造了武汉的打卡"新地标"——肥肥虾庄黄鹤楼联名店。其在原有的百年老洋房基础上，在门店融入了湖北厚重的传统文化，打造一种宜古宜今、轻松自在的门店风格。2024 年，肥肥虾庄还推出了轮渡店，将湖北特色美食小龙虾和武汉文旅相结合，进一步提升了品牌影响力。这些举措让肥肥虾庄成为小龙虾赛道中少

有的门店数量处于增长态势的品牌，截至 2024 年 6 月，其全国门店数近 50 家。

胡大饭馆则从 2021 年 5 月起，全面收回全国各地加盟店，在谨慎拓店、向川菜转型的经营模式支撑下，截至 2024 年 6 月，其全国总门店数约有 4 家。

也有品牌通过加入烧烤等更多宵夜产品，从单一品类的品牌转型为夜宵品牌，或是从干锅等方向入手，转型为火锅 + 宵夜品牌。其中，烧烤也是小龙虾向外延伸最多的品类之一，不少龙虾品牌、门店都在门头上加上了烧烤等字眼，有些甚至在品牌名上也加了烧烤字样。

比如，松哥油焖大虾此前就结合小龙虾的高单价与烧烤小吃的低单价，以组合式的产品结构来平衡门店的总体营收，其还在菜单中加入了榴梿鸡煲、羊肉煲、肥肠煲等火锅、海鲜类产品。靓靓蒸虾、胡大饭馆、霸王虾等品牌，也以小龙虾为主打，同时搭配烧烤、江湖菜、火锅等产品（见表 9-3）。

表 9-3　　2024 年全国部分小龙虾品牌的产品拓展情况

品牌名称	拓展的部分产品
松哥油焖大虾	烧烤、榴梿鸡煲、羊肉煲、海鲜等
胡大饭馆	簋街馋嘴牛蛙、香辣美容蹄、山城毛血旺、老北京疙瘩汤等
肥肥虾庄	雷州滋补羊肉煲、苏州香辣蟹、热干面、香酥武昌鱼、麻辣牛蛙锅等
靓靓蒸虾	烧烤、油焖蟹、蟹面等
红盔甲	招牌椒盐牛蛙、烧烤、臭豆腐等
霸王虾	江湖辣子鸡、盐帮牛肉丝、自贡特色鱼蛋、手搓椒拌腱子肉、老成都豆腐花肥肠等

资料来源：公开信息，红餐产业研究院整理。

红餐网｜红餐大数据

虽然小龙虾品牌都在积极创新探索，但是规模缩水是整个小龙虾餐饮赛道近年面临的问题。一些曾经发展势头较猛的品牌，都出现了不同程度的门店萎缩、品牌势能下降的情况，这也使得专营小龙虾的品牌扩张策略变得更为保守。

除了门店堂食，小龙虾外卖也是各大小龙虾品牌的重要收入来源。例如，松哥油焖大虾早在 2021 年底，就开设了将小龙虾、热卤、炸串、茶饮集合起来的"外带＋外卖"的街铺小店，采用"线下外带＋线上外卖"的模式，主打给社区消费者加菜及夜宵场景；靓靓蒸虾也推出了外卖业务。美团数据显示，美团外卖平台上在售的小龙虾菜品已超 9.9 万种。

2. 零售：预制、半成品产品打开应用新场景，为品类发展提供新动力

随着预制菜的普及，以及消费者消费场景、观念的变化，适合在家中聚餐、小酌，或是露营等场景的小龙虾，受到了终端消费市场的青睐。目前看来，小龙虾的零售产品主要为预制菜、半成品等，集中在电商渠道，或商超等零售渠道，商品属性更强。

特别是在直播带货的风潮之下，小龙虾品类一度成为各大电商平台的销量榜首，在夏季等宵夜热销的时节，一众有实力的小龙虾餐饮品牌，也纷纷打造自己的小龙虾零售产品，从线下向线上

拓展，以摆脱食材的季节掣肘，给小龙虾品类带来活力。

比如肥肥虾庄，于 2018 年开启了线上零售业务，与盒马鲜生、朴朴超市、美团等一众平台取得合作，并于 2023 年 3 月成立了专门的电商公司，入驻天猫、抖音、京东、拼多多等平台，推出一系列零售端热销产品。

与此同时，各大生鲜电商、预制菜企业等，也在 C 端市场推出相关的小龙虾产品，小龙虾成为预制菜领域的必争之地（见表 9-4）。

🔍 **表 9-4　　2024 年全国部分推出了零售小龙虾产品的企业／品牌**

企业／品牌名称	小龙虾产品
信良记	♨ 麻辣蒜香小龙虾、麻辣蒜香小龙虾尾等
盒马鲜生	♨ 十三香口味小龙虾、蒜香口味小龙虾等
国联小霸龙	♨ 麻辣小龙虾等
东方甄选	♨ 单冻虾尾、麻辣小龙虾、蒜蓉小龙虾等
加油虾	♨ 麻辣口味小龙虾、蒜香口味小龙虾等
安井洪湖诱惑	♨ 十三香小龙虾、蒜蓉小龙虾等
肥肥虾庄	♨ 油焖麻辣小龙虾、油焖蒜蓉小龙虾等
文和友龙虾馆	♨ 麻辣小龙虾尾、蒜蓉小龙虾尾、剁椒小龙虾尾等

资料来源：公开信息，红餐产业研究院整理。　　　红餐网｜红餐大数据

这些零售端产品除了熟食、即开即食的成品预制菜，还包括半成品、净菜、即热产品预制菜。这些零售产品主要通过电商、直播平台等，供给一人食、家庭、聚餐、户外等场景。据红餐产业研究院了解，目前一盒 700 克左右的预制小龙虾，售价在 20～50 元。比起堂食和外卖动辄上百元的人均消费，小龙虾预制菜在价格上更有优势。而这些零售小龙虾的热销，也为小龙虾品类注入了新的活力。

总体来看，小龙虾品类已经成功分化出餐饮和零售两大板块。餐饮仍是消费者在社交场景下的热门选项。同时，作为一种受到消费者青睐的食材和餐厅的一道爆款引流菜品，小龙虾走向了更多的餐饮品类，在整个餐饮市场上不断扩大着自己的影响力和号召力。零售板块则为其带来了更多元的消费场景，让小龙虾在消费终端迎来更大的发展空间，推动整个品类走向更大的市场。不难预见，未来，在强大的消费者基础和上述两大板块的共同作用下，整个小龙虾品类的发展仍会处在上行通道之中。

第二节　酸菜鱼：
放加盟、拓海外、做团餐，品牌多维度创新焕发新活力

酸菜鱼起源于重庆江津小馆，随着川菜全国化发展而逐渐被广大消费者所认识和喜爱。经过多年的发展，酸菜鱼从一道地方特色菜逐渐演变为一个全国性的餐饮品类。近年来，酸菜鱼品类出现了许多新动向，如回归"活鱼现烹"、积极开拓渠道、谋求"出海"等，整个赛道焕发出了新的活力。

一、2023年市场规模达750亿元，酸菜鱼轻正餐模式崭露头角

回顾酸菜鱼品类的发展历程，酸菜鱼品类经历了多次迭代升级，2017—2019年是酸菜鱼品类的高速发展期，大量餐饮创业者涌入酸菜鱼赛道，全国酸菜鱼门店数量快速增长。然而，随着近年消费者对酸菜鱼的消费热情回归理性，酸菜鱼品类进入了常态化发展阶段。据红餐大数据，2023年酸菜鱼品类的市场规模超过750亿元，预计未来的市场规模仍将稳步上升。

与此同时，酸菜鱼赛道的入局者数量也有小幅增加。据企查查数据，2023年全国酸菜鱼相关企业存量达到了1.7万家，同比增长5.5%。门店数方面，据红餐大数据，截至2024年6月，全国酸菜鱼门店数超过5.5万家。

尽管酸菜鱼赛道门店数众多，但是其整体连锁化程度仍有较大的提升空间。据红餐大数据，截至2024年6月，超过六成酸菜鱼品牌的门店数在20家以内，而门店数在200家以上的酸菜鱼品牌仅占5.2%（见图9-5）。

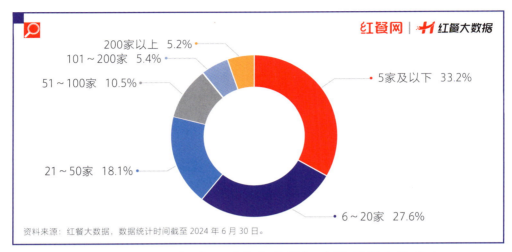

图 9-5 2024 年全国酸菜鱼品牌门店数区间占比分布

总体来看，目前在酸菜鱼赛道中，仅有鱼你在一起的门店数突破了千家。此外，太二酸菜鱼、江渔儿酸菜鱼、小鱼号酸菜鱼等品牌的门店数亦较多（见表 9-5）。近些年，这些酸菜鱼品牌一直在加速拓店。比如，鱼你在一起、太二酸菜鱼、江渔儿酸菜鱼、小鱼号酸菜鱼等品牌在 2023 年至 2024 年前 6 个月中，新开门店数分别有 1,100 余家、150 余家、140 余家和 220 余家。

表 9-5 2024 年全国部分酸菜鱼品牌发展概况

属性	品牌名称	门店数（家）	人均消费（元）	门店主要分布区域
快餐	鱼你在一起	2,300+	37	江苏、浙江、陕西等
	小鱼号酸菜鱼	430+	23	福建、浙江等
	爱鱼者酸菜鱼饭	230+	22	广东、福建等
	鱼拿酸菜鱼	220+	21	广东、湖北等
	渝是乎	50+	45	北京、陕西、天津
正餐	太二酸菜鱼	580+	79	广东、上海、浙江等
	江渔儿酸菜鱼	360+	72	广东、福建、广西等
	九锅一堂酸菜鱼	80+	65	重庆、四川、湖北等
	百岁我家酸菜鱼	70+	89	浙江、上海等
	有家酸菜鱼	60+	83	江苏、浙江、上海
	溪雨观酸菜鱼	60+	82	上海、浙江等
	严厨老坛酸菜鱼	40+	74	江苏、甘肃、湖南等
	山城外老坛酸菜鱼	30+	65	四川、陕西、重庆
	姚姚酸菜鱼	20+	97	广东、福建、北京等
	渔语鱼酸菜鱼新川菜	20+	88	广东
	禄鼎记·多口味酸菜鱼	10+	85	广东、湖南

资料来源：红餐大数据，数据统计时间截至 2024 年 6 月 30 日。

经过多年的发展，目前酸菜鱼品类已基本完成正餐化和快餐化的品类细分，并分别催生出了一批实力品牌。在不同的细分市场中，酸菜鱼品牌的经营模式、产品特点、发展特点不尽相同（见表9-6）。

具体来看，酸菜鱼正餐品牌聚焦社

交聚餐场景，菜品分量相对较大，门店也多集中于消费水平相对较高的一线、二线城市。而酸菜鱼快餐品牌则注重标准化和用餐的便捷性，菜品分量相对较小，适合"一人食""通勤餐"等消费场景，门店广泛分布于各线级城市。

表 9-6　酸菜鱼品类正餐品牌和快餐品牌对比分析

	酸菜鱼正餐	酸菜鱼快餐
人均消费	酸菜鱼正餐品牌人均消费相对较高，集中在 60～80 元	酸菜鱼快餐品牌的人均消费基本在 40 元以下，多数品牌以加盟模式为主
产品特点	以酸菜鱼为主打产品，分量相对较大，适合家庭、朋友等多人聚餐的社交场景	酸菜鱼菜品分量相对小，适合"一人食""通勤餐"等消费场景
发展特点	模式相对较重，门店分布于一线、新一线、二线等消费水平相对较高的城市	标准化程度相对较高，门店易于复制。同时，门店广泛分布于各级城市

资料来源：公开信息，红餐产业研究院整理。

红餐网｜红餐大数据

值得注意的是，近年来，介于酸菜鱼品类正餐模式和快餐模式之间的轻正餐模式开始崭露头角。从人均消费价位来看，2021 — 2024 年上半年，全国酸菜鱼门店的人均消费集中在 30～90

元，其中人均消费在 30～60 元的酸菜鱼门店占比持续攀升（见图9-6）。在30～60 元内，渝是乎、鱼你在一起等品牌近年进行了轻正餐模式的尝试，均获得了稳步的发展。

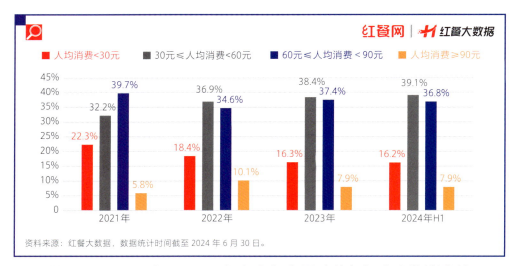

图 9-6　2021 年至 2024 年上半年全国酸菜鱼门店人均消费价位占比分布

二、放加盟、拓海外、做团餐，酸菜鱼品牌花式创新谋发展

尽管酸菜鱼品类已经步入了常态化发展阶段，但酸菜鱼品牌近年通过产品创新、渠道拓展、经营模式调整以及对零售模式的尝试，让酸菜鱼品类的发展依然保持着活力。

在产品创新方面，随着消费者对新鲜食材的需求日益增长，近年来部分酸菜鱼品牌重新回归到"活鱼现烹"的传统。比如，有家酸菜鱼、望蓉城、溪雨观酸菜鱼、百岁我家酸菜鱼等品牌通过使用活鱼现杀的方式制作酸菜鱼，希望借此提升产品的品质和口感。这些酸菜鱼品牌对新鲜食材的坚持，不仅提升了消费者的用餐体验，也塑造了品牌的差异化竞争优势。

在渠道拓展方面，随着国内酸菜鱼品类的发展逐渐成熟，竞争日渐激烈，酸菜鱼品牌需要寻找新的市场和增长机会。而海外餐饮市场的酸菜鱼品类发展则相对空白。近年来，陆续有酸菜鱼品牌将目光投放到海外市场，相继在海外设立门店。

据了解，近年诸多酸菜鱼品牌正在加速海外扩张。江渔儿酸菜鱼、小鱼号酸菜鱼相继在 2023 年开始布局海外市场。而太二酸菜鱼在 2023 年共计在海外开出 4 家新门店（见表 9-7）。2024 年 2 月，太二酸菜鱼宣布开放加盟业务，并率先开放了在澳大利亚、新西兰的加盟业务。

表 9-7　2024 年全国部分酸菜鱼品牌海外门店分布情况（不完全统计）

品牌名称	海外门店主要分布地
太二酸菜鱼	新加坡、加拿大、美国、马来西亚
鱼你在一起	美国、迪拜、吉隆坡、马来西亚
姚姚酸菜鱼	美国、新加坡、印度尼西亚
江渔儿酸菜鱼	加拿大
小鱼号酸菜鱼	柬埔寨

资料来源：公开信息，红餐产业研究院整理。

红餐网｜红餐大数据

除了开拓海外市场，团餐赛道同样成为酸菜鱼品牌寻找新增量的方向之一。比如，鱼你在一起近年通过采取"线下＋线上"双渠道运营模式，重点开拓一线至三线城市的团餐业务。据了解，目前团餐业务已成为鱼你在一起营收的重要来源之一。

在零售模式方面，随着酸菜鱼供应链逐步成熟，预制酸菜鱼在零售行业中兴起，中上游企业积极布局零售业务，如安井集团旗下的冻品先生、预制菜品牌叮叮懒人菜、正大食品等纷纷推出酸菜鱼预制菜产品。

据了解，以酸菜鱼预制菜为主打产品的叮叮懒人菜成为 2023 年抖音"双十一"预制菜销量榜第一名，而正大食品京东渠道的酸菜鱼预制菜产品受到广大消费者欢迎。在餐饮品牌方面，太二酸菜鱼也在积极布局零售业务，推出了多款酸菜系列零售产品。

虽然酸菜鱼品类近年发展得较为稳健，但从业者也必须正视其所面临的问题，如消费者新鲜感的减退、产品的同质化以及来自其他赛道参与者的竞争等。在此背景之下，酸菜鱼品牌则需要不断地进行创新，提升产品的品质，以应对日益激烈的市场竞争。

第三节　烤鱼：
千亿赛道活力满满，烤鱼品类进入深耕期

近年来，虽然烤鱼品类已步入常态化发展阶段，但是整个赛道依然充满活力。众多烤鱼品牌持续在口味细分、品类融合、品质提升和场景多样化等方面进行探索和创新，推动了整个品类的持续发展。

一、市场规模突破 1,200 亿元，"一超多强"的竞争格局成型

近年来，烤鱼成了不少消费者外出就餐的高频选择。经过多年的发展，烤鱼品类的市场教育相对成熟，并且其已经在餐饮行业中占据了一定的市场份额。

回顾烤鱼品类近年来的发展状况，其整体表现出了稳健的发展势头。据红餐大数据，2023 年烤鱼品类的市场规模较 2022 年增长 22.1%，达到 1,250 亿元，预期未来将实现稳步增长（见图9-7）。

图 9-7　2018 — 2024 年全国烤鱼品类市场规模概况

与此同时，烤鱼品类的门店数和相关企业数亦呈现出了增长的态势。据红餐大数据，截至 2024 年 6 月，全国烤鱼门店总数超 8 万家，同比增长 6.1%。而全国烤鱼相关企业存量超过 4.8 万家。

尽管烤鱼品类整体增长态势较为明显，但品牌化程度较低，小型连锁品牌仍是烤鱼赛道的主要玩家。据红餐大数据，截至 2024 年 6 月，37.6% 的烤鱼品牌的门店规模在 6 ～ 30 家，31.2% 的烤鱼品牌的门店规模在 5 家及以下。

而门店数在 100 家以上的烤鱼品牌占比仅有 10.1%（见图 9-8）。可见，烤鱼品牌的规模化程度尚有待提升。红餐大数据显示，截至 2024 年 6 月，仅有半天妖烤鱼的门店数突破了千家。2023 年全年，半天妖烤鱼全国新开门店数超过 270 家，2024 年前 6 个月新开门店数为 10 余家。

而探鱼·鲜青椒爽麻烤鱼近年来积极建设后端供应链体系。据了解，探鱼位于广州南沙区的供应链基地总建筑面积达到 5.2 万平方米，产能能够满足近

2,000 家门店的供应需求。同时，该供应链体系使得其在墨尔本、新加坡、马来西亚等的门店实现了 95% 以上的统配率。在强大的后端供应链体系的支持下，探鱼·鲜青椒爽麻烤鱼近年门店数稳步增长。截至 2024 年 6 月，探鱼·鲜青椒爽麻烤鱼的全国总门店数超过 330 家（见表 9-8）。而在 2023 年品牌创立十周年发布会上，探鱼·鲜青椒爽麻烤鱼宣布未来将迈开全球扩张的步伐。目前，探鱼·鲜青椒爽麻烤鱼已在海外拥有多家门店。

资料来源：红餐大数据，数据统计时间截至 2024 年 6 月 30 日。

图 9-8　2024 年全国烤鱼品牌门店数区间占比分布

表 9-8　　2024 年全国部分烤鱼品牌发展概况

品牌名称	门店数（家）	人均消费（元）	门店主要分布区域
半天妖烤鱼	1,300+	50	山东、河北、山西等
愿者上钩	400+	66	广东、广西、海南等
探鱼·鲜青椒爽麻烤鱼	330+	87	广东、北京、江苏等
花榕稻青花椒烤鱼	270+	51	山东、河北、山西等
鱼酷活鱼烤鱼	240+	92	天津、山东、上海等
花千代秘制烤鱼	180+	74	河南、江西、新疆等
师烤·豆花烤鱼	160+	69	广东、广西、福建等
江边城外烤全鱼	120+	105	北京、上海、江苏等
炉鱼	90+	81	浙江、江苏等
烤匠麻辣烤鱼	70+	88	四川、重庆、浙江等
伟大航路烤鱼	70+	73	吉林、黑龙江、辽宁
匠子烤鱼	60+	71	海南、广东、湖北等
令狐冲烤鱼	40+	66	福建、山东等
辣尚瘾	40+	77	北京、江苏、广西等
探炉·香辣豆花烤鱼	40+	77	广东、海南、四川等
南锣肥猫麻辣烤鱼	20+	90	北京

资料来源：红餐大数据，数据统计时间截至 2024 年 6 月 30 日。

红餐网｜红餐大数据

整体来看，烤鱼品类已基本形成了"一超多强"的市场竞争格局。其中，半天妖烤鱼作为门店数领先的品牌在烤鱼品类中独占鳌头，而探鱼·鲜青椒爽麻烤鱼、师烤·豆花烤鱼、鱼酷活鱼烤鱼等品牌亦展现出了强劲的竞争实力，它们共同构成了烤鱼品类多元的竞争格局。

二、烤鱼品牌深耕赛道，从多方面创新突围而出

尽管烤鱼品类已步入相对稳定的发展阶段，但其依然展现出了持续的创新活力。在 2023 年，众多品牌在各个维度进行创新尝试，为烤鱼赛道注入了新的活力。

为了满足消费者对烤鱼多元化的消费需求，近年来烤鱼品牌纷纷在产品方面寻求差异化，尤其是对鱼的品质和品种进行了诸多探索。

一方面，烤鱼赛道掀起了回归"活鱼现烤"的风潮，通过采用新鲜食材来提升产品竞争力和消费者用餐体验。另一方面，诸多品牌在鱼的品种上进行了创新和突破，如炉鱼部分门店的烤鱼产品除了可以选择常见的鮰鱼以外，还有鸦片鱼、笋壳鱼可以选择；连云港烤鱼品牌稻田熊深海烤鱼在食材上打出差异化，选用鳕鱼和鲽鱼，进一步丰富了烤鱼种类的多样性。

此外，聚焦"豆花烤鱼"的师烤·豆花烤鱼则通过差异化的产品定位避开了品类同质化竞争。在豆花上，师烤·豆花烤鱼选用东北佳木斯黑豆，并遵循传统石磨工艺每日后厨现磨现卖，给消费者留下较强的记忆点。与此同时，师烤·豆花烤鱼还推出了"三元自助＋五大免费"的产品策略，此举措不仅契合了当下消费者对于性价比的追求，还提升了品牌竞争力。据红餐大数据，2023年全年及2024年上半年，师烤·豆花烤鱼新开门店数分别为120家和20余

家。截至2024年6月，师烤·豆花烤鱼全国门店数超过160家。

在场景方面，餐饮外卖场景越来越普遍，其在大众餐饮消费中的重要性也越发凸显。探鱼·鲜青椒爽麻烤鱼、鱼酷活鱼烤鱼、赖美丽酸汤烤鱼等品牌相继布局外卖渠道。这些品牌为消费者提供便捷齐全的配件，如烤鱼架、酒精炉、锡箔盘、餐具、桌布等，可以较大程度地还原烤鱼堂食的体验。

此外，烤鱼的宵夜消费场景在近年来亦得到了较好的挖掘。随着"夜经济"的崛起，鱼当道、鱼神脆皮烤鱼、鱼酷活鱼烤鱼、炉鱼等烤鱼品牌纷纷延长营业时间，进军宵夜市场（见表9-9）。探鱼·鲜青椒爽麻烤鱼也开出了针对宵夜场景的POP店，在门店视觉设计、营业时段以及餐桌安排上做出了相应的调整，以契合年轻人夜生活的消费需求。这些举措不仅满足了消费者对于宵夜的需求，也为品牌带来了新的增长点。

表 9-9　2024 年全国部分烤鱼品牌夜间营业情况

品牌名称	夜间营业情况
鱼当道	🕐 营业至凌晨
鱼神脆皮烤鱼	🕐 营业至凌晨
鱼酷活鱼烤鱼	🕐 部分门店营业至 24：00
炉鱼	🕐 部分门店营业至凌晨

资料来源：公开信息，红餐产业研究院整理。

除此以外，亲子用餐场景也是近年烤鱼品牌的发力点，如探鱼·鲜青椒爽麻烤鱼、半天妖烤鱼、师烤·豆花烤鱼等品牌相继推出儿童餐，以满足家庭聚餐的需求。比如，师烤·豆花烤鱼根据儿童就餐人数赠送儿童餐，进一步提升了亲子家庭的就餐体验。

在供应链方面，烤鱼品类目前的供应链体系已经发展得相对完善。总体来看，烤鱼品类的供应链体系主要包含原材料供应、加工流通以及消费三大环节（见图 9-9）。

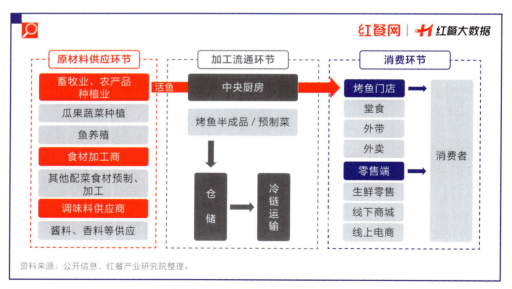

图 9-9　烤鱼品类供应链图谱

烤鱼餐饮消费需求的稳步上升，推动了烤鱼供应链中上游的加速发展。目前，中上游的原材料供应环节和加工流通环节同样出现了实力较强的企业，如恒兴水产、国联水产和蜀海供应链等。

同时，烤鱼品类中也涌现出了一批实力较为雄厚的复合调味料供应商，如圣恩股份目前与多个烤鱼品牌建立了稳定合作关系，而新雅轩、聚慧餐调则推出了一系列包含多种口味的烤鱼酱，为餐饮品牌提供了多元化的选择。此外，美极近年相继推出的藤椒酱、鲜辣汁等复合调味料也受到烤鱼品牌关注。

此外，近年来，部分烤鱼品牌为了进一步夯实市场地位、稳定产品以及降低成本，纷纷着手自建供应链。比如，师烤·豆花烤鱼、探鱼·鲜青椒爽麻烤鱼、赖美丽酸汤烤鱼均建设了自有的鱼养殖基地，而半天妖烤鱼则建立了五常大米种植基地和酱料加工厂（见表9-10）。自建供应链一方面能够帮助品牌实现增效降本，另一方面可以从源头上对食材的品质进行把控，提升整体菜品质量和供应的稳定性。

表 9-10　2024 年全国部分烤鱼品牌供应链建设情况

品牌名称	种植、养殖	工厂/中央厨房	仓储	物流配送
探鱼·鲜青椒爽麻烤鱼	有潮汐活水养殖基地	有食品加工工厂	全国五大分仓	有专业的物流团队
半天妖烤鱼	有五常大米基地，并与恒兴水产等水产养殖企业稳定合作	有酱料加工厂	—	—
师烤·豆花烤鱼	国内有2个养鱼基地（水库活水养殖），并与国外1个养鱼基地深度合作	—	—	有辐射全国的专业的冷链物流配送团队
鱼酷活鱼烤鱼	与多个养鱼基地合作	—	—	有专用活鱼运输车
江边城外烤全鱼	与光明渔业合作	—	—	—
龙门烤鱼	与大型进口水产供应商合作	有大型中央工厂	—	有专业的冷链物流团队
赖美丽酸汤烤鱼	与太二共享佛山三水银坑村的自养鱼塘	与太二共享中央厨房	—	—

资料来源：公开信息，红餐产业研究院整理。

红餐网｜红餐大数据

总体来看，虽然近年来烤鱼品类在稳步发展中展现出了生机与活力，但是其仍面临消费热情回归理性、产品同质化等挑战。烤鱼品牌或可通过对品牌文化进行升级、对年轻消费者进行深入了解和对零售化进行拓展等途径来实现可持续性的发展。

第四节 牛蛙：
赛道持续扩容，品牌多维度创新谋发展

近年来，全国牛蛙门店数和相关企业存量数均保持快速增长态势，吸引了火锅、烧烤、烤鱼、卤味等赛道的诸多品牌跨界入局，赛道持续扩容。与此同时，牛蛙品牌在产品创新、经营模式、供应链建设等层面展开角逐，力争在激烈的市场竞争中突围而出。

一、牛蛙赛道持续扩容，2024 年市场规模有望达到 694 亿元

牛蛙原产于北美洲地区，在 20 世纪 80 年代被引入我国进行繁育推广养殖。之后随着川菜、湘菜、粤菜等类型的餐馆对牛蛙菜品的挖掘，牛蛙逐渐为消费者所了解。经过多年的发展，如今牛蛙已经从一道菜发展成为一个热门赛道。

据红餐大数据，2023 年全国牛蛙市场规模达到 650 亿元。截至 2024 年 6 月，全国牛蛙相关的餐饮门店数量超 5 万家，同比增长 15%。2023 年全国牛蛙相关餐饮企业的存量也同比增长了 30%，超过 2,070 家。预计 2024 年牛蛙赛道将进一步发展，全国市场规模有望达到 694 亿元。

近年来，牛蛙赛道得以快速发展，除了牛蛙的口感、味型较受消费者喜爱之外，也离不开我国对牛蛙产业的政策扶持。如 2020 年 3 月，农业农村部明确了牛蛙水产新品种身份。2023 年 4 月，农业农村部又颁布了《牛蛙生产全程质量控制技术规范》等，这一系列政策举措，积极推动了牛蛙赛道的发展（见表 9-11）。

表 9-11　2020 — 2024 年牛蛙产业相关政策文件

发布时间	政策文件	主要内容
2020 年 3 月	农业农村部印发《关于贯彻落实全国人大常委会革除滥食野生动物决定的通知》	明确了牛蛙水产新品种身份，按照水生物种管理
2023 年 4 月	农业农村部颁布《牛蛙生产全程质量控制技术规范》	规范了养殖场地环境、饲料投喂、尾水处理、用药管理、捕捞检测等方面的技术指标和操作规范
2023 年 8 月	农业农村部印发《关于推进牛蛙养殖产业持续健康发展的通知》	要求各地要因地制宜、积极发展"牛蛙经济"
2023 年 11 月	儋州市农业农村局关于印发《促进牛蛙产业绿色高质量发展的指导意见》	鼓励企业在儋州市开展多种合作模式，形成品牌化、规模化、标准化、生态化和数字化的牛蛙养殖方式
2024 年 5 月	广西壮族自治区农业农村厅印发《广西水产绿色健康养殖技术推广五大行动实施方案》	提出以 60 个国家级骨干基地为依托，在全区示范推广水产生态健康养殖模式，包括黑鲈、牛蛙等重点水产品

资料来源：公开信息，红餐产业研究院整理。

红餐网 | 红餐大数据

在此背景下，一些牛蛙品牌迅速崛起。据红餐大数据，截至 2024 年 6 月，发源于浙江的蛙喔·炭烧牛蛙门店数已超过了 420 家，是当前牛蛙品类门店数最多的品牌（见表 9-12）。开创牛蛙专门店先河的蛙来哒，近一年新开门店数为 70 余家，全国门店总数超过了 320 家。深耕两广地区的蛙小侠全国门店数也超过了 300 家。

表 9-12　2024 年全国部分牛蛙品牌发展概况

品牌名称	门店数（家）	人均消费（元）	门店主要分布区域
蛙喔·炭烧牛蛙	420+	80	浙江、江苏、上海等
蛙来哒	320+	78	广东、湖南、海南等
蛙小侠	300+	77	广东、广西、海南等
淘蛙	170+	78	广东、广西、江苏等
老佛爷铜炉蛙锅	160+	81	广东、福建、湖北等
臻享無招牌铁锅烤蛙	40+	73	广东、福建
再回首泡椒牛蛙	40+	70	浙江
大头蛙青花椒牛蛙	30+	62	山东、河北、河南等
咏蛙美蛙美味	20+	80	福建、南京
沪小二炭火蛙锅	10+	89	浙江、江苏、山东等

资料来源：红餐大数据，数据统计时间截至 2024 年 6 月 30 日。

在人均消费方面,红餐大数据显示,截至 2024 年 6 月，61.0% 的牛蛙门店人均消费在 60 ~ 90 元（见图 9-10）。由于牛蛙门店大多以正餐为主，人均消费区间较为集中。此外，近两年，以烤牛蛙、辣卤牛蛙为主营产品的小店逐渐兴起，它们的人均消费在 30 元左右。而烤牛蛙、辣卤牛蛙门店的出现，也进一步丰富了牛蛙的消费场景，为牛蛙赛道的进一步细分提供了思路。

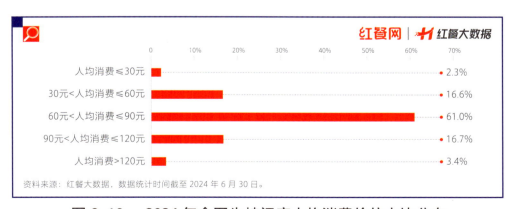

资料来源：红餐大数据，数据统计时间截至 2024 年 6 月 30 日。

图 9-10　2024 年全国牛蛙门店人均消费价位占比分布

在门店选址方面，近两年牛蛙门店有下沉的趋势。据红餐大数据，与2022年相比，2023年和2024年上半年，三线及以下城市的牛蛙门店数占比均有不同程度的上升，其中2023年三线城市牛蛙门店数占比较2022年增长了近2个百分点，2024年上半年四线城市牛蛙门店数占比较2022年增长了约2个百分点（见图9-11）。

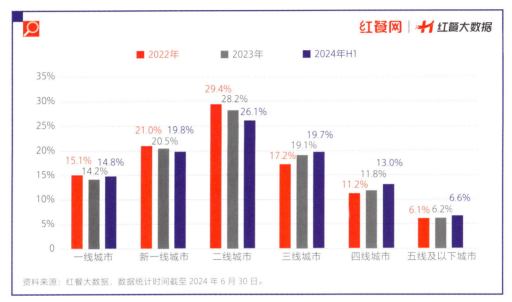

图 9-11　2022 年至 2024 年上半年全国各线级城市牛蛙门店数占比分布

二、赛道竞争火热，品牌多维度创新谋发展

近年来，随着入局者的增多，牛蛙赛道竞争火热。牛蛙品牌在产品创新、门店选址、渠道拓展、品牌传播、供应链建设等方面积极谋变，以实现规模化发展和差异化竞争。此外，上游的调味料企业、水产类企业也纷纷推出了牛蛙相关的产品，部分企业甚至将牛蛙预制菜扩展至C端零售市场，牛蛙产业得到了进一步发展。

在产品创新方面，为了满足消费者的多元化需求，牛蛙品牌不断丰富牛蛙菜品的味型和烹饪方法。比如味型不再局限于香辣、麻辣等口味，老坛酸菜味、可乐鸡翅味、螺蛳粉味、贵州酸汤味等味型也被列入其中；在烹饪方法上，牛蛙品牌还尝试辣卤、炭烤、油炸等多种烹饪方式；在产品形态上，牛蛙品牌还尝试将牛蛙做"小"，将牛蛙做成小吃或简餐，适配外卖或外带场景，丰富消费者的选择（见表9-13）。

表9-13　2024年全国部分牛蛙品牌代表产品

品牌名称	代表产品
蛙来哒	油泼辣子紫苏牛蛙、老坛酸菜蛙、辣卤牛蛙、炭烤牛蛙等
蛙喔·炭烧牛蛙	黑椒意面蛙、肥仔可乐鸡翅蛙、冒烤鸭牛蛙锅、孜然炭烤蛙等
蛙小侠	柳州螺蛳蛙、补气猪肚蛙、剁椒肥肠蛙、神功烤牛蛙等
淘蛙	藤椒蛙、贵州酸汤风味蛙锅、炭烤牛蛙等
老佛爷铜炉蛙锅	双层香辣虾调戏蛙、双层糯香鸡爪牛蛙锅、脆鳞小酥蛙等
臻享无招牌铁锅烤蛙	芝士泡菜味牛蛙、鲜麻青花椒牛蛙、港式椒盐牛蛙、金沙咸蛋黄牛蛙等

资料来源：公开信息，红餐产业研究院整理。

红餐网｜红餐大数据

除了味型和烹饪方式等的创新，牛蛙品牌还通过打造多元的产品结构吸引消费者。小吃、烧烤、冒菜、特色菜、甜品、现制饮品等产品均被列入了牛蛙品牌的产品线，"牛蛙+"产品矩阵进一步扩大。如蛙来哒推出了大满贯麻辣烫、紫苏炸虾滑、紫苏柠檬茶等；老佛爷铜炉蛙锅推出了青椒糖心皮蛋、广式腊味炒饭等。

此外，部分牛蛙品牌为了塑造差异化，尝试采用"活蛙现烹"的方式来提升产品的口感与品质，提高消费者复购率。但值得注意的是，"活蛙现烹"这种方式较适合规模较小的品牌，对于有一定规模的品牌，门店后厨宰杀效率相对低，运营管理的难度相对高。目前，多数牛蛙品牌采取每日集中宰杀后，再统一配送至各个门店的方式，在保证食品安全的前提下，进一步提升食材的新鲜度。

与此同时，一些牛蛙品牌亦尝试渠道的开拓，积极布局社区店和外卖渠道。如蛙来哒、蛙小侠等品牌均有布局社区店型。与目前主流的商场店相比，社区店体量相对小，租金和人工成本也相对较低，经营模式灵活，营业时间一般可延长至凌晨。在外卖渠道方面，蛙来哒、蛙小侠、淘蛙、老佛爷铜炉蛙锅等品牌均有上线外卖业务，部分品牌门店甚至开通了全城送服务，以拓宽门店营收渠道。

近年来，随着消费者对品牌传播的越发关注，品牌知名度逐渐成为影响牛蛙消费者决策的重要因素之一。红餐产业研究院"2024年餐饮消费大调查"显示，在牛蛙消费者选择餐厅时关注的因素中，品牌知名度排在第三位，占比为35.6%，仅次于口味口感和食材新鲜度（见图9-12）。因此，牛蛙品牌也日益重视品牌传播的价值，通过IP形象打造、发布文创周边、联名造节、线上直播等方式与消费者建立情感互动，提高消费者对品牌的忠诚度。如蛙来哒与粉丝共创"哒哒"形象，推出扑克牌、手机支架等系列周边产品，与爪马戏剧联名举办超级品牌日线下活动等，获得了不少年轻消费者的喜爱。

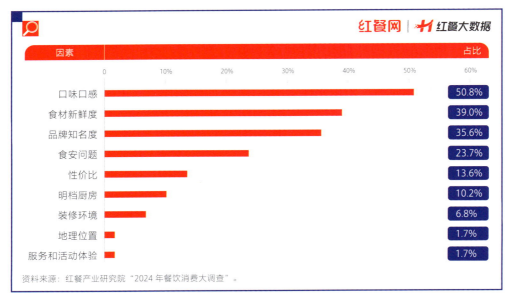

图 9-12　　2024 年牛蛙消费者选择餐厅时关注的因素

供应链建设方面，随着牛蛙品牌对食材健康安全越发重视，部分牛蛙品牌也开始深入上游，自建生态养殖基地。如蛙来哒目前已自建养殖基地超 1,000 亩，主要分布在安徽、湖南、广东等地；蛙小侠一期位于广西的自建养殖基地已完成，二期计划扩大至 1,000 亩。牛蛙品牌自建养殖基地，不仅能从源头控制牛蛙食材的健康安全，还可以通过养殖示范基地培训和订单式合作，进一步推动上游养殖产业的规范化。

此外，部分调味料企业也推出了与牛蛙相关的产品。例如，专注"餐调定制"的新雅轩推出了川式泡椒牛蛙酱、金汤椒麻牛蛙酱等产品，联合利华旗下的家乐品牌推出了馋嘴牛蛙调味料，天味食品旗下的好人家品牌推出了香辣紫苏牛蛙调味料（见表 9-14）。

表 9-14　　2024 年全国部分调味料企业推出的牛蛙相关产品

企业名称	代表产品
新雅轩	川式泡椒牛蛙酱、金汤椒麻牛蛙酱等
联合利华	馋嘴牛蛙调味料
天味食品	香辣紫苏牛蛙调味料
珠海一品	紫苏青苏酱、香辣牛蛙酱、蒜香牛蛙酱等

资料来源：公开信息，红餐产业研究院整理。

与此同时，以美好食品、珍味小梅园、美佳集团为代表的预制菜企业亦在积极地布局牛蛙赛道，如美好食品推出了呱呱安心蛙产品，珍味小梅园主推单品酸汤牛蛙，美佳集团推出了天妇罗牛蛙。一些大型的餐饮上游水产类企业也在入局牛蛙产业，试水牛蛙预制菜，如国联水产推出了泡椒牛蛙、金汤酸辣蛙、脆皮香酥蛙等产品（见表9-15）。

表 9-15　2024 年全国部分布局牛蛙预制菜的企业发展概况

企业类型	企业名称	代表产品
预制菜企业	美好食品	呱呱安心蛙
	珍味小梅园	酸汤牛蛙
	美佳集团	天妇罗牛蛙
食材供应企业	国联水产	泡椒牛蛙、金汤酸辣蛙、脆皮香酥蛙
	佰味蛙	金玉满堂佰味金汤蛙、佰味小酥蛙、佰味免浆牛蛙
	湖北吴王凯越食品	香辣牛蛙、泡椒牛蛙、紫苏牛蛙等
	中洋鱼天下	冷冻四去牛蛙、青花椒牛蛙

资料来源：公开信息，红餐产业研究院整理。

牛蛙产业上游的发展，不仅促进了下游牛蛙品牌供应链的进一步优化，亦进一步将牛蛙产品逐步扩展至 C 端零售市场。据红餐产业研究院观察，淘宝、天猫、京东、小象超市、朴朴超市等平台均有多款牛蛙预制菜产品在售。其中，国联水产的泡椒牛蛙、金汤酸辣蛙等产品的销量均较为可观。

当前牛蛙赛道的热度与活力不减，但入局者也要正视其所面临的挑战。比如，产品的同质化问题开始显现，竞争日趋激烈；供应链建设有待进一步标准化和规范化等。因此，在未来的发展中，牛蛙品牌还需要在产品创新、下沉市场拓展、供应链完善等方面继续努力，以推动牛蛙赛道的稳步扩张。

CHINA
CATERING

第十章　异国餐饮

第一节　西餐：

"牛排＋自助餐"、中式 bistro 等模式走红，下沉市场存机遇

在我国餐饮业竞争日趋激烈的背景之下，开拓与精进成了西餐品牌的发展之道。在勇于创新的西餐从业者带领之下，西餐品类吹响了"冲锋号角"，一批西餐品牌或开创新模式，或探索精致化之路，或深耕下沉市场……带给了整个西餐赛道新的活力。

一、概述：数个百店品牌跑出，西餐品牌规模化程度逐步提高

西餐在我国发展时间较长，在全国范围内拥有一定数量的门店。红餐大数据显示，截至 2024 年 6 月，全国西餐门店总数超 9 万家。近年来，随着消费者对于多元化、个性化餐饮需求的增加，西餐赛道展现出一定的增长势头。红餐大数据显示，2023 年我国西餐市场规模达 758 亿元，相比 2022 年上升了 7.1%，预计 2024 年市场规模有望达 798 亿元（见图 10-1）。

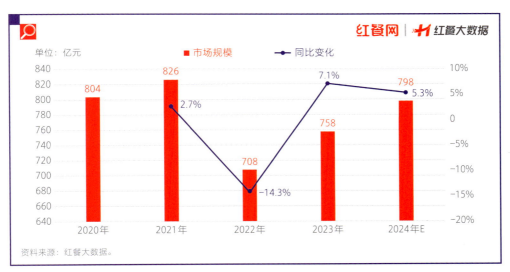

图 10-1　2020 — 2024 年全国西餐市场规模概况

整体而言，西餐多以单体店的形式经营，发展较好的连锁西餐品牌的门店规模多在数十家左右，品牌的规模化程度相对低。红餐大数据显示，截至2024年6月，门店数超过100家的西餐品牌占比仅为2.2%，超过五成的品牌门店数在5家及以下。

发展至今，西餐赛道孕育出了诸多表现较为亮眼的品牌，这些品牌既有来自国内的实力选手，也涵盖了国际的知名品牌，它们在市场中共同成长。红餐大数据显示，截至2024年6月，来自日本的西餐品牌萨莉亚在国内已开出超400家门店，我国的本土西餐品牌豪客来牛排也开出了超360家门店；其他本土品牌如豪德亨牛排自助餐厅、夏日玛莉西餐厅等品牌也已开出超100家门店（见表10-1）。

表 10-1　　2024 年全国部分西餐品牌发展概况

品牌名称	门店数（家）	门店主要分布区域
萨莉亚	480+	广东、上海、中国香港等
豪客来牛排	360+	福建、四川、江苏等
Wagas 沃歌斯	220+	上海、北京、浙江等
吉布鲁牛排海鲜自助	190+	四川、湖南、云南等
豪德亨牛排自助餐厅	170+	江西、浙江、江苏等
豪享来	160+	河南、福建、上海等
夏日玛莉西餐厅	140+	湖南、湖北、江西等
卢家妈妈·西餐厨房	100+	广东
快乐爱斯米牛排自助	90+	江苏、河南、安徽等
bluefrog 蓝蛙	80+	上海、北京、江苏等
西堤牛排	70+	中国台湾、北京、上海等
玛黎娜西餐厨房	70+	山东、河北、河南等
诺丁牛排	60+	江苏、浙江、山东等
王品牛排	50+	中国台湾、江苏、广东等
绿茵阁	50+	湖北、广东、江西等
半秋山西餐厅	50+	湖北、重庆、河南
凡塔斯牛排自助餐	40+	广东、福建、江西
布拉诺西餐	40+	四川、重庆、湖北等
莫尔顿	约 4	江苏、上海、广东

资料来源：红餐大数据，数据统计时间截至2024年6月30日。

红餐网｜红餐大数据

从区域分布上看，据红餐大数据，目前西餐主要集中在华东、华南、华中地区，这三个区域的西餐门店数占比分别为39.6%、19.1%、13.4%（见图10-2）。其中，居于首位的华东地区的西餐门店数约为华南地区的2倍。

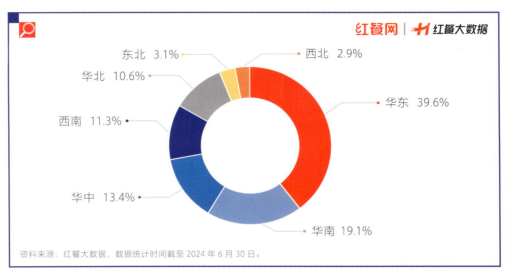

图 10-2　2024 年全国各区域西餐门店数占比分布

从城市分布来看，上海、深圳、广州、北京四个一线城市拥有最多的西餐门店，成都、武汉、厦门、重庆等新一线城市亦拥有较多的西餐门店。各地西餐发展情况与这些城市的经济发展水平、消费观念、国际化程度等因素有关。

二、品牌探索多种经营模式，西餐大排档受关注

近些年，在我国经济加速发展的背景下，西餐赛道发生了不少新变化。比如，一些品牌通过积极探索不同的经营模式，如新式综合西餐、"牛排＋自助餐"、西餐大排档、农场西餐厅等，来满足不同客群的消费需求（见表10-2）。

表 10-2 　 2024 年西餐赛道中较受关注的经营模式概览

经营模式	特点	代表品牌
新式综合西餐	产品较为聚焦，依靠强大的供应链体系，经营效率较高	夏日玛莉西餐厅、卢家妈妈·西餐厨房
牛排＋自助餐	产品种类丰富、价格相对实惠	豪德亨牛排自助餐厅、吉布鲁牛排海鲜自助、凡塔斯牛排自助餐
农场西餐厅	通常采用有机、健康的食材，并注重把自然景观引入餐厅设计中	J FARM 农场西餐、农映 LONFOOD、SUPA FAMA 农场西餐
西餐大排档	以相对实惠的价格，为消费者提供西餐的环境和体验	番洋西餐大排档、SHAWDOW 觅·西餐大排档
小酒馆（bistro）	主打"餐＋酒"，提倡轻松喝酒、聊天、品美食的闲暇体验	Vini Bistro By Dicken、 BISTRO11、壮壮酒馆

资料来源：公开信息，红餐产业研究院整理。

红餐网｜红餐大数据

具体来看，一些大众西餐品牌在菜单结构、供应链体系、管理模式上作出了改变，打造出了新式综合西餐，代表品牌有夏日玛莉西餐厅、卢家妈妈·西餐厨房。菜单结构上，这类品牌改进了传统综合型西餐厅常用的大菜单模式，通常聚焦于牛排或比萨等招牌产品，配以意粉、焗饭、甜品等特色菜品。供应链体系上，这类西餐厅通常拥有中央厨房、冷链物流体系，部分品牌还学习萨莉亚的管理模式，通过制定 SOP（标准操作程序）来提高员工的工作效率，从而提升餐厅整体的经营效率。由于经营效率相对较高，这类品牌的规模化程度亦相应得到了提升。红餐大数据显示，截至 2024 年 6 月，夏日玛莉西餐厅在全国开出了超百家门店，卢家妈妈·西餐厨房亦开出了 100 余家门店。

采用"牛排＋自助餐"模式的西餐品牌则主打"点一份牛排，即可享受多种食物如烧烤、甜品等无限任吃"。事实上，牛排自助餐厅并非近几年出现的

新模式。2010 年之后，我国就出现了豪德亨牛排自助餐厅、吉布鲁牛排海鲜自助、凡塔斯牛排自助餐等牛排自助餐厅。近几年，我国餐饮消费态度渐趋谨慎，拥有"平价优质"特性的牛排自助模式再度流行，上述品牌获得了快速发展的机遇。

农场西餐厅则强调采用有机、健康的食材，并把自然景观引入餐厅。随着我国消费者更加追求健康的生活方式，近年来餐饮市场出现了一批农场西餐厅品牌。例如，广州的 SUPA FAMA 农场西餐主打无公害食材，菜单中有柠檬烤鸡、炸鱼薯条等产品，场景上主打美式农场风。农畎 LONFOOD 则推出了系列文化社群活动，与消费者共同探索自然生活方式。红餐大数据显示，截至 2024

年 6 月，农畎 LONFOOD 在全国已经开出了 10 余家门店。

近年来，由于西餐消费者越来越注重轻松的就餐氛围，西餐大排档应运而生。西餐大排档以轻松、愉悦的体验见长，消费者能够以相对低的价格，享受到舒适的西餐就餐环境。目前，全国多个地区、城市出现了一些西餐大排档品牌，如汕头的番洋西餐大排档、深圳的 SHAWDOW 觅·西餐大排档等。

西餐小酒馆（bistro）模式主打"餐+酒"，聚焦轻用餐、精致小聚的消费场景，餐厅环境以颇具氛围感和细腻情调著称。西餐小酒馆的模式近年来热度逐步上涨，在一线、新一线城市受到了诸多消费者的欢迎，代表品牌有 Vini Bistro By Dicken、BISTRO11 等。

三、下沉市场存机遇，孕育出多个连锁品牌

随着我国餐饮市场加速转型升级，下沉市场的发展潜力逐步释放。近些年，下沉市场亦孕育出了不少西餐连锁品牌。

比如，卢家妈妈·西餐厨房、豪德亨牛排自助餐厅、玛黎娜西餐厨房等连锁西餐品牌均起源于二线及以下城市，并于下沉市场布局了大量的门店。红餐大数据显示，截至 2024 年 6 月，上述

品牌均有超过五成的门店分布在二线及以下城市（见图 10-3）。

这些品牌在下沉市场开疆拓土，有着较为亮眼的市场表现，受众人群不断扩大。比如，起源于山东泰安的玛黎娜西餐厨房在山东地区加密门店布局，其门店集中分布于山东枣庄、滨州等三线及以下城市，品牌知名度逐渐走高。

图 10-3　2024 年全国部分西餐品牌各线级城市门店数占比分布

除了上述连锁品牌之外，下沉市场亦催生出一批风格独特的西餐品牌。这些品牌或定位综合型西餐，或打造出独具氛围感的 bistro、格调独到的西式简餐等，为所在区域的消费者提供了丰富的选择。

比如，熹 bistro·云上西餐创立于惠州，以高空餐厅设计著称；呼和浩特的资小馆·哥伦比亚西餐主打复古风格，在当地亦拥有较高的知名度。

四、探索精致化之路，中西 Fusion、"四手联乘"风起

近年来，随着我国餐饮消费"K 形分化"加速，一些特色明显的精致西餐受到了诸多消费者的喜爱。这些西餐品牌以高品质食材、颇具特色的烹饪方式、定制化的服务以及舒适的用餐环境，探索西餐精致化之路。

例如，起源于意大利的 DA VITTORIO SHANGHAI 延续了其意大利国宝级西餐厅 DA VITTORIO 的出色成绩，开业仅 3 个月就入选米其林榜单，1 年多后更是晋升为米其林二星餐厅。西餐品牌 TRB Hutong 则选址于北京百年古寺之中，巧妙地结合我国当地食材推出了新派法餐。

值得留意的是，近年来，一些西餐从业者对中西菜系、文化作出了再思考，致力于跨越文化边界，探索更多不同的可能性。比如一些品牌采取了融合菜（Fusion Cuisine）的理念，打破中餐与西餐的边界，以中餐西作的手法来打造独特的中西 Fusion 菜品。

例如，中西 Fusion 的代表品牌 Ling Long 就通过混合中西式食材与技法，打造出颇具特色的食材、调味搭配，其特色菜品烫面虾饺，在制作过程中就用到了中式烫面技术。Bo Innovation 则以分子料理技术重塑中式美食，其较负盛名的分子小笼包就是以海藻提取物做成小笼包外皮。Obscura 则将中餐经典菜肴的各个部分（包括食材、烹制方法）进行拆解，以西式食材、技法替换。

此外，部分精致西餐从业者更以"四手联乘"的方式，促进不同品牌、不同主厨之间的交流与合作。"四手联乘"是指两位不同菜系的厨师联手合作，共同完成一套菜单上的所有菜品，旨在实现"1+1 > 2"的效果。通过"四手联乘"，品牌可以邀请不同厨师联手献艺，以探索美食的更多可能性，并放大品牌的声量，为消费者提供一次品尝多家餐厅菜品的机会。比如，澳门新濠集团的会员俱乐部"新濠风尚"就曾联合内地十家黑珍珠指南上榜钻级餐厅，打造了"2023黑珍珠钻级餐厅巡宴"。

总体而言，西餐作为舶来的餐饮赛道，近年来做出了不少自我革新之举，也取得了一些突破，但这个赛道目前依然面临一些挑战，值得西餐从业者关注。比如，部分西餐厅缺乏创新性，产品较为雷同；诸多西餐品牌对于市场变化的响应速度相对较慢，这或会使得其自身较难及时地跟上消费需求的变化；传统西餐厅的 SKU 种类繁多，对供应链和后厨提出了较高的要求等。

为了获得更好的发展，西餐从业者可重点关注如下发展趋势：一是西餐赛道再细分，墨西哥菜、西班牙菜、土耳其菜等赛道中有望涌现出更多连锁品牌；二是大单品小品类突围，意面专门店、比萨专门店、塔可专门店或会迎来发展契机；三是精致西餐持续开疆拓土，我国精致西餐市场将会进一步壮大。

第二节　日式料理：

危机孕育新机遇，融合料理有望加速成长

2023 年，随着品类发展步伐被国际事件影响，众多日式料理品牌受到了冲击。为了探索更合适的发展道路，一些日式料理品牌在危机中谋求转型，一批主打融合料理、新中式寿司、国产海鲜食材的日式料理品牌开始出现。

一、市场规模有所收缩，品牌扩张步伐放缓

2023 年，我国的日式料理市场受到了巨大的冲击，赛道的"寒冬"悄然而至。据红餐大数据，2023 年我国日式料理市场规模为 675 亿元，预计 2024 年将缩减至 649 亿元，同比下滑 3.9%（见图 10-4）。

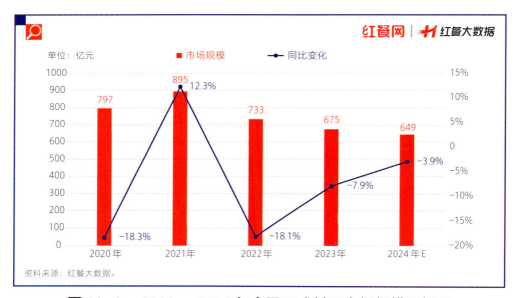

图 10-4　2020 — 2024 年全国日式料理市场规模及概况

在此背景之下，日式料理品牌的规模化扩张有所阻滞。据红餐大数据，截至 2024 年 6 月，我国 97.3% 的日式料理品牌门店数在 5 家以下，占比最高；50 家门店以上的品牌数占比仅有 0.1%（见图 10-5）。

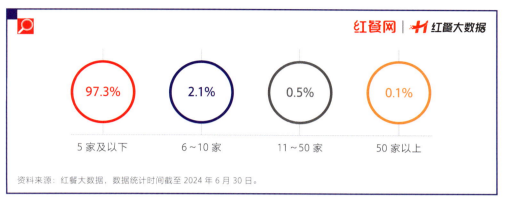

图 10-5 2024 年全国日式料理品牌门店数区间占比分布

总体来看，日式料理品牌的门店规模整体不高，N 多寿司仍是赛道中门店数唯一破千的品牌（见表 10-3）。赛道玩家在门店扩张上表现各异，一些日式料理连锁品牌平稳拓店，据红餐大数据，截至 2024 年 6 月，与 2023 年同期相比，吉野家、鲜目录·中国寿司、争鲜寿司等品牌门店数有所增加。此外，还有一些品牌出现门店缩减的现象。

表 10-3 2024 年全国部分日式料理品牌发展概况

品牌名称	门店数（家）	人均消费（元）	门店主要分布区域
N 多寿司	1,900+	20	江苏、河南、河北等
吉野家	670+	31	北京、辽宁等
鲜目录·中国寿司	570+	23	浙江、湖南、江西等
味千拉面	560+	42	上海、广东、江苏等
食其家	450+	32	上海、江苏、广东等
争鲜寿司	400+	60	中国台湾、广东、上海等
和番丼饭	380+	28	江苏、上海等
京者三文鱼	320+	60	江苏、浙江、上海等
町上寿司	270+	27	辽宁、吉林等
池奈咖喱蛋包饭	270+	41	陕西、江苏
黑眼熊·中国寿司	210+	29	四川
河风精致寿司	130+	91	山东、江苏等
仙隐小鹿中华料理	120+	73	湖北

资料来源：红餐大数据，数据统计时间截至 2024 年 6 月 30 日。

续 表

品牌名称	门店数（家）	人均消费（元）	门店主要分布区域
池田寿司	110+	36	北京、陕西等
元气寿司	110+	110	广东、中国香港等
大渔铁板烧	110+	233	广东、山东等
白石的深夜食堂	100+	90	河南、山东等
鲜道寿司	80+	27	江苏、安徽等
一绪寿喜烧	80+	185	江苏、上海等
寿司郎	70+	110	广东
万岁寿司	60+	84	广东
村上一屋	50+	92	北京、山东等
上井精致料理	40+	305	四川、重庆等
禾绿回转寿司	40+	100	广东
鸟鹏烧鸟居酒屋	30+	148	广东
御牛道烤肉料理	30+	165	浙江
一风堂	20+	80	上海、中国台湾
温野菜涮涮锅专门店	20+	194	北京、中国香港等
山葵家·创意料理	20+	178	浙江
九本居酒屋	20+	162	北京
将太无二	10+	122	天津、北京
伊豆野菜村	10+	164	北京
赤坂亭	10+	343	上海、江苏等
米仓食堂	10+	63	广东

资料来源：红餐大数据，数据统计时间截至 2024 年 6 月 30 日。

红餐网｜红餐大数据

从细分赛道来看，日式料理已经逐步分化出日式拉面、日式米饭快餐、综合日式料理、寿司、烧鸟、居酒屋、天妇罗、日式火锅等细分赛道，每个赛道的发展各有亮点。

其中，日式拉面凭借特色汤底获得了不少消费者的喜爱，其代表品牌有味千拉面、博多一幸舍、一兰拉面、一风堂、益市拉面等。近年来，相关的日式拉面品牌积极在产品创新上发力。例如，日本东利多旗下的拉面品牌寸屋拉面于 2024 年 4 月在上海开出中国首店，其结合当地口味适当减少了拉面咸度，还提供拉面、寿司等产品的隐藏吃法，吸引了不少消费者到店消费。

在日式米饭快餐赛道，随着消费者对健康饮食的关注度提升以及国内餐饮市场的竞争加剧，吉野家等品牌推出了更多的本土化菜品。在中式米饭快餐等品类的竞争下，日式米饭快餐赛道分化出了咖喱蛋包饭、日式烧肉饭等细分赛道，相关品牌也在稳步发展。不过，与中式米饭快餐赛道相比，日式米饭快餐在全国的发展势头相对较弱。

在综合日式料理赛道，由于品牌定位不同，综合日式料理的精致化和简餐化并行的特征较为显著。其中，上井精致料理、蟹道、赤坂亭等是走精致化路线的综合日式料理代表品牌。村上一屋、仙隐小鹿中华料理等是走简餐化路线的综合日式料理代表品牌，它们既提供刺身、寿喜锅等菜品，也提供拉面、鳗鱼饭等简餐。

近一年来，为了应对国内寿司市场的危机，白切鸡寿司、酸菜鱼寿司等带有中式原料和口味的寿司"新品种"面世，新中式寿司为消费者带来视觉和味觉的双重焕新。

在烧鸟赛道，一些品牌的高端化探索亦未曾停止。例如，多次蝉联米其林一星的日本烧鸟店鸟喜于 2023 年在上海开出其全球第三家店。天妇罗赛道也取得了一些创新突破，天妇罗牛蛙等新产品、天妇罗 Omakase 等新模式的出现，为市场带来了不少亮点。

二、品牌与日本水产"割席"，国产海鲜迎来"高光"时刻

随着我国全面暂停进口日本水产品，加上不少消费者对"日本标签"望而生畏，日式料理店陷入了发展困境。红餐产业研究院"2024 年餐饮消费大调查"结果显示，有 15.6% 的日式料理消费者表示不会再去消费日式料理，50.0% 的日式料理消费者表示消费日式料理的频率会减少（见图 10-6）。这意味着，我国的日式料理品牌面临着较为艰难的生存处境。

消费频率减少，但还会去 50.0%

和往年一样的消费频率 32.3%

不会去了 15.6%

消费频率会上升 2.1%

资料来源：红餐产业研究院"2024 年餐饮消费大调查"。

图 10-6 2024 年日式料理消费者消费频率情况

1. "旋涡"中谋生存，日式料理品牌走上融合之路

2023 年下半年，不少日式料理品牌发布原料溯源公告，一些中高端日式料理店与日本水产"割席"，而一些平价日式料理店宣布从未使用过日本水产。

红餐产业研究院在统计了 2023 年 8 月 24 日当日及之后部分日式料理品牌的危机应对动向后发现，调整产品线、更换食材供应地和调整品牌定位是日式料理品牌的通用策略，也有一些品牌选择关店停业（见表 10-4）。

表 10-4　2023 年部分日式料理品牌的危机应对动向

方向	品牌名称	具体动向
调整产品线、更换食材供应地	鲜目录·中国寿司	全面暂停进口日本水产品
	寿司郎	更换食材产地
	禾绿回转寿司	全面暂停进口日本水产品
	山葵家·创意料理	称食材符合行业标准
	赤坂亭	称食材符合行业标准
	九本居酒屋	称确保不使用日本水产品
	金匠寿司	下架日本水产品相关菜品，更换菜单
	鮨政·Omakase	称全部食材符合食品安全标准
	元气寿司	停用日本食材
	鸟剑居酒屋	全面暂停进口日本水产品，更换食材产地
	伊秀寿司	全面暂停进口日本水产品
	炙柒 Sekinana	称坚决不使用日本水产品
	阿吾罗日本料理	承诺不使用日本水产品
	蟹道	全面暂停进口日本水产品
调整品牌定位	摩打食堂	停用日本食材，定位改为粤菜品牌
	村上一屋	定位改为亚洲融合菜品牌
	仙隐小鹿中华料理	定位改为中华料理
	鮨浅草君洋风料理	全面停用日本食材，定位改为洋风料理
其他	富田菊日本皇尚料理	暂时停业
	小蒲一町	上线中式寿司，后正式闭店

资料来源：红餐大数据，数据统计时间截至 2023 年 12 月 31 日。

红餐网 | 红餐大数据

其中，调整产品线、更换食材产地的日式料理品牌较多，它们大部分宣布全面暂停进口日本水产品，列出部分食材的供应地；还有的品牌声明食材能够满足行业标准。

为了更大程度地扭转消费者认知，还有一些日式料理品牌选择向融合料理和中式餐厅等方向转型。例如，摩打食堂定位为粤菜；原"鮨浅草君日式料理"已经改名为"鮨浅草君洋风料理"等。除了有品牌"改头换面"，也有不少新成立的日式料理品牌的初始定位就指向了融合料理，主打新派、菜系融合等。

此外，还有一些日式料理品牌没能逃过"大洗牌"，它们或由于供应链薄弱、客户黏性不强、品牌核心竞争力不强等多种原因走向了停业和闭店。

通过近一年时间的验证，一些日式料理品牌转型取得了一定的成果，不仅收获了消费者的支持，而且还稳住了品牌命脉，继续稳步发展。例如，广州的摩打食堂推出了鱼生拼盘、凤梨烤牛肋条等创意菜品，本土化的产品赢得不少年轻消费者的喜爱。鲜目录·中国寿司打出全熟寿司的口号，其近一年在上海、杭州、三亚、嘉兴等多地开出新店。

由此可见，面对这场"生存危机"，较多日式料理品牌通过积极应变，为日式料理赛道谋取了一定的发展空间。

2. 日式料理掀起原料溯源风，国产海鲜走上"舞台"

红餐产业研究院梳理了 22 个日式料理样本品牌发布的食材溯源公告，经统计，有 87 种主要食材公布了供应地，俄罗斯、加拿大、挪威等国家出现的频次较高，占比分别为 10.7%、10.7%、9.8%；福建、辽宁、山东等国内省份出现的频次也较高，占比分别为 10.7%、8.9%、6.7%（见图 10-7）。

注：日式料理样本品牌指的是红餐产业研究院监测的 22 家公布原料溯源的日式料理品牌。

资料来源：公开信息，红餐产业研究院整理，数据统计时间截至 2023 年 12 月 31 日。

图 10-7　22 个日式料理样本品牌公布的食材溯源产地词云图

这些食材溯源公告显示，三文鱼主要来自挪威、智利、丹麦等国家，蓝鳍金枪鱼主要来自西班牙、澳大利亚等国家，甜虾主要来自俄罗斯，鳌虾主要来自新西兰，北极贝主要来自加拿大等。国内的地名也被多次提及，如日式料理品牌会从福建、广东、江苏等地采购鳗鱼，从山东、福建等地采购金枪鱼，从福建、辽宁等地采购鲍鱼、海胆等。

由此可见，除了在全球各地寻求优质食材，也有不少日式料理品牌将采购食材的目光转向了国内，国产海鲜正在被更多地应用。

据红餐产业研究院整理，对于日式料理的一些主要水产食材，如三文鱼、鳗鱼、扇贝、帝王蟹等，国内的福建、山东、江苏、广东、辽宁等地都具备一定的供应能力（见表10-5）。

表 10-5　日式料理主要水产品食材及国产供应地

食材	国产海鲜供应地
三文鱼	新疆、甘肃、湖北、浙江、山东等
鳗鱼	福建、江苏、广东、江西等
金枪鱼	福建、山东、广东、海南、浙江等
秋刀鱼	浙江等
鱿鱼	海南、福建、广东、河北等
南美白对虾	山东、河北、福建、浙江、广东等
黑虎虾	浙江、福建、海南、广西、辽宁等
扇贝	山东、辽宁、河北等
帝王蟹	辽宁、海南、广东等
黄金蟹	福建、浙江等
鲍鱼	福建、辽宁等
海胆	辽宁、山东、浙江、福建等
生蚝	福建、广东、山东等

资料来源：公开信息，红餐产业研究院整理。

红餐网 | 红餐大数据

随着淡水养殖的条件和技术的不断成熟，我国"海鲜陆养"的模式也正在兴起。据媒体报道，2023年新疆、内蒙古、甘肃、湖北等地的海鲜迎来大丰收，产品包括三文鱼、南美白对虾、罗非鱼、鳗鱼、石斑鱼、青蟹等。这些都为日式料理食材供应从进口转向国产替代提供了新的可能。

总的来看，日式料理赛道在2023年经历了"过山车"式的波折。未来，日式料理品牌需要结合本土元素做好融合创新，在规避风险的同时更好地赢得消费者的青睐。

第三节　东南亚菜：
进入快速发展期，泰国菜、越南菜赛道不断细分

近年来，东南亚菜凭借其独特的风味和有辨识度的餐厅设计成为餐饮市场的一抹亮色，发展较为快速。与此同时，东南亚菜赛道本身亦发生了诸多变化，如泰式大排档、泰式酒馆、越南粉等细分赛道逐步崭露头角，一些东南亚菜品牌亦加快了产品创新、门店创新的步伐，迎来了高速增长期……

一、概述：进入快速发展阶段，广东门店数一骑绝尘

东南亚菜自 20 世纪 90 年代传入我国后，历经了萌芽阶段、成长阶段的积淀，已经进入快速发展阶段。在当前阶段，东南亚菜出现了赛道细分的趋势，泰式饮品、泰式酒馆、越南粉等细分赛道开始冒头。同时，东南亚菜品牌在产品、门店、供应链等多方面展开了角逐，加快了扩张步伐。据红餐大数据，截至 2024 年 6 月，全国东南亚菜门店总数超过 2 万家。

从省级行政区分布来看，据红餐大数据，当前东南亚菜门店主要集中在广东、四川、浙江，占比分别为 21.1%、5.9%、5.7%。此外，云南、广西的东南亚菜门店数占比也较高，分别为 5.5%、4.0%（见图 10-8）。

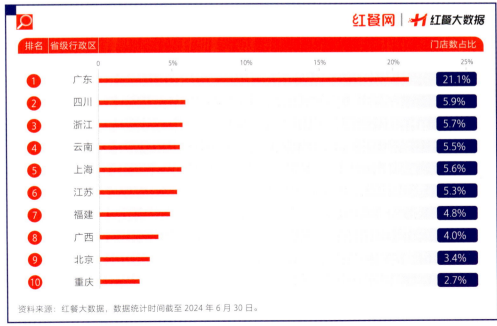

排名	省级行政区	门店数占比
1	广东	21.1%
2	四川	5.9%
3	浙江	5.7%
4	云南	5.5%
5	上海	5.6%
6	江苏	5.3%
7	福建	4.8%
8	广西	4.0%
9	北京	3.4%
10	重庆	2.7%

资料来源：红餐大数据，数据统计时间截至 2024 年 6 月 30 日。

图 10-8　2024 年全国东南亚菜省级行政区门店数 TOP10

从品牌的门店数区间分布来看，据红餐大数据，当前超过八成的东南亚菜品牌门店数在 10 家及以下，门店数超过 50 家的品牌占比仅有 2.1%。东南亚菜品牌的规模化程度相对低，与其品类限制、产品制作工序较多、供应链建设仍待完善等因素有关。其一，东南菜品类的消费频次偏低，消费者对东南亚菜的认知度也不高，导致品牌的规模化之路进行缓慢；其二，东南亚菜烹调时所需食材和香料较多，制作工序和时长都需要合理规划和控制，无形中拉长了制作"战线"；其三，东南亚菜的供应链建设仍尚未成熟，门店的标准化复制难度相对较高。

具体至品牌，在东南亚菜赛道中，目前仅有迷你椰·泰式大排档、超级泰·泰式麻辣烫等少数品牌突破百店。总体来看，在门店数靠前的东南亚品牌中，泰国菜品牌的数量较多，如迷你椰·泰式大排档、小小集渔·泰式大排档等。据红餐大数据，截至 2024 年 6 月，小小集渔·泰式大排档总门店数超过 70 家，其门店分布在四川、贵州、重庆等地。而在越南菜、新加坡菜、东南亚融合料理等赛道中，亦有一些品牌的门店规模相对较大（见表 10-6）。

表 10-6　2024 年全国部分东南亚菜品牌发展概况

品牌名称	所属细分品类	门店数（家）
迷你椰·泰式大排档	泰国菜	220+
超级泰·泰式麻辣烫	泰国菜	100+
小小集渔·泰式大排档	泰国菜	70+
泰香米泰国餐厅	泰国菜	60+
曼奈·肉桂厨房	东南亚融合料理	60+
嘟嘟泰国小馆	泰国菜	50+
太食歉泰式茶餐厅	泰国菜	50+
集渔泰式海鲜火锅	泰国菜	40+
米纸越南料理	越南菜	30+
美奈小馆·越南料理	越南菜	20+
星洲小馆·新加坡菜	新加坡菜	20+
阿莱泰国大排档	泰国菜	20+
simply thai 天泰餐厅	泰国菜	20+
泰妃殿	泰国菜	20+
生如夏花泰式海鲜火锅	泰国菜	20+
芽笼芽笼新加坡餐厅	新加坡菜	20+
越小品·越南餐厅	越南菜	10+
香漫谷泰式小火锅	泰国菜	10+
西贡妈妈 Saigon Mama	越南菜	10+
STARLEAF 星叶南洋料理	东南亚融合料理	10+
蔡澜越南粉	越南菜	10+
珍宝海鲜 JUMBO Seafood	新加坡菜	约 9
Home Thai·泰谣	泰国菜	约 7
mango tree 芒果树餐厅	泰国菜	约 7
星怡会	新加坡菜	约 7
暹罗泰·泰国餐厅	泰国菜	约 6
蕉叶	泰国菜	约 5
KingThaia 金泰兰	泰国菜	约 4
泰伴食堂·泰式大排档	泰国菜	约 4
泰盏鬼·颓废冬阴	泰国菜	约 4
吗啦吗啦·泰式麻辣烫	泰国菜	约 2

资料来源：红餐大数据，数据统计时间截至 2024 年 6 月 30 日。

红餐网｜红餐大数据

二、泰国菜、越南菜等细分赛道发展各异，东南亚融合料理冒头

在东南亚菜赛道，有泰国菜、越南菜、新加坡菜、马来西亚菜、东南亚融合料理等多个细分赛道正在稳步发展。

其中，泰国菜、越南菜、新加坡菜在东南亚菜赛道中的门店数占比分别为51.3%、13.1%、5.2%（见图10-9）。

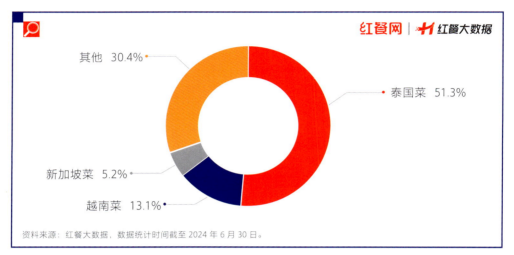

资料来源：红餐大数据，数据统计时间截至 2024 年 6 月 30 日。

图 10-9　2024 年全国东南亚菜细分赛道门店数占比分布

其中，泰国菜的门店数和热度较高，该赛道有较多的连锁品牌发展势头较好，如泰香米泰国餐厅、迷你椰·泰式大排档、太食歎泰式茶餐厅等。

此外，近年来，泰国菜赛道亦发生了许多新变化。一方面，泰国菜细分趋势明显，泰式大排档、泰式小吃快餐、泰式饮品、泰式酒馆等细分赛道的品牌正在崛起，一些主打泰式生腌的品牌也开始冒头。另一方面，泰国菜品牌的门店模型亦发生了变化，如门店变小、装修变轻、菜品精简等。例如迷你椰·泰式大排档、小小集渔·泰式大排档等品牌，主推正餐、简餐和小吃类产品，产

品 SKU 相对少，装修风格相对简洁。

除了泰国菜，越南菜在我国的发展也值得关注。红餐产业研究院梳理发现，国内的一些越南菜连锁品牌在 21 世纪 10 年代开始冒头。此后，越南菜吸引了一些资本和消费者的目光，催生出了众多的越南菜连锁品牌，如美奈小馆·越南料理、米纸越南料理、越小品·越南餐厅、西贡妈妈 Saigon Mama 等。值得注意的是，越南粉目前已经发展成为一条独立的赛道，不仅细化出火车头河粉、越南檬粉等多种形态的产品，还孵化出了蔡澜越南粉、PHO 東田越南粉等品牌。

在新加坡菜赛道中，既有星洲小馆·新加坡菜、星怡会、芽笼芽笼新加坡餐厅等本土品牌，也有从新加坡进军国内市场的珍宝海鲜 JUMBO Seafood 等品牌。近年来，这些新加坡菜连锁品牌稳步发展，如当前芽笼芽笼新加坡餐厅的全国门店数已超过 20 家，主要分布在上海、江苏等地。

除此之外，东南亚融合料理赛道也孕育出了一批较有活力的品牌。例如，STARLEAF 星叶南洋料理拥有米其林一星级别的厨政团队，其在上海、深圳、南京等地的门店均具有较高的市场热度。曼奈·肉桂厨房汇聚了东南亚 11 国的美食，2023 年以来，其在佛山、青岛、深圳、长沙等多地开出了门店。

三、产品结构多元，赛道刮起东南亚式微醺"bistro"风

近年来，为了进一步开拓国内的市场，东南亚菜品牌在产品和门店模型等方面积极创新。

首先，众多的东南亚菜品牌在产品上发力，使得其产品呈现出了结构多元、新品上新速度较快、菜品融合性较强等特征。

一方面，东南亚菜品牌的产品结构丰富，除了各式特色菜品外，一般都会推出各种小吃、饮品、甜品类的产品，还有的品牌会推出西式和中式菜品（见表 10-7）。

表 10-7　　2024 年全国部分东南亚菜品牌产品结构情况

品牌名称	粉面类	小吃类	饮品类	烘焙甜品类	其他
迷你椰·泰式大排档	火山拉面杯、金边炒粉等	春鸡脚、鲜虾卷等	泰式奶茶、凤梨气泡等	冰摇娘惹荔枝碗、斑斓酱烤面包等	沙爹肉串等
集渔泰式海鲜火锅	大虾炒面等	土豆泥等	微醺酒、玫瑰白桃等	椰汁西米露、杨枝甘露等	海鲜串等
泰香米泰国餐厅	爆炒金边粉等	酸辣鸡爪、炸春卷等	泰式奶茶、西瓜汁等	泰式西米糕、百香果冰沙等	鸡肉串等
太食戵泰式茶餐厅	清汤船面等	多拿虾饼、大薯条等	青柠汁等	冰霜面包、杜果沙冰等	鸡肉串等
美奈小馆·越南料理	火车头汤河粉、鸡肉捞檬粉等	虾圈、墨鱼饼等	香茅冻柠茶、芭乐水果茶等	椰香千层糕、榴梿杜果布丁等	香茅鸡肉串等
越小品·越南餐厅	鸡扒捞檬粉等	越南春卷、香草冷豆腐等	甘蔗青柠汁、罗汉果茶等	杜果很可绵绵冰等	柠檬烧鸡串、牛骨汤等
星洲小馆·新加坡菜	星洲炒米粉等	卤鸡爪、香蕉飞饼等	拉茶、薏仁水等	咖椰吐司等	肉骨茶等

资料来源：公开信息，红餐产业研究院整理，数据统计时间截至 2024 年 6 月 30 日。

红餐网｜红餐大数据

例如，泰香米泰国餐厅既有咖喱黄炒蟹等菜品，又有泰式西米糕、百香果冰沙等甜品甜点；迷你椰·泰式大排档既有黄咖喱鸡等菜品，又有春鸡脚、泰式奶茶等小吃饮品类产品；太食獸泰式茶餐厅既有冬阴功汤等菜品，又有炒饭、玛莎曼文火牛肋排等菜品。

在研发新产品方面，东南亚菜每个细分赛道的品牌各有侧重点。其中，泰国菜品牌会推出小吃、火锅、饮品、甜品、烧烤等多种类型的产品，上新速度快、新品种类多。例如，迷你椰·泰式大排档推出的巴厘岛沙爹肉串，泰香米泰国餐厅推出的泰皇十色小吃，集渔泰式海鲜火锅推出的开心果爆浆蛋糕等，都是依据上述的逻辑进行研发的。越南菜品牌在产品上新时，多瞄准越南粉产品，例如美奈小馆·越南料理的安格斯牛肉汤河粉、越小品·越南餐厅的顺化番茄鱼汤檬粉等。此外，越南咖啡也被加入了一些越南菜餐厅的菜单中，如滴漏咖啡。而一些新加坡菜品牌在产品上新时，则注重与潮汕菜的融合。例如，珍宝海鲜 JUMBO Seafood 的潮式肉骨茶、普宁豆酱焗午鱼，芽笼芽笼新加坡餐厅的招牌肉骨茶等产品均具有浓厚的潮式风格。

其次，一些东南亚菜品牌颇为注重门店模型的创新。比如，2023 年，迷你椰·泰式大排档、西贡妈妈 Saigon Mama、蔡澜越南粉等品牌分别开出了芭比快闪店、Plus 店、轻选店；STARLEAF 星叶南洋料理在杭州开出品牌首家全时段餐厅，西贡妈妈 Saigon Mama 还推行了啤酒 DIY 自助模式。

此外，市场上还刮起了东南亚式"bistro"风，上海、重庆、广东、湖南等省市均出现了东南亚风情的小酒馆，东南亚式"深夜食堂"开始冒头。其中，泰式小酒馆表现较为亮眼，涌现出了富贵椰、安泰 an Thai 等品牌（见表10-8）。并且，一些传统的泰国菜品牌也开始涉足这条新赛道。例如 2023 年 2 月，泰香米泰国餐厅在深圳开出其全国首家泰式酒吧——泰香米泰国餐吧。

表 10-8　2024 年全国部分泰式酒馆概况

品牌名称	发源地	营业情况
泰香米泰国餐吧	重庆	营业时间为 10：00～22:00，饮品产品有餐前酒、玫瑰雨露等
富贵椰	上海	提供午餐、咖啡、下午茶、晚餐及宵夜，酒类产品有卡萨尼卡白、雷司令半甜白葡萄酒等
安泰 an Thai	上海	门店营业时间为 11：30～01:00，酒类产品有金菲士、威士忌酸等
Moon Lounge Bar	广州	提供午餐、下午茶、晚餐及宵夜，酒类产品有豪帅龙舌兰、血橙伏特加等
Chilli Thai Bistro 柒喱泰餐吧	深圳	门店营业时间为 11：00～22：00，酒类产品有 hair of the dog、after sunset 等特调鸡尾酒

资料来源：公开信息，红餐产业研究院整理，数据统计时间截至 2024 年 6 月 30 日。

红餐网 | 红餐大数据

红餐产业研究院观察了一批泰式酒馆品牌后发现，它们的产品通常涵盖了小吃、甜品甜点、茶饮、咖饮、酒饮等，虽然定位为"泰式"，但一些菜品也会融合娘惹菜、越南菜、西餐、中餐等风格。

四、供应链逐步完善，品牌进行零售化探索

近年来，东南亚菜品牌在供应链和渠道上的探索亦较为积极。

首先，东南亚菜赛道近年取得了较快发展，背后离不开供应链的逐步完善。具体可表现为两点。其一，一些供应链企业正在崛起。例如仟味高汤、圣恩股份等企业研制出了经典冬阴功等主流口味的汤底。其二，东南亚菜品牌完善了供应链体系，通过自建或合作等方式深入上游供应环节（见表10-9）。

表 10-9　2024 年全国部分东南亚菜品牌供应链建设情况

品牌名称	发源地	供应链建设情况	门店主要分布区域
泰香米泰国餐厅	重庆	建立了中央厨房，主要用于生产半成品和调味料，将其供往全国的各个门店，以减轻门店的成本压力	四川、重庆、广东等
美奈小馆·越南料理	深圳	建立了稳定的供应链体系，设有中央厨房，保证食材新鲜和口味的标准化，同时对供应链管理体系进行数字化升级	广东
珍宝海鲜 JUMBO Seafood	新加坡	2023 年 11 月，升级了供应链数智化系统，优化供应链采购，进一步推动品牌的全球供应链网络建设	北京、上海、福建等
香漫谷泰式小火锅	重庆	与德庄集团合作，打造出了配有生产空间、研发基地、数据中心的供应链体系，生产出了标准化程度较高的泰式火锅锅底	重庆、四川、广东等

资料来源：公开信息，红餐产业研究院整理，数据统计时间截至 2024 年 6 月 30 日。 红餐网｜红餐大数据

其次，东南亚菜品牌亦积极拓展多种渠道。在销售渠道方面，东南亚菜品牌在多平台上线外卖产品。例如，在美团、饿了么等平台之外，集渔泰式海鲜火锅还入驻抖音外卖平台，越小品·越南餐厅等品牌则积极开通了微信小程序平台的外卖功能，进一步提升消费者点餐的便捷性。

此外，一些东南亚菜品牌正在发力零售渠道，在自有平台和第三方平台上线酱料、火锅汤底、海鲜等零售产品。比如，2023 年集渔泰式海鲜火锅就在淘宝上线了新款泰式酸辣冬阴功汤料、新款泰式冬阴功火锅底料等零售产品。

总的来看，随着东南亚菜品牌在前端和后端的持续发力创新，东南亚菜的市场认知度有所提升，这条赛道正在朝着多元化、细分化、轻量化、融合化、零售化等方向走远走深。

CHINA CATERING

第十一章　其他业态

第一节 团餐：
市场呈稳健增长态势，企业整合并购加速

近年来，团餐市场规模不断扩大，跨界入局者日益增多，市场竞争越发激烈。团餐企业在经营模式、"中央厨房+"、供应链、数智化等方面寻求变革，以提升市场竞争力。

一、团餐市场稳健增长，2024 年市场规模有望突破 1.9 万亿元

我国团餐起源于 20 世纪 80 年代之前的公共大食堂，彼时的公共大食堂主要服务于机关团体、事业单位和各类企业。随着 90 年代我国经济的快速增长以及商务写字楼的崛起，团餐的市场需求日益增加，一批专业的团餐企业开始出现。之后，我国的团餐企业朝着社会化、市场化、企业化改革，国内的团餐市场逐渐成型，并向着专业化方向发展。

1. 政策推进团餐产业健康化发展，社区食堂覆盖面扩大

经过多年的发展，团餐已成为我国餐饮市场结构中重要的组成部分，占据着餐饮市场三成以上的份额。近年来，"食堂老鼠事件""鼠头鸭脖事件"等食品安全问题频发，引起了政府、企业和公众的高度关注。为此，政府多次出台团餐食品安全相关的政策与标准，为团餐市场的食品安全管理提供了有力支撑，同时也促进了团餐市场的标准化与规范化发展（见表 11-1）。

表 11-1　2022 — 2024 年全国部分团餐相关政策及标准文件

发布时间	政策 / 标准文件	主要内容
2024 年 4 月	《中小学食堂管理服务规范》团体标准颁布	对中小学食堂的组织管理、经营管理、食品安全与安全作业、学生膳食营养与食育、集体用餐配送单位要求等方面均作出了规定
2024 年 3 月	商务部等九部门联合印发《关于促进餐饮业高质量发展的指导意见》	支持设立老年食堂等社区餐饮网点
2024 年 3 月	市场监管总局等四部门联合印发《关于切实加强 2024 年春季学校食品安全工作的通知》	部署开展全覆盖监督检查，深入排查校园食品安全风险隐患
2023 年 8 月	市场监管总局等五部门联合发布《集中用餐单位食品安全问题专项治理行动工作方案》	从 2023 年 8 月至 2023 年底，开展集中用餐单位食品安全问题专项治理行动
2022 年 2 月	国务院印发《"十四五"国家老龄事业发展和养老服务体系规划》	提出构建城乡老年助餐服务体系

资料来源：公开信息，红餐产业研究院整理。

得益于团餐服务的消费群体较为稳定，增长韧性较强，团餐的市场规模一直处于稳步增长中。红餐大数据显示，2023 年全国团餐市场规模超过了 1.8 万亿元，同比增长 11.7%，在整个餐饮市场的份额占比为 34.2%，2020 — 2023 年年复合增长率为 9.3%（见图 11-1）。

图 11-1　2020 — 2024 年全国团餐市场规模概况

从团餐的服务对象来看，中小学、高校、机关事业单位、中大型企业等是团餐企业主要的服务对象。中国饭店协会相关数据显示，2022年中小学、高校、机关事业单位和中大型企业的团餐市场份额占比分别为34.4%、17.9%、17.4%和12.9%。

近年来，随着中小学营养餐计划的持续推进以及相关标准的规范化实施，中小学团餐的市场份额预计会进一步提升。此外，各地政府对老年助餐服务和社区食堂的落地实施也在加快，如河南省计划到2024年底，实现老年助餐服务覆盖全省40%的城镇社区和10%的行政村；福建省2024年将继续支持建设400个示范性长者食堂。

未来，随着中小学营养餐、老年助餐服务、社区食堂的覆盖范围进一步扩大，以及团餐企业数字化和多元化服务的提升，团餐市场将继续保持增长态势，预计2024年全国团餐市场规模近2万亿元。

2. 团餐市场集中度相对低，跨界入局者多

虽然我国团餐的市场规模较大，但整体集中度相对较低。中国饭店协会相关数据显示，2022年我国团餐百强企业的总市占率仅为6.5%，TOP300企业的总市占率为8.1%，比2021年分别提高了1个百分点和0.6个百分点。虽然我国团餐企业的市场集中度有所提高，但与欧美、日韩等发达国家相比，还有比较大的差距。

近年来，团餐市场入局者增多，为了应对激烈的市场竞争，部分传统团餐企业加速拓展业务范围（见表11-2）。如千喜鹤的团餐业务目前已覆盖全国30余个省级行政区，麦金地、金丰餐饮、中膳、德保膳食等企业的业务覆盖范围也超过了20个省级行政区。除此之外，这些团餐企业的服务内容也越发多元和完善，除了基础团餐服务，部分团餐企业还提供供应链管理、生鲜制品加工、冷链物流、净菜供应、物业管理等增值服务。

表11-2　2024年全国部分团餐企业发展概况

企业名称	成立时间(年)	主营业务	主营区域
千喜鹤	1993	团餐服务、中央厨房运营、供应链管理、商业连锁、肉制品加工等	北京、上海、天津等
德保膳食	2006	团餐驻场、央厨投建、预制菜、学生餐等	广东、湖南、湖北等
健力源	2001	团餐管理、冷链物流、物业管理、智慧农场等	北京、上海、天津等
麦金地	2003	团餐服务、物流配送、厨房设计、厨房设备制造等	上海、北京、江苏等

资料来源：公开信息，红餐产业研究院整理。

红餐网 | 红餐大数据

续 表

企业名称	成立时间(年)	主营业务	主营区域
快客利	2005	团餐服务、酒楼管理、商贸、物业管理与咨询等	北京、天津、河北等
金丰餐饮	2005	食堂承包、劳务派遣、餐饮管理、食材配送、厨房设计等	北京、上海、天津等
索迪斯（中国）	2003	驻场服务、福利与绩效管理服务以及个人与家庭服务	上海、北京、江苏等
中膳	2016	食堂承包、食材配送、营养餐配送、基地管理、供应链管理等	广东、湖北、湖南等

资料来源：公开信息，红餐产业研究院整理。

与此同时，其他企业也盯上了团餐市场，纷纷跨界入局。这类企业包括食材供应企业、社会餐饮企业、地产／物业服务企业以及平台类企业（见表11-3）。其中，食材供应企业有乐禾食品、安井食品、惠发食品、天味食品、思念食品等；社会餐饮企业有海底捞、肯德基、麦当劳、喜茶、瑞幸咖啡、老乡鸡、巴比食品、遇见小面等；地产／物业服务企业有新锐城服务、金科服务、新希望服务等；平台类企业有美团、饿了么、盒马鲜生、美餐等。

表 11-3　2024 年全国部分团餐跨界参与者发展概况

企业类型	企业／品牌名称	业务类型
食材供应企业	乐禾食品	提供食材供应服务，并成立乐苗事业部，专注中小学营养餐服务
	思念食品	与德保膳食合作成立哪吒餐配，聚焦学生餐
	惠发食品	为团餐企业提供食材供应服务，并以"中央厨房＋智慧餐饮"模式拓展高校团餐业务
	天味食品	投资入股下游团餐企业上海麦金地集团股份有限公司和北京千喜鹤餐饮管理有限公司
社会餐饮企业	海底捞	推出火锅外送、欢乐宴等团体用餐业务
	肯德基	推出"企业专送"业务
	瑞幸咖啡	推出"会议团餐"业务
	丽华快餐	为中小企业提供定制化服务
	巴比	为团餐企业提供产品
	喜茶	推出阿喜团餐
	遇见小面	推出了团餐业务
地产／物业服务企业	新锐城服务	以"物业＋团餐"模式服务高校、政企、医院等团体
	金科服务	并购重庆韵涵、上海荷特宝等团餐企业
	新希望服务	成立团餐品牌"新食主义"
	雅生活	与美餐共同打造团餐品牌"乐美膳"

资料来源：公开信息，红餐产业研究院整理。

续 表

企业类型	企业/品牌名称	业务类型
平台类企业	美团	推出"美团企业版",提供工作餐、加班餐、招待用餐、团建用餐等服务
	饿了么	推出"饿了么企业订餐"平台
	盒马鲜生	开放生鲜供应链,向企事业单位食堂供应食材
	美餐	团餐数字化平台,与多家物业服务企业合作打造"物业+团餐"服务模式

资料来源:公开信息,红餐产业研究院整理。 红餐网 | 红餐大数据

此外,近年来,团餐赛道并购事件时有发生。不仅其他类型企业在并购团餐相关的企业,而且大型团餐企业之间也开始进行并购,团餐市场竞争格局已逐渐向并购整合方向发展。2024年1月,索迪斯正式收购了康帕斯(中国)企业管理服务有限公司和上海怡乐食食品科技服务有限公司,进一步扩大其在中国大陆的业务版图。

参考海外团餐的发展历程,未来我国团餐赛道将加速并购整合,一部分中小型团餐企业将被并购或淘汰出局,市场集中度有望进一步提升。

二、团餐社餐化趋势明显,多元化服务满足消费者需求

为了满足团餐消费者的多元化需求,团餐企业也在不断探索多元化的经营模式。

近年来,消费者对团餐的需求已经从"解决温饱"向"好吃健康"转变。红餐产业研究院"2024年餐饮消费大调查"显示,团餐消费者最为关注的前三个因素是菜品口味、食材新鲜和食品安全,占比分别为53.2%、47.6%和42.3%(见图11-2)。其次是菜品多样化,占比为41.4%。这四个因素的占比均高于性价比因素的占比。

资料来源:红餐产业研究院"2024年餐饮消费大调查"。

图 11-2 2024 年全国团餐消费者就餐时关注的因素

基于此，团餐企业一方面吸取社餐企业的优秀经验，通过采用本地化的食材、多元化的产品结构、不定期更新菜品等方式，升级菜品品质与服务质量，以提升消费者的用餐体验。例如，千喜鹤、健力源、金丰餐饮、快客利等企业大力布局生产基地，通过本地化食材满足当地消费者饮食偏好。

另一方面，随着我国餐饮行业"小吃小喝"趋势愈加明显，团餐企业也逐渐与主打"小吃小喝"的社餐企业进行合作，以丰富产品，提升竞争力。目前，不少高校和大型企业食堂引入了小吃档口、饮品档口。如喜家德虾仁水饺、犟骨头排骨饭、江边城外烤全鱼等品牌已

经入驻阿里、华为等大型企业的食堂，夸父炸串则以校园店的形式入驻武汉各大高校食堂；淮阴师范学院的干喜鹤餐厅引入了奶茶档口。

在服务模式上，团餐企业也在不断创新，很多食堂正在从单一的餐饮服务向多元化功能的综合体延伸。比如一些高校食堂经过升级改造，慢慢从学生就餐的场所，往集社交、娱乐、学习等多种功能于一体的综合体转变；产业园区食堂除了为本园区用户服务外，也承接各种音乐会、展会等企业团建活动；社区食堂则集食堂、活动中心为一体，成为具有图书馆、KTV、舞蹈、棋牌、托管等功能的综合体。

三、"中央厨房＋"模式流行，拓宽团餐企业发展边界

近年来，随着各地政府对中央厨房建设的大力扶持，团餐企业也在积极发展"中央厨房＋"模式，以扩大服务范围和拓宽业务边界。

在学生营养餐领域，不少团餐企业借鉴日本学生营养餐的经验，采用"中央厨房＋卫星厨房"的供餐模式，即先由中央厨房做成预烹菜，再到卫星厨房烹调。如供应链企业乐禾食品旗下专供学生营养餐业务的乐苗事业部就是采用这种模式，目前其有近 10 家中央厨房为中小学学生提供配餐服务。而团餐头

部企业麦金地已建成了 100 余个中央厨房系统，可为全国中小学提供数十个安全营养套餐和智能点餐流程。"中央厨房＋卫星厨房"模式依托冷链配送，可有效拓宽团餐企业的服务半径，为大型团餐企业跨地域运营提供助力。

近年兴起的社区食堂，由于分布较为分散，且每个社区食堂用餐人数不多，在食安管理、集中采购等方面的优势尚不明显。因此，也有不少团餐企业采用"中央厨房＋"的运营模式，以扩大服务范围，降低成本，提升运营效率。如

玖福团膳餐饮管理（大连）有限公司通过"中央厨房＋社区食堂"的模式，为双台子区上万名师生及数个社区提供供餐保障工作。而北京市海淀区西三旗街道通过1个中央厨房，实现了数十个养老助餐网点的覆盖。

"中央厨房＋"模式除了可运用在中小学营养餐、社区食堂等场景外，还可以帮助企业延伸精深加工业务，实现增值服务。如麦金地已在河南省开封市兰考县建设了农副产品深加工产业园；千喜鹤已与山西省晋中市榆次区、山东省枣庄市山亭区等地方政府完成了中央厨房农产品深加工产业园项目的签约。

但值得注意的是，由于预制菜、预烹菜等概念出现的时间较短且暂未形成完善的标准体系，近两年消费者对于"预制菜进校园"表现出了较强的抵制情绪。若想进一步推进"中央厨房＋"模式，团餐企业还需联合相关政府部门完善预制菜标准体系建设，并加强市场教育；同时，改进烹饪技术，提升营养餐品质与口感，让消费者更好地接受中央厨房出品的营养餐。

四、强化供应链体系，数智化助力团餐企业降本增效

此前，受政策调控、餐标限制、食材成本高等因素的影响，团餐企业大多处于微利的状态。为了提升市场竞争力和盈利空间，许多团餐企业通过加强供应链体系建设、运用数字化工具、使用智能化设备等措施，降低生产成本和提高运营效率。

在供应链建设方面，部分团餐企业向上游布局种植养殖基地，或与地方建立订单农业，保障食材的稳定供应与食品安全。如麦金地、千喜鹤等企业已与全国多地建立了订单农业合作关系；快客利在北京、天津、河北等地合作开发了超过10万亩的绿色蔬菜生产示范基地。除了食材采购，很多团餐企业也在加工、物流等环节发力（见表11-4）。

表 11-4　2024 年全国部分团餐企业供应链建设情况

企业名称	种植养殖基地	中央厨房	物流仓配
麦金地	订单农业 + 生产基地	在全国多地建设中央厨房	与冷链物流企业合作
千喜鹤	订单农业 + 生产基地	在全国多地建设中央厨房	有自营配送公司
德保膳食	16 大种植养殖基地的订单农业源头直供	8 大区域级中央厨房	—
金丰餐饮	有自营种植养殖基地	净菜切配中心	有自营配送公司
健力源	有生态农场	有中央厨房	拥有两大物流中心
快客利	合作了超 10 万亩的农业产业示范基地	2 家食品原料加工研发中心	有 2 个物流商贸公司

资料来源：公开信息，红餐产业研究院整理。

红餐网 | 红餐大数据

在数智化方面，不少团餐企业通过自研或与数字化平台合作，打造数字化点餐系统、数字化供应链系统、智慧食堂等，以降低人工成本、剩餐损耗，同时提升生产运营效率与消费者体验。例如，致力于餐饮数字化的万喜餐饮，在多项赛事活动中利用数字化点餐系统使得订餐准确率达 95% 以上，减少了餐饮浪费，运营效率大幅提高；广东鸿骏食品科技有限公司打造的"集菜菜—幸福食堂"已在全国多个高校和企业食堂落地，其采用智能托盘称重设备和智能支付结算方式，消费者只需扫描餐盘的二维码或人脸识别进行支付，降低了结算时间和误差；中膳自主研发的数智化供应链 SaaS 系统，通过智能匹配和集采，优化农产品种植结构，提高生产水平。

当前，团餐市场正处于转型调整期，赛道加速洗牌与整合，处于机遇与挑战并存的阶段。如食安管理、降本增效、预制菜的标准化建设与市场教育等难点亟须团餐企业解决。靠拼资源、拼关系的团餐时代已成为过去时。未来，团餐企业唯有加快转型升级，从产品、服务、模式、供应链、数字化等方面不断地提升市场竞争力，才能更好地立足。

第二节　自助餐：
赛道愈加细分，自助模式向餐饮各品类延伸

作为起源于国外的餐饮模式，自助餐在国内曾被视作高端、奢侈的象征，一度成为衡量品位和身份的标志。但随着食材种类多样性的提升、供应链的不断完善、国内餐饮市场品类的日益丰富，消费者的食材、餐厅类型的可选择空间得到大幅提升，这一变化也导致消费者对传统高端自助餐的需求有所减少，并促使自助餐市场开始自我革新，逐渐向更广泛的消费层拓展，催生出更多细化赛道。

近些年，随着不同餐饮品类对自助餐模式的进一步探索，自助的就餐方式被广泛运用于各大餐饮品类中，逐步演变为众多餐厅的经营策略。

一、全国门店数超过 6 万家，各品牌向下沉市场发展布局

最初曾作为国内高端餐饮代名词的自助餐，经过数十年的发展，逐渐发展成为大众喜爱的一种用餐方式，如今其门店已遍布全国各地。当下，随着自助餐的价格趋于亲民化，自助餐在下沉市场展现出一定的增长势头。

红餐大数据显示，截至 2024 年 6 月，全国自助餐总门店数超过 6 万家。整体门店数量保持了稳步上涨的态势。

具体至品牌，不少门店数靠前的自助餐品牌，近两年发展势头相对迅猛。小猪查理川式市井烤肉第一家门店于 2019 年开业，目前拥有 540 余家门店，仅 2023 年一年，其新开门店就超过了 240 家；比格比萨自助在 2023 年快速拓店，目前其全国的总门店数超过了 210 家（见表 11-5）。

表 11-5　2024 年全国部分自助餐品牌发展概况

品牌名称	门店数（家）	人均消费（元）	门店主要分布区域
小猪查理川式市井烤肉	540+	71	山东、河南、河北等
仟味一鼎自助小火锅	340+	29	江苏、河北、安徽等
比格比萨自助	210+	72	北京、河北、山东等
吉布鲁牛排海鲜自助	190+	86	四川、重庆、湖南、云南等
豪德亨牛排自助餐厅	170+	81	江西、浙江、江苏等
韩盛·盛江山自助烤肉	150+	82	辽宁、山东、内蒙古等
大渔铁板烧	110+	233	广东、江苏、山东等
汉釜宫自助	100+	57	江苏、山东、河北等
快乐爱斯米牛排自助	90+	79	江苏、河南、山东等
星伦多自助料理	90+	116	江苏、浙江、上海等
农小锅	90+	35	河南、北京等
好伦哥比萨自助	80+	57	北京、河北、山西等
韩风源烧烤涮自助餐厅	80+	62	河南、山西等
一绪寿喜烧	80+	188	江苏、浙江、上海等
蚝英雄·鲜蚝自助	70+	136	北京、甘肃、河南等
宽城子美蛙自助火锅	70+	89	江苏、浙江、上海等
钱小奴创意自助	60+	96	浙江、江苏
亚马逊环球美食百汇	10+	174	江西、上海等

资料来源：红餐大数据，数据统计时间截至 2024 年 6 月 30 日。

红餐网｜红餐大数据

从线级城市分布来看，自助餐门店的分布区域逐渐从一线市场向下沉市场延伸。红餐大数据显示，目前三线及以下城市拥有较多的自助餐门店分布，2024 年上半年总占比为 50.6%（见图 11-3）。而从一些发展势头较为迅猛的自助餐品牌来看，其下沉趋势亦较为明显。

图 11-3 2023 年至 2024 年上半年全国各线级城市自助餐门店数占比分布

比如，目前门店数已经超过 540 家的小猪查理川式市井烤肉，其超过半数的门店分布在三线和四线城市；拥有 340 余家门店的仟味一鼎自助小火锅，有超过七成的门店分布在三线及以下城市中；汉釜宫自助在三线及以下城市的门店数占比超过六成；吉布鲁牛排海鲜自助在三线及以下城市的门店占比超过五成。

从人均消费情况来看，据红餐大数据，目前人均消费在 100 元及以下的自助餐门店占到了 66.9%。其中，50 ～ 80 元的自助餐门店数占比最高，占到了 33.9%，其次是 80 ～ 100 元的人均消费，占比为 14.3%。人均消费在 50 元以下的自助餐门店亦占据了 18.7%（见图 11-4）。具体至品牌，门店数排名前列的自助餐品牌人均消费普遍在 55 ～ 85 元，如小猪查理川式市井烤肉的人均消费为 71 元。

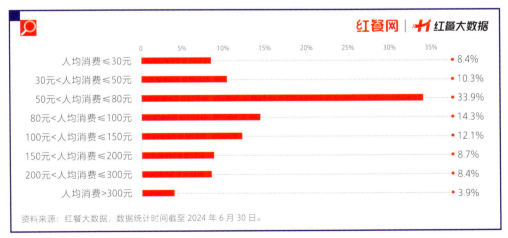

图 11-4 2024 年全国自助餐门店人均消费价位占比分布

二、"品类 + 自助"势头强劲，主题愈加细分

近年来，自助餐细分趋势渐显，一批自助餐品牌主打更细分、更聚焦的细分主题自助，推行"小而精"路线，如火锅自助、烤肉自助、牛排海鲜自助、日式放题等。

1. 火锅、烤肉主题类自助门店数领跑，并成为自助热门元素

作为国内规模较大的餐饮品类，火锅赛道的竞争渐趋激烈，寻求差异化以更好地吸引消费者，成为火锅品牌在市场站稳脚跟的重要课题。"火锅 + 自助"便成为这一课题重要的解题思路之一。众多主营"火锅 + 自助"的门店涌现了出来，且在综合自助等自助餐品牌中，也开始叠加火锅元素。红餐大数据显示，截至 2024 年 6 月，全国火锅类自助门店占全国自助餐总门店数的 27.2%（见图 11-5）。

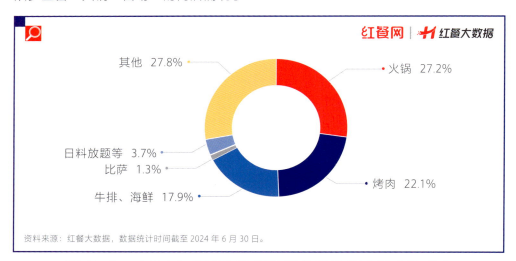

图 11-5　2024 年全国自助餐各细分品类门店数占比分布

具体来看，火锅自助还分出了川渝火锅、小火锅 / 旋转火锅、有料火锅等细分品类。

其中，仟味一鼎自助小火锅便是以自助旋转小火锅的模式，在全国开出 340 余家门店，引领了一波自助、回转小火锅风潮；一绪寿喜烧也以寿喜烧这个小众日料细分品类，在市场上为异国

料理火锅带来不少关注（见表 11-6）。此外，棒骨食代棒骨自助火锅等棒骨火锅自助，在山东、河南、河北、湖南等地市场上展示出一定的竞争力；螺蛳粉、豆花鱼等融合品类自助火锅也开始在市场出现，一些小型区域品牌发展值得期待。

表 11-6　2024 年全国火锅自助细分品类发展概况

所属细分品类	代表品牌	主打产品
川渝火锅	七掌柜自助火锅、谭三娘鲜切牛肉自助火锅	麻辣牛油火锅
小火锅、旋转/回转火锅	仟味一鼎自助小火锅、龍歌自助小火锅等	麻辣、番茄、菌菇等锅底火锅
有料火锅	锦城川喜鱼稻田蛙、重庆何乌鱼等	蛙、鱼火锅、牛杂煲火锅等
国外料理火锅	一绪寿喜烧等	寿喜烧、部队锅、冬阴功等
涮烤一体	星伦多自助料理等	烤肉＋火锅
其他类型火锅	芝小官毛肚火锅烤肉自助等	川渝火锅、串串香等

资料来源：公开信息，红餐产业研究院整理。

在自助餐赛道中，烤肉自助近年发展亦较为迅猛。红餐大数据显示，截至 2024 年 6 月，全国烤肉类自助门店占自助餐总门店数的 22.1%，仅次于火锅自助，成为自助餐赛道的第二大细分品类。其中，烤肉自助又分为日式烤肉、韩式烤肉、中式烤肉、巴西烤肉等细分板块。

近一两年，除了原有的韩式自助烤肉品牌，不少原本实行点餐制的烤肉品牌，或开始向自助转型，或推出自助选项供消费者选择。比如，汉釜宫自助成立于 2009 年，最初是以烤肉为主打的韩式料理店，2017 年其推出"自助＋点单"

模式，2021 年又推出了自选烤肉集市模式。

此外，中式自助烤肉也开始在市场崭露头角，主打川式烤肉的小猪查理川式市井烤肉成为烤肉赛道中的后起之秀，市场上也开始出现类似的中式烤肉自助品牌如刘闲得中式自助烤肉等；蚝英雄·鲜蚝自助等以蚝为主打的自助餐品牌，则在海鲜烧烤的领域，探索大单品模式；以星伦多自助料理为代表的"火锅＋烤肉"的涮烤一体自助餐品牌则以更丰富的消费场景，为烤肉、火锅赛道的差异化突围带来新思路……

2. 牛排、海鲜自助仍具吸引力，比萨、日料品牌积极探索自助模式

作为自助餐早期吸引消费者的卖点，牛排、海鲜近年开始"自立门户"，开辟出了自助餐的细分赛道。红餐大数据显示，截至 2024 年 6 月，海鲜、牛排的自助门店，占到全国自助餐总门店数的 17.9%。据红餐产业研究院观察，多数主打牛排、海鲜的自助餐门店一般会同时提供牛排、海鲜类产品，部分甚至还供应烤肉、火锅类的产品。

比萨、日料、韩餐等自助主题品类本就在市场上拥有一定数量的门店，而近些年众多原本采用点餐制的比萨、日料、韩餐品牌在市场驱动下也开始探索自助的模式。它们或开始向自助转型，或是添加自助选项，亦得到了良好的市场反响。

其中，比萨自助是受到了较多关注的一个细分赛道，涌现出了一些实力品牌，如比格比萨自助、好伦哥比萨自助等品牌均以比萨为主，搭配诸多西式餐食，受到了众多消费者的喜爱。与此同时，日料自助、日式放题亦在近年快速发展，它们大多提供丰富的刺身、海鲜，以及寿司等产品，可满足消费者以实惠的价格品尝更多种类日料的需求，大渔铁板烧、赤坂亭等是代表品牌。此外，素食自助、面馆自助、水饺自助、面包自助、甜品自助等，也纷纷享有各自的受众人群和代表品牌。

三、 高端自助品牌积极探索，自助模式向更多品类延伸

在高性价比的消费理念下，高端自助也在食材、环境、服务等方面进一步精进水平，而在中低端市场，自助模式则出现在了更多品类之中，从而扩大了自助餐整体市场。

一方面，高端自助餐仍在稳步发展并不断探索。近年来，尽管自助餐整体朝着亲民、下沉的方向发展，但高端自助餐仍占据一定的市场份额，商务宴请、节假日、纪念日就餐等消费场景对高端自助仍有一定的需求。红餐大数据显示，截至 2024 年 6 月，人均消费在 300 元及以上的自助餐门店，占全国自助餐门店总数的 3.9%。

如今，一些高端自助餐品牌不断尝试新思路，提供更优质、更新鲜、更稀缺的菜品和更周到的服务，以满足高端消费者需求。比如一些高端自助餐厅在售价保持不变的基础上，适度降低菜品种类，提高菜品品质，进而提升整体质价比，并通过增加营业时间、扩大消费人群等方式来提升餐厅坪效。此外，一些星级酒店自助餐厅还推出了优惠年卡，受到不少城市白领青睐，带来酒店自助"食堂化"的风潮。

另一方面，中低端自助餐品牌则卷向质价比，提供价格及品质皆较为适宜的产品，如仟味一鼎自助小火锅等品牌，人均消费都在 40 元以下。

此外，在中低端自助市场，的士快餐、厂区快餐、"东北盒饭"等饱腹类型的自助快餐，在社交媒体上引起一定的关注。并且，一批主打饱腹类型的自助快餐品牌开始冒头，如洞庭优米主打 16 元现炒快餐自助，以较为实惠的价格，受到了不少上班族的青睐。

同时，灵活自助、半自助、时段自助等各类自助方式开始出现，自助的方式从自助餐厅延伸到多个餐饮品类中。

一些非自助餐模式的品牌，也推出了适合自己的自助餐点、自助时段。比如东来顺、小肥羊、海底捞、哥老官重庆美蛙鱼头等火锅品牌的部分门店，提供各种小吃、零食产品供自助选择，肯德基推出夜宵自助，南城香推出早餐自助，满记甜品则推出了定时段的甜品自助。

总体而言，在消费者追求吃饱、吃好以及高质价比的需求驱动下，得益于连锁模型、供应链的不断成熟，自助餐的经营模式、就餐方式、覆盖的餐饮品类都在发生变化，多数自助餐品牌纷纷撕掉"高大上"的标签，探索更亲民和更灵活的方式。

在这样的发展趋势下，未来的自助餐除了是一种餐饮经营业态之外，或许还可能成为一种可供餐饮门店选择的就餐、经营模式。这一方面赋予了自助餐更大的发展空间，另一方面也能延展其他餐饮品类的发展空间。

CHINA
CATERING

第十二章 餐饮榜单

第一节　中国餐饮红鹰奖

红餐产业研究院携手相关机构和餐饮产业上下游专家，于 2019 年联合创办了"中国餐饮红鹰奖"，致力于将该奖项打造为"中国餐饮界的奥斯卡"。该奖项旨在挖掘中国最有价值的餐饮品牌，鼓励和宣传优秀的中国餐饮品牌和餐饮人物，助力中国餐饮业健康发展。创办至今，红鹰奖已经影响数百万餐饮人以及数千万美食消费者，同时也得到了各大权威媒体的高度关注。

红鹰奖的品牌奖项是以"红餐大数据"中的"红餐指数"为基础，再结合餐饮品牌的消费口碑、媒体传播、运营健康、业内关注、荣誉背书这五大维度的表现，综合评选而来。红鹰奖包括餐饮品牌力百强、餐饮区域标杆品牌、餐饮商业价值品牌、餐饮臻味典范品牌四大奖项。

"红餐大数据"小程序是专注餐饮大数据的专业查询和分析工具，收录了超过 32,000 个餐饮品牌、2,000 余家餐饮产业上下游供应商和服务商，旨在通过全方位、超精细的数据呈现，为餐饮从业者、投资方、意向创业者提供决策参考。

一、2023 年度餐饮品牌力百强

作为红鹰奖的核心奖项，"2023 年度餐饮品牌力百强"是国内餐饮业第一份以"品牌力"为主题的权威榜单，旨在评选出一批表现卓越、实力雄厚的头部餐饮品牌。此奖项自面世以来，就受到了业内人士的广泛关注，在业界树立了极高的专业认可度。"2023 年度餐饮品牌力百强"评选是以红餐大数据为基础，结合红餐指数，再依据品牌的消费口碑、媒体传播、运营健康、业内关注、荣誉背书这五大维度构成的品牌指数的综合表现来评定的，评审委员会最终评选出了品牌指数最高的 100 个品牌（见表 12-1）。

1 ~ 25　　26 ~ 50　　51 ~ 75　　76 ~ 100

表 12-1　2023 年度餐饮品牌力百强

名次	品牌名称	公司名称	品牌指数
1	肯德基（中国）	百胜中国控股有限公司	990.5
2	麦当劳（中国）	金拱门（中国）有限公司	989.9
3	海底捞	四川海底捞餐饮股份有限公司	986.3
4	瑞幸咖啡	瑞幸咖啡（北京）有限公司	983.7
5	星巴克（中国）	星巴克企业管理（中国）有限公司	982.9
6	蜜雪冰城	蜜雪冰城股份有限公司	982.7
7	绝味鸭脖	绝味食品股份有限公司	981.5
8	西贝莜面村	内蒙古西贝餐饮集团有限公司	980.3
9	喜茶	深圳美西西餐饮管理有限公司	975.3
10	正新鸡排	上海正新食品集团有限公司	975.1
11	奈雪的茶	深圳市品道餐饮管理有限公司	974.9
12	必胜客（中国）	百胜中国控股有限公司	974.5
13	老乡鸡	安徽老乡鸡餐饮有限公司	974.1
14	新荣记	临海市新荣记餐饮服务有限公司	973.8
15	华莱士	福建省华莱士食品股份有限公司	973.6
16	紫燕百味鸡	上海紫燕食品股份有限公司	973.4
17	周黑鸭	周黑鸭国际控股有限公司	973.1
18	乡村基	乡村基（重庆）投资有限公司	972.5
19	小菜园新徽菜	安徽小菜园餐饮管理有限责任公司	972.2
20	汉堡王（中国）	汉堡王（中国）投资有限公司	971.5
21	广州酒家	广州酒家集团股份有限公司	968.6
22	呷哺呷哺	呷哺呷哺餐饮管理有限公司	962.3
23	太二酸菜鱼	九毛九（广州）控股有限公司	954.6
24	巴比	中饮巴比食品股份有限公司	951.5
25	萨莉亚（中国）	广州萨莉亚餐饮有限公司	944.3

红餐网 | 红餐大数据

| 1~25 | 26~50 | 51~75 | 76~100 |

续表

名次	品牌名称	公司名称	品牌指数
26	煌上煌	江西煌上煌集团食品股份有限公司	936.9
27	杨国福麻辣烫	上海杨国福企业管理（集团）有限公司	935.6
28	巴奴毛肚火锅	巴奴毛肚火锅有限公司	932.5
29	外婆家	外婆家餐饮集团有限公司	931.6
30	尊宝比萨	杭州千尊饮食连锁有限公司	928.8
31	小龙坎火锅	成都小龙坎餐饮管理有限公司	926.5
32	张亮麻辣烫	张亮企业管理（集团）有限公司	924.7
33	全聚德	中国全聚德（集团）股份有限公司	920.9
34	达美乐（中国）	上海达美乐比萨有限公司	920.4
35	木屋烧烤	深圳市正君餐饮管理顾问有限公司	919.5
36	陶陶居	广州陶陶居有限公司	918.7
37	茶百道	四川蜀信致远企业管理咨询有限公司	917.7
38	同庆楼	同庆楼餐饮股份有限公司	917.2
39	绿茶餐厅	杭州绿茶餐饮管理有限公司	916.8
40	和府捞面	江苏和府餐饮管理有限公司	914.6
41	眉州东坡	眉州东坡餐饮管理（北京）有限公司	913.6
42	古茗茶饮	古茗科技集团有限公司	913.4
43	徐记海鲜	湖南徐记酒店管理有限公司	912.3
44	书亦烧仙草	四川书亦餐饮管理有限公司	911.6
45	半天妖烤鱼	上海半天妖餐饮管理有限公司	909.9
46	CoCo 都可	上海肇亿商贸有限公司	908.6
47	茶颜悦色	湖南茶悦文化产业发展集团有限公司	907.9
48	蛙来哒	长沙味之翼湘餐饮有限公司	899.3
49	真功夫	真功夫餐饮管理有限公司	898.6
50	大龙燚火锅	成都大龙燚餐饮管理有限公司	898.4

红餐网｜红餐大数据

1~25　26~50　51~75　76~100

续 表

名次	品牌名称	公司名称	品牌指数
51	蒙自源	东莞市蒙自源饮食有限公司	895.1
52	海伦司	海伦司国际控股有限公司	893.7
53	塔斯汀	福州塔斯汀餐饮管理有限公司	890.6
54	喜家德虾仁水饺	喜鼎餐饮管理有限公司	884.7
55	大米先生	乡村基（重庆）投资有限公司	880.4
56	沪上阿姨	上海臻敬实业有限公司	874.9
57	味千拉面	味千（中国）控股有限公司	857.1
58	捞王锅物料理	捞王（上海）餐饮管理有限公司	855.9
59	阿香米线	上海何勇企业管理集团有限公司	854.5
60	五芳斋	浙江五芳斋实业股份有限公司	849.6
61	袁记云饺	广东省袁记食品集团有限公司	847.3
62	黄记煌三汁焖锅	北京黄记煌餐饮管理有限责任公司	846.3
63	王品牛排	王品（中国）餐饮有限公司	843.7
64	九田家黑牛烤肉料理	内蒙古九田家餐饮管理股份有限公司	842.6
65	马路边边	成都马路边餐饮管理有限公司	841.3
66	蛙小侠	深圳侠时代餐饮管理咨询有限公司	840.9
67	点都德	广东点都德餐饮管理有限公司	840.6
68	湊湊火锅	湊湊餐饮管理有限公司	839.0
69	霸王茶姬	昆明霸王茶姬餐饮管理有限公司	838.7
70	德克士	天津顶巧餐饮服务咨询有限公司	838.4
71	豪客来牛排	厦门豪客来餐饮管理有限公司	836.2
72	云海肴云南菜	云南云海肴餐饮管理有限公司	834.6
73	南京大牌档	南京大牌档美食文化有限公司	832.7
74	珮姐重庆火锅	重庆民贤餐饮管理有限公司	830.9
75	西安饭庄	西安饮食股份有限公司	829.3

红餐网 | 红餐大数据

1~25　　26~50　　51~75　　76~100

续　表

名次	品牌名称	公司名称	品牌指数
76	紫光园	北京市紫光园餐饮有限责任公司	828.7
77	七欣天	江苏七欣天餐饮管理连锁有限公司	826.4
78	大蓉和	成都大蓉和餐饮管理有限公司	826.1
79	鱼你在一起	北京鱼你在一起品牌管理有限公司	825.6
80	费大厨辣椒炒肉	长沙费大厨餐饮管理有限公司	824.4
81	探鱼·鲜青椒爽麻烤鱼	深圳市甘棠明善餐饮有限公司	824.1
82	八合里牛肉火锅	广东八合里控股有限公司	816.7
83	楠火锅	许叔叔（重庆）餐饮管理有限公司	816.1
84	南城香	北京南城香餐饮有限公司	815.9
85	翠华餐厅	翠华控股有限公司	815.2
86	兰湘子·湘菜小炒	西安兰湘子餐饮管理有限公司	814.6
87	李先生牛肉面大王	北京李先生加州牛肉面大王有限公司	814.1
88	钢管厂五区小郡肝火锅串串香	成都钢五区顾大姐餐饮管理有限公司	813.4
89	西塔老太太泥炉烤肉	上海老太太泥炉餐饮管理有限公司	812.7
90	城南往事	山东凯瑞商业集团有限责任公司	811.1
91	甜啦啦鲜果茶	安徽汇旺餐饮管理有限公司	810.1
92	唐宫	唐宫（中国）控股有限公司	809.4
93	米村拌饭	延边米村餐饮管理有限公司	808.6
94	德庄火锅	重庆德庄实业（集团）有限公司	806.5
95	湖锦酒楼	武汉湖锦小厨餐饮管理有限公司	804.2
96	客语客家菜	广州客语饮食发展有限公司	803.2
97	外婆味道	云南外婆味道餐饮管理有限公司	801.6
98	三顾冒菜	四川三顾冒菜品牌管理有限公司	801.5
99	胡桃里音乐酒馆	深圳胡桃里音乐文化有限公司	801.0
100	大家乐	广州大家乐食品实业有限公司	800.7

红餐网 | 红餐大数据

二、2023 年度餐饮区域标杆品牌

"2023 年度餐饮区域标杆品牌"旨在挖掘国内实力较强、在特定区域内有代表性的餐饮品牌，并表彰其在所属品类中或者区域中深耕及创新作出的卓越贡献。上榜品牌不仅在其所在的区域内具有显著影响力和高知名度，而且在综合实力方面的表现也十分出色（见表 12-2）。

`1~25`　`26~57`　`58~89`　`90~120`

表 12-2　2023 年度餐饮区域标杆品牌

品牌名称	公司名称
🏆 阿五黄河大鲤鱼	河南阿五餐饮服务有限公司
🏆 半岛名轩	广州半岛名轩餐饮有限公司
🏆 半秋山西餐厅	武汉市半秋山餐饮管理有限公司
🏆 煲大王猪肚鸡	湖南煲大王企业管理咨询有限公司
🏆 北京宴	北京宴禧餐饮管理有限公司
🏆 兵哥豌豆面	四川兵哥餐饮管理有限公司
🏆 布拉诺西餐	成都布拉诺餐饮有限公司
🏆 蔡林记	武汉蔡林记商贸有限公司
🏆 蔡明纬	湖北鼎金耀餐饮服务管理有限公司
🏆 常青麦香园	湖北常青麦香园餐饮管理有限公司
🏆 超意兴·把子肉	济南超意兴餐饮有限公司
🏆 朝花里青花椒鱼·川菜	西安秋池餐饮管理有限公司
🏆 潮界	上海执琢餐饮管理有限公司
🏆 陈记顺和牛肉火锅	广州陈顺和餐饮管理有限公司
🏆 陈鹏鹏潮汕菜	陈鹏鹏餐饮（广东）有限公司
🏆 炊烟小炒黄牛肉	炊烟餐饮管理有限公司
🏆 大鸽饭	广州市大鸽饭餐饮投资有限公司
🏆 大美西北	广州大美西北餐饮管理有限公司
🏆 大碗先生	湖南大碗先生餐饮连锁管理有限公司
🏆 大鸭梨	北京大鸭梨餐饮有限公司
🏆 大渝火锅	无锡大渝餐饮管理有限公司
🏆 刀板香·安徽菜	安徽省刀板香餐饮管理有限公司
🏆 德顺源	内蒙古德顺源餐饮管理有限公司
🏆 東大方	浙江东大方餐饮管理有限公司
🏆 耳朵眼	天津耳朵眼餐饮管理有限公司

＊排名不分先后。

红餐网｜红餐大数据

1～25　26～57　58～89　90～120

续 表

品牌名称	公司名称
🏆 繁楼	广东繁楼餐饮管理有限公司
🏆 肥肥虾庄	湖北肥肥虾庄餐饮管理有限公司
🏆 高第街 56 号餐厅	山东凯瑞商业集团有限责任公司
🏆 谷田稻香	上海谷田餐饮管理有限公司
🏆 桂满陇	上海云蒸餐饮管理有限公司
🏆 贵厨酸汤牛肉	贵厨餐饮企业
🏆 海门鱼仔店	广州市海门鱼仔店餐饮有限公司
🏆 豪德亨牛排自助餐厅	江西麟创餐饮文化有限公司
🏆 好友缘酒家	广西好友缘餐饮投资有限公司
🏆 何师烧烤	成都和胜餐饮酒店管理有限公司
🏆 黑白电视长沙小吃	湖南吃货铺餐饮管理有限公司
🏆 红盔甲	上海永利顺餐饮有限公司
🏆 胡大饭馆	北京胡大餐饮有限公司
🏆 回家湘	珠海市横琴回家湘餐饮连锁有限公司
🏆 惠食佳	广东惠食佳经济发展有限公司
🏆 季季红火锅	江西季季红餐饮管理有限公司
🏆 椒爱水煮鱼川菜	北京椒爱餐饮管理有限公司
🏆 京味斋·北京牡丹烤鸭	北京老城京味斋食府有限公司
🏆 靓靓蒸虾	武汉靓靓蒸虾餐饮管理有限责任公司
🏆 九鼎轩脆毛肚火锅	江苏九鼎轩餐饮管理有限公司
🏆 九锅一堂酸菜鱼	重庆九锅一堂餐饮管理有限公司
🏆 九悦烤鸭	内蒙古九悦餐饮管理有限公司
🏆 菌彩野生菌火锅	云南八方来餐饮管理有限公司
🏆 烤匠麻辣烤鱼	成都市烤匠餐饮管理有限公司
🏆 客串出品	湖南移木客串出品餐饮管理有限公司
🏆 blue frog 蓝蛙	蓝蛙餐饮管理（上海）有限公司
🏆 莱得快酸辣粉	重庆市莱得快美食文化有限公司
🏆 老济南四合院	济南至庸四合院文化旅游开发有限公司
🏆 老凯俚酸汤鱼	贵州醉苗乡餐饮投资管理有限公司
🏆 老娘舅	老娘舅餐饮股份有限公司
🏆 老牌坊鲁菜名店	山东凯瑞商业集团有限责任公司
🏆 老绥元	内蒙古老绥元食品配送有限公司

＊排名不分先后。

红餐网｜红餐大数据

| 1～25 | 26～57 | 58～89 | 90～120 |

续表

品牌名称	公司名称
老碗会·陕西手工面	深圳老碗会餐饮投资管理有限公司
老湘村·湖南土菜	广州市老湘村餐饮管理有限公司
佬麻雀·新湘菜	广东佬麻雀餐饮管理有限公司
乐凯撒披萨	深圳市乐凯撒比萨餐饮管理有限公司
临家闽南菜	厦门市临家社区餐饮服务有限公司
炉小哥烤肉	郑州市炉庆餐饮管理有限公司
马旺子川小馆	上海保马餐饮管理有限公司
玛黎娜西餐厨房	山东玛黎娜餐饮管理有限公司
曼玉餐厅	郑州曼玉餐饮企业管理有限公司
茅庐川菜	山东合众酒店管理有限公司
每味每客重庆麻辣烫	重庆每味每客品牌管理有限公司
那家小馆	那家小馆（北京）餐饮管理有限公司
农耕记·湖南土菜	深圳市农耕记餐饮有限公司
强叔现切猪杂粥	广州金舌头餐饮品牌管理有限公司
茄子恰恰	云南港城餐饮管理有限公司
全牛匠川小馆	北京全牛匠餐饮管理有限公司
荣先森福建小馆	厦门荣先森餐饮有限公司
榕意	广州榕意餐饮管理有限公司
如轩海鲜砂锅粥·潮汕菜	佛山市五仁餐饮管理有限公司
润园四季椰子鸡火锅	深圳润园四季餐饮有限公司
三两粉·湖南手工米粉	广东三两粉企业管理有限公司
三品王广西牛肉粉	广西三品王餐饮管理有限公司
胜记酒家	深圳市顶尖饮食管理有限公司
守柴炉烤鸭	重庆守柴炉餐饮管理有限公司
蜀都丰水煮鱼·川菜	福建蜀都丰餐饮管理有限公司
水墨田塬	东莞市水墨田园餐饮有限公司
四道菜·福建菜馆	福州四道菜餐饮管理有限公司
四季民福烤鸭店	北京四季民福餐饮管理有限公司
苏小柳点心	苏小柳（上海）餐饮管理有限公司
塔哈尔·新疆盛宴	上海鑫沣餐饮管理有限公司
泰香米泰国餐厅	重庆市泰香米餐饮管理有限公司
陶德砂锅	四川省老砂锅餐饮有限公司

*排名不分先后。

红餐网｜红餐大数据

1～25　26～57　58～89　**90～120**

续表

品牌名称	公司名称
🏆 陶然居·重庆菜	重庆陶然居饮食文化（集团）股份有限公司
🏆 外婆印象	陕西外婆印象餐饮管理有限公司
🏆 旺顺阁	北京旺顺阁美食有限公司
🏆 望海湾	天津滨海新区金望海湾餐饮管理有限公司
🏆 夏日玛莉西餐厅	湖南春夏餐饮管理有限公司
🏆 湘阁里辣	东莞市湘阁里辣餐饮管理有限公司
🏆 湘颂	广州市湘颂餐饮有限公司
🏆 湘之荷	杭州雨凡餐饮有限公司
🏆 小厨娘淮扬菜	江苏小厨娘餐饮管理有限公司
🏆 小吊梨汤	以食为喜（北京）餐饮管理有限公司
🏆 小放牛	河北小放牛餐饮管理有限公司
🏆 小女当家	深圳市小女当家餐饮有限公司
🏆 小杨生煎	上海朋利来餐饮管理有限公司
🏆 新白鹿餐厅	杭州新白鹿餐饮管理有限公司
🏆 新梅华	苏州新梅华餐饮管理有限公司
🏆 徐鼎盛民间菜	重庆徐鼎盛餐饮管理有限公司
🏆 巡湘记·地道湖南菜	上海巡湘记餐饮有限公司
🏆 亚马逊环球美食百汇	江西亚马逊餐饮管理集团有限公司
🏆 杨记隆府	重庆杨记味功夫餐饮管理有限公司
🏆 瑶王府	广西瑶王府餐饮管理有限公司
🏆 椰林海鲜码头	广州椰林餐饮管理股份有限公司
🏆 壹盏灯	长沙市壹盏灯餐饮管理有限公司
🏆 以饭湘许	广州市以饭湘许餐饮管理有限公司
🏆 渝是乎	北京渝是乎餐饮管理有限公司
🏆 渝乡辣婆婆	河北渝乡辣婆婆餐饮管理有限公司
🏆 裕兴记	苏州市裕兴记餐饮服务有限公司
🏆 园里火锅	成都依古比古科技有限公司
🏆 知味观	杭州知味观食品有限公司
🏆 猪肉婆私房菜	佛山市顺德区猪肉婆私房菜有限公司
🏆 子曰禮·茶居	佛山市子曰礼餐饮文化管理有限公司
🏆 醉得意	福建省醉得意餐饮管理有限公司

＊排名不分先后。

红餐网｜红餐大数据

三、2023 年度餐饮商业价值品牌

"2023 年度餐饮商业价值品牌"旨在评选出行业中正处于成长上升期、具有较高商业价值的餐饮品牌，为餐饮创业者以及投资机构提供投资决策参考（见表 12-3）。

1~28　29~60

表 12-3　2023 年度餐饮商业价值品牌

品牌名称	公司名称
ARTEASG	湖南有茶有趣餐饮管理有限公司
COMMUNE 幻师	极物思维集团有限公司
gaga 鲜语	深圳市鲜语餐饮管理有限公司
NOWWA 挪瓦咖啡	上海力醒科技有限公司
霸蛮湖南米粉	北京霸蛮天下科技有限公司
霸碗盖码饭	湖南霸王餐饮管理有限公司
北木南烤肉和酒	成都北木南餐饮管理有限公司
比萨玛尚诺	马上诺餐饮（上海）有限公司
蔡澜港式点心	蔡澜抱抱（广东）餐饮管理有限公司
曾三仙米线	成都三仙餐饮管理有限公司
陈香贵·兰州牛肉面	上海陈香贵餐饮管理有限公司
第 9 味老上海馄饨	深圳市第九味连锁餐饮管理有限公司
洞氮胡记羊肉馆	湖南洞氮胡记餐饮管理有限公司
多嘴超级肉蟹煲	沈阳联智名创餐饮管理有限公司
甘食记成都肥肠粉	成都甘食记餐饮有限公司
黑色经典臭豆腐	长沙伍爱美食食品科技有限公司
后火锅	成都后火餐饮管理有限公司
虎丫炒鸡	郑州虎丫炒鸡餐饮管理有限公司
花小小新疆炒米粉	北京四有青年餐饮管理有限公司
悸动烧仙草	悸动（上海）餐饮管理有限公司
江渔儿酸菜鱼	广州开呗餐饮管理有限公司
犟骨头排骨饭	天津七惑和他的朋友餐饮管理有限公司
金戈戈香港豉油鸡	深圳金戈戈餐饮管理有限公司
酒拾烤肉	湖南卜食记餐饮管理有限公司
库迪咖啡	库迪咖啡（天津）有限公司
夸父炸串	厦门万皮思食品科技有限公司
快乐番薯	厦门快乐番薯股份有限公司
老街称盘麻辣烫	成都老街称盘麻辣烫餐饮管理有限公司

* 排名不分先后。

红餐网｜红餐大数据

1~28　29~60

续表

品牌名称	公司名称
李与白包子铺	成都李与白餐饮管理有限公司
泸溪河	泸溪河食品（南京）有限公司
卤江南	江苏卤江南食品有限公司
麻六记	北京麻六记餐饮管理有限公司
麻爪爪	重庆麻爪爪餐饮管理有限公司
马记永·兰州牛肉面	上海花桥餐饮管理有限公司
迷你椰·泰式大排档	上海霸迩餐饮管理有限公司
茉酸奶	上海伯邑餐饮管理有限公司
柠季手打柠檬茶	湖南三发餐饮管理有限公司
派乐汉堡	武汉派乐汉堡食品发展有限公司
萍姐火锅	成都萍姐餐饮管理有限公司
破店肥哈·东北烧烤	深圳市经晟华茂餐饮管理有限公司
7分甜	苏州七分甜餐饮管理有限公司
柒酒烤肉	湖南梓文餐饮管理有限公司
丘大叔柠檬茶	广州山丘餐饮管理有限公司
陕味食族油泼面	北京陕味食族餐饮管理有限公司
盛香亭热卤	长沙市拿云餐饮管理有限公司
松鹤楼面馆	苏州松鹤楼餐饮管理有限公司
怂重庆火锅厂	广州噢耶餐饮有限公司
谭仔米线	谭仔餐饮（深圳）有限公司
文立新麻辣烫	文立新（北京）餐饮管理有限公司
五爷拌面	哈尔滨品冠餐饮管理有限公司
喜姐炸串	南京无边界餐饮管理有限公司
先启半步颠小酒馆	上海绤嘟管理咨询有限公司
小小集渔·泰式大排档	成都集美渔泰餐饮管理有限公司
小鱼号酸菜鱼	厦门小觅渔餐饮管理有限公司
熊大爷现包饺子	北京熊大爷餐饮管理有限公司
熊喵来了火锅	沈阳熊喵来了品牌管理有限责任公司
窑鸡王	深圳市窑鸡王餐饮服务有限公司
遇见小面	广州遇见小面餐饮股份有限公司
周麻婆·新川式家常菜	福建省周麻婆餐饮管理有限公司
朱光玉火锅馆	重庆朱光玉餐饮管理有限公司

*排名不分先后。

红餐网｜H红餐大数据

四、2023 年度餐饮臻味典范品牌

"2023 年度餐饮臻味典范品牌"，旨在评选出行业中实力与口碑兼具的连锁餐饮品牌，为行业精致餐饮的发展提供参照，也为广大消费者提供就餐指南。

随着我国经济加速发展，精致餐饮乘风而起，评审委员会对精致餐饮投以了更多的关注（见表 12-4）。

表 12-4　2023 年度餐饮臻味典范品牌

品牌名称	品牌名称
炳胜私厨	鹿园
柴门荟	满满海佛跳墙
成隆行	民国红公馆
晟永兴	提督·TIDU
大董	湘上湘
官也街澳门火锅	新荣记
好酒好蔡	新长福
江南雅厨	许家菜
金海华	伊尹海参馆
京艳	逸道
菁禧荟	甬府
晶采轩	玉芝兰
厉家菜	遇外滩
利苑酒家	御宝轩
鲁采	跃

＊排名不分先后。

红餐网｜红餐大数据

第二节　2024 年度中国餐饮品类十大品牌

"2024 年度中国餐饮品类十大品牌"是由红餐产业研究院在红餐大数据的基础上，结合红餐指数，依据品牌的全网口碑指数、品牌传播指数、品牌经营指数、品牌关注度四大维度，经过专家综合评审出来的年度榜单（见表 12-5 至表 12-26）。该奖项旨在挖掘出在餐饮行业细分领域做深做透的头部品牌，探索中国餐饮行业的创新发展。

表 12-5　2024 年度茶饮十大品牌

品牌名称	公司名称
蜜雪冰城	蜜雪冰城股份有限公司
茶百道	四川百茶百道实业股份有限公司
喜茶	深圳美西西餐饮管理有限公司
奈雪的茶	深圳市品道餐饮管理有限公司
古茗茶饮	古茗科技集团有限公司
霸王茶姬	昆明霸王茶姬餐饮管理有限公司
书亦烧仙草	四川书亦餐饮管理有限公司
沪上阿姨	沪上阿姨（上海）实业股份有限公司
茶颜悦色	湖南茶悦文化产业发展集团有限公司
甜啦啦	安徽汇旺餐饮管理有限公司

表 12-6　2024 年度特色茶饮十大品牌

品牌名称	公司名称
CoCo 都可	上海肇亿商贸有限公司
益禾堂	武汉熠汇饮科技有限公司
7 分甜	苏州七分甜餐饮管理有限公司
茉酸奶	上海伯邑餐饮管理有限公司
柠季手打柠檬茶	湖南三发餐饮管理有限公司
茉莉奶白	深圳市茉莉奶白餐饮管理有限公司
茶话弄	西安八亩田餐饮管理有限公司
快乐番薯	厦门快乐番薯股份有限公司
ARTEASG	湖南有茶有趣餐饮管理有限公司
茶救星球·蔬果茶	广州茶百分百餐饮管理有限公司

红餐网｜红餐大数据

表 12-7　2024 年度火锅十大品牌

品牌名称	公司名称
海底捞	四川海底捞餐饮股份有限公司
呷哺呷哺	呷哺呷哺餐饮管理有限公司
小龙坎火锅	成都小龙坎餐饮管理有限公司
巴奴毛肚火锅	巴奴毛肚火锅有限公司
廣順興	河南广顺兴餐饮管理有限公司
大龙燚火锅	成都大龙燚餐饮管理有限公司
季季红火锅	江西季季红餐饮管理有限公司
楠火锅	许叔叔（重庆）餐饮管理有限公司
朱光玉火锅馆	重庆朱光玉餐饮管理有限公司
珮姐重庆火锅	重庆民贤餐饮文化有限公司

红餐网｜红餐大数据

表 12-8　2024 年度特色火锅十大品牌

品牌名称	公司名称
凑凑火锅	凑凑餐饮管理有限公司
萍姐火锅	成都萍姐餐饮管理有限公司
许府牛	杭州三千许府牛餐饮管理有限公司
七欣天	江苏七欣天餐饮管理连锁有限公司
熊喵来了火锅	熊喵来了（大连）餐饮管理有限公司
捞王锅物料理	捞王（上海）餐饮管理有限公司
怂重庆火锅厂	广州噢耶餐饮有限公司
八合里牛肉火锅	广东八合里控股有限公司
钢管厂五区小郡肝火锅串串香	成都五区顾大妈餐饮管理有限公司
味之绝美蛙鱼头	成都市味之绝餐饮管理有限公司

红餐网｜红餐大数据

表 12-9　　2024 年度米粉十大品牌

品牌名称	公司名称
蒙自源	蒙自源（广东）餐饮集团有限公司
阿香米线	上海何勇企业管理集团有限公司
五谷渔粉	长沙市五味草堂餐饮管理有限公司
无名缘米粉	哈尔滨街上缘餐饮管理有限公司
谭仔米线	谭仔餐饮（深圳）有限公司
姐弟俩土豆粉	姐弟餐饮管理有限公司
花小小新疆炒米粉	北京四有青年餐饮管理有限公司
魔都三兄弟	威上餐饮管理（上海）有限公司
柳螺香	广西柳螺香餐饮管理有限公司
曾三仙米线	成都三仙餐饮管理有限公司

表 12-10　　2024 年度面馆十大品牌

品牌名称	公司名称
和府捞面	江苏和府餐饮管理有限公司
味千拉面	味千（中国）控股有限公司
李先生牛肉面大王	北京李先生加州牛肉面大王有限公司
遇见小面	广州遇见小面餐饮股份有限公司
蔡林记	武汉蔡林记商贸有限公司
常青麦香园	湖北常青麦香园餐饮管理有限公司
马记永·兰州牛肉面	上海花桥餐饮管理有限公司
老碗会·陕西手工面	深圳老碗会餐饮投资管理有限公司
陈香贵·兰州牛肉面	上海小贝壳餐饮管理有限公司
五爷拌面	哈尔滨品冠餐饮管理有限公司

表 12-11　　2024 年度烘焙十大品牌

品牌名称	公司名称
好利来	北京市好利来食品有限公司
幸福西饼	深圳市幸福西饼食品有限公司
GANSO 元祖食品	上海元祖梦果子股份有限公司
泸溪河	泸溪河食品（南京）有限公司
鲍师傅糕点	北京鲍才胜餐饮管理有限公司
美心西饼	美心食品（广州）有限公司
面包新语	上海新语面包食品有限公司
仟吉	武汉市仟吉食品有限公司
爸爸糖手工吐司	江苏爸爸糖餐饮管理有限公司
广隆蛋挞王	东莞市广隆食品有限公司

表 12-12　2024 年度饺子馄饨十大品牌

品牌名称	公司名称
袁记云饺	广东省袁记食品集团有限公司
喜家德虾仁水饺	喜鼎餐饮管理有限公司
吉祥馄饨	上海世好食品股份有限公司
熊大爷现包饺子	北京熊大爷餐饮管理有限公司
第 9 味老上海馄饨	深圳市第九味连锁餐饮管理有限公司
东方饺子王	北京东方饺子王餐饮有限责任公司
如意馄饨	江苏万胜咨询有限公司
粤饺皇	广州市粤饺皇食品有限公司
大娘水饺	大娘水饺餐饮集团有限公司
满宝馄饨	沈阳满佳餐饮管理有限公司

红餐网｜红餐大数据

表 12-13　2024 年度自助餐十大品牌

品牌名称	公司名称
大渔铁板烧	大渔餐饮集团
上井精致料理	上海井町餐饮管理有限公司
吉布鲁牛排海鲜自助	四川吉布鲁餐饮管理有限公司
豪德亨牛排自助餐厅	江西麟创餐饮文化有限公司
亚马逊环球美食百汇	江西亚马逊餐饮管理集团有限公司
韩盛·盛江山自助烤肉	沈阳韩盛餐饮管理有限公司
星伦多自助料理	扬州星伦多餐饮管理有限公司
一绪寿喜烧	上海丰之绪餐饮管理有限公司
钱小奴创意自助	嘉兴钱小奴餐饮管理有限公司
快乐爱斯米牛排自助	南京爱斯米餐饮管理有限公司

红餐网｜红餐大数据

表 12-14　2024 年度烤鱼十大品牌

品牌名称	公司名称
半天妖烤鱼	上海半天妖餐饮管理有限公司
探鱼·鲜青椒爽麻烤鱼	深圳市甘棠明善餐饮有限公司
鱼酷活鱼烤鱼	上海锦河餐饮管理有限公司
烤匠麻辣烤鱼	成都市烤匠餐饮管理有限公司
江边城外烤全鱼	北京江边城外餐饮管理有限公司
师烤·豆花烤鱼	广州市师烤餐饮管理有限公司
炉鱼	外婆家餐饮集团有限公司
伟大航路烤鱼	航路伙伴（长春）餐饮管理有限公司
愿者上钩	东莞市愿者上钩餐饮管理有限公司
匠子烤鱼	海口匠子烤鱼餐饮服务有限公司

红餐网｜红餐大数据

表 12-15　2024 年度卤味十大品牌

品牌名称	公司名称
绝味鸭脖	绝味食品股份有限公司
紫燕百味鸡	上海紫燕食品股份有限公司
周黑鸭	周黑鸭国际控股有限公司
煌上煌	江西煌上煌集团食品股份有限公司
久久丫	上海久久丫企业管理咨询有限公司
九多肉多	九多肉多食品集团有限公司
卤江南	江苏卤江南食品有限公司
麻爪爪	重庆麻爪爪餐饮管理有限公司
盛香亭热卤	长沙市拿云餐饮管理有限公司
窑鸡王	深圳市窑鸡王餐饮服务有限公司

表 12-16　2024 年度比萨十大品牌

品牌名称	公司名称
必胜客（中国）	百胜中国控股有限公司
达美乐（中国）	上海达美乐比萨有限公司
尊宝比萨	杭州千尊饮食连锁有限公司
比格比萨自助	北京比格餐饮管理有限责任公司
棒！约翰（中国）	上海棒约翰餐饮管理有限公司
乐凯撒披萨	深圳市乐凯撒比萨餐饮管理有限公司
芝根芝底	福州芝根芝底餐饮管理有限公司
玛格利塔现烤披萨	福州玛格利塔餐饮管理有限公司
比萨玛尚诺	马上诺餐饮（上海）有限公司
City1+1 城市比萨	长春市壹加壹餐饮管理有限公司

表 12-17　2024 年度烧烤十大品牌

品牌名称	公司名称
木屋烧烤	深圳市正君餐饮管理顾问有限公司
很久以前羊肉串	北京很久以前餐饮管理有限公司
丰茂烤串	北京丰茂世纪餐饮有限公司
破店肥哈·东北烧烤	深圳市经晟华茂餐饮管理有限公司
管氏翅吧	管氏餐饮（北京）有限公司
东方一串	上海秀祥餐饮管理有限公司
聚点串吧	北京聚点餐饮有限责任公司
何师烧烤	成都和胜餐饮酒店管理有限公司
客串出品	湖南移木客串出品餐饮管理有限公司
大圣烧烤	宜昌市大圣餐饮管理有限公司

表 12-18　2024 年度酸菜鱼十大品牌

品牌名称	公司名称
太二酸菜鱼	九毛九（广州）控股有限公司
鱼你在一起	北京鱼你在一起品牌管理有限公司
江渔儿酸菜鱼	广州开呗餐饮管理有限公司
渝是乎	北京渝是乎餐饮管理有限公司
有家酸菜鱼	苏州康德餐饮管理有限公司
九锅一堂酸菜鱼	重庆九锅一堂餐饮管理有限公司
小鱼号酸菜鱼	厦门小觅渔餐饮管理有限公司
姚姚酸菜鱼	深圳亚米餐饮管理有限公司
百岁我家酸菜鱼	上海馨萍仁河餐饮管理有限公司
望蓉城·古法酸菜鱼	上海望蓉城餐饮有限公司

红餐网｜红餐大数据

表 12-19　2024 年度特色小吃十大品牌

品牌名称	公司名称
正新鸡排	上海正新食品集团有限公司
夸父炸串	厦门万皮思食品科技有限公司
喜姐炸串	南京无边界餐饮管理有限公司
临榆炸鸡腿	新丝路餐饮管理秦皇岛有限公司
西少爷肉夹馍	奇点同舟餐饮管理（北京）有限公司
黑色经典臭豆腐	长沙伍爱美食食品科技有限公司
草本汤	福州草本餐饮管理有限公司
黑白电视长沙小吃	湖南吃货铺餐饮管理有限公司
老韩煸鸡	湖北老韩煸鸡煸道食品有限公司
中原大刀鲜汁肉饼	嘉兴晨宇餐饮管理有限公司

红餐网｜红餐大数据

表 12-20　2024 年度西式快餐十大品牌

品牌名称	公司名称
肯德基（中国）	百胜中国控股有限公司
麦当劳（中国）	金拱门（中国）有限公司
华莱士	福建省华莱士食品股份有限公司
塔斯汀	福州塔斯汀餐饮管理有限公司
德克士	天津顶巧餐饮服务咨询有限公司
萨莉亚（中国）	广州萨莉亚餐饮有限公司
汉堡王（中国）	汉堡王（中国）投资有限公司
派乐汉堡	武汉派乐汉堡食品发展有限公司
赛百味（中国）	赛百味品牌管理顾问（上海）有限公司
享哆味	重庆享哆味餐饮管理有限公司

红餐网｜红餐大数据

表 12-21　2024 年度小龙虾十大品牌

品牌名称	公司名称
胡大饭馆	北京胡大餐饮有限公司
肥肥虾庄	湖北肥肥虾庄餐饮管理有限公司
靓靓蒸虾	武汉靓靓蒸虾餐饮管理有限责任公司
红盔甲	上海永利顺餐饮有限公司
文和友龙虾馆	湖南文和友小龙虾有限公司
聚味瞿记·龙虾堂	湖南聚味瞿记餐饮管理有限公司
巴厘龙虾	武汉市巴厘龙虾餐饮管理有限公司
沪小胖·上海小龙虾	上海荣达餐饮有限公司
松哥油焖大虾	深圳市松哥油焖大虾餐饮管理有限公司
天宝兄弟·湘菜龙虾馆	湖南省天宝兄弟餐饮管理有限公司

表 12-22　2024 年度米饭快餐十大品牌

品牌名称	公司名称
老乡鸡	安徽老乡鸡餐饮有限公司
乡村基	乡村基（重庆）投资有限公司
米村拌饭	延边米村餐饮管理有限公司
南城香	北京南城香餐饮有限公司
真功夫	真功夫餐饮管理有限公司
永和大王	快乐蜂（中国）餐饮管理有限公司
大米先生	乡村基（重庆）投资有限公司
超意兴·把子肉	济南超意兴餐饮有限公司
大家乐	广州大家乐食品实业有限公司
杨铭宇黄焖鸡米饭	济南杨铭宇餐饮管理有限公司

表 12-23　2024 年度包点十大品牌

品牌名称	公司名称
巴比	中饮巴比食品股份有限公司
三津汤包	深圳市三津餐饮管理有限公司
和善园	南京和善园食品生产有限公司
老台门汤包	绍兴市老台门餐饮管理有限公司
庆丰包子铺	北京庆丰包子铺有限公司
小杨生煎	上海朋利来餐饮管理有限公司
早阳肉包	浙江早阳餐饮企业管理有限公司
沈老头包子	哈尔滨沈老头餐饮连锁管理有限公司
老盛昌汤包	上海老盛昌餐饮管理有限公司
蒸旺	广州蒸旺餐饮管理有限公司

表 12-24　　2024 年度咖饮十大品牌

品牌名称	公司名称
瑞幸咖啡	瑞幸咖啡（北京）有限公司
星巴克（中国）	星巴克企业管理（中国）有限公司
Tims 天好咖啡（中国）	提姆（上海）餐饮管理有限公司
幸运咖	河南幸运咖餐饮管理有限公司
Manner Coffee	上海茵赫实业有限公司
COSTA COFFEE（中国）	咖世家咖啡（上海）有限公司
NOWWA 挪瓦咖啡	上海力醒科技有限公司
M Stand	上海艾恰餐饮管理有限公司
Peet's Coffee（中国）	皮氏咖啡（上海）有限公司
%Arabica（中国）	上海拉比卡咖啡有限公司

红餐网｜红餐大数据

表 12-25　　2024 年度牛蛙十大品牌

品牌名称	公司名称
蛙来哒	长沙味之翼湘餐饮有限公司
蛙小侠	深圳侠时代餐饮管理咨询有限公司
蛙喔·炭烧牛蛙	浙伍爷企业管理（杭州）有限公司
老佛爷铜炉蛙锅	哈尔滨市李家餐饮企业管理有限责任公司
淘蛙	佛山市宵瑶餐饮管理有限公司
臻享无招牌铁锅烤蛙	好兰劲（江门市）餐饮管理有限公司
再回首泡椒牛蛙	宁波市椒点餐饮管理有限责任公司
大头蛙青花椒牛蛙	菏泽蛙徕咯餐饮管理有限公司
蛙三疯	蛙三疯餐饮管理（苏州）有限责任公司
咏蛙美蛙美味	厦门咏哇餐饮管理有限公司

红餐网｜红餐大数据

表 12-26　　2024 年度麻辣烫冒菜十大品牌

品牌名称	公司名称
杨国福麻辣烫	上海杨国福企业管理（集团）有限公司
张亮麻辣烫	张亮企业管理（集团）有限公司
小谷姐姐麻辣拌麻辣烫	天津小谷顿餐饮管理服务有限公司
三顾冒菜	四川三顾冒菜品牌管理有限公司
刘文祥麻辣烫	刘文祥（山东）品牌管理有限公司
川魂帽牌货冒菜	四川川味之魂餐饮管理有限公司
冒大仙	成都冒大仙餐饮管理有限公司
芙蓉冒菜	成都芙蓉树下餐饮管理咨询有限公司
老街称盘麻辣烫	成都老街称盘麻辣烫餐饮管理有限公司
觅姐	上海晓烹信息科技有限公司

红餐网｜红餐大数据

特别说明

1. 全国线级城市划分

本书如未特别说明，内文的相关城市研究皆采纳第一财经旗下的新一线城市研究所于 2024 年 5 月发布的《2024 新一线城市魅力排行榜》城市划分标准，其他引用资料可能另有城市划分标准，具体以实际呈现为准。

2. 全国八大区域划分

华北：北京市、天津市、河北省、山西省、内蒙古自治区
华东：上海市、江苏省、浙江省、安徽省、福建省、江西省、山东省
华中：河南省、湖北省、湖南省
华南：广东省、广西壮族自治区、海南省
西南：重庆市、四川省、贵州省、云南省、西藏自治区
西北：陕西省、甘肃省、青海省、宁夏回族自治区、新疆维吾尔自治区
东北：辽宁省、吉林省、黑龙江省
港澳台：香港特别行政区、澳门特别行政区、中国台湾地区
本书在论述全国区域划分的时候，如未特别说明，一般默认不含港澳台地区。

3. 货币单位

本书如未特别说明，货币单位默认为人民币。

4. 关于书中对于"目前"的定义

基于本书定稿于 2024 年 7 月，本书如未特别说明，书中所有关于"目前"的表述均表示为截至 2024 年 6 月 30 日。

5. 数据源参考渠道

本书的数据源建立在红餐大数据的基础上，同时参考了品牌官方数据、行业协会诸如世界中餐业联合会、中国烹饪协会、中国连锁经营协会、中国饭店协会等协会的数据，以及其他机构比如企查查、美团等的数据。

▊声明

本书内容及数据仅用于研究和参考，任何第三方对于本书各项内容和数据的使用或引用所导致的任何结果，本创作团队不承担任何法律责任。请任何第三方在接受该声明的前提下，在法律允许和经过授权的条件下，合理使用本书内容。